# 甲骨、金文、簡牘法制史料提要

王沛　主编

上海古籍出版社

**图书在版编目(CIP)数据**

甲骨、金文、简牍法制史料提要/王沛主编.--上海:上海古籍出版社,2022.6

ISBN 978-7-5732-0281-9

Ⅰ.①甲… Ⅱ.①王… Ⅲ.①法制史-史料-中国-古代 Ⅳ.①D929.2

中国版本图书馆 CIP 数据核字(2022)第 094729 号

封面题字:王兴义

责任编辑:张亚莉

封面设计:王楠莹

技术编辑:耿莹祎

**甲骨、金文、简牍法制史料提要**

王沛 主编

上海古籍出版社 出版发行

(上海市闵行区号景路 159 弄 1-5 号 A 座 5F 邮政编码 201101)

(1) 网址:www.guji.com.cn

(2) E-mail:guji1@guji.com.cn

(3) 易文网网址:www.ewen.co

上海丽佳制版印刷有限公司印刷

开本 787×1092 1/16 印张 15.25 插页 41 字数 402,000

2022 年 6 月第 1 版 2022 年 6 月第 1 次印刷

ISBN 978-7-5732-0281-9

K·3148 定价:208.00 元

如有质量问题,请与承印公司联系

**主　编：**王 沛

**撰写者：**张伯元、 王沛、 王捷、 姚远、 邬勖、 陈迪、 黄海、 周博、 乔志鑫

**主编简介：**

王沛，华东政法大学法律学院教授、博士生导师。担任华东政法大学法律古籍整理研究所所长、《华东政法大学学报》副主编、中国法律史学会常务理事、中国法律史学会法律古籍整理专业委员会副会长。在《中国社会科学》《历史研究》《法学研究》等刊物上发表论文数十篇，出版《刑书与道术——大变局下的早期中国法》等专著3部，主持国家社科基金重大项目、一般项目与青年项目4项。

**撰写者简介：**

张伯元：华东政法大学法律古籍整理研究所教授、名誉所长。

王　捷：华东政法大学法律古籍整理研究所教授、副所长。

姚　远：华东政法大学法律古籍整理研究所副教授。

邬　勖：华东政法大学法律古籍整理研究所助理研究员。

陈　迪：华东政法大学法律古籍整理研究所助理研究员。

黄　海：中国社会科学院法学研究所助理研究员。

周　博：华东政法大学法律古籍整理研究所博士后、南昌大学国学院讲师。

乔志鑫：山东师范大学法学院讲师。

本书出版受国家社科基金重大项目

“甲、金、简牍法制史料汇纂通考及数据库建设”（项目批准号20&ZD180）、

上海市高水平地方高校（学科）建设项目，

以及华东政法大学法律史国家重点学科之资助。

# 目　　录

第一章　导论 …………（1）

一、史料整理研究综述 …………（2）

二、关于研究前景的思考 …………（16）

第二章　甲骨法制史料提要 …………（25）

一、基本资料 …………（25）

二、大学和研究机构藏甲骨 …………（32）

三、博物馆藏甲骨 …………（34）

四、民间藏甲骨 …………（37）

第三章　金文法制史料提要 …………（40）

一、西周早期 …………（40）

二、西周中期 …………（52）

三、西周晚期 …………（88）

四、春秋时期 …………（111）

五、战国秦汉时期 …………（119）

第四章　简牍法制史料提要 …………（130）

一、战国楚简 …………（130）

二、秦简牍 …………（154）

三、西汉简牍 …………（180）

四、东汉和魏晋简牍 …………（221）

附录 …………（241）

卜辞所见商代寇贼的犯罪与惩罚 …………（241）

包山楚简中的“疋狱”文书…………（262）
《二年律令》编联札记…………（278）
论《奏谳书》“和奸案”中的法律推理…………（297）
后　记…………（310）

# 第一章　导　论

中国中古之前的法律史框架基本由出土法律文献建构，只有全面整理与精研甲骨、金文、简牍法制史料，才能突破早期法制史研究中的瓶颈，从而厘清早期中国法制演进的宏观线索，进而准确认识中华法系的形成过程及其世界价值。国内外对甲骨、金文、简牍法制史料进行系统整理的成果，都出现于20世纪90年代前期，主要代表作有滋贺秀三主编的《中国法制史——基本资料の研究》① 与刘海年、杨一凡主编的《中国珍稀法律典籍集成》(甲编)。② 这两部著作问世以后，立即在相关领域引起高度关注，成为中国法律史学研究的必备参考书，至今仍发挥着深远的影响力。《中国法制史——基本资料の研究》中的金文法制资料部分由松丸道雄、竹内康浩撰写；简牍法制资料部分由"云梦睡虎地秦简"与"汉简"组成，分别由籾山明与冨谷至撰写。不过该书作为基本资料的导读，并未收入当时已公布的很多重要资料：比如未提及甲骨资料，金文资料仅收入十篇，秦简牍资料只有睡虎地秦简，而汉简牍资料亦只是提供索引，并提纲挈领地略加解说。

与之相较，《中国珍稀法律典籍集成》收录的资料丰富而完备。该书甲编第一册的撰写人为刘海年、杨升南、吴九龙，第二册的撰写人为李均明、刘军。甲编第一、二册对当时已公布的甲骨、金文、简牍法制资料进行了更为全面地整理、翻译、注释。该书从法学角度对出土文献进行遴选、分类与分析，在宏观社会背景下探讨法制运行的一般状况，极大地弥补了传世文献的不足，加深了对早期中国法制的认识。不过该书所收录的资料大多公布于三十年前，而这段时间正是出土法律文献数量急剧增长的时期，新的重要发现层出不穷，对旧材料的认识亦随之发生诸多变化，甲骨、金文、简牍法制史料的重新整理工作就变得十分迫切了。

对甲骨、金文、简牍法制史料进行通考的代表性著作为杨一凡主编的《中国法制史考证》与《中国法制史考证续编》的相关部分，③ 这两套大型丛书分别出版于2003年与2009年，是近百年来海内外学者考证中国法制史学术创见的汇集。其中《中国法制史考证》甲编《夏商周法制考》《战国秦法制考》《两汉魏晋南北朝法制考》、乙编

---

① 滋贺秀三编：《中国法制史——基本资料の研究》，东京大学出版会，1993年。

② 刘海年、杨一凡主编：《中国珍稀法律典籍集成》(甲编)，科学出版社，1994年。

③ 杨一凡主编：《中国法制史考证》，中国社会科学出版社，2003年；杨一凡主编：《中国法制史考证续编》，社会科学文献出版社，2009年。

《律令考》、丙编《日本学者考证中国法制史重要成果选译》中的《通代先秦秦汉卷》，《中国法制史考证续编》中的《历代例考》《律注文献丛考》《法律史料考释》等均是重要的论著。《中国法制史考证》与《中国法制史考证续编》为学界系统掌握海内外学者的研究见解奠定了基础，也为通过出土法律文献贯通研究早期中国法制创造了有利条件。然而，早期中国法制史的通考工作仍有诸多肯綮盲区，甲骨、金文、简牍法制史料的全面、系统整理乃是推动通考工作深入前行的基础。

除上述著作之外，贯通整理甲骨、金文、简牍的著作就比较少见了。除了具有教材性质的《中国法制史资料选编》①《中国古代法制丛钞》②以外，其他研究成果多以断代、材料分类的方式展开。以下我们分别对甲骨、金文、简牍法制史料的整理研究情况加以综述，并对未来的研究前景加以探讨。

# 一、史料整理研究综述

## （一）甲骨、金文、楚简法制史料

就甲骨法制史料整理研究而言，杨升南《甲骨文法律文献译注》对殷墟甲骨文中的法制资料进行了较为系统的整理与译注，分作“拘系之刑”“监狱”“肉刑”“死刑”“律”等五类，辑录卜辞约500条。③另外，蒲坚《中国古代法制丛钞》（第一卷）④辑录商代的法制资料，其中甲骨卜辞有115条，分为立法概况、行政立法、刑事立法、婚姻立法等四类。郭沫若《甲骨文字研究》，⑤于省吾《甲骨文字释林》，⑥彭邦炯《商史探微》，⑦严一萍《殷商史记》，⑧蒲坚主编《中国法制通史》（夏商周卷），⑨胡留元、冯卓慧《夏商西周法制史》，⑩王宇信、徐义华《商代国家与社会》，⑪林沄《商史三题》⑫等著作对甲骨法制史料进行了考释或讨论。胡厚宣、裘锡圭、齐文心、王贵

① 法学教材编辑部《中国法制史资料选编》编写组：《中国法制史资料选编》，群众出版社，1988年。

② 蒲坚：《中国古代法制丛钞》，光明日报出版社，2001年。

③ 杨升南：《甲骨文法律文献译注》，载刘海年、杨一凡主编：《中国珍稀法律典籍集成》（甲编第一册），科学出版社，1994年。

④ 蒲坚：《中国古代法制丛钞》，光明日报出版社，2001年。

⑤ 郭沫若：《甲骨文字研究》，载《郭沫若全集·考古编》（第一卷），科学出版社，1982年。

⑥ 于省吾：《甲骨文字释林》，中华书局，1979年。

⑦ 彭邦炯：《商史探微》，重庆出版社，1988年。

⑧ 严一萍：《殷商史记》，台湾艺文印书馆，1991年。

⑨ 蒲坚主编：《中国法制通史》（夏商周卷），法律出版社，1999年。

⑩ 胡留元、冯卓慧：《夏商西周法制史》，商务印书馆，2006年。

⑪ 王宇信、徐义华：《商代国家与社会》，中国社会科学出版社，2011年。

⑫ 林沄：《商史三题》，台北“中研院”历史语言研究所，2018年。

民、肖楠、杨升南、宋镇豪、黄天树、蔡哲茂、郭旭东、唐云明、周忠兵、赵平安、籾山明、竹内康浩、李力等学者在其相关论文里对甲骨法制史料中的犯罪、刑罚、监狱、军事法等具体问题展开了深入的探究。① 概言之，学界目前在甲骨法制史料整理研究方面取得了丰硕的成果，但也存在一些不足与缺陷，主要表现在：第一，甲骨法制史料研究集中于刑狱方面，对反映立法司法、礼法关系等资料的搜集与研究尚不足；第二，甲骨法制史料的整理之作虽有《甲骨文法律文献译注》《中国古代法制丛钞》，但二书出版比较早，距今已有二十年以上，其间新的甲骨文资料陆续刊布，甲骨缀合、文字考释及殷商史研究等方面的成果不断涌现，故而有必要对甲骨法制史料进行重新整理。

就金文法制史料整理研究而言，搜集汇释金文法律文献的著作有松丸道雄、竹内康浩《西周金文中の法制史料》，② 杨升南《金文法律文献译注》③ 等。

从 20 世纪 40 年代起，对金文法制资料的考释成果便开始面世，其中以陈小松

---

① 相关代表性研究论文如下：胡厚宣：《殷代的刖刑》，载《考古》1973 年第 2 期；胡厚宣：《甲骨文所见殷代奴隶的反压迫斗争》，载《考古学报》1976 年第 1 期；裘锡圭：《甲骨文中所见的商代“五刑”——并释“刵”、“剢”二字》，载《考古》1961 年第 2 期（署名赵佩馨），收入《裘锡圭学术文集·甲骨文卷》，复旦大学出版社，2012 年；齐文心：《殷代的奴隶监狱和奴隶暴动——兼甲骨文“圉”、“戎”二字用法的分析》，载《中国史研究》1979 年第 1 期；王贵民：《“[illegible]”字剩义——有关刖足几个文字的解释》，载《南京大学学报》（哲学社会科学）1979 年第 2 期（署名寒峰）；肖楠：《试论卜辞中的师和旅》，载《古文字研究》（第 6 辑），中华书局，1981 年；杨升南：《商代的法律》，原载《甲骨学研究》（第 2 辑），1989 年，收入《甲骨文献集成》第 25 册，四川大学出版社，2001 年；宋镇豪：《夏商法律制度研究》，载中国先秦史学会、洛阳市第二文物工作队编：《夏文化研究论集》，中华书局，1996 年；黄天树：《甲骨文“寇”“农”二字补释》，载《出土文献》2020 年第 1 期；蔡哲茂：《甲骨文中的〈阿波卡猎逃〉——商代奴隶逃亡的故事》，载《甲骨文与殷商史》（新九辑），上海古籍出版社，2019 年；郭旭东：《商代刑法问题述论》，原载《甲骨学研究》（第 1 辑），1987 年，收入《甲骨文献集成》第 25 册，四川大学出版社，2001 年；唐云明：《试论商、西周时期的刖刑》，载《文物春秋》1989 年第 4 期；周忠兵：《从甲骨金文材料看商周时的墨刑》，载《出土文献与古文字研究》（第 4 辑），上海古籍出版社，2011 年；赵平安：《释“𠟭”及相关诸字》，载《文字·文献·古史：赵平安自选集》，中西书局，2017 年；籾山明：《甲骨文中の“五刑”をめぐって》，《信大史学》五，1980 年；竹内康浩：《商周时期法制史研究的若干问题》，载佐竹靖彦主编：《殷周秦汉史学的基本问题》，中华书局，2008 年；李力：《1904—2009 年：百年来的殷墟甲骨文与商代法制史研究》，载王沛主编：《出土文献与法律史研究》（第 1 辑），上海人民出版社，2012 年。

② 松丸道雄、竹内康浩：《西周金文中の法制史料》，滋贺秀三：《中国法制史——基本资料の研究》，东京大学出版会，1993 年。

③ 杨升南：《金文法律文献译注》，载刘海年、杨一凡主编：《中国珍稀法律典籍集成》（甲编第一册），科学出版社，1994 年。

1947年在《中央日报·文物周刊》发表的“取徵（赡）”问题研究最具代表性。① 陈文举𣪕甗铭文例证对“取徵（赡）”问题加以讨论，𣪕甗却因视为伪作而不受重视。60余年后羚簋的公布，② 证明𣪕甗是非常重要的、与郑地相关的司法资料，而取徵（赡）与诉讼的关系至今学界还在不断讨论，松丸道雄、朱凤瀚、李峰等著名学者都提出言之有据却观点相异的见解，③ 足见该问题的复杂性与学术价值。讨论数十年的类似主题还有不少，新材料相继出现的同时，针对旧有理论的检讨与反思亦会快速跟进，并将科学探索推向更深层次，这是此领域的显著特点。1949年至今又有数量庞大的重要青铜器出土，其铭文不断改写历史，而研究方法亦日趋成熟。斯维至、谭戒甫、姚孝遂、杨宽、唐兰、林甘泉、黄盛璋、孙常叙、李学勤、赵光贤、林沄、陈公柔、朱凤瀚、胡留元、冯卓慧、刘海年、连劭名、李朝远、晁福林、李峰、杜勇、黄天树、陈絜、贝塚茂树、伊藤道治等中外学者都撰有极富价值的金文法制史料考释成果。④

---

① 陈小松：《释𣪕甗“取徵十寽”：周礼“以两剂禁民狱入钧金”新证之五》，载《文物周刊》1947年第44期。

② 吴镇烽编著：《商周青铜器铭文暨图像集成》（第二卷，05258），上海古籍出版社，2012年，第130页。

③ 松丸道雄：《西周时代の重量单位》，《东洋文化研究所纪要》117，1992年；朱凤瀚：《西周金文中的“取徵”与相关诸问题》，载陈昭容主编：《古文字与古代史》（第1辑），台湾“中研院”历史语言研究所，2007年；李峰：《文献批判和西周青铜器铭文：以牧簋为例》，载李峰：《青铜器和金文书体研究》，上海古籍出版社，2018年。

④ 相关代表性论著如下：斯维至：《关于召伯虎簋的考释及“仆庸土田”问题》，载四川大学历史系编：《徐中舒先生九十寿辰纪念文集》，巴蜀书社，1990年；谭戒甫：《周召二簋铭文综合研究》，载《江汉论坛》1961年第2期；姚孝遂：《〈曶鼎〉铭文研究》，载《吉林大学社会科学学报》1962年第2期；杨宽：《西周史》，上海人民出版社，1999年；唐兰：《略论西周微史家族窖藏铜器群的重要意义——陕西扶风新出墙盘铭文解释》，载《文物》1978年第3期；林甘泉：《对西周土地关系的几点新认识——读岐山董家村出土铜器铭文》，载《文物》1976年第5期；黄盛璋：《卫盉、鼎中“贮”与“贮田”及其牵涉的西周田制问题》，载《文物》1981年第9期；孙常叙：《曶鼎铭文通释》，载孙常叙：《孙常叙古文字学论集》，东北师范大学出版社，1998年；李学勤：《论曶鼎及其反映的西周制度》，载《中国史研究》1985年第1期；赵光贤：《从裘卫诸器铭看西周的土地交易》，载《北京师范大学学报（社会科学版）》1979年第6期；林沄：《琱生尊与琱生簋的联读》，载《古文字研究》（第27辑），中华书局，2008年；陈公柔：《先秦两汉考古学论丛》，文物出版社，2005年；朱凤瀚：《卫簋与伯𤞷诸器》，载《南开学报（哲学社会科学版）》2008年第6期；胡留元、冯卓慧：《夏商西周法制史》，商务印书馆，2006年；刘海年：《文物中的法律史料及其研究》，载《中国社会科学》1987年第5期；连劭名：《能原镈铭文新证》，载《故宫博物院院刊》1999年第3期；李朝远：《西周土地关系论》，上海人民出版社，1997年；晁福林：《𠑇匜铭文补释及其性质再考——附论“牧牛”为何受罚》，载《历史研究》2020年第2期；李峰：《西周的政体：中国早期的官僚制度和国家》，生活·读书·新知三联书店，2010年；杜勇：《金文“生称谥”新解》，载《历史研究》2002年第3期；黄天树：《黄天树甲骨金文论集》，学苑出版社，2014年；陈絜：《琱生诸器铭文综合研究》，载朱凤瀚主编：《新出金文与西周历史》，上海古籍出版社，2011年；贝塚茂树：《中国古代の社会制度》，中央公论社，1977年；伊藤道治：《中国古代国家の支配构造：西周封建制度と金文》，中央公论社，1987年。

学界关于金文法律文献的综合研究主要集中于立法、司法、契约、刑罚、礼制等方面，基本涵盖了早期法史的所有重点领域。不过，如下几方面还需继续推进：第一，金文法律文献的性质研究。金文法律文献不属于法史意义上的“第一手”材料，而是因各种原因旁涉、转抄、摘录形成的材料。作器者的立场、器物的用途都直接影响文本表述，使用这些材料时必须要加以细致分析。对此夏含夷、竹内康浩、王沛等学者都有论述。① 第二，从法学角度准确切入研究。金文中“刑”的内涵、“礼”的法律功能、法律关系的认定、诉讼程序的考察，诸如此类的法学命题都要严格谨慎地判研，既防误读史料又防忽视史料。第三，正确处理金文与传世史籍的关系。特别要注意不能以金文资料来简单填充《周礼》《礼记》等战国以后定型著作所构建的制度框架。科学、辩证地看待两类史料的关系，应当是追求的目标。第四，动态地理解制度演变。要把握西周中期礼制变革前后、春秋末期法制变革前后等关键时间点，不能用金文材料笼统地勾勒上古制度。第五，贯通相关材料理解铭文含义。甲骨、楚简乃至秦简中的资料往往对理解金文具有重要价值，通考史料内涵尤其应当引起重视。

就楚简法制史料整理研究而言，相关成果已深刻改变了对战国时期文献及历史的认知，为了解早期中国的政府运行实况及其背后的“新制”提供了难得的机遇。楚简研究作为国际性的学术前沿领域之一，日益繁盛，其研究重心在中国，而日韩欧美汉学界的研究具有方法论、问题意识、视角等方面的特点，颇值关注和参考。

前期的楚简研究已基本解决了文字释读、简册编联等基础性问题，而综合性的再整理和研究成果可见陈伟等著《楚地出土战国简册（十四种）》，② 武汉大学简帛研究中心等编著《楚地出土战国简册合集》（至 2019 年底已出版四集），③ 朱晓雪《包山楚简综述》④ 等著作，这些著作在总结既往研究、提供更佳图版方面均有贡献，为今后的研究提供了有力的资料支持。司法文书研究有陈伟《包山楚简初探》、⑤ 张伯元《出土法律文献丛考》、⑥ 张伯元《包山楚简案例举隅》、⑦ 王捷《包山楚司法简考论》⑧ 等专

---

① 夏含夷：《西周历史》，载夏含夷编：《古史新声——〈剑桥中国上古史〉的编撰与反响》，生活·读书·新知三联书店，2020 年；竹内康浩：《商周时期法制史研究的若干问题》，载佐竹靖彦主编：《殷周秦汉史学的基本问题》，中华书局，2008 年；王沛：《刑书与道术——大变局下的早期中国法》，法律出版社，2018 年，第 281—283 页。

② 陈伟等：《楚地出土战国简册（十四种）》，经济科学出版社，2009 年。

③ 武汉大学简帛研究中心等编著：《楚地出土战国简册合集》（一至四），文物出版社，2011—2019 年。

④ 朱晓雪：《包山楚简综述》，福建人民出版社，2013 年。

⑤ 陈伟：《包山楚简初探》，武汉大学出版社，1996 年。

⑥ 张伯元：《出土法律文献丛考》，上海人民出版社，2013 年。

⑦ 张伯元：《包山楚简案例举隅》，上海人民出版社，2014 年。

⑧ 王捷：《包山楚司法简考论》，上海人民出版社，2015 年。

著。由于楚系法律文献所显现的楚法制多是碎片化的，今后研究需要深入阐释战国楚法制的整体面貌，并以此探讨中国法律史的早期源流。以法律史学的标准对楚简法律文献进行再整理，其侧重点是将楚简法律文献置于司法档案的层面来研究，这是本领域应当努力的方向。

对包山楚简中的司法档案加以研究是本领域的工作指向。目前相关研究主要在司法术语、个案分析、文书制度等方面展开，学者或从字词术语出发进行研究，或用现代法学概念进行剖析，其中存在的最大问题是法律史学和简牍学的沟通不够充分，以至于在以包山司法简为材料进行研究楚国司法制度时各说各话。总体而言，考证翔实、论证严密的成果较为少见，这与文书简的内容解读需要一定的法学素养和法律史学知识有关，今后需要相关专业学者加入，以利于司法简和楚司法制度研究的深入。

此外，郭店楚墓竹简、上海博物馆藏楚竹书、清华大学藏战国竹简、安徽大学藏楚简等材料中也蕴含着丰富的先秦法制信息，特别是清华简《子产》《四告》《皇门》《成人》诸篇可补史籍之阙，尤其值得关注。

### （二）秦简牍法制史料

秦简牍法制史料的整理与研究以睡虎地秦简的发现为开端，一经公布，即掀起了秦法律史研究的热潮，以全国之力集结而成的睡虎地秦墓竹简整理小组学术实力强大，效率极高，先后出版了三个版本的秦简整理报告，① 其中 1990 年文物出版社精装本可以说代表了秦简整理的一个高峰，② 其突出特点在于体例严谨恰当，具体表现为：释文隶定清晰准确，注释详略得当，译文易于理解。不管从专业角度还是普及角度看，都足以作为秦简牍资料发掘整理报告的范本。

其后诸如龙岗秦简牍、青川木牍、里耶秦简牍等资料陆续公布，进一步扩充了秦出土法律文献内容。而近年来秦法制简牍整理最新代表性成果则属陈松长主持出版的《岳麓书院藏秦简》。岳麓秦简整理小组在很短时间内就将入藏材料的内容陆续公布，从 2010 年至 2020 年共出版了六卷。③ 从整理体例上看，整理小组增加了所有简牍背面的红外图版照片，为学者通过对简背划线、反印文的研究复原简册编联提供了必不可少的基础信息。这批秦简的价值表现在：第一，秦令大规模的出现，为研究秦律令

① 睡虎地秦墓竹简整理小组：《睡虎地秦墓竹简》（八开线装本），文物出版社，1977 年；睡虎地秦墓竹简整理小组：《睡虎地秦墓竹简》（32 开平装本），文物出版社，1978 年；睡虎地秦墓竹简整理小组：《睡虎地秦墓竹简》（八开精装本），文物出版社，1990 年。

② 睡虎地秦墓竹简整理小组：《睡虎地秦墓竹简》，文物出版社，1990 年。

③ 朱汉民、陈松长主编：《岳麓书院藏秦简》（一至三），上海辞书出版社，2010—2013 年；陈松长主编：《岳麓书院藏秦简》（四至六），上海辞书出版社，2015—2020 年。

体系带来了巨大契机。秦令的多样性以及内容的丰富程度，大大超过以往学者的理解与想象。秦令令名的构成、分类都是值得重点研究的方向，以往因为材料不足而无法深入讨论秦令与秦律之间的异同关系、秦律与秦令的转化问题，随着这批秦令资料的公布，此种局面得以初步改善。第二，秦案例司法卷宗有效地填补了材料空白。以往研究多用汉初《奏谳书》记载的案例分析复原秦代诉讼审判制度，而现在则有了秦的第一手文献，可以说为秦司法研究提供了充分的材料，比如其中涉及地方郡级长官与御史对下级上报案件的复核，就是以往所未见的。第三，新出现了一些律篇名，加深了学界对秦律的认识，特别是第四卷中的《亡律》，是目前所见关于单一秦律内容最为丰富的，可以说是研究秦逃亡犯罪立法、司法的最为重要的直接材料。岳麓秦简的出现，将秦代法史研究的广度与深度推向了全新的水平。

秦简牍法制史料的研究热点首推刑罚制度。就个案专题而言，以“隶臣妾”身份性质及其有无刑期这一问题为典型代表，自高恒首次撰文讨论其身份特征以来，①引发了国内外学界十分热烈的讨论，②李力的《“隶臣妾”身份再研究》一书对此加以详细梳理与总结。③关于刑罚体系的研究，早期研究成果以刘海年《秦代刑罚考析》、④栗劲《秦律通论》⑤等为代表，特点是用现代刑罚概念对应秦律加以分类并考释。日本学者冨谷至《秦汉刑罚制度研究》从历史角度复原秦刑罚体系，深入考辨了秦刑罚专名，亦是十分重要的秦汉刑罚体系著作。⑥此外，韩树峰《汉魏法律与社会》关于刑罚体系的讨论，⑦水间大辅《秦汉刑法研究》关于刑罚理论的研究，⑧陶安《秦汉刑罚体系の研究》⑨等试图重构秦刑罚体系的工作均具有十分重要的价值。

张家山汉简《二年律令》的出土亦推动了秦汉律令问题的研究。学界进而对传统

---

① 高恒：《秦律中“隶臣妾”问题的探讨》，载《文物》1977年第7期，后收入氏著《秦汉法制论考》，厦门大学出版社，1994年。

② 关于“隶臣妾”身份讨论，多集中于20世纪80年代，90年代以后逐渐转冷，但因秦及汉初简牍新资料的不断出现，相关主题研究一直未间断，最近的如朱德贵：《岳麓秦简所见“隶臣妾”问题新证》，载《社会科学》2016年第1期。

③ 李力：《“隶臣妾”身份再研究》，中国法制出版社，2007年。

④ 刘海年：《秦代刑罚考析》，载中华书局编辑部编：《云梦秦简研究》，中华书局，1981年，后收入刘海年：《战国秦代法制管窥》，法律出版社，2006年。

⑤ 栗劲：《秦律通论》，山东人民出版社，1985年。

⑥ 冨谷至：《秦汉刑罚制度研究》，柴生芳、朱恒晔译，广西师范大学出版社，2006年。

⑦ 韩树峰：《汉魏法律与社会——以简牍、文书为中心的考察》，社会科学文献出版社，2011年。

⑧ 水间大辅：《秦汉刑法研究》，知泉书馆、2007年。

⑨ 陶安：《秦汉刑罚体系の研究》，东京外国语大学アジア・アフリカ言语文化研究所，2009年。

叙述李悝《法经》六篇，商鞅携《法经》入秦、改法为律，到萧何制《九章律》这一形式完整的法典发展脉络产生了整体性质疑。而关于秦令的研究，基本对其是否存在没有太大争议，但对其内容、种类与性质，特别是与律的关系到底如何界定等问题，从大庭脩、张建国到冨谷至等学者都有讨论，① 广濑薰雄《秦汉律令研究》专门提及秦汉律令问题。② 而岳麓秦简大量秦令的问世公布，则为秦令问题研究的向前推进提供了难得的机遇。

秦司法制度研究大致有两个主要趋势：首先是对司法文书的认识与类型化研究的不断加深。以传世文献所见"爰书"为例，已见于西北汉简，而睡虎地秦简《封诊式》"爰书"的发现进一步引发了秦司法文书种类与性质的讨论，刘海年、高敏、胡留元、冯卓慧、籾山明等以秦简为基础进一步考察"爰书"的性质。③ 里耶秦简陆续公布，对秦基层官文书的实证研究成为热点，通过数量众多的文书类型与内容，分析基层司法官员的设置、调动以及司法的实际运行。另外，李均明《秦汉简牍文书分类辑解》④ 虽然出版在里耶秦简大规模公布之前，但作者长期从事简牍一线整理研究，该书具有基础性的指引价值。

其次，在司法文书释读研究基础上，复原秦诉讼审判制度成为另一焦点。早期如高敏、刘海年、栗劲以睡虎地秦简复原秦司法审判制度，⑤ 填补了空白，而真正掀起热潮的则是《奏谳书》大量反映秦代与汉初司法审判流程资料的出现，李学勤、彭浩以《奏谳书》案例的解读初步考证了秦及汉初的司法审判制度，⑥ 籾山明、张建国继续

---

① 大庭脩：《秦汉法制史の研究》，创文社，1982 年；张建国：《中国律令法体系概论》，载《北京大学学报（哲学社会科学版）》1998 年第 5 期；冨谷至：《汉唐法制史研究》，创文社，2016 年。

② 广濑薰雄：《秦汉律令研究》，汲古书院，2010 年。

③ 刘海年：《秦汉诉讼中的爰书》，载《法学研究》1980 年第 1 期，收入刘海年：《战国秦代法制管窥》，法律出版社，2006 年；高敏：《释"爰书"——读秦、汉简牍札记》，载《益阳师专学报》1987 年第 2 期；胡留元、冯卓慧：《爰书、传爰书考》，载《烟台大学学报》1990 年第 1 期；籾山明：《爰书新探——汉代诉讼论のために》，《东洋史研究》51（3），1992 年，后收入籾山明：《中国古代诉讼制度の研究》，京都大学学术出版会，2006 年。

④ 李均明：《秦汉简牍文书分类辑解》，文物出版社，2009 年。

⑤ 高敏：《〈秦律〉所反映的诉讼、审讯和量刑制度》，载《郑州大学学报》1981 年第 3 期；刘海年：《秦的诉讼制度》，载《中国法学》1985 年第 1、3、4 期，1986 年第 2、3、6 期，1987 年第 1 期，后收入刘海年：《战国秦代法制管窥》，法律出版社，2006 年；栗劲：《秦律通论》，山东人民出版社，1985 年，第 298—340 页。

⑥ 需要说明的是，张家山汉简《奏谳书》的司法案例涵盖秦代与汉初，一般均视其为探讨秦及汉初司法的重要简牍资料。李学勤：《〈奏谳书〉解说（上）》，载《文物》1993 年第 8 期；李学勤：《〈奏谳书〉解说（下）》，载《文物》1995 年第 3 期；彭浩：《谈〈奏谳书〉中的西汉案例》，载《文物》1993 年第 8 期；彭浩：《谈〈奏谳书〉中秦代和东周时期的案例》，载《文物》1995 年第 3 期。

深入论证审判程序，① 取得了较高的成就，而宫宅潔《秦汉时代の裁判制度》一文最具有代表性，该文从管辖原则开始论述，从不同环节详细分解论述了诘问、诊问、鞫、当、报等不同环节的内涵，归纳总结出基层小吏作为审判程序的核心参与者特征。② 另外，李均明、闫晓君、高恒、陶安等均有复原秦及汉初司法审判制度与完整程序的研究成果。③ 而《岳麓书院藏秦简》第三卷不同类型的秦代案例的问世，无疑有助于更全面地了解秦代的司法制度与运行实态，整理者在第三卷附录中对司法文书进行分层，即通过文书还原秦从立案到最终定罪量刑的具体环节。④

随着秦简牍法律资料不断公布，将分散的材料汇总起来，重新释读其内容并调整相应的观点，是本领域研究的当务之急，更是将研究推向深入的必然要求。而信息时代带来发达便捷的种种技术优势，也为下一步工作的展开提供了必要的技术支持与保障。回顾历史，秦简牍法律资料已经成为秦法律研究领域的基本性资料，进一步而言，秦法律研究已经离不开简牍法制史，因此，我们当以审慎的态度，充分利用现代日益发展的技术条件，全面系统地整合秦简牍法律资料。

### （三）西汉简牍法制史料

西汉简牍法制史料研究的第一阶段为陆续发现西北汉简的 20 世纪初直至 70 年代末，其研究对象绝大多数为边塞官署遗址所出官文书残简，也兼及少量内地墓葬所出文书简牍，研究旨趣表现为从搜辑、整理、复原、解释法律文书出发，尝试与传世文献关于立法体系、司法制度、法律用语、法律文化的零星记载相比较。但由于缺乏系统化材料，对法律制度的深入探讨尚未展开，其研究尚处于“开拓”阶段。第二阶段始于 1983 年江陵张家山 M247 汉简的出土，该批简是西汉系统性法律文本和程序完整的诉讼案卷编纂本的首次发现，开启了西汉法制史研究的大繁荣，使研究真正推进到理解、辨析、复原西汉法律制度和司法制度的“核心”阶段。随着版本更完善、传抄

① 籾山明:《中国古代诉讼制度の研究》，京都大学学术出版会，2006 年；张建国:《汉简〈奏谳书〉和秦汉刑事诉讼程序初探》，载《中外法学》1997 年第 2 期。

② 宫宅潔:《秦汉时代の裁判制度——张家山汉简〈奏谳书〉より见た》,《史林》81（2），1998 年。

③ 李均明:《简牍所反映的汉代诉讼关系》，载《文史》2002 年第 3 期；闫晓君:《秦汉时期的诉讼审判制度》，载吴永琪主编:《秦文化论丛》（第十辑），三秦出版社，2003 年；高恒:《汉代诉讼制度论考》，载高恒:《秦汉简牍中法制文书辑考》，社会科学文献出版社，2008 年；陶安:《试探“断狱”、“听讼”与“诉讼”之别——以汉代文书资料为中心》，载张中秋主编:《理性与智慧：中国法律传统再探讨》，中国政法大学出版社，2008 年。

④ 参见朱汉民、陈松长主编:《岳麓书院藏秦简（叁）》附录一《文书层次表》，上海辞书出版社，2013 年。

更精良的张家山M336汉简、睡虎地M77汉简、胡家草场M12汉简律令，以及长沙走马楼西汉简中的大量原始案卷的陆续发现，可以预见西汉简牍法制史料研究将随着这些材料的公布而推进到更为深入的第三阶段：西汉法律整体面貌和各种具体细节，都会在行将到来的“材料汇总”阶段获得前所未有的清晰认识。

在第一阶段的开拓性研究中，最具贡献的成果要数王国维、陈梦家等学者开展的简牍制度、法律术语、法律文书及立法形式研究。① 王国维在与罗振玉合著的《流沙坠简》的《屯戍丛残》和《简牍遗文》二章中，以及后来独著的《流沙坠简考释补正》中，对简文逐一详加考释，尝试厘清文书的行文关系和检署签收等方面的制度，其许多观点现已成为学界基本共识。② 劳榦则在《居延汉简考释·释文之部》中继续推进文书制度研究，并结合石刻材料对诏书制度做了深入探讨，开创了新的研究路径。③ 陈直则在《居延汉简解要》《居延汉简文例》等一系列论文中对法律文书习语、符传邮驿制度、诏书、散见律令条文等做了专门探讨。④ 陈梦家的《西汉施行诏书目录》一文，对居延汉简中的几枚诏书条文目录残简做了排序，尝试复原其完整面貌，并得出传世文献所不载的关于西汉律令编纂形式的重要认识，堪称此一研究课题的开山之作，启发了后来的相关研究。⑤ 武威汉简整理小组、郭沫若、武伯纶、大庭脩、李均明、何双全等学者围绕武威汉简“王杖十简”简册的编联各抒己见，⑥ 滋贺秀三、冨谷至、臧知非、郝树声、籾山明等学者又进而利用该材料深入研究律令、赋役、矜老恤幼等方面的法律制度。⑦

20世纪80年代以后，本领域研究获得了新的发展，裘锡圭对基层职务“啬夫”的辨析，⑧ 于豪亮对“檄”等文书和“斥免”等法律术语的考释，⑨ 运用了新发现的

① 王国维、罗振玉：《流沙坠简》，中华书局，1993年；陈梦家：《汉简缀述》，中华书局，1980年。

② 参见王国维、罗振玉：《流沙坠简》，中华书局，1993年。

③ 参见劳榦：《居延汉简考释·释文之部》，四川南溪石印本，1943年；上海商务印书馆，1949年。

④ 参见陈直：《居延汉简研究》，天津古籍出版社，1986年。

⑤ 陈梦家：《西汉施行诏书目录》，载陈梦家：《汉简缀述》，中华书局，1980年。

⑥ 甘肃省博物馆、中国科学院考古研究所编著：《武威汉简》，文物出版社，1964年；郭沫若：《武威“王杖十简”商兑》，载《考古学报》1965年第2期；武伯纶：《关于马镫问题及武威汉代鸠杖诏令木简》，载《考古》1961年第3期；大庭脩：《汉简研究》，同朋舍，1992年；李均明、刘军：《武威旱滩坡出土汉简考述——兼论“挈令”》，载《文物》1993年第10期；李均明、何双全编：《散见简牍合辑》，文物出版社，1990年，第3—4页。

⑦ 滋贺秀三：《武威出土王杖十简と解释と汉令の形态——大庭脩氏の论考を读みて》，《国家学会杂志》90（3·4），1977年；冨谷至：《秦汉刑罚制度研究》，柴生芳、朱恒晔译，广西师范大学出版社，2006年；臧知非：《秦汉赋役与社会控制》，三秦出版社，2012年；郝树声：《武威“王杖”简新考》，载甘肃省文物考古研究所等编：《简牍学研究》（第四辑），甘肃人民出版社，2004年；籾山明：《王杖木简再考》，《东洋史研究》65（1），2006年。

⑧ 参见裘锡圭：《啬夫初探》，载裘锡圭：《古代文史研究新探》，江苏古籍出版社，1992年。

⑨ 参见于豪亮：《释青川秦墓木牍》，载《文物》1982年第1期。

秦简材料，其研究愈加精良。李均明《简牍法制论稿》、[①] 张伯元《出土法律文献研究》[②] 则堪称新材料发现后进一步推进研究的代表作。在海外方面，泷川政次郎的专门论文《流沙坠简に见える汉代法制の研究》将流沙坠简所见法律类材料归为“官职”“公文”“刑狱”“军防”“俸禄”“民法”六大类，首次尝试对西汉简牍法制史料做专门的搜辑和研究工作。[③] 大庭脩的《秦汉法制史の研究》和《汉简研究》堪称本领域的名著，其对居延汉简中的诏书残册的复原和“不道”等法律术语的辨析，都具有指明研究路径和方法的重要意义。[④] 鹰取祐司对居延新简中“劾状”的复原和研究，[⑤] 籾山明对西北汉简中“爰书”的搜辑、探讨和辨析，[⑥] 都是法律文书研究中的重要成果。

在第二阶段研究中，张家山 M247 汉简成为最核心的材料，围绕它展开的立法体系和具体法律制度研究成果也最为引人瞩目。学界首先围绕《二年律令》的年代、简册编联复原、篇目结构、条文归属、字词考释等基础问题展开热烈讨论，张建国《试析汉初“约法三章”的法律效力》提出“二年”有指“汉二年”的可能，《叔孙通定〈傍章〉质疑》又根据《二年律令》篇目指出“傍章”并非《礼仪》，而应是指正律以外的律；[⑦] 王伟的《论汉律》则提出商榷，认为没有证据可以证明汉律不同律章在形式或法律地位上存在区别，至少在《二年律令》时代之后，九章律只是汉律的一部分，不是汉律的总名或泛称，萧何“作律九章”与汉律不止九章之间没有矛盾；[⑧] 杨振红的《秦汉律篇二级分类说》独辟蹊径，认为《二年律令》和传世文献中不属于九章的汉代律篇，应是九章之下的次级律篇。[⑨] 王伟则在《辨汉律》中针锋相对，认为其说有推测的成分，不仅史无明文，而且无法通过《晋志》《二年律令》、睡虎地秦简和唐律获得有效的证明；李均明《〈二年律令·具律〉中应分出〈囚律〉条款》指出部分条文应归入未见篇名但可确定存在的《囚律》；[⑩] 张伯元《〈二年律令〉编联札记（四则）》和《〈二年律令·津关令〉与汉令之关系考》也是该类研究中具有代表性的成果。[⑪] 在

---

① 李均明：《简牍法制论稿》，广西师范大学出版社，2011 年。

② 张伯元：《出土法律文献研究》，商务印书馆，2005 年。

③ 泷川政次郎：《流沙坠简に见える汉代法制の研究》，《满洲学报》6，1941 年。

④ 大庭脩：《秦汉法制史の研究》，创文社，1982 年；大庭脩：《汉简研究》，同朋舍，1992 年。

⑤ 鹰取祐司：《居延汉简劾状关系册书の复原》，《史林》79（5），1996 年。

⑥ 籾山明：《爰书新探——汉代诉讼论のために》，《东洋史研究》51（3），1992 年。

⑦ 并见张建国：《帝制时代的中国法》，法律出版社，1999 年。

⑧ 参见王伟：《论汉律》，载《历史研究》2007 年第 3 期。

⑨ 参见杨振红：《秦汉律篇二级分类说》，载《历史研究》2005 年第 6 期。

⑩ 参见李均明：《〈二年律令·具律〉中应分出〈囚律〉条款》，载《郑州大学学报（哲学社会科学版）》2002 年第 3 期。

⑪ 并见张伯元：《出土法律文献研究》，商务印书馆，2005 年。

刑事法律制度方面，曹旅宁的《张家山汉律研究》收入其11篇系列论文，[①]另有未及收入的《秦律宫刑非淫刑辨》等单篇论文，提出了大量颇有创见的观点；[②]李均明《简牍法制论稿》收入的5篇论文，就刑罚原则和几种具体制度做了详细考辨；[③]针对具体刑罚和犯罪制度，如肉刑、耐刑、完刑、赎刑、刑期、劳役刑和身体刑的关系、盗罪、奸罪、亲属相犯、主奴相犯等问题的讨论，都已形成研究专题，产生了大量优秀成果，在此不一一赘述。民事法律方面，则有徐世虹《对汉代民法渊源的新认识》[④]《张家山二年律令简所见汉代的继承法》，[⑤]李均明《张家山汉简所见规范继承关系的法律》[⑥]等成果问世。

诉讼制度方面，李学勤《〈奏谳书〉解说》和彭浩《谈〈奏谳书〉中秦代和东周时期的案例》《谈〈奏谳书〉中的西汉案例》对几则重要案例做了细致的诠释；[⑦]曹旅宁《〈奏谳书〉考述》则对重要案例从法制史的角度做了进一步挖掘；[⑧]蔡万进《张家山汉简〈奏谳书〉研究》对奏谳制度的历史渊源流变和一些具体问题做了很好的研究，奠定了后来许多同类成果的基础；[⑨]陈晓枫《两汉"鞫狱"正释》准确地指出汉代"鞫"的涵义与后世不同，[⑩]《两汉劾制辨正》则对汉代的"劾"的涵义及其制度做了有益的探索；[⑪]宫宅潔《秦汉时代の裁判制度》首次对《奏谳书》所反映的汉代刑事诉讼程序进行完整复原，成果斐然；[⑫]籾山明的《中国古代诉讼制度の研究》则结合睡虎地秦简、西北汉简等其他材料拓展了更为广阔的主题。[⑬]

在总体研究方面，《张家山汉墓竹简二四七号墓（释文修订本）》吸收学界意见，对最初的意见进行了修正；[⑭]彭浩、陈伟、工藤元男主编的《二年律令与奏谳书》对

---

① 曹旅宁：《张家山汉律研究》，中华书局，2005年。

② 曹旅宁：《秦律宫刑非淫刑辨》，载《史学月刊》2002年第6期。

③ 李均明：《简牍法制论稿》，广西师范大学出版社，2011年。

④ 徐世虹：《对汉代民法渊源的新认识》，载《郑州大学学报》（哲学社会科学版）2002年第3期。

⑤ 徐世虹：《张家山二年律令简所见汉代的继承法》，载《政法论坛》2002年第5期。

⑥ 李均明：《张家山汉简所见规范继承关系的法律》，载《中国历史文物》2002年第2期。

⑦ 李学勤：《〈奏谳书〉解说（上）》，载《文物》1993年第8期；李学勤：《〈奏谳书〉解说（下）》，载《文物》1995年第3期；彭浩：《谈〈奏谳书〉中的西汉案例》，载《文物》1993年第8期；彭浩：《谈〈奏谳书〉中秦代和东周时期的案例》，载《文物》1995年第3期。

⑧ 曹旅宁：《〈奏谳书〉考述》，载曹旅宁：《张家山汉律研究》，中华书局，2005年。

⑨ 蔡万进：《张家山汉简〈奏谳书〉研究》，广西师范大学出版社，2006年。

⑩ 陈晓枫：《两汉"鞫狱"正释》，载《法学评论》1987年第5期。

⑪ 陈晓枫：《两汉劾制辨正》，载《法学评论》1989年第3期。

⑫ 宫宅潔：《秦汉时代の裁判制度——张家山汉简〈奏谳书〉より见た》，《史林》81（2），1998年。

⑬ 籾山明：《中国古代诉讼制度の研究》，京都大学学术出版会，2006年。

⑭ 张家山二四七号汉墓竹简整理小组：《张家山汉墓竹简二四七号墓（释文修订本）》，文物出版社，2006年。

截至2007年的重要考释、编联、研究成果做了集大成式的汇释，具有极高的实用价值；① 朱红林的《张家山汉简〈二年律令〉集释》尝试进行逐条的集释，并提出有益见解；② 叶山、李安敦的 *LAW，STATE，AND SOCIETY IN EARLY IMPERIAL CHINA*③ 不仅对截至2015年的中国、日本、韩国、欧美的重要研究成果做了良好的梳理和吸收，更提出了大量逻辑严谨、依据牢靠的创见，并通过对条文和案例的逐一英语语译体现出来，堪称一部质量精湛的杰作，甚至在一定程度上相比冨谷至主编的同类杰作《江陵张家山二四七号墓出土汉律令の研究》④ 也毫不逊色。

随着张家山M336汉简、睡虎地M77汉简、胡家草场M12汉简法律文献的逐渐披露和公布，相关的先行研究也已初露端倪。彭浩的《读云梦睡虎地M77汉简〈葬律〉》基于已公布的5枚简对前所未见的《葬律》内容做了诠释，并探讨了其制定方式；⑤ 熊北生、陈伟、蔡丹《湖北云梦睡虎地77号西汉墓出土简牍概述》重点讨论了亦见于《二年律令》的一条惩治审判官吏出入罪人的律文，指出该条在睡虎地M77汉律中明确归入《告律》，说明张家山汉简整理者将之归入《具律》不确，且睡虎地版本优于张家山版本，对后者具有校勘价值。⑥

回望绵延近百年的西汉简牍法制史料研究，在仅能依靠西北边地残章断简的时代，学者们渴望探求西汉法律整体面貌的进取之心已然显露锋芒，而材料的“不足征”则使之举步维艰，重新审视律令关系等部分天才的创见也不足以掩盖其成果取得的艰辛。张家山汉简面世后，学界的热情再度被激发，引起了持续数年且涵盖立法和司法研究的热潮。然而，对该批材料能在多大的时间和制度范围上反映西汉法律的整体面貌，学者仍充满着疑虑，这使得研究不断向着精细却碎片化的方向发展。

随着几批系统化、集中性的西汉律令、文书简牍的面世，长期困扰学界的材料匮乏难题，从近十年到未来几年间或将迅速消解，对已发表的各批次材料进行汇总、对前人研究成果进行总结的时机已经成熟，我们终于有机会从整体上清楚地认识、理解西汉法律及其在中国古代文明发展史上的独特价值。

---

① 彭浩、陈伟、工藤元男主编：《二年律令与奏谳书》，上海古籍出版社，2007年。

② 朱红林：《张家山汉简〈二年律令〉集释》，社会科学文献出版社，2005年。

③ Anthony J. Barbieri-Low（李安敦）and Robin D.S. Yates（叶山）. *LAW，STATE，AND SOCIETY IN EARLY IMPERIAL CHINA — A Study with Critical Edition and Translation of the Legal Texts from Zhangjiashan Tomb*，no.247. Brill，2015.

④ 冨谷至编：《江陵张家山二四七号墓出土汉律令の研究》，朋友书店，2006年。

⑤ 参见彭浩：《读云梦睡虎地M77汉简〈葬律〉》，载《江汉考古》2009年第4期。

⑥ 参见熊北生、陈伟、蔡丹：《湖北云梦睡虎地77号西汉墓出土简牍概述》，载《文物》2018年第3期。

## （四）东汉简牍法制史料

在简牍大规模面世之前，东汉法律制度的研究多与西汉并言，但随着越来越多出土文献的发现，两汉法制之间的差距愈发明显。本领域的早期研究著作以严耕望《秦汉地方行政制度》为代表，①该书是较早对秦汉地方行政进行全面研究的论著，认为汉代郡县政府组织之属吏名目盖为西汉中叶以后及东汉郡县政府组织扩大后属吏的实际吏职名目。严氏认为汉代地方官吏之籍贯限制即长吏不用本籍、属吏必用本籍。但由于严氏在写此书的时候出土简牍资料较少，而涉及东汉的更少，因此对东汉的地方行政制度多从传世文献入手，即便如此，我们也可以从中发现两汉在基层司法官吏设置上的差异，这是研究司法工作的基础。

在大批简牍资料面世后，学界对东汉立法、司法的观点都发生了重大的变化。在立法研究领域，徐世虹《汉代法律载体考述》指出，作为法律的一种载体，科在形式上是独立的，不依附律令，但在内容上往往与律令杂糅。科只有在被纳入立法程序后，才有可能获得法律效力。品同样也是汉代具有法律效力的法律载体之一。从领属关系上看，它是律令科的附属法规，不具有独立品格，但它同时又是律令科的扩充与延伸。②徐世虹《汉简与汉代法制研究》进一步指出汉代的科、品并不能修正、取代律令。二者的关系是，律令是科品的载体，科品则是律令的具体化。③

韩树峰《汉晋法律由“繁杂”到“清约”的变革之路》提出重要观点：“繁”“杂”是汉律存在的两个主要问题，变“杂”为“清”是“化繁为约”的前提条件。汉人改律，重视后者，忽略前者，导致历年无成。曹魏时期，分类学在学术领域高度发展，受其影响，曹魏修律以“都总事类”为原则，基本解决了“杂而不清”的问题。西晋时期，追求简约成为学术界的普遍风尚，受玄学“得意废言”“辞约旨达”的影响，西晋修律重在压缩律条字数，基本解决了“繁而不约”的问题。经过数百年的探索和实践，汉晋法律终于完成了从“繁杂”到“清约”的蜕变，中国古代法律的体例最终得以确立。④对相关问题的探讨，还可参见王沛《刑名学与中国古代法典的形成：以清华简、〈黄帝书〉资料为线索》。⑤张忠炜关于律章句的探索亦值得关注。他认为律章

① 严耕望：《秦汉地方行政制度》，北京联合出版公司，2020年。

② 徐世虹：《汉代法律载体考述》，载杨一凡主编：《中国法制史考证》（甲编第三卷），中国社会科学出版社，2003年。

③ 参见徐世虹：《汉简与汉代法制研究》，载《内蒙古大学学报》1992年第2期。

④ 参见韩树峰：《汉晋法律由“繁杂”到“清约”的变革之路》，载《中国人民大学学报》2014年第5期。

⑤ 王沛：《刑名学与中国古代法典的形成：以清华简、〈黄帝书〉资料为线索》，载《历史研究》2013年第4期。

句学是以自然章句为基础，确定某些律条的分合独立，从而构成一个意义相对完整的单位——“章”，与之同时，是进行文字方面的断句，然后是为疏通律文所做的注说。律章句的出现与律令文本的特质相关。特殊字例及符号标识，对理解律令文本的分章断句及含义有重要意义。①

在司法研究领域，黎明钊指出汉代无论在中原核心地区抑或在边陲地区都广泛分布着豪族大姓，只是正史不一定以大姓、豪人、豪族称之而已。地方豪族大姓早已融入官僚系统，成为郡县掾吏、乡里亭长，甚至已是百石以上的地方长吏，其家族成员散布在官僚体系之中，有广泛的关系网络。负责逐捕盗贼的亭长，以及其部下求盗、亭候、亭父等人，其出身颇有来自地方大姓者，他们当中也不乏守法爱民的循吏，但具体事例表明，有部分大姓合谋犯法，仿如群盗。尤其边陲地区的盗贼、群盗，颇有以地方大姓为首者，可见盗贼、群盗与地方大姓之间有着非常密切的关系。②而张建国则分析了居延新简“粟君债寇恩”民事诉讼案，认为简册中实际上包含了四篇文书：初三日（乙卯日）寇恩自证爰书、十六日（戊辰日）寇恩自证爰书、十九日（辛未日）乡啬夫报县文书、二十七日（己卯日）居延县移甲渠候官文书。初三日爰书和十六日爰书，是不同情况下的作品，不能互校。初三日寇恩的第一次自证爰书，已经在本案中被十六日寇恩的第二次自证爰书所取代，因此在解决本案时失去法律效力，最多只具有参考价值。而十六日爰书、十九日乡文书和二十七日县文书则是一个有机的整体，反映了有关的案情及诉讼程序。③

上述研究以较早发掘、公布的西北汉简为主要资料，而2006年公布的长沙东牌楼东汉简牍、2015年以来陆续公布的长沙五一广场东汉简牍、2016年公布的长沙尚德街东汉简牍以及近年陆续公布的长沙走马楼三国孙吴简牍官文书则为东汉以降的法律史研究打开了全新的局面。④这些资料数量庞大，地域集中且时代有连续性，是法史研究的极好标本。随着资料的公布，本领域的研究正逐渐开启，李均明、黎明钊、

---

① 张忠炜：《秦汉律令法系研究初编》，社会科学文献出版社，2012年，第154—162页。

② 参见黎明钊：《辐辏与秩序——汉帝国地方社会研究》，中文大学出版社，2013年，第383—400页。

③ 参见张建国：《居延新汉简“粟君债寇恩”民事诉讼个案研究》，载《中外法学》1996年第5期。

④ 长沙市文物考古研究所、中国文物研究所编：《长沙东牌楼东汉简牍》，文物出版社，2006年；长沙市文物考古研究所、清华大学出土文献研究与保护中心、中国文化遗产研究院、湖南大学岳麓书院编：《长沙五一广场东汉简牍选释》，中西书局，2015年；长沙市文物考古研究所、清华大学出土文献研究与保护中心、中国文化遗产研究院、湖南大学岳麓书院编：《长沙五一广场东汉简牍（壹）（贰）》，中西书局，2018年；长沙市文物考古研究所、清华大学出土文献研究与保护中心、中国文化遗产研究院、湖南大学岳麓书院编：《长沙五一广场东汉简牍（叁）（肆）》，中西书局，2019年；长沙市文物考古研究所编：《长沙尚德街东汉简牍》，岳麓书社，2016年；王素、宋少华、罗新：《长沙走马楼简牍整理的新收获》，载《文物》1999年第5期等。

刘国忠、张朝阳、姚远、徐畅、罗小华等学者均对这批资料中的案件、制度进行讨论，并发表了相关论文。① 虽然对长沙简牍的研究还处于起始阶段，但其重要性已充分显示出来。可以预见，长沙东汉魏晋简牍将继西北汉简之后成为法律史研究中的下一个热点。

相比于早已兴盛繁荣的秦和西汉简牍法制史料研究，东汉的同类研究可以说仍处于发展不够充分的早期阶段，这主要是因为以下三点：第一，受制于可供进行宏观背景构建的传世材料所固有的缺陷，即魏晋人编纂的东汉史料的原始程度和档案性明显较西汉为弱；第二，因为新出土材料的“新颖性”，其性质、内容、运用背景和书写方式都与我们所熟悉的西汉和魏晋时期的材料有所区别，造成理解和运用的困难；第三，新出土材料结构具有一定的“欠缺性”，文书丰富而法律文本不足。随着五一广场文书简等批次新材料的不断公布，相关问题还将进一步凸显，并不断为本领域研究带来新的挑战和机遇。

## 二、关于研究前景的思考

### （一）对中国法律成文化与法典化问题的思考

中国法律的成文化问题，是关涉法律起源途径、法律演变规律、中国传统法制自身特征与性质的重要论题，历来为法律史学与法学理论所重视。由于传世文献较为匮乏，以往此领域探索之进展相当不易。在构建早期中国法史架构时，通过比附他国法律文明演进模式来解释中国问题的做法普遍存在，导致中国成文法出现及变迁的真实原因难以清晰揭示，中国传统法制在世界法律文明中的特殊价值亦无从充分体现，而系统整理甲骨、金文、简牍法制史料的工作就显得非常迫切且重要了。

以出土法律文献为基础，综合各种历史信息来通考早期中国法律成文化与法典化演变轨迹，进而解决中国法制史学中的以下三个节点性疑难问题，是本领域研究者的迫切任务：第一，中国成文法何时出现。此问题聚讼已久。在出土材料出现之前，研究者只能通过传世文献的成书时代考证、前后文语义推测等方式对彼此抵牾的记载加以调和解释，但并未形成普遍认同的结论，这使得中国法史的演进坐标难以确立。第

① 例如李均明：《长沙五一广场出土东汉木牍“直符”文书解析》，载《齐鲁学刊》2013 年第 4 期；黎明钊：《试析长沙五一广场出土的几枚东汉简牍》，载黎明钊等编：《东汉的法律、行政与社会：长沙五一广场东汉简牍探索》，三联书店（香港）有限公司，2019 年；刘国忠：《长沙东汉简所见王皮案件发微》，载《齐鲁学刊》2013 年第 4 期；张朝阳：《长沙五一广场东汉简牍所见早期房屋租赁纠纷案例研究》，载《史林》2019 年第 6 期；姚远：《东汉内郡县法官法吏复原研究——以长沙五一广场东汉简牍为核心》，载《华东政法大学学报》2016 年第 4 期；徐畅：《新刊长沙走马楼吴简与许迪割米案司法程序的复原》，载《文物》2015 年第 12 期；赵平安、罗小华：《长沙五一广场出土 J1 ③：285 号木牍解读》，载《齐鲁学刊》2013 年第 4 期。

二，中国成文法典何时出现。无论在何种法律文明中，成文法典的出现都属于具有里程碑意义的重大事件，中国亦不例外。但关于中国成文法典出现的时代、背景与意义，同样充满了争议。争议主要存在于两个方面：首先，怎样界定法典；其次，法典何时出现。而这两个问题通常又缠绕在一起，传世文献表述的彼此矛盾使进一步的探讨泥而难行。第三，习惯法如何成文化。尽管习惯法的成文化是世界法律演进史中的普遍规律，但从中国法制发展的独特历程来看，此趋势产生的深层背景与具体表现皆呈现出复杂性：如学界通常将"引礼入法"作为习惯法成文化的标志之一，但如何界定"礼"这种发端于中国本土之固有概念的内涵，如何剖析礼的法律功能，如何分辨礼与习惯法的关系，如何理解礼典与法典的关系，都成为必须先行解决的基础性难题。而东周以后出现的大规模立法活动中，哪些成文法规是在旧俗习惯基础上发展而来；哪些曾具影响力的习惯法规被摒弃于成文立法之外，甚至在公权力"移风易俗"乃至"除其恶俗"的名义下消失弥散——此类重大问题的法理阐释，在出土法律文献大量面世之前，同样是无法找寻到确切答案的。而在出土法律文献大量面世之后，我们有了如下新的认识：

#### 1. 重新认识两周立法事件的性质

目前法史教科书对两周重大立法事件的性质判断，仍然是以传世文献的叙事框架为基础而确定的。出土文献使我们对这些事件有了更深层次的认知，而某些重要观点则需修正，甚至改写。这些立法事件包括《吕刑》的制定、子产铸刑书、晋国铸刑鼎、《法经》与早期秦立法。我们将有待解决的疑难问题归纳为两个分支：（1）成文法出现于何时。从清华简相关篇章、荆州夏家台和枣林铺楚简《吕刑》出发，结合吕簋、班簋、伯獄簋、豳公盨等铜器铭文重新研判《吕刑》性质，分析其出现的背景与文本性质，探讨战国中后期文献中《吕刑》高频出现的缘由，为进一步推断中国成文法出现时代提供了启发。（2）早期秦系法制的特征。秦系法制的出现是中国成文法史中的划时代事件，中国成文法自此出现崭新的面貌，但秦系立法的出现与《法经》的关系仍存在诸多难解之疑。以春秋以降秦国铜器中的相关资料与战国简牍所反映的秦法信息为核心，重新解读早期秦系法律的特征，或许可以对部分学者提出的《法经》质疑论做出回应。

#### 2. 深入辨析法律成文化中的习惯法问题

此领域之研究将从两个分支问题展开：（1）习惯法如何进入成文法体系。尽管习惯法演变为成文法是法律进化之普遍规律，但习惯法如何被成文法吸纳，却需要更多的例证来做分析。如系统整理甲骨、金文、简牍、建筑遗址（悬泉置）、中古礼书中的月令资料，便可初步描摹出上古习惯转变为习惯法，再演进为成文法，继而纳入礼典、引进法典的全过程，此过程之各节点充分揭示出法律成长中的若干规律性理论问题。类似资料还见于约剂、案例、盟书、日书等诸多领域，而对此类材料的全面探讨都是本领域的重要任务。（2）从出土文献中搜检曾广具影响力，最后却在法律成文化过程中被取缔以至消亡的习惯法规则。在战国、秦汉大规模的成文法颁布活动中，很多上古旧俗被废止，睡虎地秦简中云“今法律令已具矣，而吏民莫用，乡俗淫失之民不止，是即废主之明法也”，① 其所废乡俗，正包含广泛流行于南方地区的习惯法则，对此在会稽刻石等材料中亦有体现。法、俗之碰撞对立，为研究成文法秩序提供了耐人寻味的另类视角，系统研究金文、简牍及相关资料中的习惯法消失现象，将有助于更全面、综合地分析古代法律的成文化问题。

### 3. 对法典化问题进行综合研究

结构开放、体例松散、错综杂糅的秦汉律令如何跳跃式地转型为篇章固定、结构封闭的魏晋法典，亦是本领域的研究重点。就此可以从律典、令典、礼典等三个分支问题展开探讨：（1）魏晋律典形成的学理与技术内因。曹魏《新律》与西晋《泰始律》是早期封闭式法典的代表性作品，以往学界用汉末科条无限之实践困境来分析魏晋新式法典出现的背景，但战国以降出土文献如清华简、马王堆帛书《黄帝书》等资料逐渐揭示出，律典形成还有其内部演进动力所在，这包括刑名学、经学、玄学以及立法技术的相互交融与进化突破，而传世文献对此所涉极少。（2）令典编纂考证。过去学界将汉令划分为干支令、事项令、挈令三类，而“集类为篇，结事为章”则被视为汉令编纂的基本原则。现在看来，这种认识并不能简单套用于秦令。从岳麓秦简公布的令文来看，其中如“·第己·今辛”（岳麓秦简四简 353）等记载已证明秦令已被有计划地整理。在干支令等类别外，“四司空共令”（如岳麓秦简六简 118）“廷内史郡二千石官共令”（如岳麓秦简四简 375）等多官署共同使用的令文结尾又明确标识数字编序如“·二”“·九”等，此类新发现启发我们必须重新审视秦汉令文编纂轨迹的复杂性。（3）礼典的演进及其法律内涵的再分析。与后世礼教、礼俗、礼法混用的笼统概念不同，上古礼的演变经历了从具体节仪到社会规则再到理论原则的演进三部曲，尽管礼的法律功能在三阶段中都有体现，但其实践表现却各有不同。礼典之编纂深刻影响法典之编纂，把礼典中的法律成分从繁冗的仪轨缛节中剥离出来，探讨其在法典化进程中所发挥的作用，是学界鲜少涉及但又极具法理价值的课题。即将公布的张家山 M336 汉墓竹简《朝律》、五一广场司法简中的礼制化法律资料为探索此课题提供了最新的材料，应结合上述材料对礼典、法典的互动演化关系加以研究。

以上三领域之研究有利于突破中国法律成文化研究之疑点、难点与瓶颈，解决中国法文化之成文传统从哪里来，何以呈现此种独特面貌等关键性法史问题。多项重要但长期纠缠不清的概念、论断有望得到廓清。我们相信，中国早期法律演变的线索会因之更清晰地呈现在今人眼前。

---

① 睡虎地秦墓竹简整理小组：《睡虎地秦墓竹简》，文物出版社，1990 年，释文注释部分第 13 页。

## （二）对律令起源及演变问题的思考

律令起源及演变问题是贯穿先秦、秦汉、魏晋、隋唐等数个时代的法律演变大问题。律令体系不但是中国传统法律中的核心部分，也是以中国为中心，辐射东亚的中华法系的枢机。关于律令的起源问题，在传世文献中难寻其迹；经沈家本、程树德等先贤辑佚的秦汉律令残文，也仅可窥见其大致轮廓，而难以知晓全貌。

幸运的是，20世纪睡虎地秦简、张家山汉简等相继公布，为探索秦汉律令提供了崭新的材料，近年来东汉、魏晋资料的公布，又为认识律令变迁创造了有利条件。学界对秦汉律的体系建构有了新的认知，丰富的律令内容也为了解中国古代律令的起源及演变提供了依据。随着出土法律文献的相继涌现，学界对秦汉律令的认知越来越深刻，以往故有的定义诸如九章律、旁章等都有了多种解读的可能性。在此研究进程中，秦汉律令的源头在哪里？秦汉律令的差异在哪里？如何突破已有的思维定式，正确把握律令体系从秦汉经魏晋至隋唐的演变过程？这都将是未来亟待解决的问题。

### 1. 早期律、令的内容与特征

本研究重点有两个方面：（1）金文中的法令；（2）早期律、令的比较。以上两点均为以往学考较少关注的领域，但其价值不言而喻。从前期搜集的金文资料来看，某些东周铭文已出现和秦简类似的表述，某些铭文可复原出原始法令的面貌。而新公布的岳麓简则为探讨律令关系提供了第一手资料。

### 2. 秦律、令关系

本研究重点有两个方面：（1）秦简中的律、令功能比较。晋代杜预所描述的“律以正罪名，令以存事制”①的律令之别在秦时并不适用，大量秦律令公布之后，可以发现二者的界限十分模糊，都可用于具体的定罪量刑，且适用范围并无大小之分，传统学界所认为的“律主令辅”“令为补充法”的观点有待商榷。（2）秦律、令地位比较。律令体系已十分完备的唐律云，“律令义殊，不可破律从令”，②虽然秦律令中多见令文对律文的补充，但亦可见“以令破律”的例外出现。秦律令之间并不存在所谓“律主令辅”的地位分辨问题，秦令既可用以补充律文，也可用以破律，作为律令体系源头的秦律、令之间，其关系并不像后世律、令之间主次分明，可知彼时律令体制并未成熟。

### 3. 汉律、令的新特点

本研究重点有三个方面：（1）汉代律、令的法典化趋势。以目前所见秦汉之际的

---

① 《艺文类聚》卷54引杜预《晋律序》。

② 《唐律疏议》卷6《名例》称日年及众谋条。

律令来看，律、令以单行法的形式颁布，结构封闭的法典性质的编纂文本可能尚未出现。西汉前中期开始出现有意识的法律分类编纂，益阳兔子山汉简所见律目将律篇分为两类，即“狱律”与“旁律”。① 胡家草场汉简的令文分为两卷，其令名也各不相同。② 可知此时有意识地法典化已经开启。（2）汉律、令的功能差异。汉令作为汉律的补充作用日益明显，如胡家草场汉简“户律”外有“户令”，“厩律”外有“厩令”等，律文保持稳定的同时，为适应社会变化，令文逐渐增多，遂有“户令甲”“户令丙”等。（3）立法技术对汉律、令功能演变的影响。从立法技术的层面考虑，由于律文最初已有量刑，为避免文烦而“以某律论”等术语的使用，为律、令之间的功能分化创造了条件。根据张家山汉简、睡虎地汉简等出土律令，结合传世文献，对汉律、令呈现出的法典化趋势及功能差异予以探讨，将会得到新的认识。

#### 4. 魏晋律、令的形成

魏晋是律令法系的转型期，律令分途、律主令辅的特征也是这一时期所确定的。而基于出土法律文献所见，汉时已出现转型之萌芽。律，“常也，法也”（《尔雅·释诂》），多为施行较稳定的法律；令，“发号也”（《说文解字》），多为临时性的指令。单从最初的内涵及功能来看，律、令均为适用于社会之普遍规定，适用对象并无不同，也都可用于定罪量刑，甚至令可转化为律，睡虎地秦简《魏户律》等便带有令的特征。至秦汉之际则有所变化，汉令虽然也有定罪量刑之规定，但多以制度、部门等事项规定为主，如张家山汉简的津关令，胡家草场汉简的少府令、工官令、禁苑令等；据程树德所辑佚的汉令，③ 约四分之三的令文不涉及刑罚内容，已初步显现“律以正罪名，令以存事制”的律令分途迹象。之后才有曹魏捃摭汉律令而制《新律》，并析“军事、田农、酤酒”以为令，“施行制度，以此设教，违令有罪则入律”（《晋书·刑法志》），最终明确律、令之主次。金文、秦汉简到《晋律注》，为我们呈现了早期律令的演变轨迹。

### （三）对中国早期司法制度演变的思考

早期中国司法模式的形成道路非常独特。传世文献对不同时代的司法特征均有描述，但并不成体系，而且内容较为杂乱。而张家山汉简《奏谳书》、岳麓秦简《奏谳状》公布以后，学界对于秦汉司法的运作过程及其细节有了更为清晰的把握。不过关于如何贯通考察中国古代司法的形成、演变过程，还需要将甲骨、金文、简牍中的相

---

① 参见张忠炜等：《汉律体系新论——以益阳兔子山遗址所出汉律律名木牍为中心》，载《历史研究》2020 年第 6 期。

② 参见陈伟：《秦汉简牍所见的律典体系》，载《中国社会科学》2021 年第 1 期。

③ 参见程树德：《九朝律考》，中华书局，1963 年。

关司法材料做通盘考察。具体而言，包括以下三方面内容：

### 1. 司法职官如何形成

以金文中的册命文书作为主要研究对象，我们发现西周王朝司法模式的核心特征在于授权，即通过审判权之个别授予方式，而不是建立专门的司法官员体系来实现王朝的司法职能，这是对早期中国司法职官的起源方式的新认识。初步研究表明，审判权在西周国家权力构建过程中起到相当关键的作用，被授权者以王朝代言人的身份处理争端、消除纠纷、团结力量、控制权贵，既贯彻了王朝的意志，也使西周国家的公共权力色彩得以体现。不过西周特殊的政权体制与权力配置方式，又使其审判权始终存在弱化国家权力的反作用，其突出表现是世族政治控制司法权，继而侵蚀国家权力。准确认识西周司法模式的独特性，对于分析《周礼》等传世文献与金文资料之差异原因，进而探究早期中国法律的演进轨迹是至关重要的。专职法官的产生与宗族社会的瓦解密切相关。战国时期，统治者通过设置郡县直接控制着每位社会成员，导致国家需要处理的司法事务数量激增，专职法官遂应运而生。换言之，专职法官乃是官僚体制为适应复杂社会治理需求，趋向细化分工发展的产物。

### 2. 司法运作方式考察

传世文献和较早出土的金文、包山楚简、秦汉简牍都表明，秦和周人、楚人的司法模式差异甚大。新近出土的金文、简牍资料为此提供了更多证据，呈现出以前并不太了解的司法运作场景。特别是湖南战国秦汉衙署遗址出土的大量公文档案类简牍，其中涉及司法制度的文献可以帮助我们探讨以下问题：（1）以湖南新出简牍为核心，分析上古司法制度的演变。长沙市区和周边出土的大量新资料为研究上古司法制度的变迁提供了珍贵的地域标本。近年来，湖南连续出土了大量战国到东汉时期的司法简牍（包括益阳兔子山、湘乡三眼井、长沙五一广场简牍等），为了解楚秦之变到汉承秦制，到汉改秦制，再到两汉变革提供了翔实的基层司法资料。（2）奏谳文书的整理与进一步释读。我们可以将秦汉奏谳文书看作一个整体来研究：张家山汉简《奏谳书》中既有西汉初期案例，也有秦时的上谳案例。而岳麓秦简《奏谳状》集中了秦时十余个上谳或者类似案例的文书，里耶秦简中的公文档案保存了洞庭郡发生过的若干奏谳案件。对奏谳文书的释读不单单可以复原传世文献中记载不多的秦汉奏谳制度，更有助于我们认识秦及汉初的诉讼环节与流程。

### 3. 立法与司法文献比照研究

立法与司法文献存在对应关系的现象，在西周金文中即见端倪。如牧簋铭文中周王直言当时的政局是“不用先王作刑”，导致“多虐庶民”的现象发生。具体在司法领域，处理诉讼案件的时候，既不依照刑的规范，也不恪守中道的原则。周王让牧承诺，他必须遵守先王的"明刑"，在审讯案件与处理政事的时候，都要依据刑与中的要求。类似表述还见于毛公鼎铭文，宣王既重申了先王的任命，又要求毛公做出承诺，保证自己处理政事时严格遵循先王制定的"明刑"。在册命级别较低的官员时，同样能看到周王的类似要求。四十二年逨鼎、逨盘、四十三年逨鼎分别记录了周宣王后期对那位高调贵族逨的三次册命，在第三次册命的典礼上，周王要求逨做出承诺，无论是处理政务还是审讯案件，都要符合"中"的原则和"刑"的要求——"毋敢不中不刑"，几乎与牧簋所言一模一样。从册命礼中的前后语境不难判断，四十三年逨鼎中的"刑"就是牧簋中的"先王作刑""先王作明刑"，而二者时代已相距百年。若结合清华简与传世《逸周书·皇门》《尚书·吕刑》等文献可知，"明刑"并不能仅做为刑法来理解，而是有立法层面的含义。在司法过程中必须适用"先王作刑"，正是立法与司法文献相结合的体现，在秦汉法律文献中，立法与司法材料的比照研究更显得重要。出土律令文献与奏谳文书虽然性质上存在差异，但同样都是十分重要的法律文献，涉及诉讼制度时两者在内容上可以互证。如关于"乞鞫"的规定，见于睡虎地秦简《法律答问》，又见于《二年律令·具律》。而实际的乞鞫案例不仅见于《奏谳书》，更在岳麓秦简《奏谳状》中发现了秦时的两次乞鞫不实的案件。又如秦汉时期特殊的"覆狱"程序，其法律规定见于汉初《二年律令》以及《岳麓书院藏秦简（肆）》中的秦律令，体现"覆狱"程序的案件也同时见于岳麓秦简《奏谳状》以及《奏谳书》当中。以上两个例子说明了如将律令与奏谳文书互相参照，便可以从立法、司法角度更为全面真实地还原秦及汉初法律制度的原貌。再如赃罪作为侵犯公私财产之罪，如何从秦汉模式演变至唐律六赃，长沙五一广场司法简提供了重要线索。解读"左仓曹史朱宏、刘宫"案与其他相关案例，可清楚地解剖东汉时期中央对地方官吏的管理与控制方式。皇权如何通过灵活的"诏令"渗透到地方司法，而地方势力又如何在司法中逃避惩治，这种立法与司法交错影响的法律现象完整地展现在今人面前，无疑为深刻地阐释中国古代司法制度演进的宏观脉络提供了宝贵资料。

### （四）对中国刑制起源及演变的思考

中国刑制演变史是中国法制史中最重要的内容之一，但目前学界在本领域的研究仍以断代为主，通考其变的论著比较少见。在中国刑制演变通史中，秦汉可以作为一个分界点。秦汉以后刑罚演变的成果相对较多，如冨谷至《汉唐法制史研究》便是研究秦汉刑制如何演变为隋唐刑制的杰作，① 但从秦汉向上追溯，探讨其与先秦时期刑制传承关系的研究成果就十分少见了。出现这种研究现状的根本原因，还是在于材料的时代壁垒未能完全破除。而以下两部分工作就显得非常重要：

① 冨谷至：《漢唐法制史研究》，创文社，2016 年。

### 1. 先秦、秦及汉初刑罚体系的复原与完善

在正确释读出土文献的基础上，将其中所见刑制信息与既往发现的先秦、秦汉刑罚制度相联系，通过新见材料进一步还原与完善不同时期的刑罚体系，是学界一直努力的方向。通过上述研讨来回答诸如两周盟誓与刑罚的关系、两周罚金刑、秦及汉初赎刑在刑罚体系中的位置、笞在秦汉刑罚体系中的位置、秦之赀刑与汉初之罚金刑的关系等具体问题，则是近来学者们较为关注的焦点。

### 2. 分析先秦刑制向中古刑制演变的过程及其变化原因

关于此问题，以下三方面工作尤其需要引起重视：

（1）先秦刑制信息碎片化问题。先秦出土文献中，有关刑罚制度的材料虽有不少，但比较零碎，难成体系。这主要是甲骨文与金文有关材料的数量及性质所限。这种碎片化的特征，使我们很难单单依靠出土文献对于先秦刑制进行系统还原。故而时至今日，对于先秦时期的刑制研究，大多还是以传世文献为基础，辅之以出土文献中的残章断简。然而这样又会面临新的问题，即传世文献是否真实反映了先秦时期的实际情况。与此同时，春秋战国作为先秦刑制向秦汉刑制过渡的重要时期，亦缺少足够的刑制相关出土文献以资研究。解决这一问题的关键在于充分利用现有出土文献与传世文献进行对比，以在传世文献之中筛选出真实反映先秦实态的记载，从而最大限度地还原先秦刑罚制度。例如，一般认为《周礼》成书较晚，所载并非西周实际情况。然而，《周礼》整个体系固然与西周时期有别，但在具体章节之中，仍然可以通过与金文材料的对比获得反映西周实态的内容。

（2）区分秦及汉初刑制的细节差异。通过睡虎地秦简、岳麓秦简、张家山汉简等简牍，可以确定秦与汉初的刑罚体系基本相同，拥有继受关系。也正因为此，学者在研究该时期的刑罚制度之时，多将二者视为一体。这种研究方法大体无碍，但是忽略了一个重要的问题，即秦与汉初的刑制在具体细节上仍然有一些细微的区别，有时候不宜直接视为一体。

（3）辨析具体刑种在先秦与秦汉魏晋的地位变化。明确具体刑种在先秦与秦及汉初刑罚体系中的不同地位，是考证秦及汉初刑制源流的重点之一，然而这方面的研究也面临一些困难。秦及汉初的某些刑种，在先秦时期虽然存在，但并不是刑罚，而之前的研究者们往往对此有所忽略。例如，关于秦及汉初的迁徙刑，这种行为在战国之前确实存在，但其是否为基于国家强制力而长期稳定存在的刑罚，则值得进一步探讨。另外，秦及汉初的某些刑种，在律令当中仍然存在非刑罚的样态，这一点也时常为人所忽略。例如笞刑，笞作为刑罚存在于秦汉律令之中，但与此同时，亦作为非刑罚的刑讯手段出现于律令之中，若忽略此点，则对笞刑的理解容易产生偏差。若要避免这些问题，必须首先对先秦、秦汉、魏晋的所有材料进行详尽梳理，以先明确某一

刑种之源流是否确为刑罚，以及其除了作为刑罚之外是否存在非刑罚的样态。

除了前述涉及中国古代立法、司法、刑罚领域的关键问题外，秦汉魏晋的契约与民事规则问题、魏晋至唐代的法律演变问题、世界法制演变中的中华法制本质特征问题等都是值得关注的领域。甲骨、金文、简牍法制史料的综合研究，将为通考先秦、秦汉、魏晋的法律源流演变提供可能，也将为中华法制文明探源做出贡献。

# 第二章　甲骨法制史料提要

甲骨文是研究商代法制史的基本资料，这些资料散见于各种甲骨著录书籍，内容较为简略。20 世纪 80 年代以前的甲骨文资料，《甲骨文合集》已做了系统整理。20 世纪 80 年代以后又出版了多部甲骨著录书籍。我们将各种涉及甲骨法制史料的著录书籍列之如下予以介绍。相关著录书籍可分为基本资料，大学和研究机构藏甲骨，博物馆藏甲骨，民间藏甲骨，共 23 种。

## 一、基本资料

### 1.《甲骨文合集》

《甲骨文合集》(简称《合集》) 由郭沫若担任主编、胡厚宣担任总编辑，中华书局 1978—1983 年出版，共 13 册，著录甲骨 41956 片。此书是甲骨文著录的集大成之作，是对 20 世纪 80 年代以前所见殷墟甲骨文资料的系统整理。全书的甲骨材料先分期、后分类，编排有序。时代分期采纳董作宾的五期分类法，即一、武丁期；二、祖庚、祖甲期；三、廪辛、康丁期；四、武乙、文丁期；五、帝乙、帝辛期。另外，将师组、子组、午组卜辞附在一期之后。内容分类则包括阶级和国家、社会生产、科学文化和其他四大类，下设 22 小类。全书第 1 至 12 册为甲骨拓片（少量为照片），第 13 册为甲骨摹本。2019 年，王宇信等编著的《〈甲骨文合集〉第十三册拓本搜聚》由文物出版社出版，辑录《合集》第 13 册甲骨的拓本，计收甲骨 1622 片，在一定程度上弥补了摹本的不足。

图 2.1 《合集》5995 正
(《甲骨文合集》[第 3 册]，第 867 页)

《合集》有着丰富的法制史资料，比如在“阶级和国家”大类下有“刑罚”“监狱”等小类。殷墟甲骨文中称某地监狱为“某圉”，如“⿱爫又圉”(《合集》138)、“敦圉”(《合集》139 反)、“疒圉”(《合集》522 反)、“弘圉”(《合集》6057 正)

图 2.2 《合集》580 正
（《甲骨文合集》[ 第 1 册 ]，第 138 页）

图 2.3 《合集》861 + 17150①
（《甲骨文合集》[ 第 1 册 ]，第 224 页；
《甲骨文合集》[ 第 6 册 ]，第 2331 页）

等②。而《合集》中刑罚方面的材料亦不少，如：

（1）贞：呼劓，[ 若 ]。
不若。　《合集》5995 正（图 2.1）
（2）贞：刖寇八十人，不皿（昏）。　《合集》580 正（图 2.2）
（3）□□卜，争 [ 贞 ]：刖逸，不皿（昏）。四月。
《合集》861 + 17150（图 2.3）
（4）庚辰卜，王：朕椓羌，不皿（昏）。
皿（昏）。十二月。　《合集》525（图 2.4）

上述卜辞的“劓”“刖”“椓”一般认为即“五刑”之劓刑、刖刑、宫刑（或言椓

① 张宇卫：《甲骨缀合第一百廿五则》，中国社会科学院先秦史研究室网站（https://www.xianqin.org/blog/archives/4338.html），2014 年 9 月 15 日。

② 参见齐文心：《殷代的奴隶监狱和奴隶暴动——兼甲骨文“圉”、“戎”二字用法的分析》，载《中国史研究》1979 年第 1 期。

刑)[①]。而(2)、(3)、(4)的受刑者分别为寇贼(或言盗贼)[②]、逃逸者、羌人，可以根据这些资料对商代刑罚进行深入研究。

但是，有些内容是否涉及法制史，需要结合字形分析、辞例内容等做进一步地甄别、考证。比如以往法制史学界经常使用到一条卜辞，即《合集》31071(图2.5)："叀王又作△。"不少学者将"△"释作"辟"，训作法，遂认为"作辟"即制定法律[③]。实际上，其释字有误，"△"原版作"𨐨"，应隶为"辥"，而辟一般作"𨐨"(《合集》438正)，二者字形差别明显。于省吾早已指出，认为此辞"是指王自作孽言之"[④]。

图2.4 《合集》525(《甲骨文合集》[第1册]，第125页)

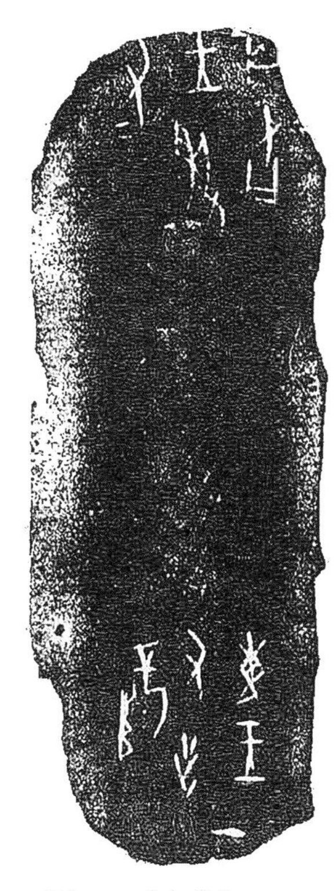

图2.5 《合集》31071(《甲骨文合集》[第10册]，第3787页)

关于《合集》的材料来源、释文及类组情况，可以参见胡厚宣主编的《甲骨文合集材料来源表》[⑤]、《甲骨文合集释文》[⑥]，杨郁彦编著的《甲骨文合集分组分类总表》[⑦]。

## 2.《甲骨文合集补编》

《甲骨文合集补编》(简称《合补》)由彭邦炯、谢济、马季凡编著，语文出版社

① 参见裘锡圭：《甲骨文中所见的商代"五刑"——并释"𠛱"、"剢"二字》，原载《考古》1961年第2期(署名赵佩馨)，收入《裘锡圭学术文集》(甲骨文卷)，复旦大学出版社，2012年，第1—6页。

② 参见黄天树：《甲骨文"寇""农"二字补释》，载《出土文献》2020年第1期。

③ 参见蒲坚：《中国古代法制丛钞》，光明日报出版社，2001年，第18页；胡留元、冯卓慧：《夏商西周法制史》，商务印书馆，2006年，第53页。

④ 于省吾：《甲骨文字释林》，中华书局，1979年，第191页。

⑤ 胡厚宣主编：《甲骨文合集材料来源表》，中国社会科学出版社，1999年。

⑥ 胡厚宣主编：《甲骨文合集释文》，中国社会科学出版社，1999年。

⑦ 杨郁彦：《甲骨文合集分组分类总表》，艺文印书馆，2005年。

图 2.6 《合补》38 反
（《甲骨文合集补编》，第 8 页）

图 2.7 《合补》9632
（《甲骨文合集补编》，第 1006 页）

1999 年出版，共 7 册，著录殷墟甲骨 13450 片。该书包括图版、释文、来源表、索引等。《合补》是继《合集》之后又一部大型的甲骨文资料汇编，不仅弥补了《合集》的不足，吸收了大量缀合成果，而且收录了 20 世纪 80 年代前后迄至 90 年代除《屯南》《英藏》《续补》以外新刊布的甲骨文资料，尤其是海外资料。比如许进雄《怀特氏等收藏甲骨文集》（简称《怀》，1979 年），松丸道雄《东京大学东洋文化研究所藏甲骨文字》（简称《东大》，1983 年），伊藤道治《天理大学附属天理参考馆 · 甲骨文字》（简称《天理》，1987 年），胡厚宣《苏德美日所见甲骨集》（简称《苏》，1988 年）等。《合补》所收殷墟甲骨文材料，遵循《合集》体例，分期分类编排，分期依董作宾的五期分法进行，每一期按内容分为阶级和国家、社会生产、思想文化和其他四大类，下再设小类。《合补》中不乏法制史资料，比如《合补》38 反（图 2.6）："贞：其刖寇，昷（昏）。"这是关于对寇贼施以刖刑的记载。《合补》9632（《怀》1581；图 2.7）："师叀律用。"这条可能与军纪军法有关①。

① 参见宋镇豪：《夏商法律制度研究》，中国先秦史学会、洛阳市第二文物工作队编：《夏文化研究论集》，中华书局，1996 年，第 155 页。

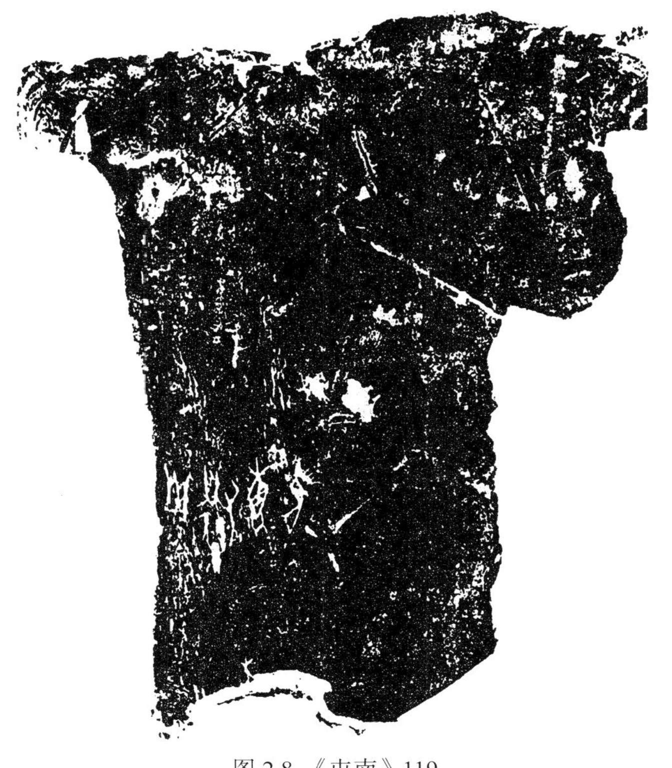

图 2.8 《屯南》119
（《小屯南地甲骨》[ 上册 ]，第 20 页）

图 2.9 《屯南》857
（《小屯南地甲骨》[ 上册 ]，
第 175 页）

### 3.《小屯南地甲骨》

《小屯南地甲骨》（简称《屯南》）由中国社会科学院考古研究所编，分为上下册，中华书局 1980、1983 年出版。该书著录了 1973 年安阳小屯南地出土的甲骨文资料，共计 4513 片，拓片编号为 1—4589。另外，附有小屯西地发掘与小屯一带采集的甲骨 23 片。全书包括甲骨拓片、释文、索引、部分摹本、钻凿形态及相关论文等。拓片图版采用考古学著录方法，按照灰坑（H）、房基址（F）、墓葬（M）、探方（T）等发掘单位为序进行编排。《屯南》著录的甲骨文材料是建国以来考古发掘所获数量最多的一批，而且有明确的地层、坑位关系及伴有同出的陶器，极大推动了殷墟甲骨文的断代研究。《屯南》的资料丰富且重要，不乏相关法制史内容。比如《屯南》119（图 2.8）："师叀律用。"此与《合补》9632 同辞。另外，《屯南》857（图 2.9）："辛未贞：其[illegible]多寇。○其刖多寇。"这是关于商王对寇贼量刑的重要记载。

### 4.《英国所藏甲骨集》

《英国所藏甲骨集》（简称《英藏》）由李学勤、齐文心、艾兰编著，分上下编，中华书局 1985、1992 年出版。该书著录了英国收藏的全部殷墟甲骨文资料，共计 2674 片。据整理者所言，“本书所收英国所藏甲骨，绝大多数是未经著录或首次以拓本形式发表的”①，学术价值很大，是《合集》的重要补充。全书包括甲骨拓片、释文、相关论文、附表、部分摹本与照片及索引等。拓片图版按先分期后分类进行编排，将甲骨材料分为五期，每一期又按内容分为 20 类，其中就有“职官、刑罚”类，与法制史关系密切。

### 5.《甲骨续存补编》

《甲骨续存补编》(简称《续补》)由胡厚宣编，王宏、胡振宇整理，分为上中下三册，天津古籍出版社 1996 年出版。该书著录甲骨文 4535 片，其中拓本 4507 片，摹本 28 片。全书内容按原收藏单位进行编排，分为七卷：卷一博物馆，卷二大学，卷三甲骨诸书，卷四省市文管会及研究机构等，卷五、卷六私人收藏，卷七其他单位。《续补》所收的甲骨，部分为《合集》所无，有的拓片较《合集》清晰，具有重要的学术价值。是书有不少相关法制资料，值得注意。但是，该书收录的甲骨材料，并未统一编号，也没有进行分期分类，利用起来颇为不便。关于其学术价值与存在的问题，可以参见蔡哲茂《读〈甲骨续存补编〉》一文②。

### 6.《殷墟花园庄东地甲骨》

《殷墟花园庄东地甲骨》(简称《花东》)由中国社会科学院考古研究所编，共六册，云南人民出版社 2003 年出版。该书著录了 1991 年殷墟花园庄东地 H3 出土的甲骨文材料，共 689 片，缀合后为 531 片。全书包括甲骨拓本、摹本、照片、释文、钻凿形态及索引等。在甲骨材料的编排上，基本以出土时的编号为序。花东卜辞的年代一般认为是武丁时期，占卜主体是“子”而非商王，属于典型的非王卜辞。花东卜辞内容丰富，包括祭祀、田猎、教育、征伐、疾病等。《花东》不乏相关法制史资料，比如《花东》320（图 2.10）有如下诸辞：

（1）何于丁逆。
（2）于母妇。
（3）其圉何。
（4）丁卜：弗其尸（夷）何，其艰。

（1）(2）占卜何不顺从于武丁还是母妇（即妇好），(3）贞卜何是否会被关进监狱，

① 李学勤、齐文心、艾兰：《英国所藏甲骨集》上编前言，中华书局，1985 年，第 3 页。

② 蔡哲茂：《读〈甲骨续存补编〉》，载《大陆杂志》1998 年第 1 期。

局部

图 2.10 《花东》320 照片及拓片
（《殷墟花园庄东地甲骨》，第 666、1350 页）

（4）占卜何是否会被杀 ①。据此来看，何因违逆触怒了武丁或妇好，遂遭受刑罚，有性命之忧。

### 7.《殷墟小屯村中村南甲骨》

《殷墟小屯村中村南甲骨》（简称《村中南》）由中国社会科学院考古研究所编，分上下册，云南人民出版社 2012 年出版。该书著录 1986—1989、2002—2004 年安阳小屯村中与村南出土的刻辞甲骨 538 片，缀合后为 498 片。附录收有刻辞甲骨 17 片，包含小屯村北 12 片、花园庄东地 3 片、苗圃北地 1 片、大司空村 1 片。全书包括甲骨拓片、摹本、照片、释文、钻凿形态及索引等。在甲骨材料的编排上，基本依据出土时的编号为序。《村中南》所收甲骨内容丰富，涉及祭祀、田猎、战争、军制、婚姻、经济、法制等方面，为甲骨学与商代史研究增加了一批新的资料。

## 二、大学和研究机构藏甲骨

### 8.《北京大学珍藏甲骨文字》

《北京大学珍藏甲骨文字》（简称《北珍》）由李钟淑、葛英会编，分为上下册，上海古籍出版社 2008 年出版。该书著录北大现藏的有字甲骨 2980 片（其中伪刻与疑伪 51 片），附遗失甲骨拓本 53 片。《合集》收录有 1149 片。《北珍》包括了甲骨的照片、拓片、摹本、释文等。甲骨材料的编排方面，先分类再分期，分期采用董作宾的五期分法。分类方面，按内容别为十二类：一、农事；二、田猎；三、祭祀；四、战争；五、巡守；六、刑狱；七、征调、贡纳；八、王事；九、天象、气象；十、干支、历数；十一、卜法；十二、其他。其中“刑狱”一类属于法制史资料。

学界关于《北珍》的校重、缀合、辨伪及纠误等方面的成果较多，比如《〈北京大学珍藏甲骨文字〉缀合成果汇总》②、章秀霞《〈北京大学珍藏甲骨文字〉著录片校重》③、郜丽梅《〈北京大学珍藏甲骨文字〉著录片校重 29 例》④、何会《〈北京大学珍藏甲骨文字〉新缀六则》⑤、刘影《〈北大珍藏甲骨文字〉的再整理》⑥、李爱辉《〈北京大

① 参见林沄：《花东子卜辞所见人物研究》，载《林沄学术文集》（二），科学出版社，2008 年，第 231—232 页；林沄：《商史三题》，台北“中研院”历史语言研究所，2018 年，第 85—86 页。

② 《〈北京大学珍藏甲骨文字〉缀合成果汇总》，中国社会科学院先秦史研究室网站（https://www.xianqin.org/blog/archives/1501.html），2009 年 5 月 22 日。

③ 章秀霞：《〈北京大学珍藏甲骨文字〉著录片校重》，载《殷都学刊》2009 年第 4 期。

④ 郜丽梅：《〈北京大学珍藏甲骨文字〉著录片校重 29 例》，中国社会科学院先秦史研究室网站（https://www.xianqin.org/blog/archives/1876.html），2010 年 3 月 9 日。

⑤ 何会：《〈北京大学珍藏甲骨文字〉新缀六则》，载《考古与文物》2014 年第 2 期。

⑥ 刘影：《〈北大珍藏甲骨文字〉的再整理》，载《中国文字学报》（第 6 辑），商务印书馆，2015 年，第 26—31 页。

学珍藏甲骨文字〉收录甲骨缀合四则》① 等。

### 9.《典雅劲健——香港中文大学藏甲骨集》

《典雅劲健——香港中文大学藏甲骨集》(简称《港中大》)由李宗焜主编，香港中文大学出版社 2017 年出版。该书著录香港中文大学图书馆、文物馆所藏甲骨 71 片，包括甲骨图录(照片、拓片、摹本、释文与说明)、缀合资料、附录及研究专文等。《合集》共收录有 61 片。《港中大》文物馆第 1 片云：“丁酉卜，㱿贞：幸屯。”李宗焜认为：“幸是刑具的象形，用指以刑具拘执人。屯是被拘执的人。”② 此片或与法制史相关。虽然重见于《合集》826，但拓片不如本书清晰。

### 10.《复旦大学藏甲骨集》

《复旦大学藏甲骨集》(简称《复旦》)由吕静主编，葛亮编著，上海古籍出版社 2019 年出版。该书著录了复旦大学所藏甲骨，计 323 片，经缀合为 321 片。其中有字甲骨 318 片，无字 2 片，雕花骨柶 1 片。《合集》《合补》共收录 132 片。《复旦》包括了甲骨的照片、拓片、摹本、释文及附表等。材料编排方面，整体上以曾著录者在先，未见著录者在后。这样方便查阅新资料，然而甲骨并未按内容进行分类，检索不易。《复旦》亦不乏法制史方面的资料，如《复旦》53 云：“贞：呼追寇，及。”此是占卜追捕寇贼之事。此片虽重见于《合集》566，但仅有拓本。《复旦》则彩照、拓本、摹本齐全，资料完善。

### 11.《史语所购藏甲骨集》

《史语所购藏甲骨集》(简称《史购》)由台湾“中研院”历史语言研究所编，“中研院”历史语言研究所 2009 年出版。该书著录甲骨 380 版，其中购藏甲骨 338 版，李启生拾得甲骨 42 版。全书包括甲骨的照片、拓片、摹本、释文及附表等，按照字体风格与事类依时代顺序进行编排。甲骨内容十分重要，《合集》已收录 70 版。其中《史购》44 正：“贞：☐寇，其昷(昏)。”其辞例与《合集》581“贞：刖寇，不昷(昏)”相近，有可能亦是关于刑罚的记载。关于《史购》的缀合，可参见《〈史语所购藏甲骨集〉缀合成果一览》等 ③。

### 12.《中国社会科学院历史研究所藏甲骨集》

《中国社会科学院历史研究所藏甲骨集》(简称《中历》)由宋镇豪、赵鹏、马季

---

① 李爱辉:《〈北京大学珍藏甲骨文字〉收录甲骨缀合四则》，载《华夏考古》2016 年第 3 期。

② 李宗焜主编:《典雅劲健——香港中文大学藏甲骨集》，香港中文大学出版社，2017 年，第 117 页。

③ 《〈史语所购藏甲骨集〉缀合成果一览》，中国社会科学院先秦史研究室网站(https://www.xianqin.org/blog/archives/1972.html)，2010 年 7 月 6 日。

凡编著，分为上中下三册，上海古籍出版社 2011 年出版。该书著录了中国社会科学院历史研究所收藏的全部甲骨，共 2023 片，其中有字甲骨 1920 片。全书包括甲骨的照片、拓片、释文及检索表等，按照“先分期、后分组”的体例编排。分期采用董作宾的五期分法，每一期甲骨先按字体分类，后依内容分类进行编次。内容分类大致包括祭祀、军事、人名、出使、纳贡、田猎、往来、天气、农业、梦幻、病患、旬夕、卜王及残辞等。《中历》所著甲骨，已经被《合集》《合补》分别收录 889、389 片，余 642 片未曾著录。是书亦有法制史方面的资料，比如《中历》408（《合集》840）：“[呼] 𠂤取逸羌。”“取”为捕取之义，“逸羌”即逃逸的羌人。传世文献对于逃亡者的打击亦有记载，如《左传》昭公七年云：“周文王之法曰‘有亡，荒阅’，所以得天下也。”杜预注：“有亡人当大搜其众。”①

### 13.《中国社会科学院古代史研究所藏甲骨文拓》

《中国社会科学院古代史研究所藏甲骨文拓》（简称《中古拓》）由宋镇豪主编，孙亚冰编纂，上海古籍出版社 2020 年出版。本书是对中国社会科学院历史研究所（现更名为古代史研究所）旧藏的一部甲骨拓本集的整理，著录甲骨拓本 182 片，含重出 16 片，并附释文、检索表。书中包含有法制史方面的材料。不过，该书所著甲骨绝大多数已见于《合集》《合补》，二书仅漏收 19 片（不计重片）。

## 三、博物馆藏甲骨

### 14.《德瑞荷比所藏一些甲骨录》

《德瑞荷比所藏一些甲骨录》（简称《德瑞》）由雷焕章编著，台北光启出版社 1997 年出版。该书著录德国科隆东亚艺术博物馆、瑞士巴塞尔文化博物馆、荷兰莱顿国立民族学博物馆、比利时布鲁塞尔皇家历史艺术博物馆、比利时玛丽蒙皇家博物馆、荷兰阿姆斯特丹国立博物馆等所藏殷墟甲骨 228 片，包括了照片、摹本、尺寸、释文及附录等。《合补》已收录 46 片（摹本 45 片，照片 1 片）。《德瑞》书中不乏珍贵的法制史资料，比如《德瑞》S121（图 2.11）：“☐劓刵刖。”李学勤指出：“‘劓刵刖’是三种肉刑，如此连用在卜辞中首见。”② 宋镇豪认为三刑的排列“殆按先轻后重言之”，“刵（劓）、刵一系似稍轻，刖刑在人足，又重之”③。

---

① （清）阮元校刻：《春秋左传正义》卷四十四，《十三经注疏》，中华书局，1980 年，第 2048 页。

② 李学勤：《海外访古续记》，载《四海寻珍》，清华大学出版社，1998 年，第 73—74 页。

③ 宋镇豪：《甲骨文中所见商代的墨刑》，载《考古学集刊》（第 15 集），文物出版社，2004 年，第 196 页。

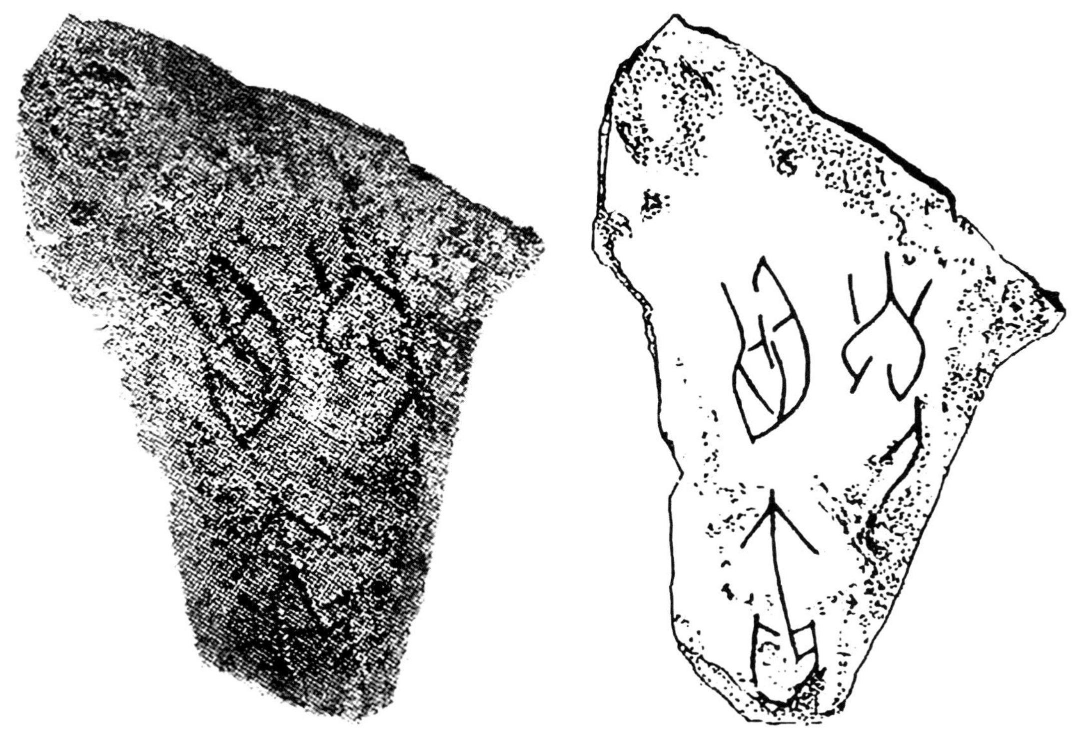

图 2.11 《德瑞》S121 照片及摹本
（《德瑞荷比所藏一些甲骨录》，第 77 页）

### 15.《山东省博物馆珍藏甲骨墨拓集》

《山东省博物馆珍藏甲骨墨拓集》(简称《山珍》) 由刘敬亭编著，齐鲁书社 1998 年出版。该书著录山东省博物馆所藏有字甲骨 1970 版，全为拓片，并附有释文。书中载有不少法制史资料，但是全书并未对甲骨进行分期分类，也没有著录表，不便利用。据学者统计，《合集》《合补》共收录 1491 版①。

### 16.《中国国家博物馆馆藏文物研究丛书 · 甲骨卷》

《中国国家博物馆馆藏文物研究丛书 · 甲骨卷》(简称《国博》) 由朱凤瀚、沈建华主编，上海古籍出版社 2007 年出版。该书著录馆藏甲骨 268 片，其中无字甲骨 4 片。全书包括甲骨图版（彩照、拓片）、考释及相关论文，甲骨编排根据贞人与字体分为八组，每组又按内容进行排序。内容分类有祭祀、战事、农业、气象、田猎、其他王事、生育、卜旬、地理、人物、文字、记事等，有些资料与法制史相关。《国博》所

① 参见门艺：《〈山东省博物馆珍藏甲骨墨拓集〉与〈甲骨文合集〉等对照表》，载《第七届“黄河学”高层论坛暨出土文献与黄河文明国际学术研讨会论文集》，2015 年，第 115—139 页。

著甲骨，《合集》《屯南》已收录达 120 片。

### 17.《上海博物馆藏甲骨文字》

《上海博物馆藏甲骨文字》（简称《上博》）由濮茅左编著，分为上下册，上海辞书出版社 2009 年出版。该书著录甲骨 5002 片，其中馆藏 4733 片，上海所见甲骨 268 片、日本姬街道资料馆藏骨 1 片。全书分甲骨图版（拓片、部分照片）、释文及附录，编排上以原藏家为类、入藏时间为序。馆藏甲骨中来源最多的有原孔德研究所（1537 片）、前上海市历史博物馆（1034 片）、原武进文献征集社（780 片），合计 3351 片，绝大部分已经收录于《合集》中。另外，《上博》所著甲骨没有统一编号，既不分期，也不分类。该书不乏有价值的法制资料，比如《上博》49003.207 反："☐呼省圉。"此是占卜关于视察监狱之事。虽然重见于《合集》5980，但拓片不如《上博》清晰，而且《合集》缺了此版甲骨的正面拓片，略有不足。《上博》附录二的著录表，李爱辉进行了校理工作，可以参见其《〈上海博物馆藏甲骨文字〉著录表校订》一文①。

### 18.《俄罗斯国立爱米塔什博物馆藏殷墟甲骨》

《俄罗斯国立爱米塔什博物馆藏殷墟甲骨》（简称《俄藏》）由宋镇豪、玛丽娅主编，上海古籍出版社 2013 年出版。该书著录馆藏有字甲骨 200 片（其中 3 片为有笔道的小碎骨）。《合集》《合补》分别收录摹本 27、42 片。《俄藏》分为甲骨图版（照片、拓片、摹本）、释文与简说、附录文章及检索表等，编排上先分期、后分类。甲骨分期采用五期分法，每一期再按内容排序。内容分为世系、祭祀、呼命、贡纳、田猎、农事、气候、卜旬、卜日、卜夕、方国、战争、刑罚、卜法及其他等类。

### 19.《旅顺博物馆所藏甲骨》

《旅顺博物馆所藏甲骨》（简称《旅博》）由宋镇豪、郭富纯主编，分为上中下三册，上海古籍出版社 2014 年出版。该书著录了旅顺博物馆所藏的全部甲骨，计 2217 片，其中有字甲骨 2211 片、无字与伪刻 6 片。《合集》已收录 587 片（拓片 533 片、摹本 54 片）。《旅博》一书分为甲骨图版（照片、拓片、摹本）、释文、检索表三部分，编排上先分期断代，按字体别其组类，再按内容排序。内容分类包括世系、王事、呼命往来、人物职官、地理交通、贡纳、田猎、农事、渔牧、宗教祭祀、灾异梦幻、疾

① 李爱辉：《〈上海博物馆藏甲骨文字〉著录表校订》，载《甲骨文与殷商史》（新 5 辑），上海古籍出版社，2015 年，第 283—288 页。

图 2.12 《旅博》502 照片及摹本
（《旅顺博物馆所藏甲骨》，上册第 98 页、中册第 109 页）

病医疗、刑狱、军事战争、诸侯方国、气象、天文历法、卜旬、卜日、卜夕、卜法、其他、文字、干支表、习刻等。其中“刑狱”类就是法制史研究的珍贵资料，比如《旅博》502（图 2.12）：“☐劓刵☐。”劓是割鼻，刵是断耳，两种肉刑并见于甲骨文中，与《德瑞》S121 相近，颇为少见。关于《旅博》的缀合，可以参见郭仕超《旅顺博物馆所藏甲骨缀合研究综述》一文①。

### 20.《重庆三峡博物馆藏甲骨集》

《重庆三峡博物馆藏甲骨集》（简称《重博》）由宋镇豪、黎小龙主编，上海古籍出版社 2016 年出版。该书著录了重庆中国三峡博物馆所藏甲骨，计 208 片，其中有字甲骨 178 片、无字甲骨与碎甲骨 18 片、伪刻 12 片。《合集》《合补》共收录 39 片。《重博》全书分为甲骨图版（照片、拓片、摹本）、释文、检索表三部分，编排上先分期断代，按字体别其组类，再按内容排序。内容分类包括世系、祭祀、呼命、贡纳、田猎、农事、气候、卜旬、卜日、卜夕、方国、战争、刑罚、卜法及其他等。

## 四、民间藏甲骨

### 21.《洹宝斋所藏甲骨》

《洹宝斋所藏甲骨》（简称《洹宝》）由郭青萍编著，内蒙古人民出版社 2006 年出版。该书著录了安阳洹宝斋所藏甲骨 302 片，另附存疑 4 片。甲骨材料较为零碎，残辞较多，比如《洹宝》209：“☐执☐。”《洹宝》240：“☐幸☐。”《洹宝》288：

① 郭仕超：《旅顺博物馆所藏甲骨缀合研究综述》，载《大连民族大学学报》2019 年第 2 期。

"弗［其］卒。""执"与"卒"的对象不明，亦无法排除属于司法抓捕的可能性，存疑待考。

### 22.《殷墟甲骨辑佚——安阳民间藏甲骨》

《殷墟甲骨辑佚——安阳民间藏甲骨》（简称《辑佚》）由段振美、焦智勤等编著，文物出版社 2008 年出版。该书著录甲骨 1102 片（正编 1008 片，附录 94 片），包括相关文章、甲骨释文、拓本（摹本）及照片等。书中不乏法制史方面的资料，比如《辑佚》15 反："☑圉羌。"可能与刑狱有关。

### 23.《殷墟甲骨拾遗》

《殷墟甲骨拾遗》（简称《殷遗》）由宋镇豪、焦智勤、孙亚冰编著，中国社会科学出版社 2015 年出版。该书著录安阳民间所藏有字甲骨 647 片，包括甲骨照片、拓本与摹本、释文、甲骨分期及组类一览表。内容涉及政治制度、王室结构、社会生活、军事战争、宗教祭祀、文化礼制等，部分亦与法制相关。

以上民间所藏甲骨均在安阳，属于"安阳民间系"。关于其学术价值与问题，可以参见展翔《"安阳民间系"甲骨著录文献校理》一文[①]。

除了上述四类资料外，我们还推荐一些比较重要的工具书，供大家参考：

1. 引得类工具书：姚孝遂主编《殷墟甲骨刻辞类纂》[②]，齐航福、章秀霞《殷墟花园庄东地甲骨刻辞类纂》[③]，洪飏主编《殷墟花园庄东地甲骨文类纂》[④]，李霜洁《殷墟小屯村中村南甲骨刻辞类纂》[⑤]，陈年福《殷墟甲骨文辞类编》[⑥]等。

2. 摹释、校释类工具书：姚孝遂主编《殷墟甲骨刻辞摹释总集》[⑦]，白于蓝《殷墟甲骨刻辞摹释总集校订》[⑧]，曹锦炎、沈建华《甲骨文校释总集》[⑨]，陈年福《殷墟甲骨文摹释全编》[⑩]等。

---

① 展翔：《"安阳民间系"甲骨著录文献校理》，载《甲骨文与殷商史》（新 9 辑），上海古籍出版社，2019 年，第 508—520 页。

② 姚孝遂主编：《殷墟甲骨刻辞类纂》，中华书局，1989 年。

③ 齐航福、章秀霞：《殷墟花园庄东地甲骨刻辞类纂》，线装书局，2011 年。

④ 洪飏主编：《殷墟花园庄东地甲骨文类纂》，福建人民出版社，2016 年。

⑤ 李霜洁：《殷墟小屯村中村南甲骨刻辞类纂》，中华书局，2017 年。

⑥ 陈年福：《殷墟甲骨文辞类编》，四川辞书出版社，2021 年。

⑦ 姚孝遂主编：《殷墟甲骨刻辞摹释总集》，中华书局，1988 年。

⑧ 白于蓝：《殷墟甲骨刻辞摹释总集校订》，福建人民出版社，2004 年。

⑨ 曹锦炎、沈建华：《甲骨文校释总集》，上海辞书出版社，2006 年。

⑩ 陈年福：《殷墟甲骨文摹释全编》，线装书局，2010 年。

3. 缀合类工具书：蔡哲茂《甲骨缀合集》[①]、《甲骨缀合续集》[②]、《甲骨缀合汇编》[③]，林宏明《醉古集——甲骨的缀合与研究》[④]、《契合集》[⑤]，黄天树主编《甲骨拼合集》[⑥]、《甲骨拼合续集》[⑦]、《甲骨拼合三集》[⑧]、《甲骨拼合四集》[⑨]、《甲骨拼合五集》[⑩]，张宇卫《缀兴集——甲骨缀合与校释》[⑪]等。

① 蔡哲茂：《甲骨缀合集》，乐学书局，1999年。

② 蔡哲茂：《甲骨缀合续集》，文津出版社，2004年。

③ 蔡哲茂：《甲骨缀合汇编》，花木兰文化出版社，2011年。

④ 林宏明：《醉古集——甲骨的缀合与研究》，万卷楼，2011年。

⑤ 林宏明：《契合集》，万卷楼，2013年。

⑥ 黄天树主编：《甲骨拼合集》，学苑出版社，2010年。

⑦ 黄天树主编：《甲骨拼合续集》，学苑出版社，2011年。

⑧ 黄天树主编：《甲骨拼合三集》，学苑出版社，2013年。

⑨ 黄天树主编：《甲骨拼合四集》，学苑出版社，2016年。

⑩ 黄天树主编：《甲骨拼合五集》，学苑出版社，2019年。

⑪ 张宇卫：《缀兴集——甲骨缀合与校释》，万卷楼，2020年。

# 第三章　金文法制史料提要

目前所见的金文法制史料，年代跨越了西周、春秋战国、秦及西汉，其中以西周金文法制史料的数量最多。不过，西周春秋的金文法制史料多非法令、判例的原始记录，而是铸造于礼器之上的转述、摘录文辞，作器者的主观色彩非常鲜明。战国秦汉金文法制史料的礼器色彩逐步淡化，并出现了少量较为单纯的法令条文。西周金文法制史料多出自陕西，即当时的王畿及附近区域。陕西所出金文以宝鸡为多，宝鸡所出金文以岐山、扶风两县为多，这两县正是古周原所在地，故西周金文法制史料所反映的制度以王畿地区为主。从非王畿地区出土的铭文来看，各地制度存在较大差异，不能简单将王畿资料反映的制度看作王朝普遍通行的制度。东周以降的金文资料出土地点相当广泛，遍布陕西、山西、山东、安徽、河南、河北、湖南、湖北等省，与之相应，其中反映的法制信息也更加多元。以下梳理了迄今已正式发表的金文法制史料，共86篇。

## 一、西周早期

### 1. 天亡簋

天亡簋亦名大豊簋、朕簋，道光末年（或云1844年）出土于陕西岐山县礼村，是武王时的铜器，现藏于中国国家博物馆。器内底铸铭文78字（其中合文1）。本器的主要著录文献及编号为：《三代吉金文存》9.13.2；《窸斋集古录》11.15.2；《殷周金文集成》04261；《商周青铜器铭文选》23；《商周青铜器铭文暨图像集成》05303。铭文释文如下：

> 乙亥，王又（有）大豊（礼），王凡三方，王祀于天室，降。天亡又（佑）王，衣（殷）祀于王，不（丕）显考文王，事喜（糦）上帝，文王德才（在）上，不（丕）显王乍眚（作省），不緣（丕肆）王乍赓（作庚），不（丕）克乞（讫）衣（殷）王祀。丁丑，王卿（饗）大宜，王降亡助（嘉、贺）爵、退囊，隹朕有蔑，每（敏）启王休于尊簋。

铭文对研究西周礼、德、天命理论之构建具有重要价值。铭文中说“不（丕）克乞衣王祀”，指终结了殷王朝祭祀于天室的历史。天子在会同三方诸侯之后，在天室举行大礼，象征着周王朝的统治具有合法性。

### 2. 何尊

何尊（图 3.1）1963 年出土于陕西宝鸡县贾村（今属宝鸡市陈仓区），现收藏于宝鸡青铜器博物院，是成王时的铜器，内底铸铭文 12 行，122 字（其中合文 3）。本器的主要著录文献及编号为：《文物》1976 年 1 期；《殷周金文集成》06014；《商周青铜器铭文选》32；《商周青铜器铭文暨图像集成》11819。铭文释文如下：

> 隹王初鄉（迁）宅于成周，复禀珷（武）王豊（礼），祼自天，① 才（在）四月丙戌，王寡（诰）宗小子于京室，曰：昔才（在）尔考公氏，克逨（弼）玟（文）王，肆（肆）玟（文）王受丝（兹）【大命】，隹珷（武）王既克大邑商，则廷告于天，曰：余其宅兹中国，自之辥（乂）民，乌乎（呼），尔有唯（虽）小子亡戠（识），眂（视）于公氏，有爵（勳）于天，馭（徹）令（命），苟（敬）享戋（哉）。叀（唯）王龏（恭）德谷（裕）天，顺（训）我不每（敏），王咸寡（诰），何易（锡）贝卅朋，用乍（作）囗（庚）公宝尊彝，隹王五祀。

铭文说成王沿用武王的典礼，通过“廷告于天”的仪式，宣示自己有统治天下之中（中国）、治理人民的合法权力，这和天亡簋是一样的。铭文称发布命令为“诰”，与《尚书》等古籍的记载相同。《尚书》中《大诰》《康诰》《酒诰》诸篇都是周初重要的法律文件，直至明代朱元璋制定法律时还沿用《大诰》的名称。金文中相关材料还有史䛗簋（《集成》04030）。铭文在述及“王诰宗小子于京室”时，特别强调他们要“视于公氏”，② 即效法自己的父辈。西周时代法令的贯彻，很大程度上是通过仿效的方式完成的：子孙仿效父祖、下级仿效上级、地方仿效中央。金文册命资料中常见继任者做出“帅井祖考”之类的表述，其意同于“视于公氏”。成王对同宗小子提出要求，让他们仿效父辈以贯彻政令，这与当时世卿世禄、宗族内自治性较强的社会特征是一致的。作器者何作为宗小子，接受诰令后，特制作了纪念其父庚公的礼器，此虽为金文惯常模式，但亦为“视于公氏”之体现。

关于西周早期诸王立法的历史，可以将西周金文和战国楚简材料联系起来研究。如 2020 年 11 月公布的清华简（拾）中有《四告》篇，其内容是周公、伯禽、周穆王、召伯虎四人向神明祷告求福之辞。在祷辞中，周公所言“我亦永念天威，王家无

---

① 这句话李学勤释为“复禀武王豊福自天”，禀为领受之意；豊为酒醴；福为胙肉。参见李学勤：《何尊新释》，载《中原文物》1981 年第 1 期。

② 《尔雅 · 释诂》：“视，效也。”

图 3.1　何尊及其铭文
（《陕西金文集成》[ 卷七 ]，第 98、99 页）

常，周邦之无纲纪，畏闻丧文武所作周邦刑法典律，用创兴立诲”，表明周初文王、武王即制作法律。[①] 最近整理者（贾连翔）又将这句话和此前公布、并经缀补的清华简《封许之命》联系起来，获得了更多的历史信息，[②] 参见本书第四章“楚简”中的相关部分。

### 3. 宜侯夨簋

宜侯夨簋 1954 年出土于浙江省丹徒县龙泉乡烟墩山，是康王时的铜器，现收藏于中国国家博物馆。铜器出土时已破碎，虽经修复，仍有缺字，内底铸铭文 12 行，126 字（其中合文 2）。本器的主要著录文献及编号为：《文物》1955 年第 5 期；《殷周金文集成》004320；《商周青铜器铭文选》57；《商周青铜器铭文暨图像集成》05373。铭文释文如下：

隹四月辰才（在）丁未，王眚（省）珷（武）王、成王伐商图，征眚（省）东或（国）图，王立（位）于宜，入土（社），南鄉（向）。王令（命）虞侯夨曰：繇！侯于宜，易（锡）䰜鬯一卣，商瓚一□、彤弓一、彤矢百、旅弓十、旅矢千；易（锡）土：氒（厥）川三百□，氒（厥）□百又廿，氒

① 黄德宽主编：《清华大学藏战国竹简》（拾），中西书局，2020 年，第 109—126 页。

② 参见贾连翔：《〈封许之命〉缀补及相关问题探研》，载《出土文献》2020 年第 3 期。

（厥）宅邑卅又五，氒（厥）□百又卌，易（锡）才（在）宜王人十又七生（姓、里？），易（锡）奠（甸）七白（伯），氒（厥）盧□又五十夫，易（锡）宜庶人六百又□六夫，宜侯夨扬王休，乍（作）虞公父丁尊彝。

铭文是研究周初分封制度的重要资料。铭文“易（锡）才（在）宜王人十又七生”中通常被释为“生（姓）”的字，李学勤释为“里”，这是非常重要的意见。①“王人”为周人族属，可参见曶鼎（集成02838）铭文。被赐者未必都是奴隶，朱凤瀚有详细论述。②

#### 4. 大盂鼎

据《愙斋集古录》说，大盂鼎在道光初年出自眉县礼村沟岸中，《缀遗斋彝器考释》则说道光中岐山河岸崩出三大鼎，本器为其一。本器是康王时的铜器，现收藏于中国国家博物馆。本器内壁铸铭文19行，291字（其中合文5）。本器的主要著录文献及编号为：《三代吉金文存》4.42.1-43.2；《愙斋集古录》4.12-17；《殷周金文集成》02837；《商周青铜器铭文选》62；《商周青铜器铭文暨图像集成》02514。铭文释文如下：

隹九月，王才（在）宗周，令（命）盂。王若曰：盂！不（丕）显玟（文）王受天有大令（命），在珷（武）王嗣玟（文）乍（作）邦，闢（闢）氒（厥）匿（慝），匍（敷）有四方，畯（畯）正氒（厥）民，在雩（于）御事，𠭯！酉（酒）无敢醭（酖），有髭（柴）糞（烝）祀无敢醸，古（故）天异（翼）临子，灋（法）保先王，匍（敷）有四方，我闻殷述（坠）令（命），隹殷边侯、田（甸）雩（与）殷正百辟，率肄（肆）于酉（酒），古（故）丧师。巳！女（汝）妹（昧）辰（晨）又（有）大服，余隹即朕小学，女（汝）勿克（蔽）余乃辟一人。今我隹即井（型）亩（禀）于玟（文）王正德，若玟（文）王令（命）二三正，今余隹令（命）女（汝）盂召荣，苟（敬）雝（拥）德巠（经），敏朝夕入谰（谏），享奔走，畏天畏（威）。王曰：而，令（命）女（汝）盂井（型）乃嗣且（祖）南公。王曰：盂乃召夹死（尸）司戎，敏谏罚讼，夙夕召我一人䇂（烝）四方，雩（粤）我其遹眚（省）先王受民受疆土。易（锡）女（汝）鬯一卣，冂衣、市（韨）、舄、车、马，易（锡）乃且（祖）南公旂，用狩。易（锡）女（汝）邦司四白（伯），人鬲自驭至于庶人六百又五十又九夫，易（锡）尸（夷）司王臣十又三白（伯），人鬲千又五十夫，遞𡨦迁自氒（厥）土。王曰：盂，若苟（敬）

① 李学勤：《宜侯夨簋与吴国》，载《文物》1985年第7期。

② 朱凤瀚：《商周家族形态研究》，天津古籍出版社，2004年，第249—252页。

乃正，勿灋（废）朕令（命）。盂用对王休，用乍（作）且（祖）南公宝鼎，隹王廿又三祀。

这篇铭文是探讨西周天命观、政权合法性理论、德政、禁酒令、审判权授予方式、分封制度的重要资料。其中有关禁酒令的内容可与毛公鼎（《集成》02841）铭文对读，有关分封制度可与小盂鼎（《集成》02839）对读，器主家族背景资料可参见2009年随州文峰塔墓地曾侯腆编钟（《铭图》21029）铭文、2019年随州枣树林墓地出土曾公𤺊编钟（《江汉考古》2020年第1期）铭文。

### 5. 小盂鼎

据王国维《观堂集林》说小盂鼎与大盂鼎（《集成》02837）同出于陕西眉县礼村，是康王时的铜器，传说毁于太平天国之际，或云重埋于土。本器内壁铸铭文，残缺很多，又为锈所掩，可辨者约20行、290字左右。本器的主要著录文献及编号为：《攈古录金文》3之3.42；《三代吉金文存》4.44.1-45.1；《殷周金文集成》02839；《商周青铜器铭文选》63；《商周青铜器铭文暨图像集成》02516。铭文释文如下：

隹八月既望，辰才（在）甲申，昧丧（爽），三左三右多君入，服酉（酒）。明，王各（格）周庙，【赞王、邦】宾，征。邦宾尊其旅服，东鄉（向）。盂以多旂佩鬼方□□□□入南门，告曰：王令盂以□□伐鬼方，□□□□□，【执】兽（酋）三人，获馘四千八百【又】十二馘，孚（俘）人万三千八十一人，孚（俘）马□□匹，孚（俘）车卅两（辆），孚（俘）牛三百五十五牛，羊卅八羊。盂或（又）告曰：□□□□，乎（呼）蔑（？），我征，执兽（酋）一人，获馘二百卅七馘，孚（俘）人□□人，孚（俘）马百四匹，孚（俘）车百□两（辆）。王□曰：□，盂拜稽首，以兽（酋）进，即大廷。王令荣□兽（酋），□□□嘼（酋）鞫（鞫）氒（厥）故，□越白（伯）□□鬼闻，鬼闻虘以亲□从。咸，折兽（酋）于□。□□□□□□□以人、馘入门，献西旅；以□入，燎周【庙】，□□□□□□□□□入三门，即立（位）中廷，北鄉（向）。盂告。费白（伯）即立（位），费□□□□□于明白（伯）、继白（伯）、□白（伯）告。咸，盂以【诸】侯眔侯、田（甸）、【男】□□□盂征告。咸，宾即立（位），赞宾，王乎（呼）赞盂，于氒（厥）□□□进宾，□□。大采，三周入，服酉（酒）。王各（格）廟，祝征□□□□□□，邦宾，不（丕）祼。□□用牲，啻（禘）周王、【武】王、成王，□□有逸，王祼祼，遂赞邦宾。王乎（呼）□□□令盂以区入，凡区以品，雩（粤）若翌乙酉，□三事【大】【夫】入服酉（酒），王各（格）庙，赞王邦宾，征。王令赏盂，□□□□□，弓一、矢百、画皋一、贝胄一、金干一、戡戈二、□□，用【乍】(作)□白(伯)宝尊彝，隹王廿又五祀。

铭文说周人抓获鬼方三酋，周王命令荣伯进行审讯，使用的是“邋(鞫)氒(厥)故”一词。陈梦家认为，邋假作籥，即鞫字，李学勤从之。[①] 据此说，则“鞫”之术语渊源甚古。从铭文还可得知，鬼方之乱的起因是其首领鬼闻与周朝的越伯起了冲突。审讯的地址在“大廷”，朱右曾云，“大廷”在雉门外，雉门就是铭文中的“三门”。[②] 在曶鼎(《集成》02838)铭文中，三门为悬法(即所谓“木方”)之处。审讯结束后，三酋被斩。

### 6. 麦方尊

麦方尊又名作册麦方尊，原藏清宫，是康王时的铜器。本器内底铸铭文8行，166字(其中重文3，合文1)。本器的主要著录文献及编号为:《西清古鉴》8.33;《殷周金文集成》06015;《殷周青铜器铭文选》67;《商周青铜器铭文暨图像集成》11820。铭文释文如下:

王令(命)辟井(邢)侯出坏(坯)，侯于井(邢)。雩若二月，侯见于宗周，亡迷(尤)，迨(合)王饔莽京，酌(肜)祀。雩若竭(翌)日，才(在)璧(辟)雝(雍)，王乘于舟，为大豊(礼)，王射大韡(鸿)禽，侯乘于赤旂舟，从，死(尸)咸之日，王以侯内(入)于寝(寝)，侯易(锡)幺(玄)周(琱)戈；雩王才(在)庥(斥)，巳夕，侯易(锡)者(赭)娥臣二百家，剂(赍)用王乘车马、金勒、冂(裳)、衣、市(韍)、舄，唯归，遅天子休，告亡尤，用韡(恭)义(仪)宁侯，覭孝于井(邢)侯，乍(作)册麦易(锡)金于辟侯，麦扬，用乍(作)宝尊彝，用鬲侯逆舟(覆)，遅明令，唯天子休于麦辟侯之年铸，孙孙子子其永亡冬(终)，冬(终)用寍(造)德，妥(绥)多友，享旋(奔?)走令(命)。

铭文中的肜祀，可以和《尚书·高宗肜日》对读。肜祀之后又有射礼，可以和令鼎(《集成》02803)铭文对读。本铭说制作礼器的目的是用以光美君主之“明令”，类似的表述见于西周晚期的史颂鼎(《集成》02787)。铭文末尾所说用德来安抚多友、来奔走效命，可知当时“德”在规范社会、校正行为上的作用。铭文中的“赭娥臣”

① 参见陈梦家:《西周铜器断代》(上册)，中华书局，2004年，第108页；李学勤:《小盂鼎与西周制度》，载《历史研究》1987年第5期。

② 参见黄怀信:《逸周书汇校集注》(上册)，上海古籍出版社，2007年，第147页。

可能是穿赭色囚服的刑徒或降臣。

### 7. 亢鼎

亢鼎（图 3.2）为上海博物馆 1998 年从香港古玩肆征集所得，是康王时的铜器，收藏于上海博物馆。本器内壁铸铭文 8 行、49 字（其中合文 6）。本器的主要著录文献及编号为：《新收殷周青铜器铭文暨器影汇编》1439；《商周青铜器铭文暨图像集成》02420。铭文之释文如下：

> 乙未，公大（太）保买大珏于美亚，才（财）五十朋。公令（命）亢归美亚贝五十朋，以（与）茅筹、鬯坛、牛一。亚宾亢骍、金二匀（钧）。亢对亚宝，用乍（作）父己，夫册。

本铭是西周早期用贝购买商品的实例。西周时代贵族购买大宗商品后，除了支付价款外，对卖者还有赏赐。卖方对买方贵族派来支付价款的人员亦有礼物赠与，这是西周买卖规则中礼制的体现。铭文中“亚宾亢骍、金二钧”与宾礼相关。关于宾礼，可参见《周礼·秋官·司仪》：“宾继主君，皆如主国之礼。”贾公彦疏：“按聘礼君遣卿劳及致馆等皆宾，宾者报也。”是礼制在交易规则中的功能体现，对此可与任鼎（《铭图》02442）铭文对读。

图 3.2　亢鼎及其铭文

（彩图由上海博物馆提供；铭文参见《商周青铜器铭文暨图像集成》[ 第 5 卷 ]，第 236 页）

### 8. 𩰫簋

𩰫簋（图 3.3）1989 年出土于山东省滕州市姜屯镇庄里西村，是西周早期前段的

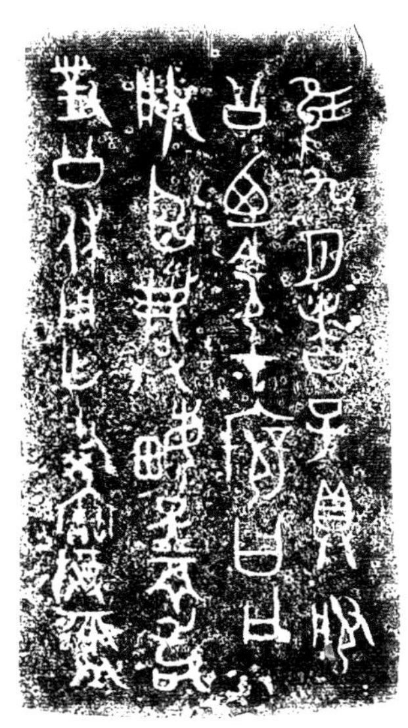

图 3.3　鬻簋及其铭文
（《首阳吉金》，第 83、84 页）

铜器。本器出土时曾遭哄抢，并流出境外，现收藏于美国纽约首阳斋。本器内底铸铭文 4 行，31 字。本器的主要著录文献及编号为：首阳斋、上海博物馆、香港中文大学编：《首阳吉金——胡盈莹、范季融藏中国古代青铜器》，上海古籍出版社 2008 年版，第 83 页；《商周青铜器铭文暨图像集成》05106。铭文释文如下：

隹九月，者（诸）子具服。公乃令（命）才（在）辟，曰：井（刑—型）朕臣兴诲。鬻敢对公休，用乍（作）父癸宝尊彝。

铭文对研究西周邦国法秩序构建具有参考价值。① 铭文中的“井”或释为“凡”。器主鬻之父名癸，以日得名，为商人习俗。从首阳斋藏鬻觯（《铭图》10655）可知，鬻在滕国担任史官。

### 9. 令鼎

令鼎出土于山西芮城县，又名大搜鼎、耤田鼎、諆田鼎，是昭王时的铜器。本器内壁铸铭文 8 行，70 字。本器的主要著录文献及编号为：《三代吉金文存》4.27.1；

① 参见王沛：《西周邦国的法秩序构建——以新出金文资料为基础的研究》，载《政法论坛》2016 年第 6 期；朱凤瀚：《䚄器与鲁国早期历史》，载朱凤瀚主编：《新出金文与西周历史》，上海古籍出版社，2011 年，第 11 页；董珊：《新见鲁叔四器铭文考释》，载中国古文字研究会、复旦大学出土文献与古文字研究中心编：《古文字研究》第二十九辑，中华书局，2012 年，第 303—312 页。

《殷周金文集成》02803；《殷周青铜器铭文选》97；《商周青铜器铭文暨图像集成》02451。铭文释文如下：

> 王大耤农于諆田，餳。王射，有司眔师氏小子𨚕（会）射，王归自諆田，王驭溓中（仲）仆，令眔奋先马走，王曰：令眔奋，乃克至，余其舍女（汝）臣十家，王至于溓宫，敐，令拜稽首，曰：小子乃学，令对扬王休。

本铭和西周的礼制密切相关，涉及籍礼、射礼。籍礼和西周土地制度相关，射礼和选任制度相关。关于籍礼的内容，各家解释有所不同。但大多学者认为，籍礼的目的在于以其仪式确认井田制度的合法性。《国语 · 周语上》说西周土地制度的崩坏始于“宣王即位，不籍千亩”。金文籍田资料又见于𢦚簋盖铭文（《集成》05289），该铭文中，周王册命𢦚担任司土，主管籍田。① 籍田礼对后世影响深远。汉晋时期在阴阳、天人感应理论的影响下，籍田礼和司法、立法密切相关。② 关于射礼资料，金文出现较多。杨宽曾论证过射礼在拣选人才方面的重要作用。③

### 10. 作册令方彝

作册令方彝又名矢令彝，据传为1929年出土于河南洛阳马坡，是昭王时的铜器，现藏美国华盛顿弗利尔美术馆。又有作册方尊与方彝同时出土，铭文相同，现藏于台北故宫博物院。方彝铭文相对清晰，盖、器同铭，各14行，187字（其中重文2）。作册令方彝的主要著录文献及编号为：《三代吉金文存》11.38.2；《殷周金文集成》09901；《商周青铜器铭文选》95；《商周青铜器铭文暨图像集成》13548。铭文释文如下：

> 隹八月，辰才（在）甲申，王令（命）周公子明保尹三事四方，受卿事寮。丁亥，令矢告于周公宫，公令（命）𢓊（㣞）同卿事寮，隹十月月吉癸未，明公朝至于成周，𢓊（㣞）令（命）舍三事令，眔卿事寮、眔者（诸）尹、眔里君、眔百工、眔者（诸）侯，侯、田（甸）、男，舍四方令。既咸令（命），甲申，明公用牲于京宫；乙酉，用牲于康宫。咸既，用牲于王，明公归自王，明公易（锡）亢师鬯、金、小牛，曰：用禕（祓）；易（锡）令鬯、金、小牛，曰：用禕（祓）。乃令（命）曰：今我唯令（命）女（汝）二人亢眔矢爽左右于乃寮以乃友事，乍（作）册令敢扬明公尹人（氏）宔，

---

① 𢦚簋著录于宋吕大临《考古图》3.22，以及中国社会科学院考古研究所编《殷周金文集成》（第3册），中华书局，2007年，第2477页。

② 参见《后汉书 · 明帝纪》；晋武帝《籍田大赦诏》，收录于（唐）许敬宗编，罗国威整理：《文馆词林校证》，中华书局，2001年，第269页。

③ 杨宽：《西周史》，上海人民出版社，1999年，第734页。

用乍（作）父丁宝尊彝，敢追明公赏于父丁，用光父丁，㑺册。

铭文展示了最高执政大臣接受任命，并向天下发布命令的场景。铭文详细列举了发布命令的对象，其中包括文武百官和四方诸侯。虽然命令的详细内容不得而知，但是对了解西周权力运作及政令贯彻而言却是难得的资料。在命令发布之后，周公又举行了各种用牲之祭礼，更体现出了西周时代礼制和法制之间的关系。周公在任命亢和夨时，赐予他们礼物，这是当时之礼仪，以此确立上下级的主从关系，亦为以礼制确立秩序的体现。

### 11. 䣄尊、䣄卣

䣄尊、䣄卣（图 3.4）出土地不详，是西周早期后段铜器。䣄尊、䣄卣的铭文相

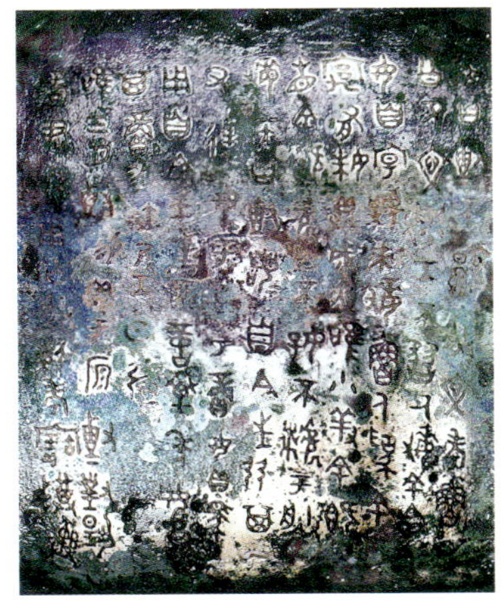

图 3.4　䣄尊、䣄卣及䣄卣内底铭文
（《新出金文与西周历史》，图版六、七、八）

同，可以对读。䰧尊现藏中国国家博物馆，䰧卣为海外收藏家收藏。䰧尊内底铸有铭文10行，114字（其中重文1），䰧卣盖、器铭文相同，各114字（其中重文1）。铭文的主要著录文献及编号为：朱凤瀚：《新出金文与西周历史》，上海古籍出版社2011年版，第1—20页；《商周青铜器铭文暨图像集成》11818、13347。铭文释文如下：

侯曰：䰧，不（丕）显朕文考鲁公夊（各）文遗工（功），不（丕）肆乎（厥）诲。余令（命）女（汝）自寽虢来诲鲁人，为余宽（宫）。有姝具（俱）成，亦唯小羞。余既眚（省），余既处，亡不好、不䶂（忤）于朕诲。侯曰：䰧，若（诺）！若（诺）！自今往，弜其又达女（汝）于乃丂。赏女（汝）贝马用，自今往，至于啬（亿）万年，女（汝）日其赏，勿替乃工（功），日引。唯三月叔易（锡）贝于原，䰧对扬辟君休，用乍（作）朕刺（烈）考宝尊彝。

铭文是研究西周早期法律史，特别是诸侯国法制状况的重要资料。本器的主人䰧（叔）并非周人，而是殷商旧族，铭文显示出周人任用殷商遗民发布教令的情景，可与前列𩛥簋（《铭图》05106）、后列䰧卣（《铭图》13327、13328）铭文对读。①

### 12. 㾌父鼎

据《积古斋钟鼎彝器款识》载，本器又名周麻城鼎，盖得自湖北麻城，后下落不明，是西周早期铜器。㾌父鼎有两器，铭文相同，内壁铸铭文，各4行，一器存24字，一器存19字。本器的主要著录文献及编号为：《积古斋钟鼎彝器款识》4.15；《殷周金文集成》02671；《山东金文集成》168；《新收殷周青铜器铭文暨器影汇编》20059；《商周青铜器铭文暨图像集成》02259。铭文释文如下：

㾌父乍（作）𩰫宝鼎，征令曰：有女（汝）多兄，母（毋）又（有）違（违？）女（汝），隹女（汝）率我友以事。

本铭的作器者为㾌父，但从行文口气来看，鼎之所有者似乎并非㾌父，而是铭文中的"汝"。㾌父命令说，你有多位的兄长，但他们都不能违背你，② 只有你能率领我友（亲族成员）以从事。友在西周多指亲族成员，③ 㾌父可能是诸友之首，因为他称呼

① 参见王沛：《西周邦国的法秩序构建——以新出金文资料为基础的研究》，载《政法论坛》2016年第6期；朱凤瀚：《䰧器与鲁国早期历史》，载朱凤瀚主编：《新出金文与西周历史》，上海古籍出版社，2011年，第11页；董珊：《新见鲁叔四器铭文考释》，载中国古文字研究会、复旦大学出土文献与古文字研究中心编：《古文字研究》第二十九辑，中华书局，2012年，第303—312页。

② "違"字或释为"達（达）"，"毋有达汝"，即没有人能赶得上你。

③ 参见朱凤瀚：《商周家族形态研究》，天津古籍出版社，2004年，第292页。

诸友为“我友”。㡴父赐“汝”鼎，当是以之作为授权的依据。

### 13. 韩伯豐鼎

韩伯豐鼎为私人收藏青铜器，是西周早中期之际的铜器，内壁到内底铸有铭文6行，51字。本器的主要著录文献及编号为：《商周青铜器铭文暨图像集成》02426。铭文释文如下：

隹一月既生霸甲辰，才（在）成周。御史至，以兹令（命）曰：“内史曰：‘告韩白（伯），觑！白（伯）氏宕，卿事司曰：仑（论）。今我既即令（命）曰：先王令（命），尚（当）付。’”韩白（伯）豐乍（作）宝鬻彝。

这件铜器体量较小，即便铭文从铜器内壁延伸到底部，也无法拓展更多的篇幅空间，所以行文非常简省，有限的文字只表达出最核心的主旨——官司赢了。至于案件的具体情节，则大多略去了。不过从关键词出发，还是可以复原出不少信息。内史是王室的秘书，负责处理和保存书面文书；① 而御史则低于内史，是传达内史命令的人员。伯氏，是宗族内部对大宗宗子的称呼，铭文使用伯氏这个称呼，则暗示案件发生于宗族内部。宕，指度量土地，琱生三器（《集成》04292、04293，《铭图》11816）在提及宗族内部的田土划分时，就使用了这个术语。卿事司，当为卿事寮有司的简称。论，在秦汉法律术语中有判决定罪的意思，本铭指做出裁断。有司做出的裁断由周王最后正式公布，反映出西周审判的最终主导权在周王手中的特质。需要指出的是，铭文中还出现“先王令”一词，关于此词，有两种理解方式：其一，这个裁断是先王在世时所做出的，传达之时，先王已然去世。其二，“先王令”是先王制定的某项法令，判决是根据这项法令而做出的。当付，就是土地应该交付给韩伯。韩伯，就是上文中的伯氏。本案可能是伯氏（大宗）获利的家族内部纷争案件；与本案形成对照的是琱生诸器案与肃卣（《铭图》20882）案，后两者为小宗获利的家族内部纷争案件。本案显示，周王审判权渗透至贵族之宗族内部，这与肃卣（《铭图》20882）等器反映的社会现象是一致的。

### 14. 姬皃母温鼎

姬皃母温鼎为台北陈氏所藏，是西周早中期之际的铜器，有铭文3行，13字，本器的主要著录文献及编号为：张光裕、黄德宽：《古文字学论稿》，安徽大学出版社2008年版，第246—257页。铭文释文如下：

---

① 李峰：《西周的政体——中国早期的官僚制度和国家》，生活·读书·新知三联书店2010年版，第313页。

姬皃母乍（作）鲁鼎，用旨尊氒（厥）公氒（厥）姊。

铭文对研究西周的婚姻制度很有帮助。公为作器者姬皃母的配偶，姊为其姐，或其姐为正妻。姬皃母可能是在其姊死后，以嫡娣的身份继承其姊的位子，有权力作器祭祀其公其姊。①

## 二、西周中期

### 15. 䚄簋

据传䚄簋在清末民初出土于陕西宝鸡，是穆王时的铜器。原收藏者的祖父在1949年之前以一座小中药铺换得此器，2005年由国家博物馆征集入藏。器底铸有铭文11行，110字。本器的主要著录文献及编号为：《中国历史文物》2006年第3期；《商周青铜器铭文暨图像集成》05362。铭文释文如下：

隹廿又四年九月既望庚寅，王才（在）周，各（格）大（太）室，即立（位），司工逢入右䚄立中廷，北鄉（向）。王乎（呼）乍（作）册尹册申令（命）䚄曰：更乃且（祖）服乍（作）冢司马，女（汝）乃谏讯有㗊，取遺（赐）十寽。易（锡）女（汝）赤市（韍）、幽黄（衡）、金车、金勒、旂，女（汝）乃敬夙夕勿灋（废）朕命。女（汝）肇享。䚄拜稽首，敢对扬天子休，用乍（作）朕文且（祖）幽白（伯）宝簋，䚄其万年孙子其永宝用。

本铭是非常重要的法制史料。铭文显示，作器者䚄接受册命，继承其祖的职务，担任王朝之"冢司马"，并承担"谏讯有㗊"的职责。何谓㗊，学界有很大的理解分歧，如认为㗊训为粦，为粦明；或训为嫌，为嫌疑；或训为鄰，指邻里组织。清华大学藏战国楚简《摄命》公布后，从其中"粤御事庶百有告有𧦝""有狱有𧦝""无狱无𧦝"等表述可知，㗊、𧦝、𧦝当是一个字，与告、诉讼、狱讼同义。铭文中"取遺"，在金文中常有出现，"遺"字写法有所不同，马承源结合各种资料，正确地分析了该字的字形，指出其本字当即赐，《集韵》释之为"小有财"。② 马承源认为赐是西周的官俸，但是从取赐数额来看，不过五寽、十寽；即便身份极其高贵的毛公，取赐数目亦不过三十寽，而这已经是目前所见的最高额度了。金文诉讼案件中的罚款标准则远

① 参见黄国辉：《略论"姬皃母温鼎"中的人物关系及婚姻制度》，载《中国史研究》2010年第1期。

② 参见马承源：《说赐》，载中国古文字研究会等编：《古文字研究》（第十二辑），中华书局，1985年。

高于此，师旂鼎（《集成》02809）和𫓧匜（《集成》10285）铭文所反映的罚款数额都为三百寽。如此微小的取赠数额作为年俸，似乎不太可能。至于是否为月俸，抑或是其他种类的俸禄，均无相关证据。朱凤瀚认为取赠是朝廷就讯讼而支付的俸禄；① 而张光裕认为取赠是审理者从败诉者罚金中抽取的酬金，② 这两种说法都可供参考。还需注意的是，师瘨簋盖铭文（《集成》04284）中担任司马的井伯也叫觌，其身份为井氏家族的宗子，应为本铭中的觌。井叔采钟（《铭图》15290）、禹鼎（《集成》02833）铭文所言井氏之宗子穆公，即霸姬盘（《铭图》31220）中之穆公，也即本铭中的觌。概言之，穆、恭时期铭文中出现的井伯、穆公、觌当为一个人，他在穆王二十四年继承其祖之职任冢司马，并获取审判权，并在穆、恭之际处理霸姬诉讼案（霸姬盘［《铭图》31220］、盉［《铭图》14795］），在恭王五年处理邦君厉诉讼案（五祀卫鼎［《集成》02832］）。

### 16. 䖒卣（提梁卣）

䖒卣出土地不详，为圆筒形提梁卣，共两件（下文称为甲、乙），是西周中期前段铜器。䖒卣甲盖、器同铭，据吴镇烽说，盖铭锈层较厚，器铭 8 行，47 字。③ 䖒卣乙内底铸铭文 8 行，47 字，内容与䖒卣甲同。䖒卣甲、乙为海外收藏家收藏。铭文的主要著录文献及编号为：朱凤瀚：《新出金文与西周历史》，上海古籍出版社 2011 年版，第 1—20 页；《商周青铜器铭文暨图像集成》13327、13328。铭文释文如下：

> 侯曰：䖒，女（汝）好（孝）友。朕诲才（在）兹鲜，女（汝）生（姓）继自今，弜（弗）又（有）辛女（汝）井（刑–型）。易（锡）女（汝）贝用。唯六月，䖒易（锡）贝于寝（寝），䖒对扬辟君休，用乍（作）朕文考宝尊彝。

铭文“弜（弗）又（有）辛女（汝）井（刑）”这句话中的“辛”有触犯法律意思。《说文解字》云“辛，辠也”，“辠，犯法也”。“井”在金文中通“刑”，后世写作“型”，是规范的意思。《尔雅·释诂》中说“刑，法也”即此义。在鲁侯所推行的教令中，孝友原则或为其核心准则，对此可参见曆鼎（《集成》02614）铭文。本铭可与前列𩛥簋（《铭图》05106）、䖒尊（《铭图》11818）、䖒卣（《铭图》13347）铭文对读。

---

① 参见朱凤瀚：《西周金文中的“取徵”与相关诸问题》，载陈昭容主编：《古文字与古代史》（第一辑），中研院历史语言研究所，2007 年，第 192—211 页。

② 参见张光裕：《读新见西周簋铭文札逐》，载中国古文字研究会等编：《古文字研究》（第 25 辑），中华书局，2004 年。

③ 吴镇烽主编：《商周青铜器铭文暨图像集成》（第 24 卷），上海古籍出版社，2012 年，第 280 页。

### 17. 静簋

静簋是穆王时的铜器，现藏美国萨克勒艺术博物馆。器内底铸铭文8行，90字（其中重文2）。本器的主要著录文献及编号为:《西清古鉴》27.14;《殷周金文集成》04273;《商周青铜器铭文选》170;《商周青铜器铭文暨图像集成》05320。铭文释文如下：

隹六月初吉，王才（在）莽京，丁卯，王令（命）静司射学宫，小子眔服、眔小臣、眔尸（夷）仆学射，雩八月初吉庚寅，王以吴朿、吕犅卿（会）豳、蒕师、邦君射于大池，静学无眈（尤），王易（锡）静鞞剢，静敢拜稽首，对扬天子不（丕）显休，用乍（作）文母外姞尊簋，子子孙孙其万年用。

本铭说六月初吉，周王在莽京，丁卯这天，周王命令静管理学宫之射箭事。学习者有贵族小子、官员、小臣、夷仆。八月初吉庚寅这天，周王和吴朿、吕犅会同豳师、蒕师的邦君在大池射箭，由于静教学无差错，所以得到赏赐。铭文是研究射礼及其政治意义的重要资料，铭文中的吴朿和吕犅，或为后文班簋（集成04341）中的吴伯和吕伯。在班簋中，吴、吕二伯为主帅毛公的左右助手。

### 18. 班簋

班簋亦名毛伯彝、毛父班彝、毛伯班簋，是穆王时的铜器，1972年6月北京市物资回收公司有色金属供应站拣选到本器之残余部分，经复原后收藏于首都博物馆。现在见到的班簋与清宫旧藏有别，但铭文内容相同，或为同时所作的数器之一。内底铸铭文20行，197字。本器的主要著录文献及编号为:《文物》1972年第9期;《商周青铜器铭文暨图像集成》05401。铭文释文如下：

隹八月初吉，才（在）宗周，甲戌，王令（命）毛白（伯）更虢輱（城）公服，甹（屏）王立（位），乍（作）四方极，秉緐、蜀、巢令，易（锡）铃、鋚（勒）。咸，王令（命）毛公以邦冢君、土（徒）驭、或人伐东或（国）痏（偃）戎。咸，王令（命）吴白（伯）曰：以乃师左比毛父，王令（命）吕白（伯）曰：以乃师右比毛父，遣令（命）曰：以乃族从父征。祉輱（城）卫父身，三年静（靖）东或（国），亡不成眔（尤）天畏（威），否奥（畀）屯（纯）陟，公告乓（厥）事于上，隹民亡祉才（在）彝，悉（昧）天令（命），故亡，允才（哉）显，隹苟（敬）德，亡卣（攸）违。班拜稽首曰：乌乎（呼），不（丕）伓丮皇公受京宗歅（懿）釐，毓（育）文王、王娰（姒）圣孙，隥（登）于大服，广成乓（厥）工（功），文王孙亡弗褱（怀）井（刑-型），亡克竞乓（厥）剌（烈），班非敢觅，隹乍（作）卲（昭）考爽，益（谥）曰大政，子子孙多世其永宝。

铭文说王令毛伯“作四方极，秉緐、蜀、巢令”，其中“作……极”是为……之准则的意思；“秉……令”是执掌发布命令之权柄的意思。“四方”为天下之泛称，而“緐、蜀、巢”则具指三地。这是天子授予毛伯对特定地区发布政令之权限。类似的表述可参见兮甲盘（《集成》10174）铭文之“王令甲政司成周四方积，至于南淮夷”。铭文提到，辅助毛班的人为吕伯，吕伯有可能是作《吕刑》的吕侯。本铭与《吕刑》中的遣词用句尤其类似。《吕刑》中穆王说要求“率乂于民棐彝”“尔尚敬逆天命”“以成三德”，而本铭说东国之民因为“亡徣（顺）在彝”“昧天命”，故亡。只有“敬德”，才能“亡攸违”。类似的用语亦见于《尚书》其他篇章，如《尚书·召诰》中说“其惟王勿以小民淫用非彝”等。《尚书孔传参正》：“彝，法，常也。”铭文中说“文王孙亡弗褱（怀）井（刑–型）”，井为法度的意思。东周以后抄写为“刑”，《论语》“君子怀刑，小人怀惠”，即为此用法。《尚书·召诰》中“小民乃惟刑用于天下”的“刑”亦是此义。过去学者大多将《吕刑》的“刑”统一解释为“刑罚”之义，然而清代学者戴均衡在分析《吕刑》“伯夷降典，折民惟刑”句时，就说：

> “折民惟刑”，旧解皆以为刑罚之刑，夫下文始言“士制百姓于刑之中”，此三后乃教民、安民、养民之事，不宜插入刑言。且伯夷何尝兼刑官乎？说者或谓教民以礼，折绝斯民入刑之路，其意巧而是迂。窃谓“刑”，法也，即典也。《诗》曰：“尚有典刑。”“折”读曰“制”，陶潜诗曰“伯夷降典，制民惟刑”，是“折”“制”古通也。制民者礼，所谓固肌肤束筋骸之谓。“惟”犹“以”也。言伯夷降布典礼制民以轨法也。①

戴氏之观点，并不被很多学者重视。然以西周铭文考之，则可知其为卓见。《吕刑》中“刑”字的涵义，有再做具体分析的必要。传说中《吕刑》作于穆王时期，而班簋亦为穆王时的青铜器，故在研究《吕刑》方面，其价值是不言而喻的。班簋的背景与穆王时期的东征有关，与下列肃卣（《铭图》20882）、师旂鼎（《集成》02809）的背景一致。

### 19. 肃卣

肃卣2005年出土于山西绛县，是穆王时的铜器，现收藏于山西省考古研究所，盖器同铭，我们以公布的盖铭为标本，共8行，66字。本器的主要著录文献及编号

---

① 戴钧衡：《书传商补》，载《续修四库全书·经部》第0050册，上海古籍出版社，2002年，第178页。

为：《山西绛县横水 M2 出土肃卣铭文初探》，载《文物》2014 年第 1 期；《商周青铜器铭文暨图像集成》30882。铭文之释文如下：

白（伯）氏易（锡）肃仆六家，曰：自择于庶人。今氒（厥）仆我兴，邑竞谏鉬芟緐，昔大宫静（争）。王卑（俾）豪叔、再父、𡈼父复付肃，曰：非令。曰：乃兄既（既）鼻（畀）女（汝），害义（曷宜）。敢再令，尒（偿）女（汝）。肃有（佑）王于东征，付肃于成周。

铭文说“伯氏”，也就是器主肃的兄长赏给肃六家仆从，让肃从其庶人中自由选择。但当肃征发这些仆从时，仆从们却跑到“大宫”里抗争。“大宫”是祖庙的意思，《左传》中多见，① 此处的大宫指伯氏与肃兄弟家的祖庙。当原属大宗伯氏、现属小宗肃的六家仆众在祖庙抗争时，周王介入裁判。周王令三位大臣豪叔、再夫、𡈼父再次将仆从交给肃，② 说：“这样做是违背法令的。”并说：“你兄长既然赐予仆众于你，（发生这种事件）是不适宜的。现在执行法令，偿还你。”肃从王东征时，仆从们在成周被交付了肃。王朝的权力尽显于此铭：在邦国的宗族内部出现纠纷时，王朝的司法力量介入，有效地化解矛盾。这篇铭文与西周司法、族内大小宗之间涉仆纠纷相关，其中“非令”“敢再令”等用语尤其值得分析。③ 相关内容可与韩伯豐鼎（《铭图》02426）、琱生诸器（《集成》04292、04293，《铭图》11816）对读。

### 20. 师旂鼎

师旂鼎（图 3.5）又名师旅鼎、弘鼎，是穆王时的铜器，现藏北京故宫博物院，内壁铸铭文 8 行，79 字。本器的主要著录文献及编号为：《三代吉金文存》4.31.2；《殷周金文集成》02809；《殷周青铜器铭文选》84；《商周青铜器铭文暨图像集成》02462。铭文释文如下：

唯三月丁卯，师旂众仆不从王征于方䨓（雷）。使氒（厥）友弘以告于白（伯）懋父。在艿，白（伯）懋父乃罚得、系、古三百寽。今弗克氒（厥）罚，懋父令曰：义（宜）䢅，𠭯！氒（厥）不从氒（厥）右征。今母（毋）

① 如《左传·隐公十一年》“五月甲辰，授兵于大宫”，杜预注：“大宫，郑祖庙。”参见（晋）杜预：《春秋经传集解》，上海古籍出版社，1978 年，第 57 页。

② 或认为豪叔、再叔、𡈼父为周王的三有司，似不妥。西周时期的审判者或代表王室处理政务的成员通常为数位贵族组成，这在五祀卫鼎、裘卫盉的铭文中都有体现，此处虽恰为三人，但其身份不必然是三有司。相关观点参见董珊：《山西绛县横水 M2 出土肃卣铭文初探》，载《文物》2014 年第 1 期，第 50—55 页。

③ 参见吴雪飞：《山西绛县横水西周墓出土肃卣补释》，载《考古与文物》2016 年第 3 期。

图 3.5　师旂鼎及其铭文
（《故宫青铜器图典》，第 100 页；《殷周金文集成》[ 第 2 册 ]，第 1478 页）

敝，其又（有）内（纳）于师旂。弘𠂤（以）告中史书，旂对𠩺（厥）贅（劾）于尊彝。

本铭记录了一桩周王东征时众仆不服从主人指令的案件。根据胡嘉麟的研究，这件铜器铸造于穆王后期，奈良博物馆藏旂鼎（《集成》02670）之器主旂与本器器主为同一人；由旂鼎铭文可知，师旂当出身于东方的曩族。① 铭文中的审判官伯懋父多次出现在昭穆时期的铜器中，参加了昭王南征、穆王北征和东征。铭文是研究西周审判与刑罚的重要资料，铭文说：不服从指令的众仆本应缴纳三百寽的罚金，但他们拒不缴纳这笔罚金；伯懋父说本应将其戮㲋（敝），现在不处死，而是让他们将罚金交给师旂。不处死众仆的原因，或许和东征用人在即有关；而铭文说仆众要将罚金交给其主人——原告师旂，又使这笔罚金的性质带有了补偿性质，这是很值得玩味的现象。

## 21. 趞簋

趞簋是穆王时的铜器，现收藏于日本东京书道博物馆，器内底铸铭文 9 行，83 字（其中合文 1，重文 2）。本器的主要著录文献及编号为：《愙斋集古录》5.10；《殷周金文集成》04266；《商周青铜器铭文选》172；《商周青铜器铭文暨图像集成》05304。铭文释文如下：

① 胡嘉麟：《师旂鼎铭文与西周军法研究》，载王沛：《出土文献与法律史研究》（第 8 辑），法律出版社，2008 年，第 46—47 页。

唯三月王才（在）宗周，戊寅，王各（格）于大（太）朝（庙），密叔右趞即立（位），内史即命。王若曰：趞，命女（汝）乍（作）豳师冢司马，啻（适）官仆、射、士，讯小大有隣，取遗（赐）五寽，易（锡）女（汝）赤市（韨）、幽亢（衡）、銮旗，用事。趞拜稽首，对扬王休，用乍（作）季姜尊彝，其子子孙孙万年宝用。

这篇铭文与西周时期的审判权授予制度密切相关。趞所担任的冢司马一职，还见于䚄簋（《铭图》05362）铭文，为与军事相关的职务。所不同的是，䚄担任的是王朝之冢司马，而趞担任的是豳师之冢司马，级别较低，取赐数额较少。铭文中的“士”，可能指法官。《周礼·秋官·司寇》“序官”郑注：“士，察也，主察狱讼之事者。”张亚初、刘雨则认为，此处的“士”应该是对披甲之士的称呼，与法官无关。① 不过铭文紧接着又有“讯小大有隣”，即处理诉讼的表述，铭文中的“士”与处理诉讼之间到底有无联系，还有待进一步研究。

### 22. 虎簋盖

虎簋在 1995 年征集于陕西丹凤县，据传出土于丹凤县城西北 5 里西河乡山沟村东小梁，征集时已距出土时间很久。② 发现时断裂为 4 块，但经过拼凑，铭文无残损。本器是穆王时的铜器，现收藏于商洛市文物管理委员会。盖内铸铭文 13 行，161 字（其中重文 1）。本器的主要著录文献及编号为：《考古与文物》1997 年第 3 期；《近出殷周金文集录》491；《商周青铜器铭文暨图像集成》05399。张光裕曾披露 1995 年出现于香港的一件虎簋盖，行款内容与出土虎簋盖大体相同，盖内铸铭文 157 字。③ 出土虎簋盖铭文释文如下：

隹卅年四月初吉甲戌，王才（在）周新宫，各（格）于大（太）室，密叔内（入）右虎，即立（位）。王乎（呼）入（内）史曰：“册令（命）虎。”曰：“𢦏（载-哉）乃且（祖）考事先王，司虎臣，今命女（汝）曰：更氒（厥）且（祖）考，疋（胥）师戏司走马驭人眔（暨）五邑走马驭人，女（汝）毋敢不善于乃政。易（锡）女（汝）䵼市（韨）、幽黄（衡）、玄衣、滰屯（纯）、銮旂五日，用史（事）。”虎敢拜稽首，对扬天子不（丕）杯鲁休。虎曰：不（丕）显朕剌（烈）且（祖）考粦明，克史（事）先王，肆天

① 张亚初、刘雨：《西周金文官制研究》，中华书局，1986 年，第 37—38 页。

② 《考古与文物》编辑部：《虎簋盖铭座谈纪要》，载《考古与文物》1997 年第 3 期。

③ 张光裕：《虎簋甲、乙盖铭合校小记》，载《古文字研究》（第 24 辑），中华书局，2002 年。

子弗忘氒（厥）孙子，付氒（厥）尚（常）官，天子其万年申兹命。虎用乍（作）文考日庚尊簋，子孙其永宝用，夙夕享于宗。

本铭在研究西周官僚制度特征方面具有代表性，是穆王时期册命制度形成、固化期的研究标本。铭文中担任右者的密叔，即前述趞簋（《铭图》04266）中担任右者的密叔。李峰指出，虎的祖、父在穆王之前担任管理虎臣的官员，虎承袭了这样的“尚（常）官”，但却被分派了不同职位，即协助师戏管理走马驭人及五邑走马驭人。这表明继承者并非完全世袭前任职务，周王在控制任命时拥有较大权力。① 如将本篇铭文和后面的师虎簋（《集成》04316）铭文对比来看，此现象就更加明显了。

### 23. 伯獄簋诸器

伯獄簋诸器是穆、恭王之际铜器，共两件，由上海崇源艺术品拍卖公司和诚源文化艺术公司于 2005 年从海外购回，同批购回的青铜器还有“二式獄簋”“獄盘”等一组獄器。据传这组铜器出土于陕西关中东部。此处作为标本的是伯獄簋，又称为“一式獄簋”，器盖内壁铸铭文 7 行，68 字（其中重文 1），器内底铸铭文两行，16 字（其中重文 2）。本器的主要著录文献及编号为：《考古与文物》2006 年第 6 期；《商周青铜器铭文暨图像集成》05275。铭文释文如下：

［盖铭］獄肈乍（作）朕文考甲公宝䵼彝，其日夙夕用氒（厥）馨香享示（祀）于氒（厥）百神，亡（无）不鼎（则），燓（豳）夆馨香则登于上下，用匄百福，万年俗（裕）丝（兹）百生（姓），亡（无）不寍临䣄鲁，孙孙子其迈（万）年永宝用丝（兹）彝，其諿（世）毋忘。

［器铭］白（伯）獄乍（作）甲公宝尊彝，孙孙子子其万年用。

本铭内容很独特，有大量关于祭祀的论述，正如李学勤所说，这些文句可作礼书阅读。② 铭文说，獄制作了祭祀其父亲甲公的礼器，日夜用其馨香享祀诸神，无不符合法度。其芬芳馨香升于上下，用以祈求百福，万年丰裕各家贵族，百神无不赐福，子孙万年都将珍藏使用此簋，永世毋忘。

本铭之重点在于“馨香则登于上下”，这种表述和《吕刑》一致，也体现出礼与法的共同渊源。《吕刑》云“上帝监民，罔有馨香德，刑发闻惟腥”，自孔传以来，人

---

① 李峰：《西周的政体：中国早期的官僚制度和国家》，载生活·读书·三联书店，2010 年，第 198—199 页。

② 李学勤：《伯獄青铜器与西周典祀》，载李学勤：《文物中的古文明》，商务印书馆，2008 年，第 289—294 页。

们多将文中的“德刑”并举以理解，《蔡传》说“天视苗民无有馨香德，而刑戮发闻，莫非腥秽”，即为代表性看法。[①]不过也有学者认为这里的“德”应通“升”。《说文》“德，升也”。孙星衍认为《吕刑》“罔有馨香德”含义即“天帝视民无有馨香升闻”，[②]升、登同义，从本铭之“馨香则登于上下”来看，孙说是。㺇或释为“狱”，或释为“熙”。本铭的断代在穆王，或与穆王相近的恭王时代，铭文用语有接近《吕刑》的地方，而《吕刑》传为穆王时作，这尤应引注意。

铭文中“无不鼎”，据下篇卫簋（《集成》05368）铭文，其“鼎”字当作“鼑”，即“则”字，为效法、法度的意思，在本铭中，引申为“符合法度”，具体当指祭祀的法度。

与本铭相关的㺇器还有：

（1）㺇盘，现收藏于中国国家博物馆，内底铸铭文9行，78字（其中重文3），本器的主要著录文献及编号为：《考古与文物》2006年第6期；《商周青铜器铭文暨图像集成》14531。铭文之释文如下：

唯四月初吉丁亥，王各（格）于师爯父宫。㺇曰：朕光尹周师右告㺇于王，王睗（锡）㺇仲（佩）、戋（缁）市（韨）丝亢、金车、金[illegible]。曰：“用夙夕事。”㺇拜稽首，对扬王休。用乍（作）朕文祖戊公盤盉，孙孙子子其万年永宝用兹王休，其日引勿炏（替）。

按：另有㺇盉（《铭图》14799）铭文与之相同。

本铭记录了周王对㺇的册命、赐物，并说右㺇觐见周王的上级官长（尹）是周师。㺇接受册命后，制作此盘盉以纪念其祖戊公。

（2）二式㺇簋，应至少有四件，[③]此处以收藏于中国国家博物馆的㺇簋为标本。盖与器均有铭文，内容相同。盖铭8行，89字（其中重文3）；盖铭8行，88字（其中重文3）。本器的主要著录文献及编号为：《考古与文物》2006年第6期；《商周青铜器铭文暨图像集成》05315。其释文如下：

唯十又一月既望丁亥，王各（格）于康大（太）室。㺇曰：朕光尹周师右告㺇于王，王或（又）睗（锡）㺇仲（佩）、戋（缁）市（韨）、絑（朱）亢，曰：“用事。”㺇拜稽首，对扬王休。用乍（作）朕文考甲公宝尊簋，其日夙夕用氒（厥）茜香享祀于氒（厥）百神，孙孙子子其万年永宝，用兹王

---

① 蔡沈：《书经集传》，收入宋元人注：《四书五经》（第1册），中国书店出版社影印版，1985年。

② （清）孙星衍：《尚书今古文注疏》，中华书局，2004年，第523页。

③ 张光裕：《乐从堂藏㺇簋及新见卫簋三器铭文小记》，载《中山大学学报》（社会科学版）2009年第5期。

休，其日引勿夶（替）。

本铭记录了周王对獄的赏赐，铭文说“王又锡”，即再次赏赐，右者仍然为獄的上级官长周师。獄接受册命后，制作此簋以纪念其父甲公。獄盘和二式獄簋铭文为早期的册命记录，对研究册命制度非常有帮助。①

（3）獄鼎，收藏于中国国家博物馆，内壁铸铭文4行，30字（其中重文2），本器的主要著录文献及编号为：《考古与文物》2006年第6期；《商周青铜器铭文暨图像集成》02329。其释文如下：

獄肈乍（作）朕文考甲公宝尊彝，其日朝夕用享祀于氒（厥）百申（神），孙孙子子其永宝用。

本铭说獄制作了纪念其父亲甲公的礼器，用以日夜享祀诸神。獄器铭文一再叙说祭祀百神，故李学勤猜想作器者身份可能是岐周的礼官。②然而本器据传出土于关中东部，作器者父祖名甲、戊，以日记名，因此有可能其为移居关中的商人之后。

## 24. 卫簋

卫簋是西周中期铜器，由香港藏家私人收藏，有甲、乙两器。据朱凤瀚披露，另有同铭、同形二簋，已为内地博物馆与私家收藏。③作为标本的这件卫簋盖、器同铭，各12行，123字（其中重文3，合文1）。本器的主要著录文献及编号为：《南开学报》（哲学社会科学版）2008年第6期；《商周青铜器铭文暨图像集成》05368。铭文释文如下：

唯八月既生霸庚寅，王各（格）于康大（太）室。卫曰：朕光尹中（仲）侃父右告卫于王，王易（锡）卫佩（佩）、戈（缁）市（韍）、敍（朱）亢、金车、金䜌。曰：“用事。”卫拜稽首，对扬王休。卫用肁（肇）乍（作）朕文考甲公宝䵼彝，其日夙夕用氒（厥）馨香享祀于氒（厥）百神，亡（无）不鼎（则），燹（豳）夆馨香鼎（则）登于上下，用匄百福，万年俗（裕）丝（兹）百生（姓），亡（无）不䣡鲁，孙孙子子其万年永宝用丝（兹）王休，其日引勿夶（替），世（世）毋忘。

本铭与前述獄簋铭文十分类似，基本融合一式獄簋（《铭图》05275）和二式獄簋

① 吴镇烽：《獄器铭文考释》，载《考古与文物》2006年第6期。

② 李学勤：《伯獄青铜器与西周典祀》，载氏著：《文物中的古文明》，商务印书馆，2008年，第289—294页。

③ 朱凤瀚：《卫簋与伯獄诸器》，载《南开学报》（哲学社会科学版）2008年第6期。

（《铭图》05315）铭文为一体。从铭文来看，作器者卫的父亲和獄的父亲是同一人，都为甲公。但獄自称为伯獄，故知獄为大宗，卫为小宗。小宗始作彝器，标志着其已从大宗家族分出，另立门户，从铭文内容来看，却和大宗的礼器保持一致。这说明大宗在祭祀活动和礼器制作方面，仍然享有主导权。① 本铭对研究西周时代的家族制度有重要意义。铭文中卫接受天子册命后始作礼器，或为小宗分家的原因。而天子对小宗卫的册命赐物几乎完全和大宗伯獄一致，表明两人官职大体相同，故得以“分庭抗礼”，而卫的上级官长则和伯獄不同，是仲侃父。正因如此，本铭在研究宗法背景下的册命制度时，具有特殊的价值。铭文中的“无不则”，其义为“元不合乎法度”，法度者，祭祀之法度也。

### 25. 霸姬盘、霸姬盉

霸姬盘、霸姬盉（图 3.6）在 2009—2011 年出土于山西翼城县，是穆、恭王之时铜器，现收藏于山西省大河口墓地联合考古队。霸姬盘和霸姬盉为同批铸造的一套铜器，其铭文所叙述为同一件事，盘内底铸有铭文 10 行，153 字（其中合文 4，重文 1）；盉背盖内壁铸有铭文 8 行，52 字（含重文 1）。本器的主要著录文献及编号为：《山西翼城大河口西周墓地 2002 号墓发掘》，载《考古学报》2018 年第 2 期；《商周青铜器铭文暨图像集成》31220（盘）、14795（盉）。霸姬盘铭文释文如下：

> 唯八月戊申，霸姬以气讼于穆公曰：以公命用簋朕仆驭臣妾自气，不余气。公曰：余不女（汝）命曰㺇霸姬？气誓曰：余某弗爯公命，用㺇霸姬。余唯自舞，鞭五百，罚五百寽。报乓（厥）誓曰：余爯公命，用㺇霸姬，襄余改朕辞，则鞭五百，罚五百寽。气则誓。曾（增）乓（厥）誓曰：女（汝）某弗爯公命，用㺇霸姬。余唯自舞，则鞭身，传出。报乓（厥）誓曰：余既曰爯公命，襄余改朕辞，则出弃。气则誓。对公命，用乍（作）宝盘盉，孙子子其万年宝用。

霸姬盉铭文之释文如下：

> 气誓曰：余某弗爯公命，余自舞，则鞭身、第传出。报乓（厥）誓曰：余即曰余爯公命，襄余亦改朕辞，出弃。对公命，用乍（作）宝盘盉，孙子子其万年用。

本铭事关西周的诉讼、刑罚、立誓，对研究西周审判权设置、女性诉讼、仆庸臣

---

① 朱凤瀚：《卫簋与伯獄诸器》，载《南开学报》（哲学社会科学版）2008 年第 6 期。

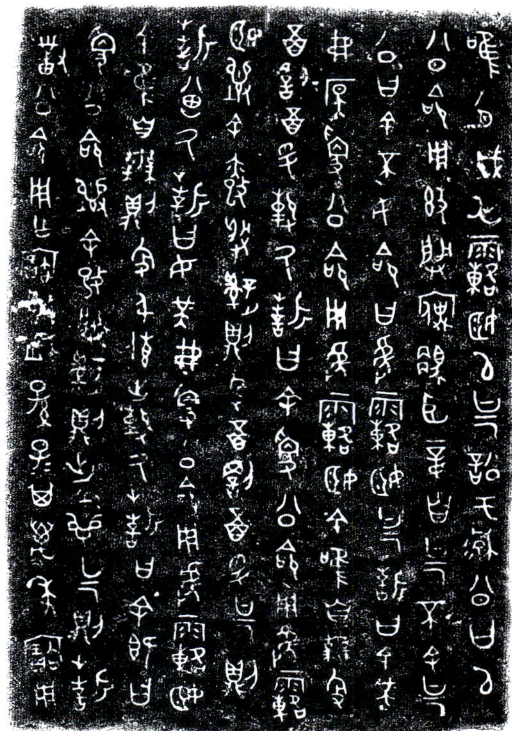

图 3.6　霸姬盘盉及其铭文
（《考古学报》2018 年第 2 期，第 236、239 页，图版拾叁、拾陆）

妾问题、誓仪细节尤有价值，可与𠑇匜（《集成》10285）、散氏盘（《集成》10176）、鬲比鼎（《集成》02818）等铭文对读，审判者身份与觌簋（《铭图》05362）密切相关。霸姬盘铭文中的两组誓辞都由“誓曰”和“报厥誓曰”两部分组成，二者的区别在于“誓曰”的核心是“再公命”，“报厥誓曰”的核心是“改朕辞”。“报”的含义是指对前誓的回报、回应。“誓曰”之内容是针对违背公命行为的制裁；“报氒誓”之内容是对改动“誓曰”文辞的制裁——倘敢更改“誓曰”中的文辞，也要受到惩罚。擅自改变誓言的行为见于𠑇匜（《集成》10285）。𠑇匜（《集成》10285）铭文中的被告牧牛就有“弋卯先誓”的行为，弋即代字，“代先誓”就是改变了以前的誓言，牧牛因此受到惩罚。牧牛随后在法庭上不但保证自己要“御誓”（遵守誓言），还要“从辞从誓”。西周时代对“从辞”的重视及对“改辞”的防范，由此可见一斑。铭文中霸姬以畿外贵族妇女的身份向王朝的穆公提起诉讼，这是王朝司法权延伸至诸侯国的表现，铭文同时反映了审判者穆公与井氏家族控制晋南一带的背景。类似资料可参见霸伯簋（《铭图》30497）、肃卣（《铭图》20882）及曶鼎（《集成》05220）铭文。

### 26. 霸伯簋、霸伯山簋

霸伯簋、霸伯山簋2009年出土于山西翼城县，是恭王时的铜器，现收藏于山西省大河口墓地联合考古队。霸伯簋、霸伯山簋各两件，均盖、器对铭，铭文内容大致相同。我们选取霸伯簋器底铭文为标本，铭文6行，51字（含合文1，重文2）。本器的主要著录文献及编号为：《山西翼城大河口西周墓地1017号墓发掘》，载《考古学报》2018年第1期；《商周青铜器铭文暨图像集成》05220。霸伯簋器底铭文释文如下：

> 隹十又一月，井叔来𣪕盐，蔑霸白（伯）历，事（使）伐用帱二百，丹二量，虎皮一，霸白（伯）拜稽首，对扬井叔休，用乍（作）宝簋，其万年子子孙孙其永宝用。

铭文记录了王朝官员井叔来山西一带处理盐政，并且奖赏霸伯的事情。山西南部的运城地区自古以来盛产池盐，本篇铭文正是王朝控制盐业生产的证据。在霸伯山簋铸造前后，王朝贵族井氏家族经常性地在霸族所生活的翼城一带处理诉讼案件：早于霸伯山簋的霸姬盘、盉（《铭图》31220、14795），记录了井氏家族宗子穆公处理霸姬与贵族气的纠纷；晚于霸伯山簋的曶鼎（《集成》02838），记录了小宗井叔在翼地处理贵族曶与限的纠纷。① 类似的王朝司法干预现象还出现在位于霸族之侧、盐池至涑

① 曶鼎中的井叔是霸伯山簋铭文中井叔的后代。

水河上游倗族墓地的铜器铭文中（参见肃卣（《铭图》20882））。[①] 霸族、倗族与翼城一带本是晋国势力范围，王朝法权直接运用到这里，当与王朝把持此地的盐政有密切关系——为更好地控制盐池地区，王朝加强了对这片非直辖地区的直接管理。盐作为重要的民生物资，可以在礼制场合中成为周王恩赐贵族的贵重礼物。国家博物馆新入藏的　篹是铸造于穆王二十四年的铜器，铭文显示贵族　受赐廪卤达百车之多。[②] 铸造于西周中期的免盘（《铭图》14515），记载了周王赏赐给贵族免盐卤的事情，而被周王赐予盐卤的免，亦与井叔家族有着密切的关系。他担任司徒，管理田野林牧。在周王册命免的时候，担任“右者”的人正是井叔。其中隐含的政治关联是耐人寻味的。

### 27. 师虎簋

师虎簋是恭王时的铜器，现藏于上海博物馆。器内底铸铭文10行，124字（其中重文3）。本器的主要著录文献及编号为：《殷周金文集成》04316；《商周青铜器铭文选》240；《商周青铜器铭文暨图像集成》05371。铭文释文如下：

> 隹元年六月既望甲戌，王才（在）杜宝，格于大（太）室，井白（伯）内（入）右师虎，即立中廷，北卿（向），王乎（呼）内史吴曰：册令（命）虎。王若曰：虎，𢦏（载–哉）先王既令（命）乃祖考事，啻（嫡）官司左右戏緐（繁）荆，今余隹帅井（刑–型）先王令（命），令（命）女（汝）更乃祖考，啻（適）官司左右戏緐（繁）荆，敬夙夜，勿灋（废）朕令（命），易（锡）女（汝）赤舄，用事。虎敢拜稽首，对扬天子不（丕）杯鲁休，用乍（作）朕烈考日庚尊簋，子子孙孙其永宝用。

铭文中的师虎即前文所列虎簋盖铭中的虎，到恭王元年时，天子再次册命了虎。在这次册命中，虎获得了他祖、父曾经担任过的另一个职务，即掌管左右戏的良马。本铭进一步显示出，贵族世袭的职务并非一次性的移交完成，职务授予范围掌控在周王手中。铭文中周王强调自己效法先王而册命令虎承袭其祖考的职位，这种“帅井（刑–型）先王令（命）”的表述，反映出周王施政合法性来自遵循先王惯例的观念。在其他铭文中，亦不乏臣子帅井（刑–型）其祖考的宣誓。“井（刑–型）”，也即“遵循”是为西周秩序确立的关键所在。这对研究西周“刑书”涵义是有启发的。

### 28. 裘卫盉

裘卫盉（图3.7）于1975年2月2日在陕西省岐山县京当公社董家村出土，是恭

① 《水经注》“涑水西南径监盐县故城，城南有盐池，上承盐水”，与今日河道不同。参见郦道元著，陈桥驿校证：《水经注校证》，中华书局，2007年，第169页。

② 参见田率：《新见　篹考释》，载《古代文明》（第12卷），上海古籍出版社，2018年。

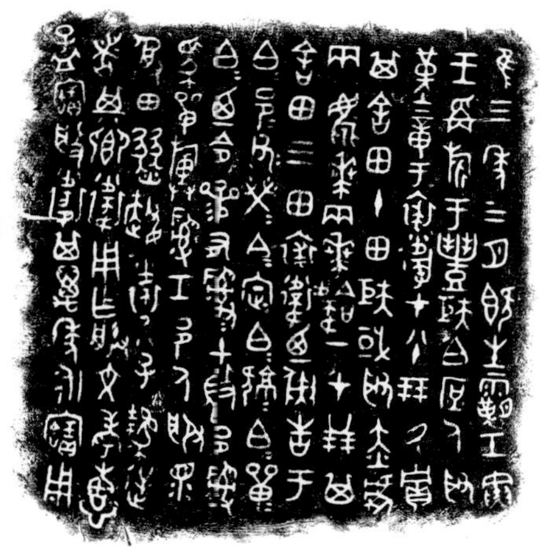

图 3.7　裘卫盉及其铭文
（《陕西金文集成》[ 卷一 ]，第 110、111 页）

王时的铜器，收藏于岐山县博物馆。盖内铸有铭文 12 行，132 字（其中合文 3，重文 2）。本器的主要著录文献及编号为：《文物》1976 年第 5 期；《殷周金文集成》09456；《商周青铜器铭文选》193；《商周青铜器铭文暨图像集成》14800。铭文释文如下：

> 隹三年三月既生霸壬寅，王爯旂于丰。矩白（伯）庶人取堇章于裘卫，才八十朋。氒（厥）賮，其舍田十田。矩或（又）取赤虎两，麀𠦪两，𠦪韐一，才廿朋，其舍田三田。裘卫乃彘告于白（伯）邑父、荣白（伯）、定白（伯）、琼白（伯）、单白（伯），白（伯）邑父、荣白（伯）、定白（伯）、琼白（伯）、单白（伯）乃令参有司：司土微邑、司马单旟、司工邑人服眔受田，豳趞、卫小子䄽，逆者其卿（饗），卫用乍（作）朕文考惠孟宝盘，卫其万年永宝用。

本器出土于古周原的窖藏，该窖藏出土了大量青铜器，后文所列的五祀卫鼎（《集成》02832）、九年卫鼎（《集成》02831）、𦡱匜（《集成》10285）等都出在此窖，而器主则属于同个家族，即裘卫家族。从相关铭文来看，裘卫家族当为嬴姓，[①] 从事畜牧、造车、皮毛等产业。《史记 · 秦本纪》中说，嬴姓部落“佐舜调训鸟兽”（大费）“以善御幸于周缪王”（造父）“好马及畜，善养息之”（非子），这和裘卫家族的背景非常相似。裘卫诸铭所反映的以诉讼争取权利之特点尤其突出，故在西周法制史研究论著中常被引用。

① 周瑗：《矩伯、裘卫两家族的消长与周礼的崩坏——试论董家青铜器群》，载《文物》1976 年第 6 期。

本篇铭文记录了裘卫在恭王三年从矩伯那里购买田地的事情，土地交易程序清晰呈现出来，可以和后面的倗生簋（《集成》04262）对读，以之了解西周中期的田土交易规则。

## 29. 五祀卫鼎

五祀卫鼎（图 3.8）于 1975 年 2 月 2 日在陕西省岐山县京当公社董家村出土，是恭王时的铜器，原藏岐山县博物馆，现藏陕西历史博物馆。本器内壁铸铭文 9 行，207 字（其中重文 5，合文 1）。本器的主要著录文献及编号为：《文物》1976 年第 5 期；《殷周金文集成》02832；《商周青铜器铭文选》198；《商周青铜器铭文暨图像集成》02497。铭文释文如下：

> 隹正月初吉庚戌，卫以邦君厉告于井白（伯）、白（伯）邑父、定白（伯）、𤻮白（伯）、白（伯）俗父，曰：厉曰，余执恭王恤工，于卲大（太）室东逆焚（营）二川，曰余舍女（汝）田五田。正乃讯厉曰，女（汝）賓田不？厉乃许曰，余審（审）賓田五田。井白（伯）、白（伯）邑父、定白（伯）、𤻮白（伯）、白（伯）俗父乃顜（讲），使厉誓，乃令参有司：司土邑人趞、司马颎人邦、司工隆矩、内史友寺刍，帅履裘卫厉田四田，乃舍，寓于乒（厥）邑。乒（厥）逆疆眔厉田，乒（厥）东疆眔散田，乒（厥）南疆眔散田、眔政父田，乒（厥）西疆眔厉田。邦君厉眔付裘卫田，厉叔子夙、厉有司醽（申）季、庆癸、燹褰、荆（荆）人敢、井人偈犀、卫小子者逆其卿（饗）匔（媵）。卫用乍（作）朕文考宝鼎，卫其万年永宝用，隹王五祀。

五祀卫鼎记录了裘卫向诸位大臣控告邦君厉，并获得邦君厉补偿土地的案件。裘卫获得补偿的那块土地，紧邻散田，散的地望在宝鸡一带。从散氏盘（《集成》10176）可知，井伯封邑也在附近。师晨鼎（《集成》02817）铭文说，师俗父（即伯俗父）管理郑地，郑也在宝鸡一带。金文中诉讼内容，其重点向来在结果，而不在原因，本铭亦不例外，故而我们无法具体了解案件的起因。不过有几个细节值得重视：这是因国家河流治理工程而引发的官司，负责工程的邦君厉不得不向裘卫补偿田地，而邦君厉的行为具有某些公权力的色彩。为什么邦君厉要补偿裘卫田地呢？原因或许有二：要么是裘卫在工程中提供人力、畜力、物力或财力上的资助；要么是该工程侵占了裘卫的田土。有限的铭文信息表明，工程地点是邵王太室东北的两条河流，唐兰认为这两条河流是泾水与渭水。[①] 若此说成立，则工程地点距离周原的裘卫家族所在地以及本案中他接受赔偿的那块土地都十分遥远，而第一种推测成立的可能性就更大了。邦君厉对裘卫所做的土地补偿，体现出王朝对私人权利的保护。在交付土地的时候，依旧遵循了如裘卫盉（《集成》09456）铭文所载的程序。

① 唐兰：《陕西省岐山县董家村新出西周重要铜器铭辞的译文和注释》，载《文物》1976 年第 5 期。

图 3.8　五祀卫鼎及其铭文
（《陕西金文集成》[ 卷一 ]，第 95、96、97 页）

## 30. 九年卫鼎

九年卫鼎（图 3.9）于 1975 年 2 月在陕西省岐山县京当公社董家村出土，是恭王时的铜器，现藏岐山县博物馆。本器内壁铸有铭文 19 行，195 字（其中重文 1、合文 3），主要著录文献及编号为：《文物》1976 年第 5 期；《殷周金文集成》02831；《商周青铜器铭文选》203；《商周青铜器铭文暨图像集成》02496。铭文释文如下：

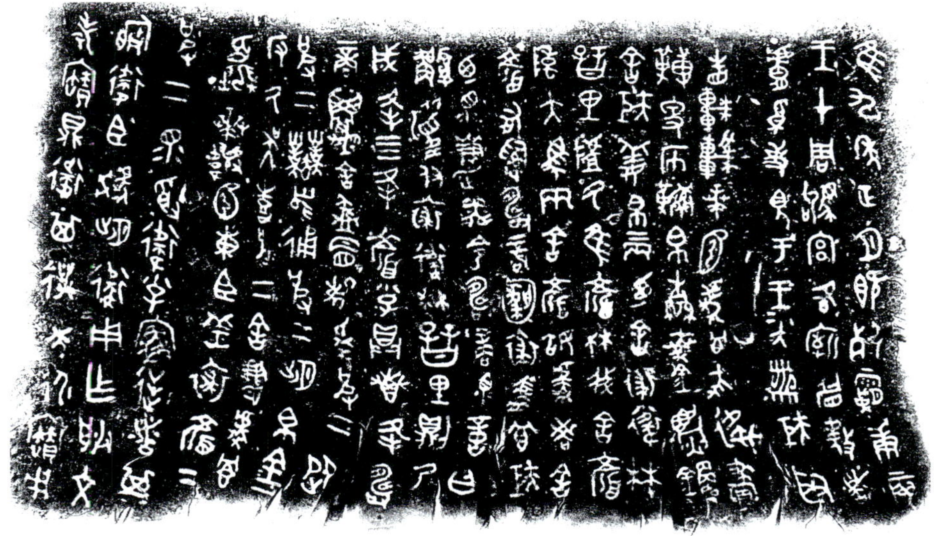

图 3.9　九年卫鼎及其铭文
（《陕西金文集成》[ 卷一 ]，第 100、104 页）

隹九年正月既死霸庚辰，王才（在）周驹宫，各（格）庙，眉敖者肤为吏（使）见于王，王大常。矩取眚车较、桒䩋、虎冟、希㦸、画𩊚、㚔（鞭）、帀𩌏、帛轡乘、金鹿镳，舍矩姜帛三两，乃舍裘卫林晋里。𢼸！氒（厥）隹颜林，我舍颜陈大马两，舍颜姒虡咎，舍颜有司寿商䝞裘、盠冟。矩乃眔溓粦令寿商眔啻曰：顜（讲）。瀼付裘卫林晋里。则乃成夆四夆，颜小子弊叀（唯）夆，寿商闅。舍盠冒梯羝皮二，罡皮二，䇓舄俑皮二，朏帛，金一反，氒（厥）吴喜皮二。舍溓虡冟、爂桒、𩍐䩋，东臣羔裘，颜下皮二。眔受：卫小子家；逆者其匔（媵）：卫臣虣朏。卫用乍（作）朕文考宝鼎，卫其万年永宝用。

这篇铭文记录了罕见的西周林地交易案例。从这则案例中，我们可以直观了解到西周贵族在分封制下的相互关系。在本铭的诸家解释中，有关“颜林”认识的分歧最大。贵族矩伯因参加天子的朝会，向裘卫购买一副马车，其代价是一片称作“颜林”的林地。颜林为颜氏之林，而颜氏，则为世代居住于此的血缘部落，其首领当即颜陈，他本为矩伯的家臣，给付颜林，意味着领主发生变更，由矩伯转为裘卫。裘卫向新下属颜氏送礼，此行为或有笼络之意，抑或为当时通行的规则。① 值得注意的是，颜氏亦为功能完备的低级贵族，有属于自己的职能官员（有司）。在交易颜林的时候，颜氏家臣、有司等参与了相关仪式。与上两铭相比，在本铭的土地交付过程中，没有王朝有司的身影，此或为林地交易不同于田地交易之处。本篇铭文的背景是“眉敖者肤为吏见于王”，即眉敖的使者者肤前来觐见天子，眉敖还出现在乖伯簋（《集成》04331）和眉敖簋盖（《集成》04213）中，后文有专门论述，可以参看。

### 31. 𠑇匜

𠑇匜（图 3.10）于 1975 年 2 月在陕西省岐山县京当公社董家村出土，是恭王时的铜器，现藏岐山县博物馆。本器内底铸铭文 6 行，90 字，盖内铸铭文 7 行 67 字，共 157 字（其中合文 3）。本器的主要著录文献及编号为：《文物》1976 年第 5 期；《殷周金文集成》10285；《商周青铜器铭文选》258；《商周青铜器铭文暨图像集成》15004。铭文释文如下：

> 隹三月既死霸甲申，王才（在）莽上宫。白（伯）扬父乃成贅曰：牧牛，𠭰！乃可湛。女（汝）敢以乃师讼。女（汝）上卭先誓，今女（汝）亦既又卬（御）誓，尃趍啬覷𠑇，宥亦兹五夫，亦既卬（御）乃誓。女（汝）亦既从辞从誓，弋可。我义鞭女（汝）千，𪒠𪒠女（汝）。今我赦女（汝），义鞭女（汝）千，黜𪒠女（汝）。今大赦女（汝），鞭女（汝）五百，罚女（汝）三百寽。白（伯）扬父乃或吏（使）牧牛誓曰：“自今余敢夒（扰）乃小大史（事）。”乃师或以女（汝）告，则致乃鞭千，黜𪒠。牧牛则誓，乓（厥）以告事𧊒、事曶于会。牧牛辞誓成，罚金。𠑇用乍（作）旅盉。

本铭为最重要的西周法制史料之一，在各种论著中反复被征引，其法史意义学界已详细论述过。铭文关于墨刑、鞭刑、赎刑的记载，可以和《吕刑》《舜典》《周礼》对读，印证了传世文献某些信息的可靠性。需要补充的是，以往多认为牧牛被惩罚的原因是他讼其上司，② 但细读铭文可知，牧牛被处罚的根本原因在于违背了以前

① 参见王沛：《裘卫器铭中的公社与礼制——西周时期法律关系设立的再思考》，载《上海师范大学学报》2011 年第 5 期。

② 参见盛张：《岐山新出𠑇匜若干问题探索》，载《文物》1976 年第 7 期。

图 3.10　𠑇匜及其铭文

（《陕西金文集成》[ 卷一 ]，第 167、169、171 页）

的誓言，而非控告自己的上级。本器出土于董家村窖藏，同窖出土的五祀卫鼎（《集成》02832）铭文就记载了倗所在的、地位并不高贵的裘卫家族和地位较高的邦君厉之间的诉讼。当然邦君厉可能并非裘卫的直接上级，但至少说明地位高低并不影响诉讼。鞭刑在已公布金文资料中，分别出现于曶鼎（《集成》02838）、散氏盘①（《集成》10176）、霸姬盘盉（《铭图》31220、14795）和本铭的誓言中。鞭刑的内容不见于《吕刑》，而载诸《舜典》。《舜典》在《吕刑》所载的"五刑"（墨、劓、剕、宫、大辟）之外，又指出了四种较低的刑种，即流、赎、鞭、扑。金文资料则提醒我们，《舜典》中的说法是值得重视的。由誓言引发的刑罚中，后四种似乎亦形成一个体系，如霸姬盘盉（盘《铭图》31220）、盉《铭图》14795）与散氏盘（《集成》10176）中即有鞭刑、罚金和流放；曶鼎（《集成》02838）中鞭前有缺字，有学者认为是笞（扑）；②本铭中有鞭刑和罚金。此外，"五刑"中的最低刑等"墨"（黜㡯）也会出现在誓言中，和这四刑一道构成誓言刑罚体系。从已知材料来看，一千是鞭刑的最高数目。

### 32. 眉敖簋盖

眉敖簋盖是恭王时的铜器，现藏于故宫博物院。本器内壁铸有铭文 6 行，共 57 字（其中重文 2）。本器的主要著录文献及编号为：《殷周金文集成》04213；《商周青铜器铭文选》480；《商周青铜器铭文暨图像集成》05235。铭文释文如下：

戎献金于子牙父百车，而易（锡）鲁眉敖金十钧，易（锡）不讳，眉敖用拱用璧，用稽首，其右子歆、史孟，眉敖谨用豹皮于史孟，用乍（作）宝簋，眉敖其子子孙孙永宝。

关于眉敖簋盖的铸造时间，学界颇有争议。李峰认为铸造于西周中期，③马承源认为铸造于西周晚期，④郭沫若认为铸造于春秋早期。⑤李峰认为眉敖就是九年卫鼎（《集成》02831）、乖伯簋（《集成》04331）中的眉敖，证据坚实。眉敖簋盖铭文说，戎人献给子牙父一百车的铜，而子牙夫赐给眉敖金十均，也就是三百斤的铜。眉敖用大小玉璧叩谢赏赐。在这个礼仪场合中，担任右者的是子歆、史孟，眉敖进献史孟以豹皮，并制作了这件簋，子孙将永远珍藏。铭文中的戎，当是西北地区的西戎。戎人所献之铜，或即产自西北地区。子牙父当为代表周王接受戎人献铜的王朝官员，他又

① 散氏盘中的"鞭"，或释为"寽"，笔者赞同张桂光的意见，认为应当释为"鞭"。参见张桂光：《古文字考释四则》，载《华南师院学报》1982 年第 4 期。

② 盛张：《岐山新出㑆匜若干问题探索》，载《文物》1976 年第 6 期。

③ 李峰：《青铜器和金文书体研究》，上海古籍出版社，2018 年，第 47—55 页。

④ 马承源：《商周青铜器铭文选》，文物出版社，1986 年，第 335 页。

⑤ 郭沫若：《㞟敖簋铭考释》，载《考古》1973 年第 2 期。

将其中十钧铜赏赐给了眉敖，这是以铜料为媒介建立周与眉敖间的礼制关系。眉敖用这些铜料制作了眉敖簋，此器虽然非常粗陋，文字书写水平拙劣，技术工艺下乘，但铭文还是相当清晰地表达出加入王朝体系的意愿。载有眉敖信息的另一件青铜器乖伯簋（《集成》04331），其制作水准要比眉敖簋高出不少。从乖伯簋（《集成》04331）可知，眉敖就是乖伯：眉敖是戎人对其主君的称呼，而乖伯则是周人的称呼方式。李峰认为，乖伯簋（《集成》04331）有可能铸造于周，铭文内容具有浓郁的王朝政治色彩。纳戎人于王朝政治秩序，正是青铜礼器政治功用的集中体现。王朝将贡赋索取来的铜料赐给其臣属，替他们或允许他们制作与其身份相称的礼器。眉敖部族笨拙地模仿周人铸造礼器，参与礼制，亦是其主动融入王朝政治秩序的举措。从贡赋制度到赏赐制度，各种举措都是为了建构以铜料为媒介的社会等级网络，这张网络的背后，则是控制铜资源的政权与法权力量。

### 33. 乖伯簋

乖伯簋是恭王时的铜器，现藏中国国家博物馆。内底铸铭文 14 行，150 字（其中合文 1）。本器的主要著录文献及编号为：《殷周金文集成》04331；《商周青铜器铭文选》206；《商周青铜器铭文暨图像集成》05385。铭文释文如下：

> 隹九年九月甲寅，王命益公征眉敖，益公至，告。二月眉敖至，见，献帛，己未，王命中（仲）到（致）归（馈）乖白（伯）貔裘。王若曰：乖白（伯），朕不（丕）显且（祖）玟（文）、珷（武），膺受大命，乃且（祖）克桒（弼）先王，異（翼）自它邦，又（有）芇于大命，我亦弗穼（深）享邦，易（锡）女（汝）貔裘，乖白（伯）拜手稽首天子休，弗忘小裔邦，归夆敢对扬天子不（丕）杯鲁休，用乍（作）朕皇考武乖幾王尊簋，用好（孝）宗朝（庙），享夙夕，好匋（朋）友雩（与）百者（诸）婚媾，用旂（祈）屯（纯）录（禄）、永命，鲁寿子孙，归夆其万年，日用享于宗室。

乖伯簋铭文可与上面的眉敖簋盖（《集成》04213）对读，乖伯就是眉敖。在周王九年九月甲寅这天，天子命令益公出使眉敖，益公归周而告其功。二月眉敖觐见周王，献帛。己未，周王命馈赠乖伯（也即后文中的“归刍”）以貔裘。周王说，自己的祖先文王、武王膺受大命而成为天子，乖伯的祖先从别的邦国前来辅弼周王，也是符合大命的。自己将不废国祚，赐乖伯以貔裘。乖伯拜谢天子，并说自己因此制作自己父亲“幾王”的礼器，用以早晚享孝宗庙，喜乐朋友及诸姻亲。铭文关于“天命”之论述，是研究西周政权合法性观念的宝贵资料。乖伯的祖先附自他邦，被认为是符合天命的。乖伯称其父考是“武乖幾王”，是为非姬姓之诸侯称王，此现象亦见于其他夨、吕等器铭。铭文提及的朋友、婚媾关系，指同宗和姻亲，是西周时代最为看重的社会关系，主要的社会规则都围绕这些社会关系而制定，可以和后面的豳公盨（《铭图》05677）铭文对读。

### 34. 永盂

永盂（图 3.11）1976 年出土于陕西省蓝田县泄湖镇，是恭王时的铜器，现藏西安博物院。本器内底铸铭文 123 字（其中重文 2）。铭文的主要著录文献及编号为：《文物》1972 年第 1 期 62 页图 3；《殷周金文集成》10322；《商周青铜器铭文选》207；《商周青铜器铭文暨图像集成》06230。铭文释文如下：

> 隹十又二年初吉丁卯，益公内（入）即命于天子，公廼出氒（厥）命，易（锡）畀师永氒（厥）田：阴阳洛，疆罘师俗父田，氒（厥）罘公出氒（厥）命，井白（伯）、荣白（伯）、尹氏、师俗父、遣中（仲）。公乃命酉（郑）司徒函父，周人司工眉、㪤史、师氏、邑人奎父、毕人师同，付永氒（厥）田，氒（厥）率履，氒（厥）疆宋句，永拜稽首，对扬天子休命，永用乍（作）朕文考乙白（伯）尊盂，永其万年，孙孙子子，永其率宝用。

永盂是完整记录赐田程序的珍贵资料。天子赐田之命令由益公传达，和益公一起传达王命的还有井伯等四位大臣，他们都是铭文，特别是在恭王时期涉及田土转让铭文中常常见到的官员名称，如下表所示：

| 器　名 | 官　员　名　称 | 案件性质 |
|---|---|---|
| 裘卫盉 | 伯邑父、荣伯、定伯、𤞷伯、单伯 | 田土交易 |
| 五祀卫鼎 | 井伯、伯邑父、定伯、𤞷伯、伯俗父 | 田土纠纷 |
| 永　盂 | 井伯、荣伯、尹氏、师俗父、遣仲 | 田土赐予 |

表中五祀卫鼎（《集成》02832）中的伯俗父即永盂中的师俗父。或许这几位大臣主管田土转让相关之事务，也有可能是因为其田土和永所受赐之田土临近。铭文说永的田土疆界到达师俗父的田土处，师俗父便出现在传达王命的官员名单中。铭文说永的赐田在阴阳洛，而敔簋（《集成》03827）铭文则说，某年南淮夷侵犯阴阳洛，敔击退他们，解救被俘之周人，就将他们安置在荣伯之处，① 由此可知，荣伯的田土亦近阴阳洛。敔簋（《集成》03827）铭文还说，天子命令尹氏赏赐敔，而尹氏亦出现在本铭中。在永接受赐田之王命后，还有履田的程序。这和西周田土转让之共通程序是一致的。

① 参见中国社会科学院考古研究所编：《殷周金文集成》（第 3 册），中华书局，2007 年，第 2700 页。

图 3.11　永盂及其铭文
(《陕西金文集成》[卷十三], 第 116、118 页)

## 35. 羚簋

羚簋(图 3.12)为中国国家博物馆 2004 年征集的藏品，是恭王时的铜器。本器器、盖上各铸有一篇铭文，内容相同，分别为 8 行，63 字。本器的主要著录文献及编号为：矢凤瀚:《西周金文中的“取徵”与相关诸问题》，载陈昭容主编:《古文字与

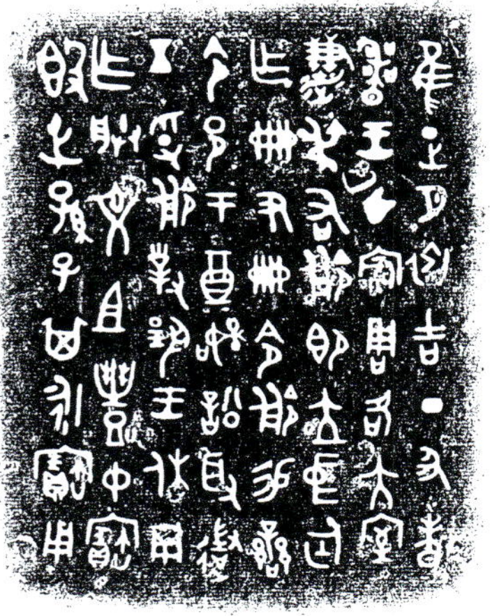

图 3.12　羚簋及其铭文
(《古文字与古代史》[第 1 辑], 第 209、211 页)

古代史》(第一辑),中研院历史语言研究所 2007 年版;《商周青铜器铭文暨图像集成》05258。铭文释文如下:

> 隹正月初吉丁丑,昧爽,王才(在)宗周,各(格)大(太)室。濂叔右羚即立中廷。乍(作)册尹册命羚,易(锡)銮。令邑于郑,讯讼,取遛(赌)五寽。羚对扬王休,用乍(作)朕文且(祖)丰中(仲)宝簋,世孙子其永宝用。

本铭说羚受封在郑地讯讼,而郑是前述师虎簋(《集成》04316)所言的“五邑”之一,其部分行政职能由中央政府直接任命官员统一管理。郑地的管理分工细致,有司工、司徒,管理林牧业、田地、马匹的专员以及善夫、官守友等下层官员。羚受命“邑于郑”,当指出任郑地的行政长官,而处理狱讼事务,则是他的重要工作任务。本铭要与后面的㲉甗(《小校》3.98.1)铭文对读,㲉是羚之后的郑地长官,同样享受讯讼职权。

### 36. 师望鼎

师望鼎相传为左宗棠征新疆时所得,是恭王时的铜器。本器内壁铸铭文共 10 行,94 字(其中重文 3)。本器的主要著录文献及编号为:《三代吉金文存》4.35.1;《两周金文辞大系图录考释》63;《殷周金文集成》02812;《商周青铜器铭文选》213;《商周青铜器铭文暨图像集成》02477。铭文释文如下:

> 大(太)师小子师望曰:不(丕)显皇考宄公,穆穆克盟(明)氒(厥)心,悊(哲)氒(厥)德,用辟于先王,㝵(得)屯(纯)亡(无)敃(愍),望肇帅井(刑-型)皇考,虔夙(夙)夜出内(纳)王命,不叡(敢)不㒸不规,王用弗忘圣人之后,多蔑历易(锡)休,望敢对扬天子不(丕)显鲁休,用乍(作)朕皇考宄公尊鼎,师望其万年,子子孙孙永宝用。

本铭对研究世卿世禄背景下的职官制度、行政制度都有帮助。铭文提及师望将效法其皇考,执行王命时,使用的词汇是不敢“不㒸不规”。㒸为“遂”的异文,是“顺”的意思,[①]“规”出现于杨家村出土的四十三年逨鼎(《铭图 02501》)中,该文作“不规不井(刑-型)”,当是规范的意思。“规”当释为“规”,规矩同义,如《荀子·礼论》“规矩诚设矣,则不可欺以方圆。君子审于礼,则不可欺以诈伪”;《管子·七臣七主》“法律政令者,吏民规矩绳墨也”。《尔雅》“矩,法也”“矩,常也”,与之相类,规也应当是法也、常也的意思。这表明,西周的官员处理政务、贯彻王命时,必须依照既有的规范行事,乃是共识。而这种规范、惯习或许是其前任官员,也

---

① 参见马承源:《商周青铜器铭文选》(第 3 册),文物出版社,1988 年,第 146 页。

即其历代祖考逐步确立下来的，故继任者屡屡强调要“帅井（刑–型）”祖考，即遵循、仿效其父祖先人以行事。

### 37. 同簋

同簋是恭王时的铜器，传世共2器，现藏北京故宫博物院，器内底铸铭文9行，91字（其中重文4）。本器的主要著录文献及编号为：《殷周金文集成》04271；《商周青铜器铭文选》233；《商周青铜器铭文暨图像集成》05322。铭文释文如下：

> 隹十又二月初吉丁丑，王才（在）宗周，各（格）于大（太）庙。荣白（伯）右同，立中廷，北卿（向）。王命同：左右吴大父司场、林、吴（虞）、牧，自淲东至于河，氒（厥）逆（朔）至于幺（玄）水，世孙孙子子左右吴大父，母（毋）女（汝）又（有）闲，敢对扬天子氒（厥）休，用乍（作）朕文考惠中（仲）尊宝簋，其万年子子孙孙永宝用。

本铭反映出西周官制的一些特点。天子命令同辅助吴大父管理场、林、吴（虞）、牧，其职守如《周礼》所示。《周礼·场人》“掌国之场圃，而树之果蓏珍异之物，以时敛而藏之”；《周礼·林衡》“林衡掌巡林麓之禁令，而平其守，以时计林麓而赏罚之，若斩木材则受法于山虞，而掌其政令”；《周礼·山虞》“山虞掌山林之政令”，《泽虞》“泽虞掌国泽之政令”；《周礼·牧人》“牧人掌牧六牲，而阜蕃其物，以共祭祀之牲牷”。根据李峰的观点，吴大父就是虞大父，而虞就是掌管自然资源的官员。①《舜典》孔传：“虞，掌山泽之官。”关于虞及其职守，还可以参看四十二年、四十三年逨鼎（《铭图》02501、02507）铭文。天子说同辅助吴大父的职位是世世代代继承的，这正是西周官僚制度与宗法制度相结合的体现。

### 38. 任鼎

任鼎是西周恭王、懿王时的铜器，于2004年入藏中国国家博物馆，内壁铸有铭文8行，63字。本器的主要著录文献及编号为：《中国历史文物》2004年第2期；《新收殷周青铜器铭文暨器影汇编》1554；《商周青铜器铭文暨图像集成》02442。铭文释文如下：

> 隹王正月，王才（在）氐（泜）。任蔑历，事（使）献为（货）于王，则畵（毕）买。王事（使）盂联父蔑历，易（锡）脡牲大牢，又䨌朿、大犿、苟（郁）奉。敢对扬天子休，用乍氒（作厥）皇文考父辛宝䵼彝，其万亡

① 李峰：《西周的政体——中国早期的官僚制度和国家》，生活·读书·新知三联书店2010年，第180页。

（无）疆，用各大神。叔。

本铭可以和亢鼎（《铭图》02420）铭文对读。在本铭中，天子购买了货，但却表述为任“献”货于王。这就像裘卫盉（《集成》09456）铭文那样，矩伯购买了璋，却说是矩伯“取”璋于裘卫。天子在购买了货之后，还要对卖方任进行赏赐，这也是“礼”的体现。据董珊分析，亢、任二鼎的赏赐物里都有用于祭祀的郁草和郁鬯，是为很高规格的祭祀用品。这属于“以礼假人”。①

### 39. 曶鼎

曶鼎是懿王时的铜器，原为毕沅收藏，后失传，或云毁于兵火，内壁铸约铭文24行，380字（其中重文4）。本器的主要著录文献及编号为：《积古斋钟鼎彝器款识》4.35；《攈古录金文》3之3.46；《殷周金文集成》02838；《商周青铜器铭文选》242；《商周青铜器铭文暨图像集成》02515。铭文之释文如下：

隹王元年六月既望乙亥，王才（在）周穆王大（太）[室]，[王]若曰：“曶！令（命）女（汝）更乃且（祖）考司卜事。易（锡）女（汝）赤⊘[市]、□，用事。”王在遹㡯（居），井叔易（锡）曶赤金鋚（钧），曶受休[于]王。曶用丝（兹）金乍（作）朕文孝（考）宄伯䵼牛鼎，曶其万[年]用祀，子子孙孙其永宝。

隹王四月既眚（生）霸，辰才（在）丁酉。井叔才（在）异为□。[曶]事（使）氒（厥）小子䙴以限讼于井叔：“我既卖（赎）女（汝）五[夫]，[效]父用匹马束丝。”限许曰：“𠂤则卑（俾）我赏（偿）马，效[父][则]卑（俾）复氒（厥）丝[束]。”䝿、效父乃许。䝿曰：“于王参门□□木榜，用償（赎）征卖（赎）丝（兹）五夫，用百寽，非出五夫□□旂。乃𩛥又（有）旂眔䣄金。”井叔曰：“才（在）王人，迺卖（赎）用[償]，不逆。付曶，毋卑（俾）式于𠂤。”曶则拜䭫（稽）首，受兹五[夫]：曰陪，曰恒，曰劦，曰鑫，曰省。事（使）寽以告𠂤，乃卑（俾）[饗]以曶酉（酒）彶（及）羊、丝三寽（锊），用致丝（兹）人。曶乃每（诲）于𠂤[曰]：“□□舍䙴矢五秉，曰弋（必）尚（当）卑（俾）处氒（厥）邑，田氒（厥）田。”𠂤则卑（俾）复令（命）曰：“若（诺）！”

昔馑岁，匡众氒（厥）臣廿夫寇曶禾十秭，以匡季告东宫。东宫乃曰：“求乃人，乃弗得，女（汝）匡罚大。”匡乃稽首于曶，用五田，用众一夫曰

---

① 董珊：《任鼎新探——兼说康鼎》，载《黄盛璋先生八秩华诞纪念文集》，中国教育文化出版社，2005年。

嗌，用臣曰疐、［曰］朏、曰奠，曰："用兹四夫。"稽首曰："余无卣（由）具寇正□，不出，鞭余。"曶或（又）以匡季告东宫，曶曰："弋（必）唯朕［禾］赏（偿）。"东宫乃曰："赏（偿）曶禾十秭，遗（遗）十秭，为廿秭□。来岁弗赏（偿），则付卌秭。"廼或（又）即曶，用田二，又臣［一夫（？）］，凡用即曶田七田，人五夫。曶觅匡卅秭。

曶鼎第二、三段铭文记录了两则案例，涉及西周的司法、刑制，是重要的法律史资料，学界多有研究。曶鼎铭文第二段"五夫案"中的人物关系错综复杂，各家解读分歧很大。应该注意，"五夫案"是发生于王畿之外，又与王畿之人密切相关的案件。曶鼎所说"井叔在異"，说明审判官井叔在異地审理案件。異即翼，《说文解字》曰"翼，翅也，从飞，異声"，翼、異同声可通，金文、简牍、传世文献中翼、異通假之例很多，如大盂鼎（《集成》02837）"古（故）天異临子"，"異"即"翼"；上博简《民之父母》"威仪異異"的"異異"即传世文献中的"翼翼"。今天翼城县所在的晋南一带就是上古的翼地，王保成联系山西翼城大河口出土霸伯簋（《铭图》30497）铭文，认为曶鼎里的異可能就是翼城之翼，甚是。① 山西青铜博物馆收藏新缴获晋南出土的商代兽面纹斝上铸有"翼"字，当是与地名相同的氏族名称。

而山西翼城大河口出土的青铜器同时表明，本案的审判官井叔及井氏家族与翼（異）地国族联系紧密，如霸伯簋（《铭图》30497）铭文所载井叔在翼城附近处理盐政并蔑历霸伯、井氏家族之宗子穆公处理霸姬之诉讼等均是其例。② 曶鼎首段铭文说曶的家族世代掌管占卜之事，如果曶为王朝卜官，那么被告限则有可能是晋南異地的贵族。

其次，曶鼎第二段铭文所展示的案例中人物关系非常复杂，这里提出如下思路以供参考。本案的原告方是曶，铭文中的䙹、𠭯、效父三人均为曶方的下属。其中䙹是出庭代替曶打官司的家臣，𠭯和效父则是案件中曶方的相关人员。曶要从被告限那里赎回己方的五个人，最初提出的对价是匹马束丝，效父已经将匹马束丝交给了限，但后来变更了交易方式，改为用𧸘，也就是一种铜饼来支付。③ 曶的诉求就是把匹马束

① 王保成：《翼城大河口霸伯簋试解》，载《中原文物》2013年第2期。

② 参见山西省考古研究所等：《山西翼城大河口西周墓地1017号墓发掘》，载《考古学报》2018年第1期；山西省考古研究所等：《山西翼城大河口西周墓地2002号墓发掘》，载《考古学报》2018年第2期。

③ 根据马承源与松丸道雄的观点，𧸘大致为五寽重的铜饼，可能带有货币的性质。曶鼎铭文中用100寽取代了匹马束丝来赎回五夫，100寽的𧸘大概就是20枚铜饼。这种铜饼岐山、扶风、临潼一带都有出土，2013年随州叶家山M111号曾侯墓也出土了类似的铜饼。参见马承源：《西周金文中货币的专名》，载上海市钱币学会编：《上海市钱币学会第一次年会论文集》，上海市钱币学会，1985年，第5—7页；马承源：《说賸》，载中国古文字研究会、中华书局编辑部：《古文字研究》（第12辑），中华书局，1985年，第173—180页；［日］松丸道雄：《西周时代的重量单位》，曹玮译，载宋镇豪等编：《西周文明论集》，朝华出版社，2006年。

丝退回来，改用铜饼支付给限。而其代理人䞣亦声称了变更理由：依据王宫三门外木方的规定，可以用铜饼来支付。审判官井叔支持此诉求，说“王人”适用此规定，用铜饼来支付，是没有错的。① 被告限要“付曶，毋卑（俾）弍于𠭰”，其含义是把五夫交付给曶，不要使其违离于𠭰的诉求。铭文提到，被告限已经把马匹交给了𠭰，把束丝交给了效父。与之相应，𠭰与效父也做出了相应的承诺，其后五夫便移交给了曶方。

第三，本案所透露出来的诸种细节也耐人寻味。案件焦点在于交易方式从匹马束丝改为用铜饼，根据审判官井叔的说法，这是针对“王人”的规定。王人为何得以用铜饼来交易？王人与非王人所适用的法规有何不同，这都需要进一步探研。而这些细节有助于我们深入理解穆王时期制定《吕刑》，以之协调四方，并强调以铜为赎的记载。本案终结后，曶让𠭰交给䞣五束矢，② 又交代𠭰要安置好赎回来的那五个人，让他们住在原来的居邑，耕种原来的土地。关于这两种举措或可这样理解：𠭰是曶的家臣，而五夫则归𠭰管辖。𠭰与五夫直接相关，所以审判官井叔会要求限“毋卑（俾）弍于𠭰”，曶亦会交代𠭰安置好赎回的五夫。虽然𠭰的领主曶出面打赢了官司，但是诉讼费用实际还是由𠭰来承担的。𠭰将诉讼费（五束矢）交给䞣，以补偿䞣预先交付给法庭的诉讼费用。这表明，西周宗族对外是独立的主体，而其内部成员间的权责区分却很清晰。

我们简要梳理本案的人物关系与案情如下：𠭰管辖的五人被限扣押了，𠭰的上位领主曶出面将其赎回。在如何支付对价上，曶方和限产生了纠纷：曶想用匹马束丝赎回五人，但后来改为用支付铜饼的方式。限似乎并不愿意这样做，于是曶的家臣䞣向井叔起诉了限。井叔认同䞣的起诉理由，支持通过支付铜饼的方式赎回了那五人，之前已交付给限的匹马束丝则分别退还给曶的家臣效父和𠭰，案件到此结束，接下来所记录的就是曶方内部结算诉讼费用、如何安置赎回人口等事宜了。这段铭文对探讨西周宗族制度下的诉讼关系而言，正是难得而直观的史料。

曶鼎第三段铭文所显示的案例情节清晰，信息重要。李学勤指出，东宫所言“求乃人，乃弗得”中的“求”“得”都与秦汉法律术语相同，极是。③ 东宫处理狱讼的背景可与清华简《摄命》对读。④ 本案的处理有较强的协商色彩，这是值得注意的。

---

① 所谓王人，当指王朝之人，王人似乎和畿外之人有别，这暗示了曶与限身份的不同——作为王人的曶有权提出以铜饼来作为支付方式。

② 《周礼·秋官·大司寇》“以两造禁民讼，入束矢于朝，然后听之”。《商周青铜器铭文选》认为曶鼎𠭰给䞣的“矢五秉”是败诉方向胜诉方缴纳矢，这并不合《周礼》原意。从铭文来看，只要提起诉讼，无论官司胜负，都要向审判者缴纳束矢作为诉讼费，这与《周礼》所言是相符的。参见马承源主编：《商周青铜器铭文选》（第 3 卷），文物出版社，1990 年，第 171 页。

③ 李学勤：《论曶鼎及其反映的西周制度》，载《中国史研究》1985 年第 1 期。

④ 清华大学出土文献研究与保护中心编，李学勤主编：《清华大学藏战国竹简》（捌）上册，中西书局，2018 年，第 109—120 页。

## 40. 扬簋

本器是懿王时的铜器，现藏北京故宫博物院，失盖，内底铸铭文10行、107字（其中重文3），本器的主要著录文献及编号为：《攈古录金文》3之2.33；《殷周金文集成》04294；《商周青铜器铭文选》257；《商周青铜器铭文暨图像集成》05351。铭文释文如下：

隹王九月既眚（生）霸庚寅，王才（在）周康宫，旦，各（格）大（太）室，即立（位）。司徒单白（伯）内（入）右扬，王乎（呼）内史史敖册令（命）扬。王若曰：扬，乍（作）司工，官司量田佃、眔司空、眔司刍、眔司寇、眔司工司（事），睗（锡）女（汝）赤𤽄市（韨）、銮旂，讯讼，取遺（赔）五寽。扬拜手稽首，敢对扬天子不（丕）显休，余用乍（作）朕烈考宪白（伯）宝簋，子子孙孙其万年永宝用。

在这篇铭文中，天子册命扬，让他担任司工。司工的职责很多，其中包括司寇——缉拿贼寇。铭文又说杨可以讯讼，即处理狱讼之事。从取赔五寽来看，数额较小，可能管辖的案件级别较低。儹匜（《集成》10285）铭文中的审判者伯扬父，当为本铭中的扬。

## 41. 南季鼎

南季鼎是懿王时的铜器，今有三足，为后配，现藏北京故宫博物院。本器内壁铸铭文9行，55字（其中重文2）。本器的主要著录文献及编号为：《攈古录金文》3之1.36；《殷周金文集成》02781；《商周青铜器铭文选》264；《商周青铜器铭文暨图像集成》02432。铭文释文如下：

隹五月既生霸庚午，白（伯）俗父右南季，王易（锡）赤⊘市（韨）、幺（玄）衣、黹屯（纯）、緣（銮）旅（旂），曰：用又（左）右俗父司寇，南季拜稽首，对扬王休，用乍（作）宝鼎，其万年子子孙孙永用。

本铭中有"司寇"一词，过去通常认为是司寇的职官名。但是根据金文句例，这里的司寇两字应为动宾结构，而非名词，对此已有学者指出。① 左右俗父司寇，即协助俗父缉拿贼寇之义。铭文中的伯俗父曾出现在五祀卫鼎（《集成》02832）、师晨鼎

① 陈絜、李晶：《南季鼎、扬簋与西周法制、官制研究中的相关问题》，载《南开学报》2007年第2期。

（《集成》02817）等铭文中，在五祀卫鼎（《集成》02832）铭文中，伯俗父是以审判者身份出现的；在师晨鼎（《集成》02817）铭文中，伯俗父（师俗父）是以郑地管理者身份出现的。从羚簋（《铭图》05258）、榖甗（《小校》3.98.1）铭文可知，郑地的管理体系中有专门的司法职能设置；从扬簋铭文可知，司寇与讯讼密切相关。本铭中的俗父亦从事缉拿事务，其在王朝应担任有司法类的职务。

### 42. 畯簋

本器是懿王时期的铜器，为私人藏家之藏品，本器盖、器对铭，公布的盖铭拓本12行，151字（重文3）。本器的主要著录文献及编号为：《商周青铜器铭文暨图像集成》05386。铭文释文如下：

> 隹十年正月初吉甲寅，王才（在）周成大（太）室，旦，王各（格）庙，即立（位），𤔲（赞）王，康公入门，右畯，立中廷，北鄉（向），王乎（呼）乍（作）册尹册命畯，曰："巀（哉）乃且（祖）考䜌又（有）䢅（功）于先王，亦弗朢（忘）乃且（祖）考，䢅（登）里𠨘（厥）典，𢦔（奉）于服。今朕不（丕）显考𢐜（恭）王既命女（汝）更乃且（祖）考事，乍（作）司徒，今余隹申先王命，女（汝）𤔲司西扁（偏）司徒，讯讼，取賙十寽，敬勿灋（废）朕命。易（锡）女（汝）鬯卣、赤市（韨）、幽黄（衡）、攸（鋚）勒。"畯拜稽首，对扬天子休，用乍（作）朕烈考幽叔宝尊簋，用易（锡）万年，子子孙孙其永宝。

这篇铭文公布后，朱凤瀚、李学勤、夏含夷等都撰写论文加以研究，① 而亦有质疑铭文真伪的观点出现。② 铭文反映出西周职官的制度细节，西周时期虽为世卿世禄，但是贵族承袭先祖职位，必须得到天子的册命。天子册命时，会扩大或缩减继承者的职权。畯在恭王时已经被任命为司徒，至懿王十年再次被册命，令他总管王畿西部的诸司徒，当属扩大职权。在册命时周王历数其家族职官的来由，为当时之惯例。铭文提到畯的祖先曾整顿典册，用以施政。所谓的"典"，或指户籍田土之典，或指制度典章之典，无论是何种典，都表明西周时期有文书行政之初步特征。从畯以王朝司土身份管理地方司土来看，三有司职官存在上下级纵向管理体系，此类纵向管理体系是否会对审判权行使有影响，即出现相应的审级概念，待考。

---

① 朱凤瀚：《关于西周金文历日的新资料》，载《故宫博物院院刊》2014年第6期；李学勤：《畯簋铭文读释》，载《出土文献》第八辑，中西书局，2016年；夏含夷：《由〈畂簋〉铭文看"天再旦于郑"》，载《历史研究》2016年第1期。

② 王沛姬：《畯簋铭文析疑》，载《中国文物报》2015年10月23日第143期。

### 43. 牧簋

牧簋据传得之于扶风，是西周懿王时期的铜器，铸有铭文22行，223字（其中重文4）。本器的主要著录文献及编号为：《考古图》3.24；《历代钟鼎彝器款识》14.17；《殷周金文集成》04343；《商周青铜器铭文选》260；《商周青铜器铭文暨图像集成》05403。铭文释文如下：

> 隹三七年十又三月既生霸甲寅，王才（在）周，才（在）师汓父宫，各（格）大（太）室，即立（位），公族绍入右牧，立中廷，王乎（呼）内史吴册令（命）牧。王若曰：牧，昔先王既令（命）女（汝）乍（作）司土，今余唯或𡪞改，令（命）女（汝）辟百寮。□有内事，囟乃多乱，不用先王乍（作）井（刑-型），亦多虐庶民。氒（厥）讯庶右（有）粦，不井（刑-型）不中，卣侯之𨛫死，今𩛥司，匐（服）氒（厥）辠昏故（辜）。王曰：牧，女（汝）敢毋敢［弗帅］先王乍（作）明刑用，雩乃讯庶有粦，毋敢不明不中不刑，乃敷政事，毋敢不尹人不中不刑。今余隹申就乃命，易（锡）女（汝）秬鬯一卣、金车、雕较、画䡈、朱鞹、𩏃靳、虎冟、熏里、旂、余（骖）［马］四匹，取［赐］□孚，敬夙夕勿灋（废）朕命。牧拜稽首，敢对扬王不（丕）显休，用乍（作）朕皇文考益白（伯）宝尊簋，牧其万年寿考，子子孙孙永宝用。

本铭是周王册命牧担任高级职官的文书摘录，牧的职责中包含有处理司法案件。周王在册命中强调，即无论是审讯案件，还是处理政事，必须依照先王制定的规则来行事。上述规范审判权行使的告诫在此后逐步演变为格式化的官方语言并不断出现在册命文书中。到了西周晚期，包括井氏家族在内的数支巨族逐渐退出了政治舞台，另外一些政治家族将显露头角。铭文显示，此时周王对掌握司法权力的政治世家必须遵循法度规章之要求愈发强烈。

### 44. 段簋

段簋（图3.13）是懿王时的铜器，现藏上海博物馆，内底铸铭文6行，57字。本器的主要著录文献及编号为：《殷周金文集成》04208；《商周青铜器铭文选》261；《商周青铜器铭文暨图像集成》05234。铭文释文如下：

> 唯王十又四祀十又一月丁卯，王鼒毕烝，戊辰，曾（赠）。王蔑段历，念毕中（仲）孙子，令龏𡚬馈大则于段，敢对扬王休，用乍（作）簋，孙孙子子万年用享祀，孙子㲻引。

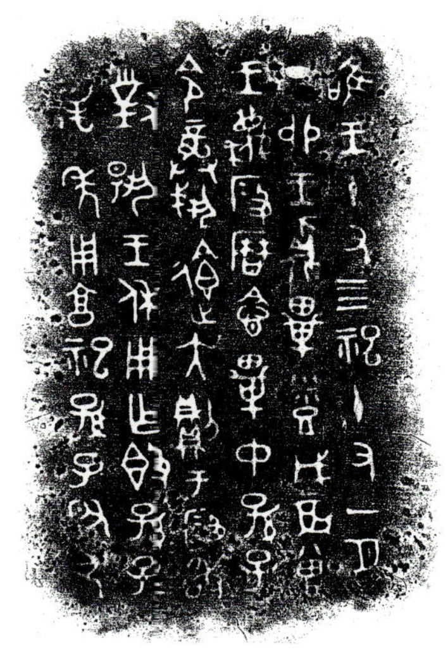

图 3.13　段簋及其铭文
（彩图由上海博物馆提供；铭文参见《殷周金文集成》[ 第 3 册 ]，第 2406 页 ）

铭文记录西周中期后段某周王命令龏㚤赏赐给贵族段“大则”之事。何为“大则”，诸家解释不同。《周礼》有“五命赐则”之说，郑众解释为“法也”，郑玄解释为“地未成国之名”，今天的学者也是从这两个角度分别加以阐释殳簋之则。当取何说，待考。

## 45. 番生簋盖

番生簋盖是孝王时的铜器，现藏美国纳尔逊-阿特金斯艺术博物馆，盖内壁铸有铭文 11 行，140 字（其中重文 1），本器的主要著录文献及编号为：《殷周金文集成》04326；《商周青铜器铭文选》310；《商周青铜器铭文暨图像集成》05383。铭文释文如下：

不（丕）显皇且（祖）考，穆穆克誓（哲）乓（厥）德，严才（在）上，广启乓（厥）孙子于下，擢于大服，番生不敢弗帅井（刑-型）皇且（祖）考不（丕）杯元德，用申固大令（命），屏王立（位），虔夙夜，専（溥）求不朁（潜）德，用谏四方，柔远能迩。王令（命）䜌司公族、卿事（士）、大（太）史寮，取遺（赐）廿寽，易（锡）朱市、忞（蔥）黄（衡）、鞞琫、玉睘（环）、玉琮、车、电轸、雕䡅较、朱鞹、䩣靳、虎冟（幂）、熏（纁）里、遣（错）衡、厷𡰥（軶）、画轉、画輯、金踵、金豙、金簟弼（茀）、鱼箙、朱旂旜、金芳二铃，番生敢对天子休，用乍（作）簋，永宝。

在这篇铭文中，番生被授予了总管公族、卿士与太史寮的大权。西周金文中“取赐”通常与“讯讼”搭配使用，本铭省略了“讯讼”字样，此种情形还见于毛公鼎（《集成》02841）铭文。本铭的取赐数额达到了二十寽，属于较高等级。

### 46. 豳公盨

豳公盨是恭、懿、孝王时期的铜器，本器之盨盖已失，只存器身。2002 年春保利艺术博物馆的专家在香港古董市场上偶然发现了本器，后购买并收藏于保利艺术博物馆，盨底铸铭文 98 字。本器的主要著录文献及编号为：《中国历史文物》2002 年第 6 期；《商周青铜器铭文暨图像集成》05677。铭文释文如下：

> 天令（命）禹敷土，随山浚川，乃差方设征，降民监德；乃自乍（作）配飨。民成父母，生我王、乍（作）臣，氒（厥）贵唯德。民好明德，顾才（在）天下。用氒（厥）绍好，益美懿德，康亡不懋。孝友吁明，经齐好祀，无欺心。好德，婚媾亦唯协天。釐用孝信，复用祓禄，永御于宁。豳公曰：民唯克用兹德，亡（无）悔。

本铭多次言及“德”与社会规范的关系，所以成为研究中国法律思想史中难得的早期资料。自 2002 年保利艺术博物馆收购豳公盨并公布其铭文以来，很多学者对铭文加以研究，因为铭文涉及大禹治水，并出现了 6 次“德”字，以至于学者大多认为，盨铭的中心思想在于颂扬大禹之德或大禹的德政。① 但细读铭文可知，其内容与大禹之德并无直接联系。铭文所称举的德，是社会成员，尤其是“民”应当遵守的一种规范。

### 47. 倗生簋

倗生簋（图 3.14）是西周中期铜器，现存共三器及一器拓本，铭文均不全而内容相同。现存三器分别收藏于上海博物馆、北京故宫博物院以及中国国家博物馆。这里以上海博物馆藏倗生簋为标本，器、盖铭文各 8 行，79 字（其中重文 2）。本器的主要著录文献及编号为：《筠清馆金文》3.25.1—3.26.1；《殷周金文集成》04262；《商周青铜器铭文选》210；《商周青铜器铭文暨图像集成》05307。倗生簋铭文释文如下：

---

① 保利艺术博物馆所编辑介绍遂公盨并收录诸家论文的著作，题目即《遂公盨——大禹治水与为政以德》，线装书局，2002 年。其他类似的观点可参见饶宗颐：《遂公盨与夏书佚篇〈禹之总德〉》，载《华学》第六辑，紫禁城出版社，2003 年；杨善群：《论遂公盨铭与大禹之“德”》，载《中华文化论坛》2008 年第 1 期；王沛：《刑书与道术——大变局下的早期中国法》，法律出版社，第 332—337 页。

图 3.14　倗生簋及其铭文
（彩图由上海博物馆提供；铭文参见《商周青铜器铭文暨图像集成》[ 第 11 卷 ]，第 463 页）

图 3.15　晋侯铜人及其铭文拓片、摹本（李零摹）
（《晋侯墓地出土青铜器国际学术研讨会论文集》，彩图、第 417 页）

隹正月初吉癸子（巳），王才（在）成周，格白（伯）取良马乘于倗生，氒（厥）賓卅田，则析，格白（伯）履，殹妊、彶佤氒（厥）从，格白（伯）安彶佃（甸）殷，氒（厥）绝雩谷杜木，原谷旅桑，涉东门，氒（厥）书史戠武立誓、成壂。铸保（宝）簋，用典格白（伯）田，其万年子子孙孙永宝用，田。

本篇铭文对研究西周畿外邦国地区的田土买卖规则具有重要价值。铭文记录了倗生与格伯之间的田土交易，山西翼城大河口霸国墓地铜器铭文公布后得知，“霸”“格”两字同字异构，格伯即霸伯。倗生是倗人之甥，倗氏墓地在山西绛县，倗霸二氏相去不远，皆依附于晋。香港某藏家收藏之晋侯铜人（图 3.15）身前所刻铭文，初步揭示出霸（格）与晋的关系。推测倗生或为晋人。

### 48. 吕簋

吕簋是西周中期铜器，私人收藏，盖、器各铸铭文 7 行，62 字。本器的主要著录文献及编号为：张光裕、黄德宽主编：《古文字学论稿》，安徽大学出版社，2008 年，第 167 页；《商周青铜器铭文暨图像集成》05257。铭文释文如下：

隹九月初吉丁亥，王各（格）大（太）室，册命吕。王若曰：“吕，更乃考䝨司奠师氏，易（锡）女玄衣黹屯、载市冋黄，戈琱戟、彤必（柲）、彤沙、旂銮，用事。”吕对扬天子休，用乍（作）文考尊簋，迈（万）年宝用。

邓佩玲认为，铭文中“奠师氏”与《周礼》甸师相关，掌刑杀公族之有罪者，且有断狱的职责，“奠”“甸”在上古音中声纽相同，可通假。①“甸师氏”见于《周礼》《礼记》。《周礼·天官·甸师》曰“甸师……王之同姓有罪，则死刑焉”，郑玄注：“王同姓有罪当刑者，断其狱于甸师之官也。”由此可知，甸师氏或甸人掌刑杀公族之有罪者，且有断狱的职责。从《周礼》来看，其地位并不高，属于“下士”。䝨司奠师氏就是总管奠师氏。铭文中的“奠”或释为郑，郑是王畿西部的地名，师氏为武官。根据这种观点，本铭与甸师氏无关，但与研究西周郑地的机构设置有关，在研究前列晙簋（《铭图》05386）铭文之背景时有参考价值。

### 49. 敔甗

敔甗（图 3.16）是西周中期后段的铜器，现收藏于北京师范大学文物博物馆，内

① 邓佩玲：《从新见吕簋铭文试论“㝯”“奠师氏”及“銮旂”之试读》，载张光裕、黄德宽：《古文字学论稿》，安徽大学出版社，2008 年，第 167 页。

图 3.16　𣪕甗及其铭文
（《北京师范大学文物博物馆藏品选》，第 30 页；《小校经阁金文拓本》3 · 98 · 1）

壁铸有铭文 8 行，38 字，本器的主要著录文献及编号为：张光裕、黄德宽主编：《小校经阁金文拓本》3.98.1；施建中、周启迪：《北京师范大学文物博物馆藏品选》，北京师范大学出版社，2002 年，第 30 页。铭文释文如下：

唯三月初吉戊寅，王才（在）宗周，王易（锡）𣪕赤市、幽黄，用［事］。邑于郑，［讯□］有凳，取賭十寽，子孙永宝。

本铭应与肣簋（《铭图》05258）对读，皆为王朝授予郑地官员审判权的珍贵资料。肣簋铸造时期推定为西周中期前段，𣪕甗的铸造时期推定为西周中期后段，那么肣与𣪕是前后相继的郑地长官，肣簋说“取賭五寽”，𣪕甗说“取賭十寽”，似乎意味该地长官的审判权限在扩大，对此有待进一步的研究。

## 三、西周晚期

### 50. 夺簋

夺簋（图 3.17）是 2020 年由山西考古研究院和地方文物部门组建的北白鹅墓地考古队在垣曲县北白鹅墓地 M3 中发掘出土的西周中晚期之际的铜器，共有 4 件，4 件铜簋的内底和 3 件簋盖内铸有内容相同的铭文，这里以其中的一件簋盖铭文为标本。该簋盖内铸铭文共 12 行，94 字（其中重文 2）。本器的主要著录文献为：《文物世界》2021 年第 1 期。铭文释文如下：

图 3.17　夺簋及其铭文
（《文物世界》2021 年第 1 期）

> 唯正月初吉，王才（在）成周。庚午，庴（格）于太室。井叔内（入）右夺，即立（位），王乎（呼）内史微册令（命）夺，曰："令（命）女（汝）司成周讼事眔殷八师事。易（锡）女（汝）赤⚭市，銮旂，用事。"夺拜稽首，敢对扬天子不（丕）显鲁休令（命）。用乍（作）朕皇且（祖）中氏、朕文考蠚孟宝尊簋，夺其万年眉寿永用，子子孙孙宝。

这篇铭文记录了贵族夺被授予管理成周诉讼事务权力的册命。铭文显示，成周的司法有专职化的迹象，而在册命中，享有世袭审判权力的井叔担任右者，是值得注意的。

### 51. 蔡簋

蔡簋是夷王时的铜器，原器下落不明。郭沫若《两周金文辞大系图录考释》转录石刻残本，有铭文 13 行，159 字（其中重文 1）。本器的主要著录文献及编号为：《两周金文辞大系图录考释》87；《殷周金文集成》04340；《商周青铜器铭文选》385；《商周青铜器铭文暨图像集成》05398。铭文释文如下：

> 隹元年既望丁亥，王才（在）淢应（居）。旦，王各（格）庙，即立（位）。宰智入右蔡，立中廷，王乎（呼）史敖册令（命）蔡。王若曰：蔡，昔先王既令（命）女（汝）乍（作）宰，司王家，今余隹申就乃令（命），令（命）女（汝）眔智䝆疋（胥）对，各从，司王家外内，母（毋）敢又

(有)不闻，司百工，出入姜氏令(命)，氒(厥)又(有)见又(有)即令，氒(厥)非先告蔡，母(毋)敢疾又(有)入告，女(汝)母(毋)弗善效姜氏人，勿事(使)敢又(有)疾，止从(纵)狱。易(锡)女(汝)幺(玄)衮衣、赤舄，敬夙夕勿灋(废)朕令(命)。蔡拜手稽首，敢对扬天子不(丕)显鲁休，用乍(作)宝尊簋，蔡其万年眉寿，子子孙永宝用。

铭文与西周审判权授予相关。天子命令蔡担任“宰”管理王室事务时，特别强调蔡需要管教好王后姜氏身边之人，不要让他们在处理狱讼案件时胡作非为。原文为“勿使敢有疾，止纵狱”：疾是害、恶之义；止纵狱，指制止纵狱行为。相关表述可与寅盨(《集成》04469)对读。

### 52. 十二年大簋

十二年大簋是厉王时的铜器，传世共两盖，分别收藏于中国国家博物馆、瑞典斯德哥尔摩皇宫。盖内铸有铭文10行，107字(重文2)。此处以中国国家博物馆藏大簋盖为标本，主要著录文献及编号为：《殷周金文集成》04299；《商周青铜器铭文选》385；《商周青铜器铭文暨图像集成》05345。铭文释文如下：

隹十又二年三月既生霸丁亥，王才(在)𩑶侲宫，王乎(呼)吴师召大，易(锡)𧽊睽里，王令膳夫豖曰𧽊睽曰：余既易(锡)大乃里，睽宾豖章(璋)，帛束。睽命豖曰天子：余弗敢婪。豖以睽履大易(锡)里。大宾豖介章(璋)、马两，宾睽介章(璋)、帛束，大拜稽首，敢对扬天子不(丕)显休，用乍(作)朕皇考烈白(伯)尊簋，其子子孙孙永宝用。

这篇铭文讲述了周厉王赏赐、调整土地的过程。移交土地的过程是在礼制安排下进行的，由此可了解礼制与政令下达之间的关系。铭文显示，在厉王十二年三月既生霸丁亥这天，厉王召见了贵族大，把原本属于𧽊睽使用的土地赐给了大。移交土地的过程看起来非常顺利，一切都在礼制的安排下有条不紊地进行：𧽊睽在接到命令后，以宾礼的方式馈赠使者玉璋与帛匹，并表示自己不会贪图占有这块土地，并且陪同使者一起去踏勘了这块土地。而贵族大亦用宾礼的方式馈赠给使者介璋和两匹马，馈赠给𧽊睽介璋和帛匹。这件事情发生于厉王统治的前期，似乎一切都完美地掌握在王权之中。但𧽊睽的回复却很耐人寻味，他说自己不会贪图这块土地。高风亮节的表达被土地接受方特意铸造在铜器上宣扬表彰，似乎又暗示着高风亮节在当时是多么的难能可贵。说什么就是缺什么，贪占王朝土地的人一定存在，不然怎会发生后文融比鼎(《集成》02818)上的那个案子呢？本铭更重要的价值在于，为研究西周后期土地使用权调整时出现的激烈纠纷提供了重要的背景线索。

### 53. 鬲比盨

鬲比盨是厉王时的铜器，收藏于故宫博物院，内底铸有铭文 12 行，133 字（其中重文 2）。本器的主要著录文献及编号为：《殷周金文集成》04466；《商周青铜器铭文选》424；《商周青铜器铭文暨图像集成》05679。铭文释文如下：

> 隹王二十又五年七月既望□□，［王］才（在）永师田宫。令小臣成友逆［里尹］□、内史无忌、太史旟，曰：章氒（厥）罶夫𠬝鬲比田，其邑旃、㕕、𤰈，复友（贿）鬲比其田，其邑复歃、言二邑。卑（俾）鬲比复氒（厥）小宫𠬝鬲比田，其邑彶眔句、商、兒，眔雠、戋。复限余（予）鬲比田，其邑竞、梎、甲三邑，州、泸二邑。凡复友（贿）复付鬲比田十又三邑。氒（厥）右鬲比譱（膳）夫克。鬲比乍（作）朕皇且（祖）丁公、文考惠公盨，其子子孙孙永宝用，丫。①

这篇铭文可以帮助我们了解鬲比鼎（《集成》02818）铭文所载案件的发生背景。厉王时期，王朝所有的田土，其使用权属处于剧烈的变动之中，周王不断调换土地的使用者，或许是厉王与贵族集团在政治和经济利益上反复较量的表现，而鬲比无疑是受厉王信任的获益者。本篇铭文说，厉王将很多贵族的田邑交付给鬲比，其总数高达十三邑之多。可能某些贵族并不愿意移交田邑，鬲比鼎（《集成》02818）所记录诉讼案件就是其中一例。

### 54. 鬲比鼎

鬲比鼎（图 3.18）是厉王时的铜器，收藏于日本兵库县黑川古文化研究所，内壁铸有铭文 10 行，102 字（其中重文 4）。中国历史博物馆藏有一件鬲比簋盖（《集成》05335），内壁铸铭文 101 字（其中重文 4），与鬲比鼎内容大致相同。本器的主要著录文献及编号为：《殷周金文集成》02818；《商周青铜器铭文选》426；《商周青铜器铭文暨图像集成》02483。铭文释文如下：

> 隹卅又一年三月初吉壬辰，王才（在）周康宫辟大（太）室。鬲比以攸卫牧告于王，曰：女（汝）爰我田，牧弗能许鬲比。王令眚，史南以即虢旅。乃事（使）攸卫牧誓曰：敢弗具付鬲比，其且（沮）射（度）分田邑，则杀。攸卫牧则誓。比乍（作）朕皇且（祖）丁公、皇考惠公尊鼎。鬲攸比

① 参见中国社会科学院考古研究所：《殷周金文集成》（第 4 册）04466，中华书局，2007 年，第 2870—2871 页。

图 3.18　鬲比鼎及其铭文
（日本黑川古文化研究所提供）

其万年子子孙孙永宝用。①

铭文说厉王三十一年三月初吉壬辰这天，厉王在周康宫旁的太室，贵族鬲比把攸卫牧告到了厉王那儿。鬲比说，周王您换给我的田，牧不答应给我。周王命令审查此事，史南又将案件交给虢旅处理。这场官司攸卫牧输了，于是法官让攸卫牧发誓说，如果你不交付田土给鬲比，那就触犯了破坏度分田邑的大罪，是要判死刑的。这篇铭文的关键词是“爰我田”，爰是换的意思，爰田即换田。②从铭文中看，周王控制着大量他可以赐予、收回、调换的土地。理论上说，西周贵族的田土，都由周初封建所得。但在实践中，这些田土已大体区分为贵族所有与周王所有而贵族诸侯使用两类。贵族所有的田土既可以在家族内部再分配或世代传承，也可以买卖交换；而由周王所有、贵族使用的田土，周王既可将其收回，也可将其重新分配调换。鬲比所控诉的，就是周王要将授予攸卫牧使用的土地转移到鬲比那里，而攸卫牧拒不移交土地的行为。铭文中说，于“且（沮）射（度）分田邑”，即破坏度分田邑，③会判死刑，如此

① 参见中国社会科学院考古研究所：《殷周金文集成》（第 2 册）02818，中华书局，2007 年，第 1488 页。

② 关于铭文中“爰”的解释，参见王沛：《暑期访古札记五则》，载王沛主编：《出土文献与法律史研究》（第八辑），上海人民出版社，2020 年。

③ 关于铭文中“且”和“射”的解释，参见沈培：《西周金文“宕”字释义重探》，载李宗焜主编：《第四届国际汉学会议论文集·出土材料与新视野》，“中研院”，2013 年，第 417 页；裘锡圭：《裘锡圭学术文集》（第三卷），复旦大学出版社，2012 年，第 79 页。

重刑，在西周金文法律资料中相当罕见，可见王室对此类田土控制力度之强。我们还要注意的是，这个案件发生在周厉王时期，在传世古籍中，厉王是以垄断山林川泽，实行“专利”政策而闻名的。① 厉王时期的金文资料中，王室调整贵族田土的记录一下多了起来，这或许与王室的“专利”政策相关。鬲比鼎结尾说“鬲攸比其万年子子孙孙永宝用”，对比鬲比簋盖（《集成》05335）铭文可知，“攸”为衍文。

### 55. 散氏盘

散氏盘（图 3.19）是厉王时的铜器，据传出土于陕西省凤翔县，现收藏于台北故宫博物院，内底铸有铭文 19 行，350 字（其中重文 1，衍文 2）。本器的主要著录文献及编号为：《殷周金文集成》10176；《商周青铜器铭文选》428；《商周青铜器铭文暨图像集成》14542。铭文释文如下：

用矢䞭（扑）散邑，乃即散用田。履：自瀗（濾）涉以南，至于大沽（湖），一弄（封）。以陟，二弄（封），至于边柳、复涉瀗（濾），陟雩（雩），叡（徂）䍜（邍）㥄以西，弄（封）于敝䫅（城）。楮木，弄（封）于刍逨，弄（封）于刍衜（道）。内（入）陟刍，登于厂湶，弄（封）䣓桪（析）、㥄陵、刚桪（析），弄（封）于䍐（䍐）道，弄（封）于原道，弄（封）于周道。以东，弄（封）于[illegible]（棹）东彊（疆），右还，弄（封）于䍃（履、郿?）道，以南弄（封）于𫌿逨道，以西至于琟（鳿）莫（墓）。履井邑田，自根木道，左至于井邑，弄（封），道以东，一弄（封），还，以西一弄（封），陟刚（岗）三弄（封），降以南，弄（封）于㕡（凡）道，陟州刚（岗），登桪（析），降棫，二弄（封）。矢人有司履田：鲜、且、微、武父、西宫襄、豆人虞丂、彔、贞、师氏右眚（省）、小门人䌛、原（原）人虞艿、淮司工虎、孛、䦘豐父、琟（鳿）人有司刑丂，凡十又五夫。正履矢舍散田：司土屰寅、司马䍐（䍐）𢻯、䚄人司工骍君、宰德父。散人小子履田：戎、微父、效、𣝬（櫂）父、襄之有司橐、州、就、焂、从、𩂣，凡散有𤔲（司）十夫。唯王九月，辰才（在）乙卯，矢卑（俾）鲜、且、𦋞、旅誓，曰：我兓（既）付散氏田、器，有爽，实余有散氏心贼，则鞭千罚千，传弃之。鲜、且、𦋞、旅则誓。乃卑（俾）西宫襄、武父誓曰：我既付散氏溼田、畛田，余有爽变，鞭千罚千。西宫襄、武父则誓。氒（厥）受（授）图矢王于豆新宫东廷。

氒（厥）左执䋎，史正中（仲）农。

本铭记载了矢氏侵犯散氏，要赔偿散氏田地的案子。依照学界旧说，本铭中矢氏

① 《国语·周语上》。

图 3.19　散氏盘及其铭文

（《陕西金文集成》[ 卷七 ]，第 63、64 页）

家臣替夨王立誓，为夨王行为负责，为夨王的违约受罚，实有悖于常理，更与西周宗族首领负责原则不符。比较合理的推测是真正侵犯散氏的并不是夨王，而是夨王手下的那六位分两拨发誓、要交付给散氏田地的家臣，他们分别是鲜、且、䍐、旅，以及西宫襄、武父。从铭文中可知，这六人同时具有夨人“有司”的身份。夨氏家臣侵犯散氏的行为，由夨、散两氏首领解决，并通过立誓的方式确定惩罚规则，这其中没有王朝司法权力出现，是值得注意的现象。

### 56. 禹鼎

禹鼎（图 3.20）是厉王时的铜器，1942 年出土于陕西省岐山县任家村，收藏于中国国家博物馆。又，宋代曾出土过同铭铜器，下落不明。禹鼎内壁铸有铭文 20 行，208 字。本器的主要著录文献及编号为：《殷周金文集成》02833；《商周青铜器铭文选》407；《商周青铜器铭文暨图像集成》02498。铭文释文如下：

> 禹曰：“不（丕）显趠趠（桓桓）皇且（祖）穆公，克夹召先王，奠四方，肄（肆）武公亦弗叚（暇）望（忘）朕圣且（祖）考幽大叔、懿叔，命禹𠂇（缵）朕圣且（祖）考，政于井邦。肄（肆）禹亦弗敢惷（惷），賜共（恭）朕辟之命。”乌乎（呼）哀哉！用天降大丧于下或（国），亦唯噩侯驭方，率南淮夷、东夷广伐南或（国），东或（国），至于历内。王乃命西六师、殷八师，曰：“剭（扑）伐噩侯驭方，勿遗寿幼。”肄（肆）师弥宋（怵）匌匡（恇），弗克伐噩。肄（肆）武公乃遣禹率公戎车百乘，斯（厮）驭二百、徒千，曰：“于匡（匡）朕肃慕，叀（唯）西六师、殷八师伐噩侯驭方，勿遗寿幼。”雩禹以武公徒驭至于噩。章（敦）伐噩，休获氒（厥）君驭方。肄（肆）禹又（有）成。敢对扬武公不（丕）显耿光。用乍（作）大宝鼎。禹其万年子子孙孙宝用。

这篇铭文中的禹是井氏家族穆公之后，他受周王之命对反叛的噩（鄂）侯驭方予以讨伐与惩罚，其措施是“勿遗寿幼”。据噩（鄂）侯驭方鼎（《集成》02810）铭文说，周王南征时，噩（鄂）侯驭方曾接受周王的醴酒，并参加射礼，而此时却率领南淮夷、东夷反叛，最后被擒获，其族受到“勿遗寿幼”严惩。不过从最新公布的南阳夏饷铺鄂国墓地来看，鄂国并未彻底灭亡，而是被迁徙到了南阳盆地。夏饷铺出土的鄂国铜器（图 3.21）对如何理解“勿遗寿幼”提供了新的启示。关于王朝对南淮夷的政策，可以结合下面所列的兮甲盘（《集成》10174）铭文共同研究。

### 57. 兮甲盘

兮甲盘是宣王时的铜器，早在宋代即已出土，南宋张抡的《绍兴内府古器评》便

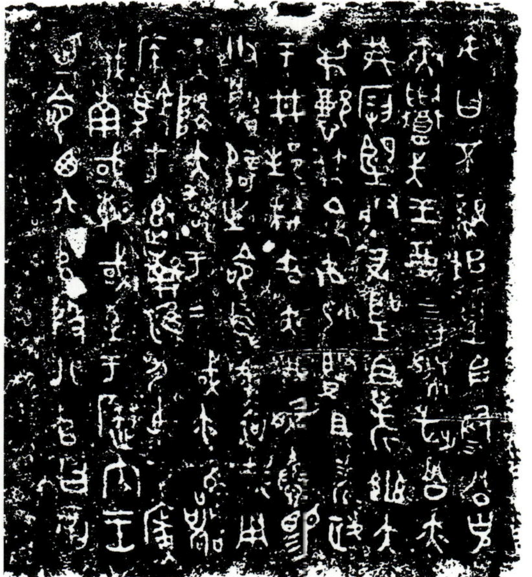

图 3.20　禹鼎及其铭文

（《陕西金文集成》[ 卷四 ]，第 220、224、225 页）

图 3.21　夏饷铺出土鄂侯壶及其铭文
（《汉淮传奇：噩国青铜器精粹》，第 172、173 页）

有著录。至元代，此器流落民间，甚至被“折其足，用为饼炉”，① 书法家鲜于枢看到此器，验之为古物，遂加以收藏。② 清代兮甲盘曾收入保定官库，清末又为山东潍县陈介祺所得，此事为吴式芬《攈古录》所载，并云“器高三寸五分，口径一尺三寸五分，下半缺”。③ 不过后来兮甲盘又流失了。现日本东京书道博物馆、香港中文大学文物馆各藏有所谓“兮甲盘”，但均非真品。④ 容庚《商周彝器通考》载有兮甲盘照片一幅，与文献记载特征相符，或拍自原器。2014 年 11 月此器现身武汉的“中国文化艺术品博览会”，经李学勤、吴镇烽等专家鉴定为真。2017 年 7 月兮甲盘在上海、杭州巡展后，以 2.1 亿元高价被拍卖出手。兮甲盘内底铸铭文 13 行，133 字（其中重文 4）。本器的主要著录文献及编号为：《殷周金文集成》10174；《商周青铜器铭文选》437；《商周青铜器铭文暨图像集成》14539。铭文释文如下：

隹五年三月既死霸庚寅，王初各（格）伐猃狁于𬉼𢉅，兮甲从王，折首执讯，休，亡敃，王易（锡）兮甲马四匹、驹车。王令甲政司成周四方积，至于南淮夷。淮夷旧我帛畮人，毋敢不出其帛、其积、其进人；其贾毋敢不即次、即市。敢不

① 鲜于枢：《困学斋杂录》。

② 鲜于枢：《困学斋杂录》；陆友仁：《研北杂志》。

③ 吴式芬：《攈古录》卷三。

④ 东京书道博物馆藏的兮甲盘为器、铭俱伪，而香港中文大学藏兮甲盘为腐蚀法伪造铭文于西周器上。参见王人聪、杜迺松：《香港中文大学文物馆藏“兮甲盘”及相关问题研究》，载《故宫博物院院刊》1992 年第 2 期。

用令（命），则即井扑伐。其隹我诸侯、百姓，氒（厥）贾毋不即市，毋敢或入蛮宄贾，则亦井。兮白（伯）吉父乍（作）盘，其眉寿万年无疆，子子孙孙永宝用。

在这篇铭文中，兮甲命令淮夷贡献粟帛人力，并在规定的区域内从事贸易；而“我方”的诸侯、百官，也要在规定的区域内从事贸易，不得越界进入蛮方贸易。规定的区域之于淮夷是“次”和“市”，“次”指周人军队驻扎之所，市即市场。从铭文中可知，这里的贸易，仅指周人和淮夷之间的贸易。任何一方有违法行为，都要依照惯例予以处罚。兮甲盘所说的“积”，过去学界通常解释为“委积”，按照孙诒让的说法，“凡贮聚竹禾米薪刍之属，通谓之委积”。[①] 我们认为，兮甲“政司成周四方积”，不会仅限于征收天下的竹禾米薪刍。《岳麓书院藏秦简（肆）》简 169“内史杂律曰：刍稾廥、仓、库实官积”，积中包括刍稾廥、仓中所储存的草料粮食，也包括库中储藏之物，而库是储藏管理兵器的机构与场所。《礼记 · 儒行》孔颖达疏“积，积聚财物也”，《汉书 · 刑法志》颜师古注“积，积聚之物也”，将“积”理解为广义上的财物、物资，应更符合铭文之所指。从前面列举的材料看，淮夷地区的铜料也应是兮甲征收之“积”的重要内容。

### 58. 五年琱生簋、六年琱生簋

五年琱生簋（图 3.22）、六年琱生簋（图 3.23）是宣王时的铜器，分别收藏于耶鲁大学艺术陈列馆（五年簋）、中国国家博物馆（六年簋）。两器铸造于同时，铭文前后相联，可以将其视为一篇。五年簋内底铸铭文 11 行，104 字；六年簋内底铸铭文 11 行，104 字（其中重文 2）。本器的主要著录文献及编号为：《殷周金文集成》04292、04293；《商周青铜器铭文选》289、290；《商周青铜器铭文暨图像集成》05340、05341。铭文释文如下：

隹五年正月己丑，琱生有事，召来合事。余献妇氏以壶，告曰，以君氏令曰：余老止，公仆庸土田多扰，弋白（伯）氏从许，公宕其叁，女（汝）则宕其贰；公宕其贰，女（汝）则宕其一。余鼍于君氏大章，报妇氏帛束、璜。召白（伯）虎曰，余既讯，㕣我考我母令，余弗敢乱，余或至我考我母令。琱生则堇圭。（五年琱生簋）

隹六年四月甲子，王才（在）葊。召白（伯）虎告曰：余告庆！曰：公氒（厥）禀贝用狱扰，为白（伯）有祇有成，亦我考幽白（伯）幽姜令。余告庆。余以邑讯有司，余典，勿敢封。今余既讯有司，曰㕣令今余既一名典，献。白（伯）氏则报璧，琱生奉扬朕宗君其休，用乍（作）朕烈且（祖）召公尝簋，其万年子孙宝用，享于宗。（六年琱生簋）

五年琱生簋说五年正月己丑这天，琱生向宗族提起诉讼，“召来合事”，是说宗族

① 参见孙诒让：《周礼正义》，中华书局，1987 年，第 767 页。

图 3.22　五年琱生簋及其铭文
（《陕西金文集成》[ 卷五 ]，第 226、227 页）

图 3.23　六年琱生簋及其铭文
（《陕西金文集成》[ 卷五 ]，第 229、230 页）

指定大宗的召伯虎来解决这桩讼事。在六年琱生簋中，召伯虎对琱生说“公厥禀贝用狱扰，为伯有祇有成”，即“公族提交费用于狱扰之事，我都处理完毕”。这表明召伯虎是具体处理案件之人。不过需要注意的是，尽管召伯虎承担了审判官的角色，但真正决定裁判结果的还是宗族的首领宗君、宗妇。五年琱生簋、琱生尊（《铭图》11817）中都记录了非常口语化的宗君命令，在五年琱生簋中，宗君说“余老止，公仆庸土田多扰，弋白氏从许……”，之后审判官召伯虎说他已经讯问有司，[①] 但至于判

① 琱生三器中的有司，均指宗族内部的有关机构，参见王沛：《“狱刺”背景下的西周族产析分》，载《法制与社会发展》2009 年第 5 期。

决，则要“或致我考我母令”，即听从其父母的命令；都表明这种情形。我们可以更简单的描述宗族内诉讼的程序，即当事人向宗族提起诉讼，宗族指定审判官，而审判官根据宗君的意见处理案件。过了一年多后，案件终于处理完毕，六年琱生簋说召伯虎来向琱生庆祝，说他处理好了案件，同时又强调“亦我考幽伯幽姜令”，即这是根据其父母宗君宗妇的命令做出的裁决，琱生则称赞了宗君的休美，并将此事铸造在两件簋上，以纪念其先祖，并让子孙永远珍藏使用。

### 59. 五年琱生尊

五年琱生尊（图 3.24）共两件，于 2006 年 11 月在陕西扶风县出土，是宣王时的铜器，现收藏于扶风县博物馆。两件铜器铭文内容相同，分别在内壁铸铭文 14 行、112 字。本器的主要著录文献及编号为：《文物》2008 年第 8 期；《商周青铜器铭文暨图像集成》11816、11817，铭文释文如下：

> 隹五年九月初吉，召姜以琱生[illegible]五[illegible]壶两，以君氏命曰：余老之，我仆庸土田多扰，弋许，勿事（使）散亡。余宕其叁，女（汝）宕其贰。其兄公，其弟乃。余𧊒大章，报妇氏帛束璜一，有司眔盥，两辟。琱生对扬朕宗君休，用乍（作）召公尊[illegible]，用祈通禄得屯（纯）灵冬（终），子孙永宝用之享。其又（有）乱兹命，曰“女（汝）事召人”，公则明亟！

琱生尊与上述两件琱生簋铭文内容相关。五年、六年琱生簋（《集成》04292、

图 3.24　五年琱生尊及其铭文

（《陕西金文集成》[ 卷五 ]，第 180、181 页）

04293）侧重讲述整个诉讼事情的经过，目的在于体现琱生对宗君宗妇的干预行为及召伯虎裁判行为的称颂，这是小宗琱生对外的表态。而琱生尊的铭文，侧重指出自身哪些权益得到了确认，并宣示了宗君的命令，以告诫新归附的仆庸，其目的在于体现小宗琱生对内的权威。从法制史的角度来看，琱生三器铭文是记录西周宗族内部诉讼的难得资料，这些资料同时反映出西周宗族社会的政治格局。通观琱生尊铭文的整体结构，除了纪年、礼仪和嘏辞而外，其余内容可分为两部分，第一部分是裁决结果，裁决结果是对小宗琱生的诉讼请求而做出的，将案件处理的原则、案件处理的结果以及对小宗服从履行的期望简明扼要地展现出来。而裁决结果就是小宗对内宣誓权力的依据。第二部分是小宗发布的命令，小宗根据上述裁决，要求以前权属有争议、现在确定属于自己的仆庸服从自己。无论从哪一部分来看，这篇铭文都会成为小宗对内行使权力的依据。那这篇文字是写给谁看的呢？铭文嘏辞套语已给出了答案——“子孙永宝用之享”。礼器是子孙珍藏使用，铭文自然为家族阅读。家族子孙们将永远知晓此事，遇有仆庸作乱，就可以根据铭文所载的方法，交付公族处理。这或许就是铸造这套礼器的目的所在。

### 60. 驹父盨盖

驹父盨盖是宣王时的铜器，1974年出土于关中腹地的陕西武功县，现收藏于武功县文物管理委员会。盖内铸有铭文9行，82字（其中合文1），本器的主要著录文献及编号为：《殷周金文集成》04464；《商周青铜器铭文选》442；《商周青铜器铭文暨图像集成》05675。铭文释文如下：

> 唯王十有八年正月，南中（仲）邦父命驹父即南诸侯帅高父见南淮夷，氒（厥）取氒（厥）服，谨夷俗，遂不敢不敬畏王命，逆（迎）见我，氒（厥）献氒（厥）服。我乃至于淮，小大邦亡（毋）敢不□俱逆（迎）王命。四月，还，至于蔡，乍（作）旅盨，驹父其万年永用多休。①

这篇铭文说宣王十八年正月，王朝的卿士南仲邦父命令驹父到周人之南诸侯统帅高父那里去会见南淮夷，征收贡赋。南淮夷缴纳贡赋，周人尊重淮夷的习俗，淮夷敬畏王命。淮夷迎见周人，奉献服赋。周人至于淮上，当地大小邦国都迎接王命。驹父四月回到了蔡国，制作了这件旅盨，将万年使用。淮夷缴纳贡赋中应包括铜、锡等资源，传世文献中将其称之为“南金”。《诗经·泮水》所言“憬彼淮夷，来献其琛。元龟象齿，大赂南金”，即是淮夷进贡铜料的记录，而前述曾国诸器铭文亦对此多有描述。驹父盨盖铭文中所谓王命，应当与此相关。驹父盨盖铭文中提到的蔡国，其地望

---

① 中国社会科学院考古研究所：《殷周金文集成》（第4册）04464，中华书局，2007年，第2865页。

南接繁阳，正是“金道锡行”上的重要据点。此外，我们还注意到驹父盨盖铭文中替王朝传达命令的南仲邦父之身份具有特殊性。2009 年随州文峰塔春秋曾国墓地 M1 出土的曾侯与编钟（《铭图》21029）铭文说，“王逝命南公，营宅汭土，君庇淮夷，临有江夏”，证明曾国的远祖为南公，而南仲邦父亦应为南公之后，与曾是同族氏之贵族。结合以上列举的各篇铭文，可以初步勾勒出周王朝通过曾国在淮夷地区建立进贡铜料的制度轮廓。金文显示，某些强大的诸侯国也有通过霸权来建立类似的贡赋制度，进而获取铜料资源的迹象，相关资料见于楚公逆钟（《铭图》15500）铭文。

### 61. 吴虎鼎

吴虎鼎（图 3.25）是宣王时的铜器，1992 年在陕西省长安县黑河引水工程中被推土机推出，现藏陕西省西安市长安博物馆。本器内壁铸有铭文 16 行，164 字（其中重文 2），主要著录文献及编号为：《考古与文物》1998 年第 3 期；《商周青铜器铭文暨图像集成》02446。铭文释文如下：

> 隹十又八年十又三月既生霸丙戌，王才（在）周康宫夷宫，导入右吴虎，王令（命）善夫丰生、司工雍毅，申厉王令：取吴盖旧疆，付吴虎：氒（厥）北疆涵人眔疆，氒（厥）东疆官人眔疆，氒（厥）南疆毕人眔疆，氒（厥）西疆莽姜眔疆。氒（厥）俱履封：丰生、雍毅、白（伯）导、内司土寺桒。吴虎拜稽首，天子休，宾善夫丰生章（璋）、马匹，宾司工雍毅章（璋）、马匹，宾内司土寺桒璧、爰（瑗）。书：尹友守史由。乃宾史桒韦两。

图 3.25　吴虎鼎及其铭文

（《陕西金文集成》[ 卷十二 ]，第 117、119 页）

虎拜手稽首，敢对扬天子不（丕）显鲁休，用乍（作）朕皇且（祖）考庚孟尊鼎，其子子孙孙永宝。

这篇铭文记录的事件发生在西周晚期的宣王十八年，内容却是宣王重新落实他的父亲厉王时期的命令。厉王的命令是将吴荍的土地交给吴虎使用。接下来铭文详细记录了这片土地的方位四至，以及踏勘田地的官员名字。吴虎以宾礼的方式馈赠了诸位办事的官员，并制作了这件纪念祖考庚孟的宝鼎。史书记载，厉王因“专利”的经济政策与贵族集团产生了尖锐的对立，在一场政变后，厉王被流放到位于今天山西霍州的彘地。历经了共伯和的十四年执政，厉王之子宣王终于登上天子之位。在宣王十八年，也就是厉王下台整整三十二年后，宣王贯彻了厉王时期的一道旧令，将吴荍的土地转给了吴虎。这个举动证明，从厉王到宣王时代，周王控制王朝所有土地的政策导向是高度一致的，并未因为政权更迭的动荡而改变。周王加强控制土地力度的对面，则是贵族力图捍卫自己的利益。从吴虎鼎铭文来看，这次土地权属变更在礼制的协调下顺利达成，但是当我们变换立场，站在贵族角度上看琱生三器的表述时，就会体验另外一番心境。琱生三器铭文中作为宗族首领的宗君在处理族内田土纠纷时，一再强调宗族成员紧密团结的重要性，切莫让宗族田土散亡流失。反观西周前期的韩伯豐鼎（《铭图》02426），王朝曾动用审判权干涉贵族家族内部的田产问题，召氏宗君的担心不是没有理由的。周王和贵族们都在竭尽全力保卫自己的土地，而西周王朝正是在这种紧张的气氛下走向终结。

### 62. 卌三年逨鼎

卌三年逨鼎是一组宣王时的铜器，2003 年 1 月出土于陕西眉县杨家村，本组铜器共 10 件，前 8 件铭文基本相同，后 2 件铭文先后相接，全铭与前 8 件大体相同，收藏于宝鸡青铜器博物院。我们以卌三年逨鼎甲（图 3.26）为研究标本，其内壁铸铭文 30 行，321 字（其中重文 8）。本器的主要著录文献及编号为：《文物》2003 年第 6 期；《商周青铜器铭文暨图像集成》02503。铭文释文如下：

隹卌又三年六月既生霸丁亥，王才（在）周康宫穆宫，旦，王各（格）周庙，即立（位），司马寿右吴逨入门，立中廷，北卿（向）。史淢受（授）王令（命）书。王乎（呼）尹氏册令（命）逨。王若曰：“逨，不（丕）显文武膺受大令（命），匍（敷）有四方，则繇隹乃先圣且（祖）考，夹召先王，闻堇（勤）大令（命），奠周邦。肄余弗忘圣人孙子，昔余既令（命）女（汝）疋（胥）荣兑䵼司四方吴（虞）林，用宫御。今余隹巠（经）乃先且（祖）考，又（有）勋于周邦，申就乃令（命），令（命）女（汝）官司历人，母（毋）敢妄宁，虔夙夕惠雍我邦小大猷。雩乃专政事，母（毋）敢

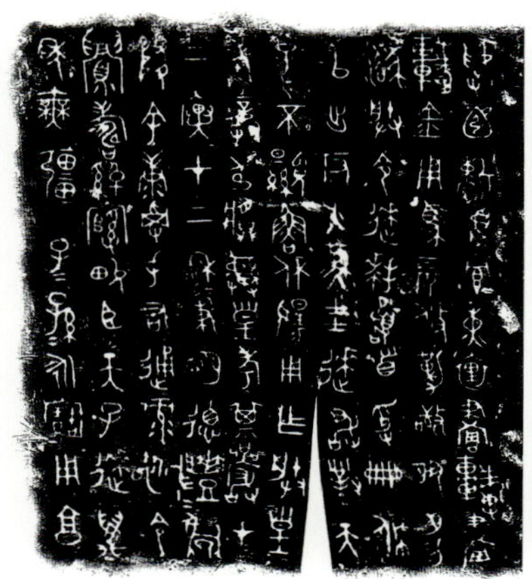

图 3.26　卌三年逨鼎甲及其铭文
（《陕西金文集成》[ 卷六 ]，第 120、123—125 页）

不妻不井（刑–型），雩乃讯庶又（有）㗊，母（毋）敢不中不井（刑–型），母（毋）龏龏橐橐，隹又（有）宥从（纵），乃敄鳏寡，用乍（作）余我一人死不小（肖）隹死。”王曰：“逨，易（锡）女（汝）秬鬯一卣、玄衮衣、赤舄、驹车、雕较、朱虢（鞹）、鞃靳、虎冟、熏里、画轉、画𨌲、金甬，马四匹、鋚勒，敬夙夕弗灋（废）朕令（命）。”逨拜稽首，受册，佩以出，反入（纳）堇（瑾）圭。逨敢对天子不（丕）显鲁休扬，用乍（作）朕皇考龏（恭）弔（叔）𩰫彝。皇考其严才（在）上，翼才（在）下，穆穆秉明德，數數橐橐，降余康𧾷屯（纯）右（祐），通彔（禄）永令（命），眉寿绰绾，畯臣天子，迷万年无疆，子子孙孙永宝用享。

这篇铭文背景可参见卌二年逑鼎（《铭图》02501）、逑盘（《铭图》14543）。铭文中的“官司历人”“讯庶又（有）咎”都和司法、处理狱讼相关；在审判中必须恪守“中”的原则，符合“井（刑-型）”的要求，已成为册命中的常见套语。

## 63. 寅盨

寅盨是宣王时的铜器，据《考古图》说“得于京兆”，铸有铭文15行，155字（其中重文2，合文1）。本器的主要著录文献及编号为：《殷周金文集成》04469；《商周青铜器铭文选》443；《商周青铜器铭文暨图像集成》05683。铭文释文如下：

又（有）进退，雩邦人、正人、师氏人，又（有）辠（罪）又（有）故（辜），廼协倗即女（汝），廼繇宕，卑（俾）复虐逐氒（厥）君、氒（厥）师，廼乍（作）余一人咎。王曰：寅，敬明乃心，用辟我一人，善效（教）乃友内（入）辟，勿事（使）虣（暴）虐从（纵）狱，爰夺䖒行道，氒（厥）非正命，廼敢疾讯人，则唯辅天降丧，不少（肖）唯死，易（锡）女（汝）秬鬯一卣，乃父市、赤舄、驹车、雕较、朱虢（鞹）、𩏃靳、虎冟、熏（纁）里、画𨍏、画𫐉、金甬，马四匹、鋚勒，敬夙夕勿灋（废）朕令（命）。寅拜稽首，对扬天子不（丕）显鲁休，用乍（作）宝盨，弔（叔）邦父、弔（叔）姞万年子子孙孙永宝用。

这篇铭文记录了周王授予寅以审判权的册命，铭文中提到的“卑（俾）复虐逐氒（厥）君、氒（厥）师”与国人驱逐厉王有关。“勿使暴虐纵狱，爰夺䖒行道，氒非正命，廼敢疾讯人，则唯辅天降丧”是天命思想在司法领域中的集中体现，为重要的法律思想史资料，可与西周中期铜器师訇簋（《集成》04342）相互参看；本册命之行文还可参见清华简《摄命》。

## 64. 毛公鼎

毛公鼎（图3.27）据说在清道光末年出土于陕西岐山县，是宣王时的铜器，现收藏于台北故宫博物院，腹内铸有铭文32行，497字（其中重文9、合文9）。本器的主要著录文献及编号为：《殷周金文集成》02841；《商周青铜器铭文选》447；《商周青铜器铭文暨图像集成》02518。铭文释文如下：

王若曰：父厝，不（丕）显文武，皇天引猒（厌）氒（厥）德，配我有周，雁（膺）受大命，率裹（怀）不廷方，亡不闬（觐）于文武耿

图 3.27　毛公鼎及其铭文
（《陕西金文集成》[ 卷二 ]，第 62、64—67 页）

光，唯天𤔲（将）集氒（厥）命，亦唯先正𤰈（襄）辥（乂）氒（厥）辟，爵（恪）堇（谨）大命。肆皇天亡吳（斁），临保我有周，不（丕）巩先王配命，敃（旻）天疾畏（威），司余小子弗彶（及），邦𤔲（将）害（曷）吉？𧽊𧽊四方，大从（纵）不静（靖）。乌虖（呼）！𢓊（趯）余小子圂湛于𩁹（艰），永巩先王。王曰：父厝，今余唯肇巠（经）先王命，命女（汝）辥（乂）我邦我家内外，惷（惷）于小大政，甹（屏）朕（朕）立（位），虩许上下若否，雩四方死（尸）母（毋）童（动）。余一人才（在）立（位），引唯乃智，余非章（庸）又昏，女（汝）母（毋）敢妄（荒）宁，虔夙夕惠我一人，雝（雍）我邦小大猷，母（毋）折威（缄），告余先王若德，用印（仰）卲（昭）皇天，𤕌（申）圞（固）大命，康能四或（国），俗（欲）我弗乍（作）先王忧。王曰：父厝，雩之庶出入事于外，尃（敷）命尃（敷）政，埶（艺）小大楚（胥）赋，无唯正昏，引其唯王智，迺唯是丧我或（国）。历自今，出入尃（敷）命于外，氒（厥）非先告父厝，父厝舍命，母（毋）有敢（敢）惷（惷），尃（敷）命于外。王曰：父厝，今余唯𤕌（申）先王命，命女（汝）亟（极）一方，圅我邦、我家。母（毋）雁（推）于政，勿雝（雍）逮（律）庶人𠭯。母（毋）敢龏（拱）橐（橐），龏（拱）橐（橐）迺敄（侮）鳏寡。善效乃友正，毋敢湛（湎）于酉（酒），女（汝）母（毋）敢彖（坠），才（在）乃服（服）。圞（固）夙夕敬念王畏（威）不睗（易），女（汝）母（毋）弗帅用先王乍（作）明井（刑–型），俗（欲）女（汝）弗乃以乃辟圅（陷）于𩁹（艰）。王曰：父厝，已曰㧊（抄）丝（兹）卿事寮，大（太）事寮于父即尹，命女（汝）𩁹司公族，雩（与）三有司、小子、师氏、虎臣，雩（与）朕亵事，以乃族干（捍）吾（敌）王身，取賷（賄）卅寽（锊），易（锡）女（汝）𩰫（秬）鬯一（卣），祼（祼）圭鬲（瓒）宝，朱市，忽（葱）黄（衡），玉环、玉琮、金车、雕緐較（较）、朱𩍐、𠭯靳（靳）、虎冟、熏里、右厄（轭）、画𩌏、画輴、金甬、遣（错）衡、金踵（踵）、金豙（轙）、䡇（约）、𩍙（盛）、金簟（簟）弼（茀）、鱼葡（箙）、马四匹，攸（鋚）勒、金𨱲、金雁（膺）、朱旂二铃（铃）、易（锡）女（汝）丝（兹）关（賸），用岁用政（征）。毛公厝对扬天子皇休，用乍（作）尊鼎，子子孙孙永宝用。

这篇铭文与西周禁酒令、推行政令、行政规范相关。毛公鼎铭文“汝毋弗帅用先王作明井（刑）”，措辞与牧簋（《集成》04343）、四十三年逨鼎（《铭图》02503）相近，其关联语境背景需要进一步研究。

### 65. 楚公逆钟

楚公逆钟是宣王时的铜器，1992年—1993年山西省考古所和北京大学考古系联合组成的发掘队对天马–曲村遗址的北赵晋国墓地进行清理发掘时，意外获得这组楚国编钟，现收藏于山西省考古研究所。这组编钟共八件，我们选取的标本为钲间和左鼓铸铭文68字。本器的主要著录文献及编号为：《文物》1994年第8期；《考古》1995年第2期；《商周青铜器铭文暨图像集成》15501。铭文释文如下：

> 隹八月甲午，楚公逆祀乒（厥）先高祖考，夫（敷）壬（任）四方首，楚公逆出，求乒（厥）用祀。四方首休多禽（勤）钦融，纳亯赤金九万钧。楚公逆用自乍（作）龢齐钖钟百飤（肆），楚公逆其万年寿，用保乒（厥）大邦，永宝。①

铭文说在八月甲午这天，楚公逆（熊鄂）为祭祀他的高祖（熊渠），让四方首领承担各项任务。楚公逆出行索取用于祭祀之物品，而四方首领赞扬楚公逆的勤劳与威仪，入贡赤铜九万钧，楚公逆制作了谐和精美的编钟百组。《史记·楚世家》载，周夷王时，王室衰微，而楚公逆的高祖熊渠“甚得江汉间民和，乃兴兵伐庸、杨粤，至于鄂”，建立起了南方的霸权。到了楚公逆时代，类似王朝的贡赋制度开始在楚国显露身影。周边小邦国向楚国进贡大量赤铜，制作礼器用以祭祀楚公的祖先，这既是宣示楚国霸权的方式，更是楚国模仿中央王朝礼制的例证。铭文所谓“赤金九万钧”，据学者估计，其总重量在今百万斤以上，数量十分惊人。近来的科技考古已分析出楚公逆钟的金属来源与西周中央作坊所使用的铜料是一致的，这证明淮夷地区采铜产业对西周王室的重要性。②这篇铭文对于研究西周晚期邦国法秩序的转化有重要启发，可与眉敖簋（《集成》04213）对读。

### 66. 䰠簋

䰠簋是西周晚期铜器，收藏于台北故宫博物院。盖、器同铭，各7行，58字（其中重文2）。本器的主要著录文献及编号为：《殷周金文集成》04215；《商周青铜器铭文选》319；《商周青铜器铭文暨图像集成》05242。铭文之释文如下：

> 唯王正月，辰才（在）甲午，王曰：䰠，命女（汝）司成周里人眔者（诸）侯、大亚，讯讼罚，取償（赔）五寽，易（锡）女（汝）尸（夷）臣十家，用事。䰠拜稽首，对扬王休命，用乍（作）宝簋，其子子孙孙宝用。

䰠簋铭文显示，周王会直接授予某贵族以审判权力，而该贵族并不担任特定职

---

① 黄锡全、于炳文：《山西晋侯墓地所出楚公逆钟铭文初释》，载《考古》1995年第2期。

② 参见黎海超、崔剑锋：《试论晋、楚间的铜料流通——科技、铭文与考古遗存的综合研究》，载《考古与文物》2018年第2期。

官。铭文中周王命令齈管理成周的里人、诸侯、大亚，同时处理狱讼处罚之事，可与夺簋（《文物世界》2021.1）、寅盨（《集成》04469）比较研究。

### 67. 仲幾父簋

仲幾父簋是西周晚期铜器，下落不明，拓本显示铸有铭文3行，18字。本器的主要著录文献及编号为：《殷周金文集成》03954；《商周青铜器铭文暨图像集成》04882。铭文释文如下：

> 中（仲）幾父事（使）幾事（使）于诸侯、诸监，用乒（厥）賓乍（作）丁宝簋。

本器对研究西周监国制度有重要意义。可与句监鼎（《铭图》01617）、噩监簋（《铭图》04441）、应监甗（《集成》00883）、应监鼎（《集成》01975）、管监引鼎（《集成》02367）、叔赵父爯（《集成》11719）等记载监国制度的铜器一并研究。

### 68. 司寇良父簋

司寇良父簋（图3.28）是西周晚期铜器，现藏中国三峡博物院，内底铸有铭文3行，16字（其中重文2）。本器的主要著录文献及编号为：《两周金文辞大系》262；《商周青铜器铭文暨图像集成》04808。铭文释文如下：

图3.28　司寇良父簋及其铭文

（彩图由重庆中国三峡博物馆提供；铭文参见《殷周金文集成》[第10册]，第95页）

司寇良父乍（作）为卫姬簋，子子孙孙永保用。

这篇铭文对研究“司寇”职官名来源有帮助。关于金文中“司寇”问题的分析，可参见黄海的相关论文。①

## 69. 虞司寇伯吹壶

虞司寇伯吹壶是西周晚期铜器，共两件，现藏故宫博物院，这里选其中的一件为标本，器盖铸有铭文 11 行，22 字（其中重文 1）；器口内壁铸铭文 24 字（其中重文 2），其内容大致相同。本器的主要著录文献及编号为：《殷周金文集成》09695；《商周青铜器铭文暨图像集成》12395。器盖铭文释文如下：

虞司寇白（伯）吹乍（作）宝壶，用享用孝，用祈眉寿，子子孙永宝用。

这篇铭文对研究“司寇”职官名来源有帮助。关于金文中“司寇”问题的分析，可参见黄海的相关论文。② 春期中期的封孙宅盘（《集成 10154》）中有“鲁少司寇”，可参考研究。

## 70. 焂戒鼎

焂戒鼎（图 3.29）1993 年征集于香港，是西周晚期铜器，现藏上海博物馆。器内铸有铭文 4 行，25 字。本器的主要著录文献及编号为：《上海博物馆集刊》第 8 期；《近出殷周金文集录》347；《商周青铜器铭文暨图像集成》02279。铭文释文如下：

軨白（伯）庆易（锡）焂戒赍弼、巤膺、虎裘、豹裘。用正（政）于六师、用校于比、用獄次（盗）。

本铭大意是軨伯庆赐给焂戒车马饰物及虎裘豹裘等物品，命令他整饬六师、考校民数、伺捕盗贼。这篇铭文并不长，却十分重要。铭文所说的“用正（政）于六师”，政通整，有整治、治理的意思。③ “用校于比”，参见《周礼 · 地官 · 党正》“以岁时涖校比”。郑司农云：“校比，《族师职》所谓‘以时属民，而校登其族之夫家众寡，辨其贵贱老幼废疾可任者，及其六畜车辇’。如今小案比。”“用獄次（盗）”，獄字见于《玉篇 · 犾部》：“獄，息利息梨二切，辨狱官也，察也，今作伺、覗。”獄次（盗），即伺盗。本铭格式很独特，没有金文所常见的格式套语，所以李学勤怀疑或非全铭。

① 黄海：《论中国古代专职法官在战国时期的出现》，载《华东政法大学学报》2019 年第 2 期。

② 黄海：《论中国古代专职法官在战国时期的出现》，载《华东政法大学学报》2019 年第 2 期。

③ 吴振武：《焂戒鼎补释》，载《史学集刊》1998 年第 1 期。

图 3.29 燮戒鼎及其铭文
（彩图由上海博物馆提供；铭文参见《商周青铜器铭文暨图像集成》[第 5 卷]，第 19 页）

西周后期有一铭分铸几器现象，此铭也许仅是其中一段。① 也有学者认为器主应为䪢伯庆，器名当作“䪢伯庆鼎”，这涉及对铭文关键词汇的重新释读。

# 四、春秋时期

### 71. 曾伯陭钺

曾伯陭钺（图 3.30）是 2002 年 11 月至 2003 年 4 月襄阳市考古队在湖北枣阳郭家庙曾国墓地发现的，是春秋早期铜器。曾伯陭钺现收藏于襄阳市博物馆，钺之正反面各铸有铭文 9 字，共 18 字。本器的主要著录文献及编号为：《新收殷周青铜器铭文暨器影汇编》1203；《商周青铜器铭文暨图像集成》18250。铭文释文如下：

曾白（伯）陭铸杀钺，用为民𠟭。非历殹井（刑-型），用为民政。

这篇铭文说曾伯陭铸造这件钺，用以推行法律，治理民政。“杀钺”旧释为“戚钺”，刘雨、严志斌、郭永秉认为“戚”当释作“杀”，可从。② 铭文中“𠟭”“井”二字当与法制、法度或刑罚有关，但其区别为何，还有待进一步探讨。

---

① 李学勤：《重写学术史》，河北教育出版社，2002 年，第 23—27 页。

② 参见刘雨、严志斌：《近出殷周金文集录二编》，中华书局，2010 年，第 297 页；郭永秉：《曾伯陭鉞铭文平议》，载中国政法大学法律古籍整理研究所：《中国古代法律文献研究》（第 10 辑），社会科学文献出版社，2016 年。

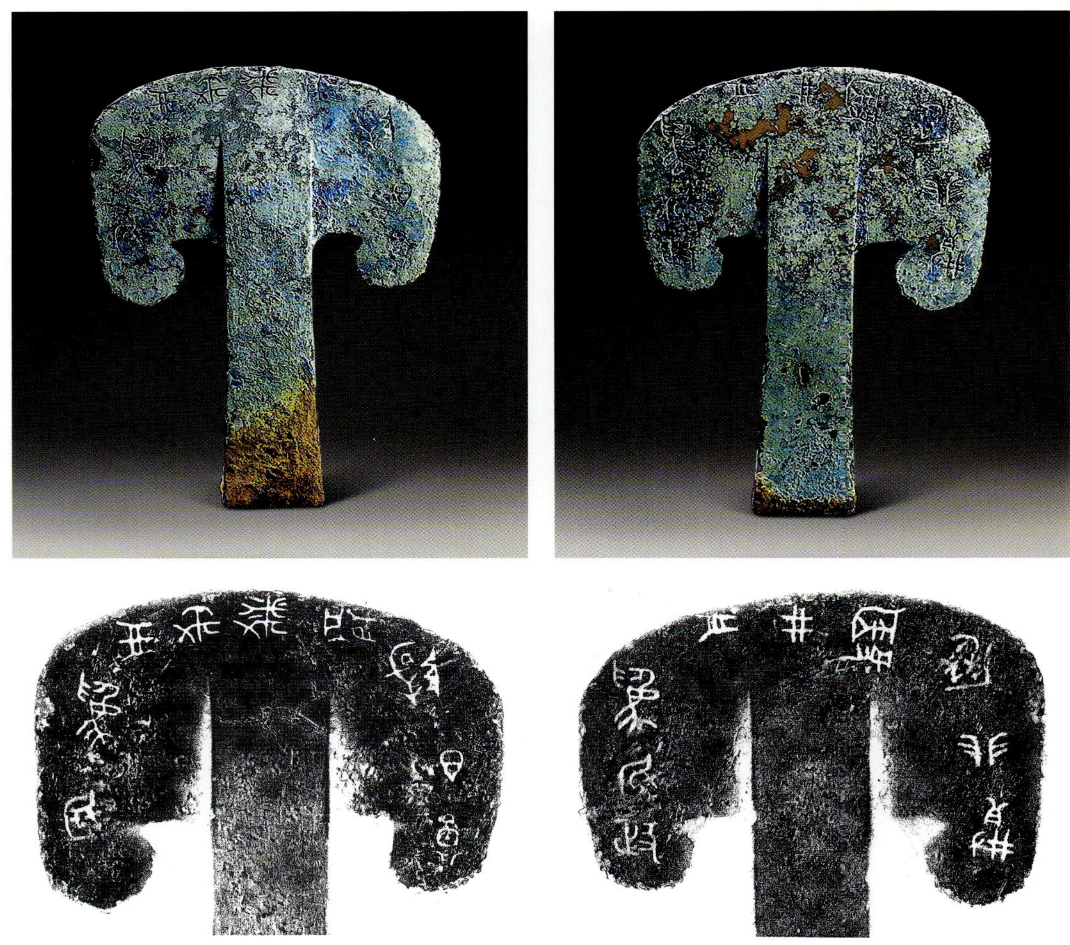

图 3.30　曾伯陭钺及其铭文

（《枣阳郭家庙曾国墓地》，彩版一六；《曾国青铜器》，第 116、117 页）

### 72. 晋姜鼎

晋姜鼎出土于陕西韩城，早在北宋时就著录于《考古图》《博古图》，是春秋早期的铜器，鼎内壁铸有铭文 12 行，121 字。本器的主要著录文献及编号为：《殷周金文集成》02826；《商周青铜器铭文选》885；《商周青铜器铭文暨图像集成》02491。铭文释文如下：

隹王九月丁亥，晋姜曰：余隹司（嗣）朕先姑君晋邦，余不叚（暇）妄宁，巠（经）雍明德，宣卬我猷，用绍匹辝（台）辟，每（敏）扬氒（厥）光烈，虔不墜，鲁覃京师，辥我万民。嘉遣我，易（锡）卤（滷）责（积）千两，勿灋（废）文侯景令（命），卑（俾）貫（串）通□，征緐汤（阳）、𩁹，取氒（厥）吉金，用乍（作）宝尊鼎，用康揉妥（绥）褱（怀）远迩君子，晋姜用祈绰绾眉寿，乍（作）疐为亟（极），万年无疆，用享用德，畯保其孙子，三寿是利。

在这篇铭文中晋姜说，自己继承先姑交授的权力，君临晋邦，无暇逸乐，和以明德，慎于谋划，以辅弼君主，以扬其光烈，使之声名不坠，以平定京师，以治理万民。文侯命令晋姜，用千辆大车装载卤盐，前往繁阳换取铜料，而晋姜用换来的铜料制作了这件鼎。晋姜鼎铭文最重要的地方在于将盐和铜这两样至为珍贵的物资联系起来，而联系的方式，则是贸易。以往学界对晋姜鼎所述之事颇多争论，直至近年来保利艺术博物馆收藏的戎生编钟（《铭图》15239）铭文公布，才纠正不少误解。戎生编钟所述之事与晋姜鼎相同，戎生是晋国的贵族，他也参与了这件以卤盐换铜料的事件，也用此次交易得来的铜料制作了编钟。戎生编钟中的相关内容是：

今余弗叚（暇）灋（废）其显光，对扬其大福，嘉遣卤责（积），卑（俾）参征繁阳，取乎（厥）吉金，用乍（作）宝协钟。①

晋侯命令晋姜用装满千辆大车的盐去换铜料，暗示晋南盐业的掌控权已由周王室转移到了晋国，而晋国拿盐到换南方的繁阳换铜料，表明铜料可以用贸易途径取得，这是巨大的社会变化，此现象同时表明铜料来源的控制权出现了脱离中央，下行地方的趋势。繁阳在今天的河南新蔡，这里虽不产铜，但却是南方铜料的中转地。从西周到春秋中期，这里都被王朝的代理者曾国所控制。曾国根据周王的命令，贯通并守卫以繁阳为中心的“金道锡行”，是为西周贡赋制度在南方运作的核心内容之一。在新出土的铜器铭文中，对此现象有详细的描述。以往王朝利用强大的政权力量，直接掌握诸侯国地域的盐铜资源，而现在诸侯国之间自行交易盐铜，互通有无，这是新政治格局下的社会现象。

### 73. 曾公畯编钟

曾公畯编钟在2019年出土于随州枣树林M190贵族墓地，曾公畯编钟制作于春秋中期前段的公元前646年，包括镈钟一组四件，共有铭文38行，226字（含重文1、合文1）；甬钟两组，其中一组九件，有铭文255字，另一组八件，铸款次序紊乱。甬钟铭文与镈钟大致相同，我们以镈钟铭文为底本，个别用字参照甬钟铭文做了校正。本器的主要著录文献为：郭长江、凡国栋、陈虎、李晓杨：《曾公畯编钟铭文初步释读》，载《江汉考古》2020年第1期。铭文释文如下：

① 参见李学勤：《戎生编钟论释》，载《文物》1999年第9期。

隹王五月吉日丁亥，曾公畩曰：昔才（在）辥不（丕）显高祖，克逑匹周之文武，淑淑白（伯）旨（舍-括）小心有德，召事一［帝］(？)，遹怀多福。左右有周，□神其圣。受是不（丕）宓，不（丕）显其霝（令），匍匐辰（祇）敬。王客我于康宫，乎（呼）氒（厥）命。皇且（祖）建于南土，蔽蔡南门，誓应京社，适于汉东。［南］方无疆，涉征淮夷，至于繁汤（阳）。曰：邵王南行，豫（舍）命于曾，咸成我事，左右有周，易（锡）之甬（用）钺，用政（征）南方。南公之烈，吾圣有闻，陟降上下，保埶子孙。曰：呜呼！忧余孺火（小）子，余无谤受，肆余行辥卹，卑辥千休，偶（？）天孔惠，文武之福，有成有庆，福禄日至，复（？）我土疆，择其吉金鐈铝，自乍（作）龢镈宗彝，既淑既平，冬（终）龢且鸣，以享于其皇且（祖）南公，至于桓庄，以祈永命，眉寿无疆，永保用享。

这篇铭文以曾公畩的口吻讲述了曾国始封、接受周王册命以及开疆扩土等诸多重大事件。铭文说西周初年曾国就封于南土，周邵王南行时，发布号令于曾，赐其钺，曾受命征伐南方。曾国的先祖涉水南征，屏卫蔡国南境，在应国宗庙立下盟誓，征服淮夷，势力直达繁阳。而繁阳正是南方铜料聚集与中转之地。我们从传世的春秋早期铜器曾伯漆簠（《集成》04632）铭文得知，这条路线乃是周王朝获取铸铜资源的“金道锡行”。曾伯漆簠铭文云：

隹王九月初吉庚午，曾白（伯）漆哲圣元武，元武孔黹，克逖淮夷，抑燮繁汤（阳），金道锡行，具既卑（俾）方，余择其吉金黄铝，余用自乍（作）旅簠，以征以行，用盛稻粱，用孝用享于我皇文考，天赐（锡）之福，曾漆叚（暇）不黄耇，万年眉寿无疆，子子孙孙永宝用之享。①

涉汉而东、征服淮夷、占领繁阳，才能保障“金道锡行”畅通无阻。这应当是周初以来王朝在曾国发号施令、授权其从事军事活动的主要目的。以武力为后盾，针对淮夷地区的贡赋制度正是这样建立起来的。

2009年发现于随州文峰塔墓地的春秋晚期曾侯与编钟（《铭图》21029）铭文云：

王遣命南公，营宅汭土，君此淮夷，临有江夏。周室之既卑，吾用燮謞楚，吴恃有众庶，行乱，西政（征），南伐，乃加于楚，荆邦既变，而天命将误。②

---

① 参见中国社会科学院考古研究所：《殷周金文集成》(第4册）04632，中华书局，2007年，第3010—3011页。

② 凡国栋：《曾侯与编钟铭文柬释》，载《江汉考古》2014年第4期，第61—67页。

这段话说明周王室卑弱后，天命属于强大的楚国，而吴国强大后攻打楚国，天命又有转变的可能。这套以单纯以武力为依据的天命观和西周天命理论完全不同，可以结合晋公盘（《铭图》30952）、秦公镈（《集成》00270）、叔夷钟（《集成》00272—00278）等资料加以探讨分析。

## 74. 晋公盘

晋公盘据传出自山西，在山西公安部门打击文物犯罪时缴获，是春秋中期铜器，现收藏于山西青铜博物馆。晋公盘内壁铸有铭文 7 处，每处 3 行，共 183 字（其中重文 1，合文 1）。本器的主要著录文献及编号为：《商周青铜器铭文暨图像集成》30952。铭文释文如下：

> 隹王正月初吉丁亥，晋公曰："我皇且（祖）唐公膺受大命，左右武王，教戮（威）百蛮，广辟四方，至于不廷，莫［不］不秉敬（敬）。王命唐公，建（宅）京师，君百生（姓）乍（作）邦。我剌（烈）考宪公，克□亢猷，疆武鲁宿，靈（灵-令）名不□，赫赫才［上］，台（以）严夤恭天命，召𤔲（乂）朕身，孔静晋邦。"公曰："余锥（唯）今小子，敢帅井（刑-型）先王，秉德䵼（秩）［秩］，𧾷（协）燮（燮）万邦，諫（哀）［哀］莫不日頼（比）䰜（沉），余咸畜胤（后）士，乍（作）龙（蒙）左右，保𤔲（乂）王国，刜龠（典）𤅊𡱂，台（以）严虩若否。乍（作）元女孟姬宗彝般（盘），将广启邦，虔恭盟祀，卲（昭）酓（答）皇卿，𧾷（协）剔（顺）百嵛（职）。锥（唯）今小子，敎（敕）𤔲（乂）尔家，宗妇楚邦，乌（于）𣈶（昭）万年，晋邦隹翰，永康（康）宝。"

铭文中所的"烈考宪公"，当为晋献公，而本铭的作者应该就是晋文公。铭文中说"我皇祖唐公膺受大命"，体现出天命的改变。与西周铭文所言只有文王、武王，最多加上成王才可以受天命不同，这里诸侯国的开国之君也可以受天命了。类似的表述在 1978 年出土于陕西宝鸡太公庙的春秋早期铜器秦公镈（《集成》00262）铭文中就已出现，此时已经很流行了。这意味着周先王获得上天授权，其子孙得以统治天下的理论遭到破坏。相应地，西周先王因受天命而可以颁布法律（敷明刑）的理论亦难以维系。这篇铭文中还体现出对周王的某些尊重，如继续说"敢帅井（型）先王"，而在秦系铭文中的表述，则彻底排除了周王的身影，后面所列春秋晚期秦公镈（《集成》00270）铭文就是很典型的例证。这篇铭文与传世晋公盆铭文（《集成》10342）相似，可以对读。

## 75. 秦公镈

秦公镈有著录者，有出土者。这里所说的是著录秦公镈（图 3.31），北宋庆历年间叶清臣得之于长安，是春秋晚期秦景公时的铜器。① 秦公镈铸有铭文 27 行，143 字（其中重文 6、合文 2）。本器的主要著录文献及编号为：《殷周金文集成》00270；《商周青铜器铭文选》919；《商周青铜器铭文暨图像集成》15827。铭文释文如下：

秦公曰："不（丕）显朕皇且（祖）受天命，肇有下国，十又二公，不墜才（在）下，严恭夤天命，保鼙（乂）氒（厥）秦，虩事蛮夏。"曰："余虽小子，穆穆帅秉明德，睿尃（敷）明井（刑–型），虔敬朕祀，以受多福，协龢万民唬（号、于）夙夕，烈烈桓桓，万生（姓）是敕，咸蓄百辟、胤士，蔼蔼文武，镇静不廷，揉燮百邦，于秦执事，作盄（淑）龢镈，氒（厥）名曰䜲邦。其音锗锗雍雍孔煌，以卲（昭）格孝享，以受屯（纯）鲁多厘，眉寿无疆，畯疐才（在）位，高引有庆，匍（敷）有（佑）四方，永宝，宜。"

这篇铭文中的"睿尃（敷）明井（刑）"不见秦公簋（《铭图》04250）及出土秦公镈之铭文。睿，明也；尃（敷），布也；井（刑），法律、型范也。这是早期秦国法史的珍贵史料。西周时代之先王作明刑，后代君主恪守明刑，是其政治传统之所在。除金文资料外，其他出土文献与传世典籍也多有记载。如清华简《皇门》中说昔日贤明的臣子帮助有国哲王颁布明刑，由是政通人和："是人斯助王恭玥祀，敷明刑，王用有监，多宪正命，用克和有成"；若不用先王之明刑，则应受到批判："至于厥后嗣立王，乃弗肯用先王之明刑，乃维汲汲胥驱胥教于非彝……乃维不顺是治。"② 类似表述亦见诸其他典籍，如《诗经 · 抑》中的"罔敷求先王，克共明刑"也是此意。这里的"先王"，通常指文王、武王。他们所作的明刑之所以要被后世遵循，是因为他们是"受天命"的君主；他们之所以"受天命"，是因为他们有德。我们从出土、传世文献中可以清晰地理出这个逻辑链条。如毛公鼎（《集成》02841）铭文开篇周王就说"父厝，丕显文武，皇天引厌氒德，配我有周，膺受大命"，③ 阐述了德与受大命（天命）之间的关系；而豳公盨（《铭图》05677）铭文更是说"民成父母，生我王、作臣，厥贵

① 参见王辉：《论秦景公》，载《史学月刊》1989 年第 3 期；陈昭容：《秦系文字研究：从汉字史的角度考察》之第二部分二章"论秦公簋的时代"，台湾乐学书局有限公司，2003 年，第 171—191 页；王辉、陈昭容、王伟：《秦文字通论》，中华书局，2016 年，第 40—43 页。

② 清华简释文参见李学勤主编：《清华大学藏战国竹简》(壹)，中西书局，2010 年，第 165 页。

③ 中国社会科学院考古研究所：《殷周金文集成》(第 1 册)，中华书局年，2007 年，第 1541—1543 页。

唯德”，① 德乃是君主配飨上天的依据所在。文武因有德而受天命，所以他们颁布的法令可为型范，后世君主、臣民一定要效此型范，即铭文常见“用先王作明刑”的背景。“井（刑）”的动词含义是效法，名词含义是被效法的规范，二者密切相连。

在此背景下来看著录秦公镈之铭文，就会发现从法理角度而言，春秋时代秦人对周人的传统不断加以继承和改造。天命、德、布明刑，这三要素都来自周人传统，但其内涵却发生了变化：原本是周文王、武王受天命，但在春秋早期（出土秦公镈，《集成》00262）时就已变成了秦的先公受天命；原来是周先王作明刑，到春秋后期（著录秦公镈）转变成为秦的现任国君作明刑。对秉持明德的宣扬，则一如周人之旧。这篇铭文显示早期秦的法文化中有对周人传统强烈模仿的迹象，但其立法并非附庸于周代规则体系之下，而是化用周人的概念以确立自身的独立地位。

秦兴起于西戎，向来将戎夏关系作为治国重点，铭文所见治戎态度，亦为其后的律令制度所沿袭，对此秦公镈铭文中也有涉及，是为从事相关研究的宝贵资料。

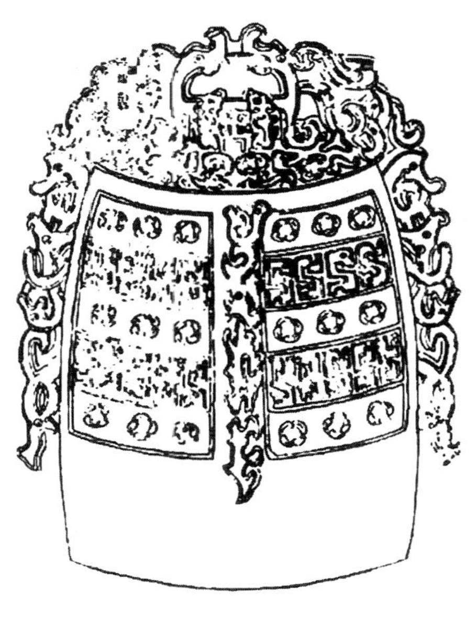

图 3.31　秦公镈及其铭文摹本
（《商周青铜器铭文暨图像集成》[ 第 29 卷 ]，第 389—391 页）

### 76. 叔夷钟

叔夷钟在北宋宣和五年（1123）年出土于山东临淄齐故城，现仅存宋代摹刻本。叔夷钟是春秋晚期齐灵公时的铜器，共 13 件，其中 1—7 件铭文可联读，铸有铭文 500 字（其中合文 6，重文 4）。本器的主要著录文献及编号为：《殷周金文集成》

① 李学勤：《论遂公盨及其重要意义》，载《中国历史文物》2002 年第 6 期。

00272—00278；《商周青铜器铭文选》848；《商周青铜器铭文暨图像集成》15552—15558。铭文释文如下：

> 隹王五月，辰才（在）戊寅，师于淄涶。公曰：女（汝）夷，余经乃先祖，余既专乃心，女（汝）小心愄忌，女（汝）不墜，夙夜宦执而（尔）政事，余引厌乃心，余命女（汝）政于朕三军，肃成朕师旟之政德，谏罚朕庶民，左右毋讳。夷不敢弗憼戒，虔恤氒（厥）死事，勠龢三军徒䢦，雩氒（厥）行师，慎中氒（厥）罚。公曰：夷，女（汝）敬恭台命，女（汝）应鬲（历）公家，女（汝）巩劳朕行师，女（汝）肇敏于戎攻，余易（锡）女（汝）莱都、密、劇，其县三百，余命女（汝）司台（以）莱，造铁徒四千，为女（汝）嫡寮。夷敢用拜稽首，弗敢不对扬朕辟皇君之易（锡）休命。公曰：夷，女（汝）康能乃有事，眔乃嫡寮，余用登屯（纯）厚乃命，女（汝）夷毋曰：余小子，女（汝）专余于艰恤，虔恤不易，左右余一人，余命女（汝）职差正卿，䌛命于外内之事，中尃（布）明井（刑－型），台（以）尃戎公家，应恤余于明恤，女（汝）以恤余朕身，余易（锡）女（汝）马、车、戎兵，莱仆三百又五十家，女（汝）以戒戎乍（作）。夷用或敢再拜稽首，应受君公之易（锡）光，余弗敢灋（废）乃命，夷典其先旧，及其高祖，赫赫成唐，有敢才（在）帝所，尃（溥）受天命，刻（克）伐夏后，贯氒（厥）灵师，伊小臣隹辅，咸有九州，处禹之堵。不（丕）显穆公之孙，其配襄公之出而成公之女，雩生叔夷，是辟于齐侯之所，是小心恭齐，灵力若虎，堇（勤）劳其政事，有共（恭）于桓武霝（灵）公之所，桓武灵公易（锡）夷吉金鋚镐，玄鏐錛铝，夷用乍（作）铸其宝钟，用享于其皇祖、皇妣、皇母、皇考，用祈眉寿，霝（灵）命难老，不（丕）显皇祖，其乍（作）福元孙，其万福屯（纯）鲁，和协而（尔）有事，卑（俾）若钟鼓，外内开辟，肃肃誉誉，造（告）而（尔）朋剸，毋或丞頪，女（汝）考寿万年，永保其身，卑（俾）百斯男，而（尔）艺斯字（滋），肃肃义政，齐侯左右，毋替毋已，至于世曰：武灵成，子孙永保用享。

这篇铭文中有关发布政令、处理诉讼、行政区设置等信息，都极富研究价值。铭文中出现的"政德""敷明井（刑）"与"受天命"之语境与前述秦公镈（《集成》00270）有别。首先，在叔夷钟铭文中，齐灵公册命叔夷时说"余命汝政于朕三军，肃成朕师旟之政德，谏罚朕庶民，左右毋讳"，其"政德"指治理军队的原则、规则，与抽象的"德"相比，似较具体。其次，齐公说"余命汝职差正卿，䌛命于外内之事，中尃（敷）明井（刑）"，表明叔夷基于齐公的授权，得以布明刑，这也是不同于周人传统的地方。"明刑"概念突破西周理论体系而加以扩展运用，与著录秦公镈（《集成》00270）有相似之处。最后，在叔夷向齐公的表态中出现了"受天命"之语"夷典其先旧，及其高祖，赫赫成唐（汤），有敢在帝所，尃（溥）受天命”，叔夷说自己是商人之后，商人之先王成汤受天命，有天下，同样是周人认可的理论，与周人传统观念并不矛盾。叔夷钟之“天命”“德”“尃（敷）明刑”概念与周人、秦人观念均有同有异。就“尃（敷）明刑”概念而言，叔夷钟与著录秦公镈都突破了周人之旧，是为春秋中后期新潮流的体现。

### 77. 宋右师延敦

宋右师延敦是河南南阳博物馆20世纪60年代初征集的春秋晚期宋景公时的青铜器，盖、器同铭，我们以器铭为标本，内壁铸有铭文8行，32字（其中重文3）。本器的主要著录文献及编号为：南阳市文物工作队、徐俊英：《南阳博物馆藏一件春秋铜敦》，载《文物》1991年第5期；《商周青铜器铭文暨图像集成》06074。铭文释文如下：

> 朕宋右币（师）延，隹嬴嬴昷昷（盟，明）昜（扬）天恻（则），骏共（恭）天尚（常），乍（作）盦（粢）粜（餋）器，天亓（其）乍（作）市（祓），于朕身永永有庆。

这篇铭文所说的“明扬天则”“骏恭天常”，与东周时期的法律思想密切相关，具有重要的参考价值。

## 五、战国秦汉时期

### 78. 子禾子釜

子禾子釜（图3.32）于清咸丰七年（1857年）出土于山东胶县灵山卫古城（今青岛市黄岛区），是战国早期齐国的铜器，现收藏于中国国家博物馆。子禾子釜腹外壁铸銘文10行，108字，本器的主要著录文献及编号为：《殷周金文集成》10374；《商周青铜器铭文选》856；《商周青铜器铭文暨图像集成》18818。铭文释文如下：

> □□立（涖）事岁，禝月丙午，子禾子□□内者御梠（莒）市，□命誸陈得：左关釜节于廪釜，关鉘节于廪半，关人筑杆戚釜，闭料于□外，槃釜而车人制之，而台（以）发退女（汝）关人，不用命则寅之，御关人□□其事，中刑斤徙，赎台（以）金半钧，□□其贿，氒（厥）辟□徙，赎台（以）□犀，□命者，于其事区夫，丘关之釜。①

① 中国社会科学院考古研究所编：《殷周金文集成》（第7册）10374，中华书局，2007年，第5592—5593页。

图 3.32　子禾子釜及其铭文
（《中国青铜器全集》[ 第 9 卷 ]，第 47 页；《殷周金文集成》[ 第 7 册 ]，第 5592 页）

这篇铭文的大意是说，在立事岁禝月丙午这天，齐太公子禾子之内者奉命往告于陈得：左关釜之量制要受节制于官方仓禀之釜，关鉌之量制要以官方禀釜为标准。如果关人不执行此法令，则依照法令惩处。这是统一度量衡器的法令，而其目的则是有效而准确地征收关市之税。法令成为铜器铭文的唯一内容，是战国时代的新特征，而此类铜器不再是礼器，亦不反映礼制。

### 79. 陈纯釜

陈纯釜于清咸丰七年（1857 年）出土于山东胶县灵山卫古城（今青岛市黄岛区），是战国早期齐国的铜器，现收藏于上海博物馆。子禾子釜腹外壁铸铭文 7 行，34 字。本器的主要著录文献及编号为：《殷周金文集成》10371；《商周青铜器铭文选》857；《商周青铜器铭文暨图像集成》18817。铭文释文如下：

> 陈猷立（涖）事岁，蚕月戊寅，於兹安陵亭，命左关师发，敕成左关之釜节于廪釜，屯者曰陈纯。

这篇铭文是说某年月日，陈猷到了安陵，命令左关的官吏名为师发的人说，左关釜的容量一定要以廪釜为标准。关守是陈纯。铭文中的法令，同样是为了统一度量衡，以便于征收关市之税，可参看子禾子釜（《集成》10374）。

### 80. 司马楙镈

司马楙镈 1982 年出土于山东滕州市姜屯镇庄里西村，是战国早期滕国的铜器，现收藏于滕州市博物馆。司马楙镈共4件，铭文可以联读，共铸铭文83字（其中重文3）。本器的主要著录文献及编号为：《山东金文集成》104—107；《商周青铜器铭文暨图像集成》14567—14570。铭文释文如下：

> 隹<u>三孟</u>岁十月庚午，曰古朕皇祖悼公，严恭天命，哀命（矜、怜）鳏寡，用克肇谨<u>先</u>（先）王明祀，朕吝（文）考懿叔，亦帅刑（型）灋则<u>先</u>（先）公正惪（德），卑（俾）乍（作）司马于滕，<u>茕茕</u>羊非敢惰<u>祠</u>（嗣？祠？），楙乍（作）宗彝，用享于皇祖吝（文）考，用旂（祈）吉休畯（允）楙（茂），子子孙孙万年是保。

这篇铭文“亦帅刑灋则先公正德”中的帅、刑（型）、灋、则，四字意思相近，都是动词效法、遵循的意思。在金文资料中，“灋”大都为“废除”义，或通作“大”，而并没有“效法”或“法律”的含义。作为动词“效法”来使用的古文字资料，此处为最早。与动词“效法”相关的名词含义就是“法度”“准则”，此亦为现代汉语中“法”的名词含义。荆门左冢楚墓出土的战国中期棋局（或为式盘）上，刑、灋并列，与信、典、详、常、义、恻（则）等6个有准则规范含义的名词共同构成一组词汇，显示刑、灋作为意义相关的动词与名词均已在日常行文中出现，此现象大致发生在战国早中期。

### 81. 中山侯钺

中山侯钺（图3.33）1977年出土于河北平山县三汲公社，为战国中期中山国建国

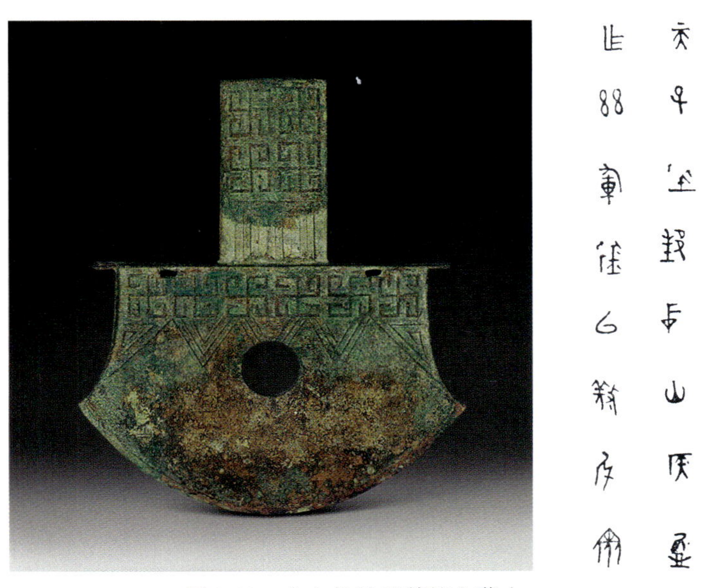

图3.33　中山侯钺及其铭文摹本

（《战国雄风·古中山国》，第6页；《战国雄风·古中山国》，第23页）

之君武公所作，现藏于河北省博物院，钺体铸有铭文 2 行，16 字。本器的主要著录文献及编号为：《殷周金文集成》11758；《商周青铜器铭文选》883；《商周青铜器铭文暨图像集成》18249。铭文释文如下：

天子建邦，中山侯忻乍（作）兹军釛，以敬（儆）氒（厥）众。

这篇铭文说，天子建立中山国，中山侯忻铸造了这把斧钺（自名为军釛），用以儆戒其军队。其表述可与曾伯陭钺（《铭图》18250）铭文参看。

### 82. 中山王鼎、中山王方壶、中山王圆壶、兆域图铜版

中山王鼎（图 3.34）、中山王方壶（图 3.35）、中山王圆壶（图 3.36）、兆域图铜版（图 3.37）1977 年出土于河北平山县三汲公社，是战国中期中山国的铜器。其中中山王鼎、中山王方壶为中山国王䂉所作；中山王圆壶的铭文为中山王䂉之子𧊒䖵所作；兆域图镌刻于铜板之上，是一幅建筑平面图，图上注明建筑各部分的尺度以及王后和夫人的棺椁、题凑制度等。上述铜器现藏于河北省博物院。中山王鼎的盖至腹部有铭文 77 行，469 字（其中重文 10，合文 2），主要著录文献及编号为：《殷周金文集成》02840，《商周青铜器铭文选》880，《商周青铜器铭文暨图像集成》02517。中山王方壶四壁刻铭文 40 行，450 字（其中重文 4，合文 1）。本器的主要著录文献及编号为：《殷周金文集成》09735，《商周青铜器铭文选》881，《商周青铜器铭文暨图像集成》12455。中山王圆壶腹部刻铭文 59 行，182 字（其中重文 5），圈足刻铭文 1 行，22 字（其中重文 1）。本器的主要著录文献及编号为：《殷周金文集成》09734，《商周青铜器铭文选》882，《商周青铜器铭文暨图像集成》12454。兆域图版共有铭文 449 字（其中合文 14），内有记录王命的铭文 43 字。本器的主要著录文献及编号为：《殷周金文集成》10478，《商周青铜器铭文选》884，《商周青铜器铭文暨图像集成》19307。中山王诸器铭文释文如下：

隹十四年，中山王䂉诈（作）鼎于铭曰：於（呜）虖（呼），语不悖哉，寡人闻之，蒦（与）其汋（溺）于人施（也），宁汋（溺）于渊。昔者，郾（燕）君子徻（哙），叡弇夫悟，长为人宔（主），闬于天下之勿（物）矣，犹粯（迷）惑于子之而亡其邦，为天下僇，而皇（况）才（在）于少君虖（乎）。昔者，吾先考成王，早弃群臣，寡人幼童，未甬（通）智，隹傅姆氏（是）从。天降休命于朕邦，又（有）氒（厥）忠臣赒，克顺克卑（比），亡不率仁，敬顺天德，以左右寡人，使知社稷之赁（任），臣宔（主）之宜，夙夜不懈，以诱道（导）寡人，含（今）舍（余）方壮，知天若否，仑（论）其德，眚（省）其行，亡不顺道，考度隹型。於（呜）虖（呼），

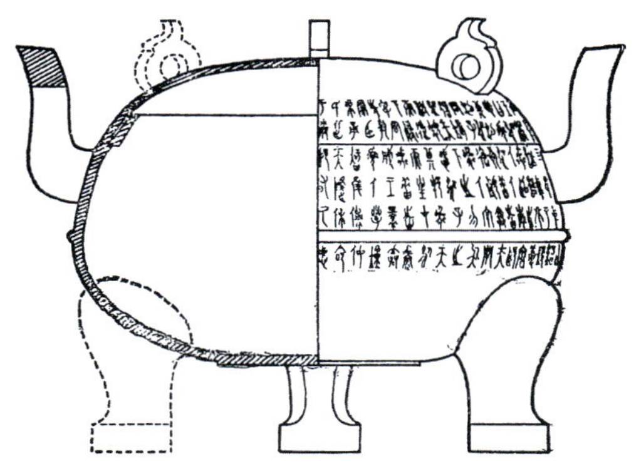

图 3.34　中山王鼎及其铭文位置示意图
（《战国雄风·古中山国》，第 3 页；《文物》1979 年第 1 期，第 25 页）

折（哲）哉！社稷其庶虖（乎），氒（厥）业才（在）祇，寡人闻之，事少女（如）长，事愚女（如）智，此易言而难行也。非信与忠，其隹（谁）能之？其隹（谁）能之？隹吾老赒是克行之，於（呜）虖（呼）！攸哉，天其又（有）型于在氒（厥）邦，氏（是）以寡人委任之邦，而去之游，亡懅惕之虑。昔者，吾先祖桓王、卲（昭）考成王，身勤社稷行四方，以忧劳邦家，含（今）吾老赒，亲率三军之众，以征不宜（义）之邦，奋桴振铎，辟启封疆，方数百里，列城数十，克敌大邦，寡人庸其德，嘉其力，氏（是）以赐之氒（厥）命：隹（虽）又（有）死辠（罪），及三世，亡不若（赦），以明其德，庸其工（功），吾老赒，奔走不听命，寡人惧其忽然不可得，惮惮业业，恐陨社稷之光，氏（是）以寡人许之，谋虑皆从，克又（有）工（功），智也。诒死辠（罪）之又（有）若（赦），智（知）为人臣之宜（义）也。於（呜）虖（呼）！念之哉，后人其庸庸之，母（毋）忘尔邦。昔者，吴人并越，越人修教备信，五年覆吴，克并之，至于含（今）。尔母（毋）大而肆，母（毋）富而骄，母（毋）众而嚣。邻邦难亲，仇人才（在）彷（旁）。於（呜）虖（呼）！念之哉！子子孙孙，永定保之，母（毋）替氒（厥）邦。（**中山王鼎**）

隹十四年，中山王䰜命相邦赒斁（择）郾（燕）吉金，鼾（铸）为彝壶，节于禋齐，可法可尚（常），以飨上帝，以祀先王，穆穆济济，严敬不敢怠荒，因载所美，卲友（跋）皇工（功），诋郾（燕）之讹，以儆嗣王。隹朕皇祖文、武，桓祖、成考，是又（有）纯德遗训，以施及子孙，用隹朕所放（仿），慈孝宣惠，举贤使能，天不斁其又（有）顾，使得贤在（士）良佐赒，以辅相氒（厥）身，余智（知）其忠信也，而属赁（任）之邦，氏（是）以游夕（闲）饮食，宁又（有）懅惕。赒渴（竭）志尽忠，以左右氒

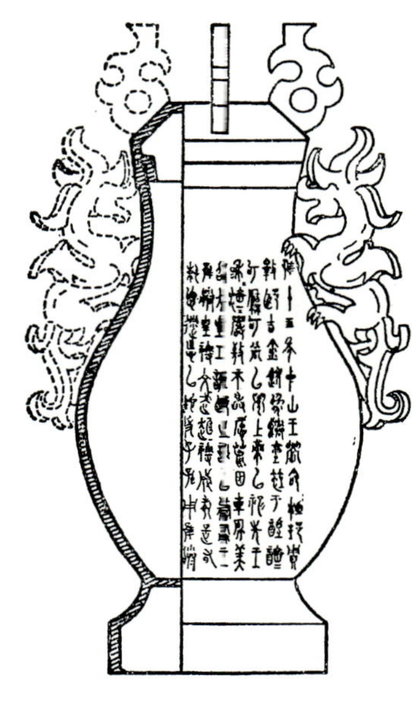

图 3.35　中山王方壶及其铭文位置示意图
（《战国雄风 · 古中山国》，第 4 页；《文物》1979 年第 1 期，第 25 页）

（厥）辟，不贰其心，受赁（任）佐邦，夙夜匪懈，进贤措能，亡又（有）常息，以明辟光。适遭郾（燕）君子徻（哙），不顾大宜（义），不旧（忌）者（诸）侯，而臣主易位，以内绝卲（召）公之业，乏其先王之祭祀，外之则将使上勤于天子之庿，而退与者（诸）侯齿长于会同，则上逆于天，下不顺于人也，寡人非之。赒曰：为人臣而反臣其主，不祥莫大焉，将与吾君并立于世，齿长于会同，则臣不忍见也。赒愿从士大夫，以请（靖）郾（燕）疆，氏（是）以身蒙幸（皋）胄，以诛不顺。郾（燕）故君子徻（哙），新君子之，不用礼宜（义），不顾逆顺，故邦亡身死，曾亡一夫之救，遂定君臣之位，上下之体，休又（有）成工（功），创辟封彊（疆），天子不忘其又（有）勋，使其老策赏中（仲）父，者（诸）侯皆贺。夫古之圣王务在得贤，其即得民，故辞礼敬，则贤人至，陟爱深，则贤人亲，作敛中，则庶民附。於（呜）虖（呼），允哉若言，明友（跋）之于壶而时观焉，祗祗翼卲（昭）告后嗣，隹逆生祸，隹顺生福。载之简策，以戒（诫）嗣王，隹德附民，隹宜（义）可长，子之子，孙之孙，其永保用亡疆。**（中山王方壶）**

胤嗣妤蚉，敢明易（扬）告：昔者先王，慈爱全（百）每（民），竹（畜）胄亡疆，日夜不忘，大去型（刑）罚，以忧氒（厥）民之隹（罹）不辜，或（又）得贤佐司马赒，而冢重任之邦。逢郾（燕）亡道易上，子之大臂（辟）不宜（义），反臣其主，隹司马赒欣諮战（僤）怒，不能寍（宁）

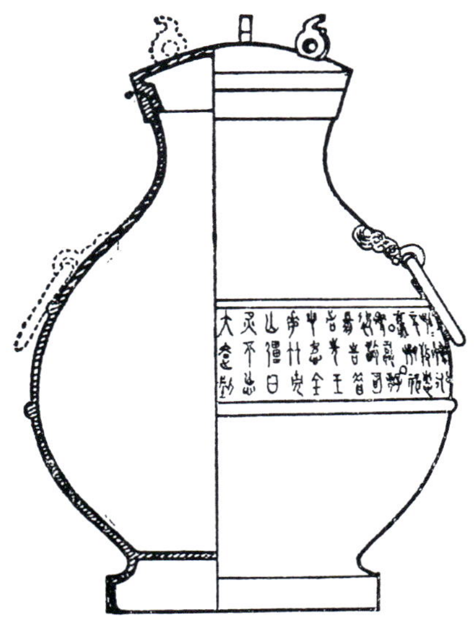

图 3.36　中山王圆壶及其铭文位置示意图
（《战国雄风 · 古中山国》，第 5 页；《文物》1979 年第 1 期，第 25 页）

处，率师征郾（燕），大启邦污（宇），枋（方）数百里，隹邦之干。隹送（朕）先王，茅（苗）搜田猎，于皮（彼）新土，其会女（如）林，驭右和同，四牡汸汸（滂滂），以取鲜薹（蒿），卿（饗）祀先王，德行盛旺，隐逸先王。於（呜）虖（呼），先王之德弗可复得，潸潸流涕，不敢宁处，敬命新坠（地），雨（雩）祠先王，世世毋（毋）乏，以追庸（诵）先王之工（功）烈，子子孙孙，毋又（有）不敬，寅祇丞（烝）祀。

十三桊左使车啬夫孙固、工蹟，冢（重）一石三百卅九刀之冢（重）。**（中山王圆壶）**

王命贾为逃（兆）乏（法），阔狭小大之吻。又（右）事者官图之，进退逃（兆）乏（法）者，死亡（无）若（赦），不行王命者，殃连子孙。其一从，其一藏府。**（兆域图铭文节录）**

中山王诸器铭文既涉及具体的法令，也和当时流行的法律思潮相关，具有重要的研究价值。在中山王鼎铭文中，中山王发布了针对司马赒的法令，赐予司马赒三世子孙有罪免死之特权。中山王圆壶铭文中涉及一条法令，其内容是将在新获之国土上祭祀先王，世世代代不得废止。兆域图铜版有所谓的“兆乏（法）”，其文曰“不行王命者，殃连子孙”，这直观地反映了中山国的诛连之制。中山王方壶铭文对禅让制度的批判、中山王鼎铭文对“道”与“型”（法度）关系的论述，都是珍贵的法律思想史

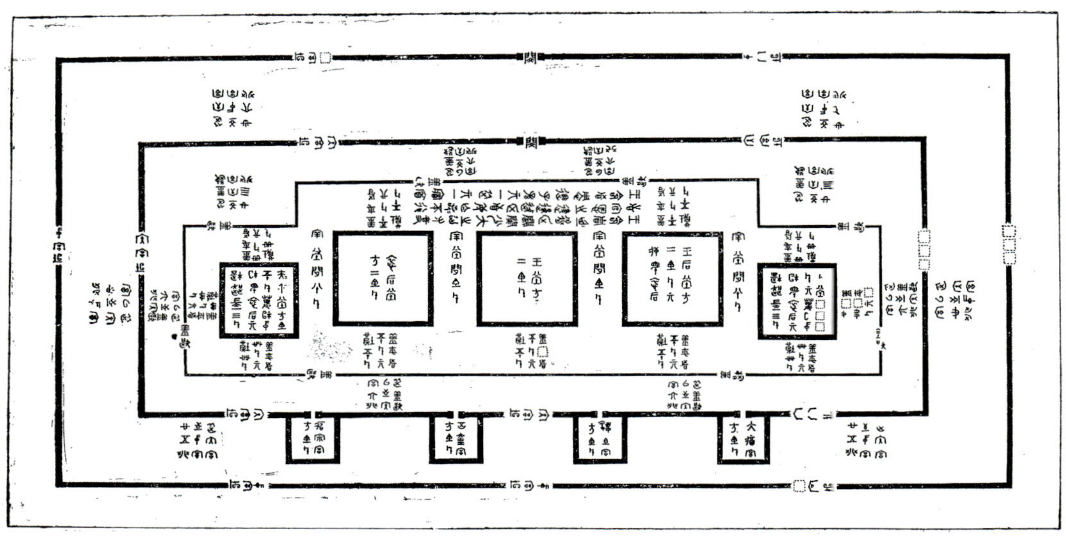

图 3.37　兆域图及其铭文摹本
（《战国雄风 · 古中山国》，第 7 页；《文物》1979 年第 1 期，第 23 页）

资料。详细分析可参见王沛的相关论述。①

### 83. 鄂君启舟节

鄂君启节由青铜制成，形似剖开的竹节。1957 年安徽寿县农民在城东二里的丘家花园取土时，发现了四件鄂君启节，其中包括三件车节和一件舟节；1961 年 12 月又在此地发现了一件舟节。上述五件鄂君启节中，三件车节铭文相同，两件舟节铭文相同，车节与舟节内容有别，均是战国中期楚怀王时的铜器。两件舟节分别收藏于中国国家博物馆和安徽博物院，正面以黄金丝镶嵌铭文 9 行，164 字（其中重文 1、合文

① 王沛：《刑书与道术——大变局下的早期中国法》，法律出版社，第 355—372 页。

1），我们以收藏于中国国家博物馆的舟节为标本，其主要著录文献及编号为：《殷周金文集成》12113；《商周青铜器铭文选》659；《商周青铜器铭文暨图像集成》19181。铭文释文如下：

大司马卲阳败晋师于襄陵之岁，夏尸之月，乙亥之日，王处于茂郢之游宫，大工尹脽台（以）王命，命集尹悼楮，织尹逆，织令阬为鄂君启之府庚铸金节，屯三舟为一舿（舸），五十舿（舸），岁赢返，自鄂市，逾湖，上汉，庚谷，庚郧阳，逾汉，庚襄，逾夏，入涢，逾江，庚彭射（泽），庚松阳，内（入）泸江，庚爰陵，上江，内（入）湘，庚牒，庚洮阳，内（入）耒，庚郴，内（入）资、沅、澧、油，上江，庚木关，庚郢，见其金节则毋征，毋舍馔飤，不见其金节则征，如载马、牛、羊，台（以）出内（入）关则征于大府，毋征于关。

鄂君启节是楚怀王颁发给贵族鄂君启的运输货物免税证件。舟节说，鄂君的商队除了运输马、车、羊等牲畜需要向大府纳税外，其他货物均可免税经营。研究者普遍认为，鄂君启节体现出贵族在商贸活动中享有的免税特权。但是陈伟通过分析铭文中的交通网络后指出，鄂君启节所反映的立法意图是国家政权运用税收的经济杠杆作用，将商旅更多地引至偏远的淮南地区和湘沅诸水流域，用扩大贸易额的方法带动当地经济开发，① 这种观点是非常有见地的。

图 3.38　鄂君启舟节
（《中国青铜器全集》[ 第 10 卷 ]，第 98 页）

### 84. 鄂君启车节

鄂君启车节共三件，是战国中期楚怀王时的铜器，分别收藏于中国国家博物馆（1 件）和安徽博物院（2 件）。车节正面以黄金丝镶嵌铭文 148 字（其中重文 1，合文 3）。我们以收藏于中国国家博物馆的车节为标本，其主要著录文献及编号为：《殷周金文集成》12110；《商周青铜器铭文选》659；《商周青铜器铭文暨图像集成》19178。铭文释文如下：

---

① 陈伟：《〈鄂君启节〉与楚国的免税问题》，载《江汉考古》1989 年第 3 期。

大司马卲阳败晋师于襄陵之岁，夏层之月，乙亥之日，王处於茂郢之游宫，大工尹脽以王命，命集尹悼楮，织尹逆，织令阬为鄂君启之府庚铸金节，车五十乘，岁赢返，毋载金、革、篃、箭，如马、如牛、如特，屯十台（以）当一车，如担徒，屯廿担台（以）当一车，台（以）毁（会）于五十乘之中，自鄂市，庚阳丘，庚方城，庚象禾，庚柳棼，庚繁阳，庚高丘，庚下蔡，庚居巢，庚郢，见其金节则毋征，毋舍馔飤，不见其金节则征。

这篇铭文说鄂君的商队不得贩运金、革、篃、箭等事关国防的物资，其免税路线自鄂东行至居巢、南行至郢。对符合金节规定的商品实行免税，否则就要征税。与舟节一样，车节亦为研究战国税收法律制度的重要资料。

### 85. 商鞅方升

商鞅方升（图 3.39）为上海博物馆 1966 年征集所得，是铸造于战国中期秦国的铜器，现藏上海博物馆。商鞅方升外侧有铭文 35 字（其中合文 1），此外又有秦始皇廿六年诏铭 40 字。本器的主要著录文献及编号为：《殷周金文集成》10372；《商周青铜器铭文选》923；《商周青铜器铭文暨图像集成》18819。铭文释文如下：

十八年，齐遣卿大夫众来聘，冬十二月乙酉，大良造鞅爰积十六尊（寸）五分尊（寸）壹为升。临，重泉。

廿六年，皇帝尽并兼天下诸侯，黔首大安，立号为皇帝。乃诏丞相状绾法度量则不壹，歉疑者皆明壹之。

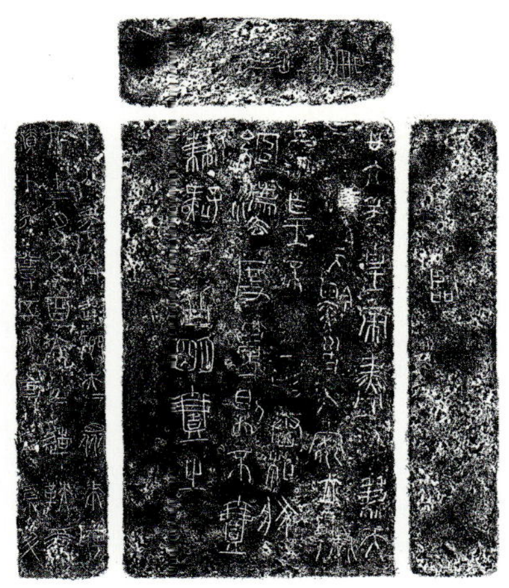

图 3.39　商鞅方升及其铭文

（彩图由上海博物馆提供；铭文参见《殷周金文集成》[ 第 7 册 ]，第 5590 页）

铭文的第一段记录秦孝公十八年（公元前344年）商鞅订立了统一的度量衡，即升的容量是十六又五分之一立方寸；第二段则是一百二十二年后在秦一统天下时，秦始皇发布诏令，命丞相隗状、王绾把商鞅订立的度量衡制度推行颁行全国。在立法层面统一度量衡，对市场交易与税收而言是极为重要的举措。秦始皇的这则诏令在很多当时的量器中都出现过，此处就不一一列举了。

### 86. 上御锺

上御锺（图3.40）在1993年出土于河南永城南山1号汉墓1号陪葬坑，大致是西汉景帝时期的铜器，现收藏于永城市文物工作队。其肩部和腹部宽带纹之间阴刻铭文9字，其主要著录文献为：《考古》2005年第12期。铭文释文如下：

> 上御锺常从盗者弃市。

铭文所谓“御”，是指皇帝御用物品，或宗庙使用的物品，[①] 故知其亦为礼器。“盗者弃市”，是说盗窃这些御用物品的人将被施以死刑，这种铭文的格式和阅读对象迥异于西周春秋，是罕见的镌刻在西汉铜器上的法令。

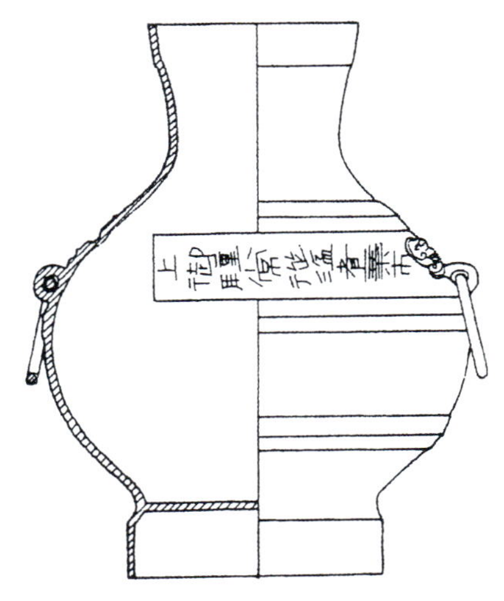

图3.40　上御锺及其铭文

（《中国国家博物馆馆刊》2013年第2期，第61页）

---

① 参见永城市文物工作队：《河南永城市西汉梁王陵陪葬器物坑的清理》，载《考古》2004年第12期；郑清森：《永城南山一号汉墓1号陪葬坑出土铜锺铭文考释》，载《中国国家博物馆馆刊》2013年第2期。

# 第四章　简牍法制史料提要

简牍法制史料包括战国楚简、秦简牍、西汉简牍、东汉和魏晋简牍。战国楚简法制史料来源主要为墓葬出土的随葬品，内容可以分为文书与典籍两大宗。文书类主要是与法律史相关的司法行政简册，反映楚国中央与地方互动的包山楚简，以及反映地方司法行政运行的湖南湘乡三眼井遗址出土的楚简，此外还有零散出土的单件公文书如江陵砖瓦厂楚简。在益阳兔子山遗址九号井出土的简牍中，楚简与秦简并见，是益阳县廷从战国楚时期到秦统一全国以后的相关司法行政事务记载，为研究战国至秦时期地方司法行政运行的绝佳范例。典籍类以郭店楚墓竹简、上海博物馆藏楚竹书、清华大学藏战国竹简、安徽大学藏楚简等为代表，内容多为先秦时期的经、史类典籍以及诸子学派遗篇，其中亦包含了丰富的法史信息。秦代简牍法制史料在年代上集中于战国秦后期至秦代，其来源则可分为墓葬出土随葬品和官署遗址出土的实用文书档案两类；其内容主要有秦律令摘抄、司法案例、基层司法、行政公文书以及官箴训诫等。大部分秦代简牍出土于湖南湖北地区，此与简牍保存所需要的特定环境条件密不可分。汉代的简牍材料大致可分为墓葬出土的随葬品和官署遗址出土的实用文书档案两类，其中官署又包含行政组织官署和边塞组织官署两种。高校等机构收藏的流失简牍虽然出土地已很难查明，但其性质也不离于以上两类。东汉和魏晋简牍材料同样主要出自墓葬和官署遗址，其中官署遗址又集中在湖南省境内，这与当地得天独厚的地质和气候条件是分不开的。以下梳理了迄今已正式发表的简牍法制史料，共 75 批。

## 一、战国楚简

### 1. 荆门包山楚墓竹简

1987 年出土于湖北省荆门市包山楚墓 2 号墓，共有竹简 448 枚，其中有字简 278 枚，总字数 12472 个。有字简按内容分为司法文书、卜筮祷祠记录（占卜和祷祠）和丧葬记录（遣策和赗书）三类，分别是：东室 8 枚有字简（遣策）；南室 13 枚有字简（遣策，并该室马甲中有 1 枚竹牍为赗书）；西室共 7 枚有字简，北端 6 枚，南端 1 枚；北室有两束简，有字简共 250 枚，一束 54 枚简为卜筮祷祠记录，另一束 196 枚简为司法文书；另有原系于竹简、竹笥、陶罐、衣物上有 30 枚签牌。卜筮祷祠记录简共 54 枚（简号编为 197—250），共 26 组，可分为卜筮和祭祷两类，是墓主邵𬞫

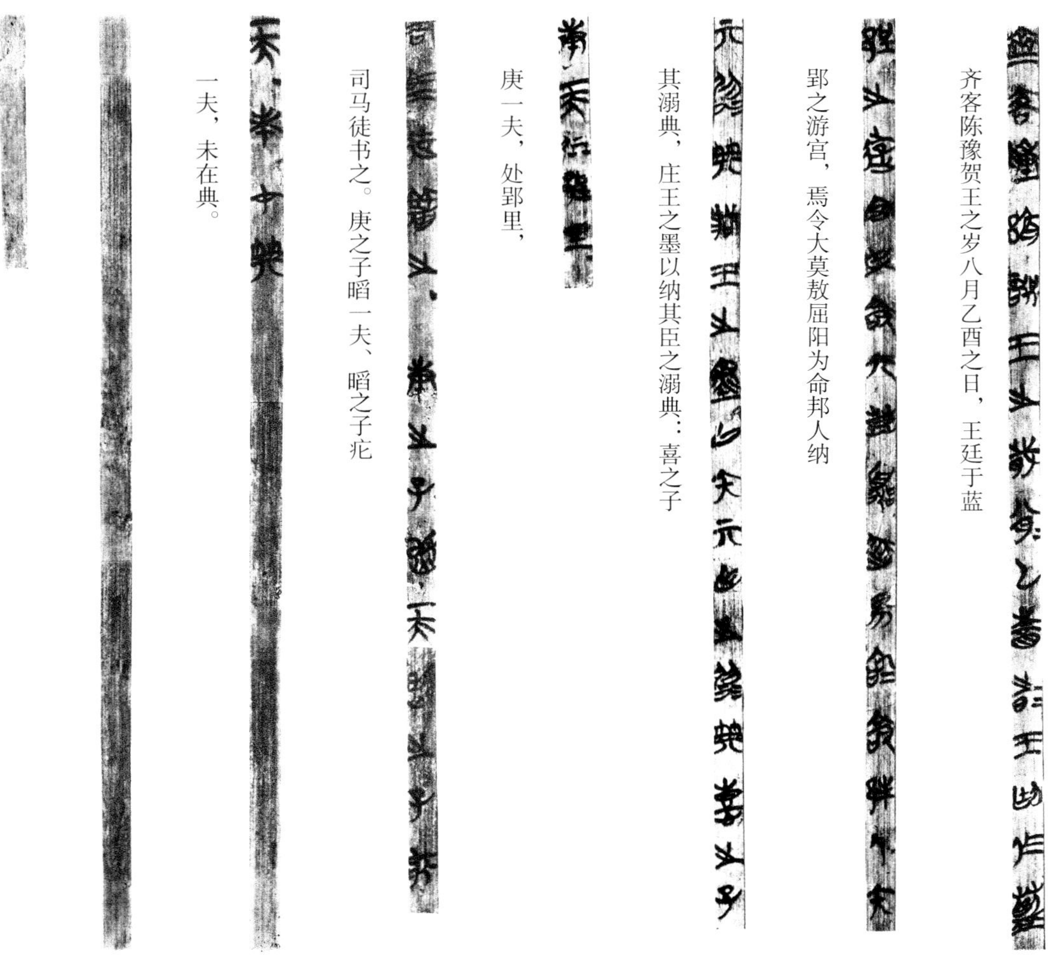


图 4.1（1） 包山楚简集箸之名籍文书简 7—8 黑白图版与释文
（《包山楚简》，图版四）

贞问吉凶祸福，请求鬼神与先人赐福、保佑的记载。丧葬记录简共 27 枚（简 251—277），共四组，为随葬物品记载。包山楚简的著录文献有：湖北省荆沙铁路考古队编《包山楚墓》（上下册）和《包山楚简》，由文物出版社 1991 年出版。再整理的代表性著作见：陈伟等《楚地出土战国简册（十四种）》，经济科学出版社 2009 年版，又由武汉大学出版社 2016 年出版修订本（上、下册）。

包山楚简中数量最多的是司法文书，达 196 枚，系墓主邵舵担任左尹时（战国楚怀王前期）的司法档案，该类简均有绝对年代可考，是难得的原始史料。从外在形制和分篇内容看，司法文书简可分为：

（1）集箸（13 枚，简 1—13）：名籍案件的调查记录。“集箸”的含义，以往研究系从文字考据出发并根据简文内容归纳为名籍登记的汇集，但对于集箸简的文书格式、性质区别等多不措意。我们认为，若综合考虑集箸简所载年岁、文书格式等，对

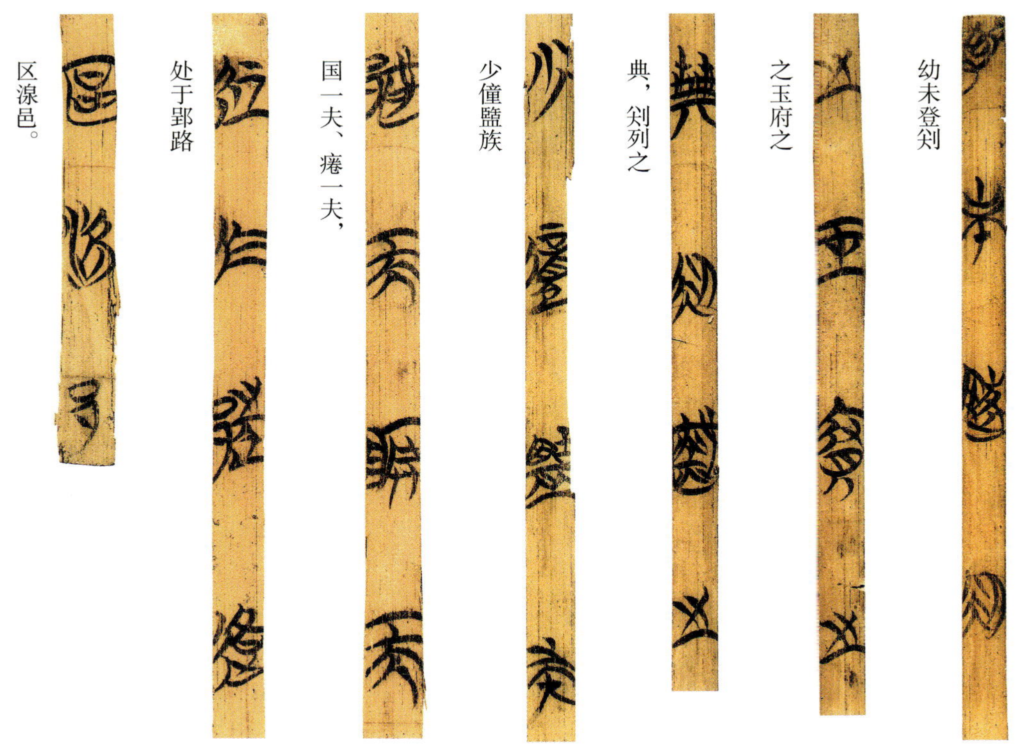


图 4.1（2）　包山楚简集箸之名籍文书简 3 彩色图版与释文
（《简牍名迹选 3·湖北篇（一）》，第 54—55 页）

于集箸简将有进一步研究的必要。其一，集箸简的前两个纪年所载内容可能不仅是户籍登记，而且也是左尹处理名籍登记事务的参照依据。其二，简 2—6、简 7—8 和简 12—13 的格式大不相同，其原因是什么？需要进一步研究（图 4.1）。

（2）集箸言（5 枚，简 14—18）：诉状等文书。见简 14，系篇题，关于“言”的含义，诸家趋向于认为“言”即诉讼文书。例如，“集箸言”简下的简 15—17 及其简反面所载，共同构成一份案卷，由于司法简出土时并未被破坏，故可以推断简牍是下葬时的完整形态，即现所见简应该是完整的公文（图 4.2）。

（3）受旮（61 枚，简 19—79）：出庭通知、拘捕命令等司法文书登记底簿。为有篇题简，篇题“受旮”书于简 33 反面。归入受旮文书简的共有 61 枚（整理号 19—79），受旮文书简长 63.8—65 厘米，宽 0.65—1 厘米，头尾两端有契口（但不是每枚简的契口都一致），位于距头尾约 16 厘米处，从其物理形态可以大致判断是同类简。整理者将受旮文书简列于“集箸”“集箸言”类简之后，置于“疋狱”类简之前。“受旮”类文书，便为行文相对固定的格式文书。关于受旮简，在包山楚简公布后，学界就其文字释读、司法术语含义、文书格式、性质、作用等均有讨论，尤其对受旮简的关键术语“受旮”“陞门有败”等进行的持续讨论，对受旮简的内容、性质等方面的判定颇有益处，奠定了进一步研究的良好基础（图 4.3）。

五帀宵倌之司败告谓：卲行之大夫客执其倌人，新借辻尹不为其

断。不憖。

十月甲申王誈

左尹

图 4.2（1） 包山楚简 15—17 反面黑白图版与释文
（《包山楚简》，图版七、八、九）

集箸言

仆五师宵倌之司败若敢告视日：

卲行之大夫盘祠夸执仆之倌邓

虩、邓期、邓仆、邓庄而无故，仆以告

君王，君王①誈仆

于子左尹，子左尹②誈之新借辻尹丹，命为仆至典。

既皆至典。仆有典，卲行无典。新造辻

尹不为仆断。仆劳倌颈事将废。不憖

新造辻

尹。不敢不告视日。

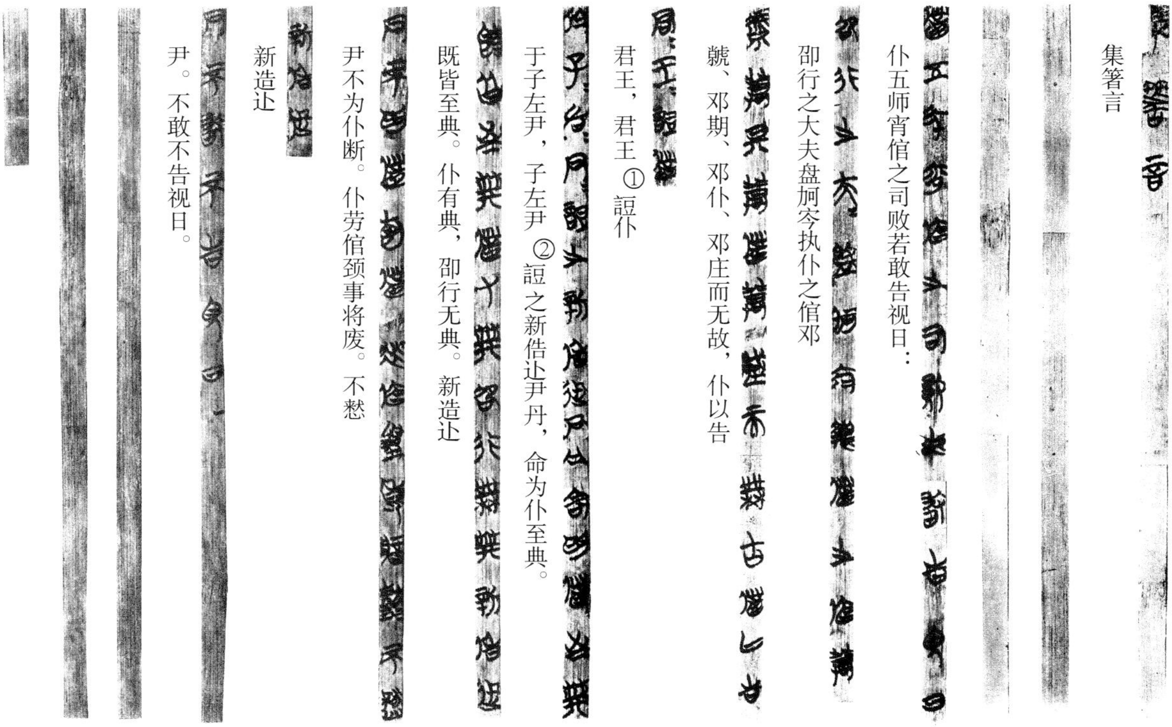

图 4.2（2） 包山楚简 14—17 正面黑白图版“集箸言”与释文
（《包山楚简》，图版七、八、九）

① “君王”二字为重文。

② “子左尹”三字为重文。

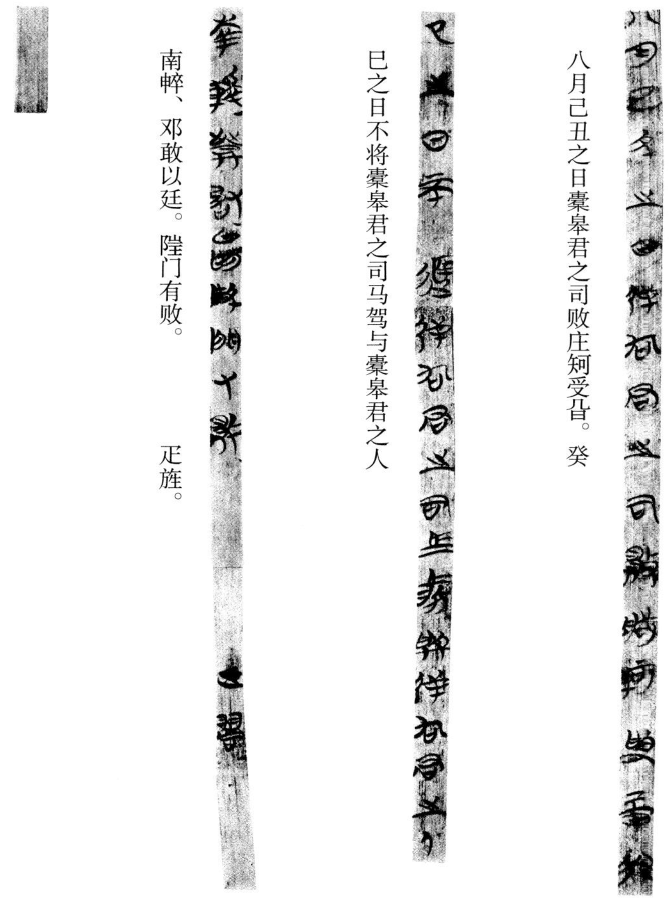


图 4.3　包山楚简受旮文书简 38 黑白图版及释文
（《包山楚简》，图版一八）

（4）疋狱（23 枚，简 80—102）：立案文书登记底簿。为有篇题简，篇题“疋狱”二字书于简 84 反面。疋狱文书主要是左尹受案登记记录簿，记录了受理时间、当事人、案由、主审法官与属吏等信息。疋狱文书出现的法律术语的含义和用法、疋狱文书格式、疋狱简反映的受理案件各种类型、参讼者身份等都需要深入研读，更可以结合包山楚简中其他相关文书，探析战国时期楚国的中央司法机关——左尹官署的案件受理程序。整理者编入疋狱简的共 23 枚简，编号为简 80—102，列于受旮简之后。疋狱简的长度为 64—65 厘米，契口仅见在竹简下段 23 厘米处。上述的竹简长度、契口等文书表征与受旮简类似。疋狱简格式有两种：其一，“×× 月 ×× 之日，××（人）讼 ××，谓……×× 哉之，×× 为李”。可归入此种格式有简 80、83、84、86、89、90、91、95、96 共 9 个案件，其中简 95 无文书签名者。其二，“×× 月 ×× 之日，××（人 / 官）讼 ××，以……（之故），×× 哉之，×× 为李”。如简 85：可归入此种格式的有简 81、82、85、87、88、92、93、94、97、98、99、100、101、102 共 14 个案件。

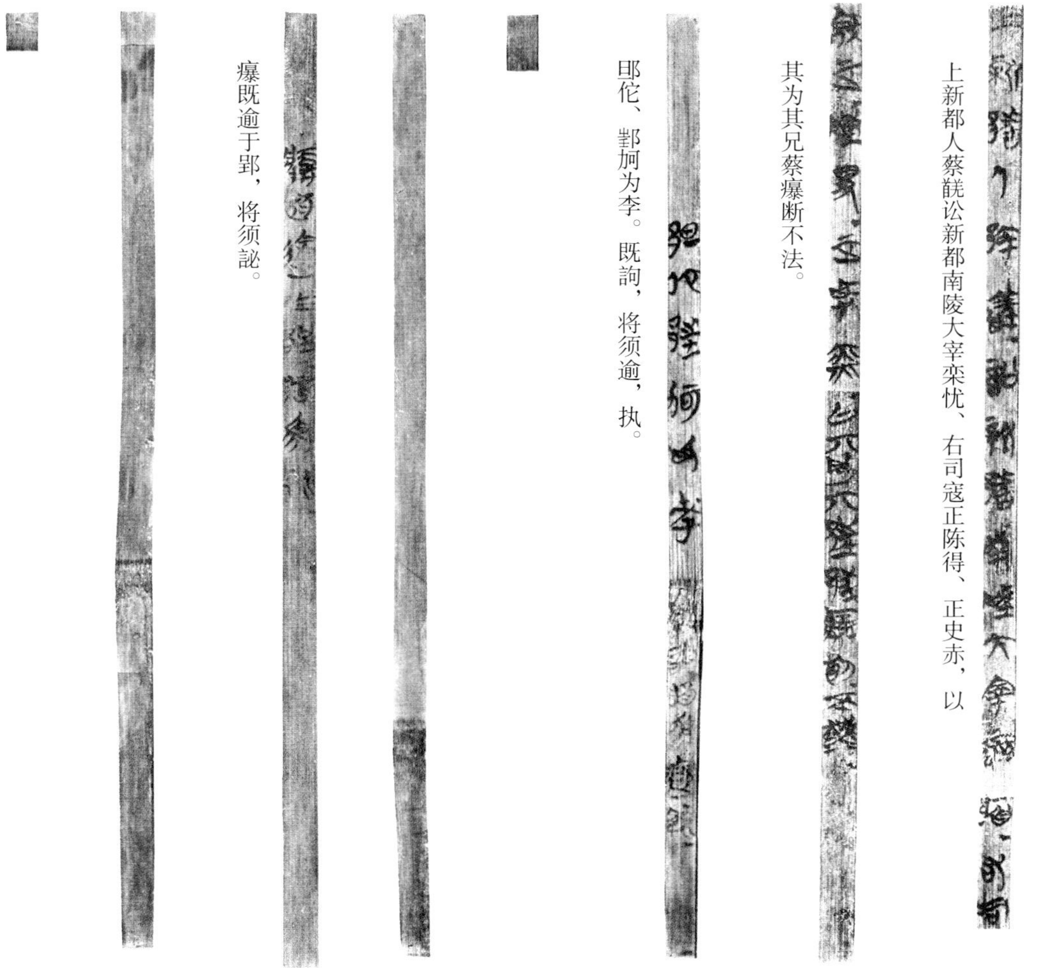


图 4.4　包山楚简 102 正反面黑白图版及释文
（《包山楚简》，图版四四、四五）

需要特别指出的是，有学者认为简 102（图 4.4）的文书句式与其他疋狱文书简有所不同，可能是其他类文书窜入。我们认为简 102 及其反面是复合文书，即包含疋狱文书和其他的官府审判行为的记录而构成的复合文书，其他记录是为了说明案件的处理情况，简 102 及其反面的主体仍是疋狱文书。①

（5）贷金（17 枚，简 103—119）：贷金类案件的调查记录。包山楚简所见的贷金类简册涉及官府借贷与民间黄金的记录，学界一般称为“贷金”简，整理者的简册编号为 103—119 简，共十七枚，分成两组。103—114 简为一组，另外 115—119 简为一组。“贷金”简册记录的主要为中央或地方官员，为管辖地区借贷黄金采购谷物种子的

① 参见附录中王捷：《包山楚简中的“疋狱”文书》。

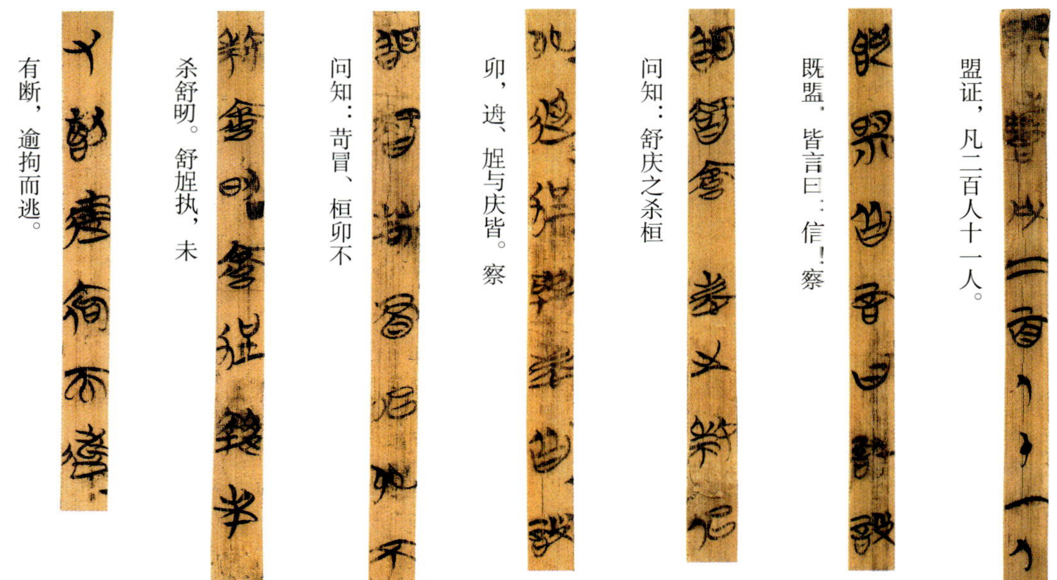


图 4.5　包山楚简案卷舒庆杀人案盟证记录简 137 彩色图版及释文
（《简牍名迹选 3 · 湖北篇（一）》，第 48—49 页）

法律文书，是研究战国时期楚国官府借贷情况的第一手材料。对研究战国时期的国家借贷与赈灾法制而言，是非常难得的原始资料。整理者将“贷金”简册列为无篇题简的第一类，共有十七枚简（简 103—119），根据简 103、115 可以分为两组，其中第一组的简 103—114 的长度约为 55 厘米（54.9—55.2 厘米），与其他包山司法文书简大部分均在 64 厘米是有区别的。第二组的简 115—119 则约为 68 厘米（68.2—68.5 厘米），从形制看，和简 120—128 相近（约 68 厘米），其中简 116—119 上还有“—”样式的分隔符，是为了将每一笔贷金记录分开。形制差别的原因，当是因为两组文书来源于不同部门汇集到左尹官署。本类简内容系与黄金借贷相关，从内容看本类简，应是称为“贷金”较能概括简文并突出其特点。我们认为，“贷金”类文书或与疋狱文书有关，因其与诉讼关系性较小，可能属于为调查某个与贷金事项有关案件形成的调查报告，是源自地方或下级报送文书与左尹官署再次誊录而成。

（6）案卷（42 枚，简 120—161）：诉状、调查报告、内部指示等。案卷类简最为复杂，形制、文字风格等均有不同。历年来对于其编联、分组等的研究成果颇多。例如，案卷类简 131—139 的舒庆杀人案案卷（图 4.5）历年来就其编联、分组以及内容的研究有非常丰富的研究成果。我们也提出对此类案卷文书的编联与分组应以相关诉讼程序的进展为处理原则，进行重新编联与分组。①《包山楚简案例举隅》一书即是对案卷简的分条梳理，可以参读。②

① 王捷：《包山楚司法简案卷文书分组与编联补议（二则）》，载《出土文献研究》第十四辑，中西书局，2015 年。

② 张伯元：《包山楚简案例举隅》，上海人民出版社，2015 年。

（7）所詎（35 枚，简 162—196）：司法机构内部分案记录，疑为左尹所记。简 162—196 以“所詎”“告所詎”统领。关于“詎”字含义，由于“詎”字不见于历代字书，系新发现的楚文字，故释读者的分歧较多，主要有二类意见：第一类意见认为“詎”有言、语、诉等含义。第二种意见则是从“詎”字在简文中的用例和该字所从“豆”旁入手，认为“詎”之“豆”与“主”音近可通，故“豆”即“注”，“注”又可读为“属”，表示上级对下级交付案件的命令。我们认为，第二种意见（陈伟先生释读）可从，“詎”应读为“属”。在包山楚司法简中需要注意的是“詎”常常和“致命”联系在一起，上级命令下级时即用“詎”（属），这种用法在先秦古籍也能见到，如《荀子·强国》记载楚令尹子发的陈述里就有“致命”与“属”对用的情形。

以上竹简出土时另有竹签牌一枚，整理者编号为 440-1，竹签牌上书“廷（志）”二字，经过多年研究，学界较为一致的意见是认为“廷志”是所有司法文书的总标题。“廷志”的标题表明此批文书是属于当时楚国的中央司法机构左尹官署的案卷档案文件。

### 2. 江陵砖瓦厂 M370 楚墓竹简

1992 年在湖北省江陵县砖瓦厂发现战国墓群，随后进行的抢救性考古挖掘中，在 M370 号楚墓出土了 6 枚（段）楚简。由于该批竹简保存状况较差，出土时已经呈残断状态，且至今没有正式的整理报告面世，故只能从有关学者的论著中获取基本信息。最早披露这批简册内容的是滕壬生先生的《楚系简帛文字编》，滕壬生认为是卜筮祭祷记录，不过正如陈伟先生所指出的，从该批竹简内容来看，应该是“继包山简之后出土的第二批楚国司法简”。从该批简复原后的内容看，属于诉状文书，此份诉状格式与包山楚司法简所见的两份诉状基本一致，应该也是向楚王提起直诉的案件。

该材料至今未正式公布，首次披露于滕壬生所撰《楚系简帛文字编》（湖南教育出版社，1995 年），滕壬生、黄锡全在《江陵砖瓦厂 M370 楚墓竹简》一文有进行介绍，该文载《简帛研究二〇〇一》（广西师范大学出版社，2001 年）。陈伟所撰的《新出楚简研读》中有专节进行整理释读（武汉大学出版社，2010 年，第 34—40 页）。

### 3. 沙洋县严仓獾子冢楚墓竹简

2010 年 1 月在湖北沙洋严仓战国古墓群獾子冢抢救性发掘了战国楚国贵族古墓群，其中有楚国大司马悼滑墓，其名曾见于包山楚简。该墓除了首次发现的完整楚国指挥战车外，还出土了楚简有几百枚，内容有文书、卜筮祭祷简和遣策、赗书等丧葬记录简，其中的文书简内容可能与楚法制相关。该批楚简至今尚未公布。

### 4. 益阳兔子山遗址楚简

2013 年湖南益阳兔子山遗址进行抢救性挖掘，在 11 口古井遗址中出土了楚、秦、汉、三国时期的简牍数千枚，是研究战国至三国时期地方司法行政制度重要资料。其

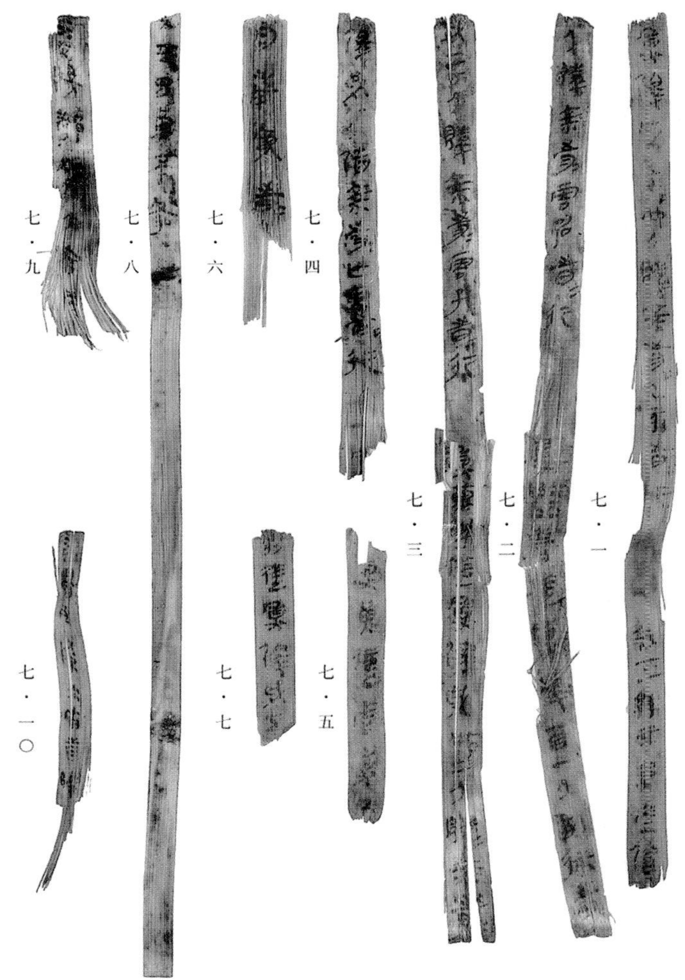


图 4.6　湖南益阳兔子山遗址九号井楚简“事卒簿”图版
（《湖南益阳兔子山遗址九号井发掘报告》，载《湖南考古辑刊》第 12 集，图版二）

中 9 号井出土的有字简 579 枚，无字简 201 枚。除了令人关注的秦二世胡亥元年诏书外，还有很多楚简公文书，整理者称为“事卒簿”（图 4.6），这是首次发现战国时期楚国县级衙署的档案文书，是探讨楚国基层政府司法行政运行的原始档案。

这批材料的主要著录文献是：张春龙、张兴国：《湖南益阳兔子山遗址九号井出土简牍概述》，载《国学学刊》2015 年第 4 期；张春龙等：《湖南益阳兔子山遗址九号井发掘简报》，载《文物》2016 年第 3 期；湖南省文物考古研究所、益阳市文物管理处：《湖南益阳兔子山遗址九号井发掘报告》，载《湖南考古辑刊》第 12 集，科学出版社，2016 年。

### 5. 湘乡三眼井遗址楚简

该批简册于 2014 年 10 月在湖南湘乡三眼井古文化遗址出土，主要是战国晚期楚国的地方县邑衙署的公文书。初步统计有700多枚简，保存情况良好，主要是当时楚国的县级官署及下辖的乡里邑的基层官府运行过程中形成司法行政文书，是战国文书行政的真实遗存，可以与包山楚简、益阳兔子山楚简等进行对照，探研战国时期楚国地方法律运行的一般情形。该批楚简目前尚未公布。

### 6. 荆门郭店楚墓竹简

1993年出土于湖北省荆门市郭店一号楚墓，系因发现该墓被两次盗掘后荆门市博物馆进行了抢救性发掘。从考古资料看，郭店一号楚墓的年代是战国中晚期，不晚于公元前300年，出土竹简的写作时间要早于下葬时间，因此郭店楚墓竹简（下称郭店简）应该是孟子之前的著述。这批材料的主要著录文献是：荆门市博物馆：《荆门郭店一号楚墓》（载《文物》1997年第7期）；荆门市博物馆编：《郭店楚墓竹简》，文物出版社，1998年；崔仁义：《荆门郭店楚简〈老子〉研究》，科学出版社，1998年，《简帛书法选》编辑组编：《郭店楚墓竹简》，文物出版社，2002年。陈伟等著：《楚地出土战国简册（十四种）》（2009年经济科学出版社，2016年武汉大学出版社有上下册的释文修订本）；武汉大学简帛研究中心、荆门博物馆编著：《楚地出土战国简册合集1：郭店楚墓竹书》（文物出版社，2011年）。

郭店简共804支，竹简长15—32.4厘米，宽0.45—0.65厘米，编绳2—3道，形制有两种：一种是简端平齐；另一种是两端作梯形。有字简726支，墨迹清晰，计1.3万余字，分为明显带有战国时期楚国文字的特点，主要是儒家与道家文献，儒家文献有11种14篇，按照形制，大致可分为四类：一是《缁衣》《五行》《性自命出》《成之闻之》《尊德义》《六德》六篇，简长32.5厘米，简端梯形，编绳两道；二是《穷达以时》《鲁穆公问子思》两篇，简长26.4厘米，简端梯形，编绳两道；三是《唐虞之道》《忠信之道》两篇，简长28.1—28.3厘米，简端平齐，编绳两道；四是《语丛》（一、二、三），简长15.1—17.7厘米，简端平齐，编绳三道。道家文献有《老子》（甲、乙、丙）三篇和《太一生水》。《老子》甲组39支简，简长32.3厘米；乙组18支简，简长30.6厘米；丙组与《太一生水》形制相同，简端平齐，简长26.5厘米，编绳两道。《语丛四》简端平齐，简长15.1厘米，或与纵横家有关。

图4.7　郭店楚简《老子》甲本图版及释文（《郭店楚墓竹简·老子甲》，第31页）

郭店简儒家文献主要是子思学派的著作，反映了孔子之后，孟子之前的儒家思想发展，是儒家心性之学代表性著述，是研究战国时期儒家法律思想的重要材料。[①] 郭店简《老子》(甲、乙、丙）是现存年代最早的战国抄本，内容可与传世本《老子》对读，是研究战国时期《老子》成书及流传过程的重要依据。郭店简《老子》本对于研究道家法律思想也具有重要意义，比如“法物（令）滋彰，盗贼多有”句中到底是“法令”还是“法物”的考辨就对中国法制史研究具有十分重要意义（图 4.7）。

图 4.8　荆州高台战国古井群 J67 出土楚简红外与彩色图版及释文
(《湖北荆州高台战国古井群 J67 出土楚简初探》,《简帛》第十二辑，图版壹、贰）

① 参见王沛：《新出土文献与先秦法律思想》，载《华东政法学院学报》2006 年第 3 期。

### 7. 荆州高台战国古井群 J67 出土楚简

2012 年 7 月，湖北省荆州市荆州区纪南镇高台村战国古井群 J67 出土 3 枚有字残简，整理者认为该 3 枚简大约在战国中晚期，此三枚简或是一份公文书的残本，其文书格式与包山楚简的案卷类文书最为相似，或是某份上行公文的一部分，其含义当做进一步研究。后单育辰调整简序，以使文义通畅，① 但我们还应考虑残简缺字的情况。释文如下：

仆驼造告郑陵公、郢公□一妇人从郯言胃（谓）："郯既逾也。"造以（告）。

这三枚简公布于蒋鲁敬、刘建业：《湖北荆州高台战国古井群 J67 出土楚简初探》，载武汉大学简帛研究中心：《简帛》第十二辑，上海古籍出版社，2016 年，第 29—34 页（图 4.8）。

### 8. 上海博物馆藏战国楚竹书

1994 年上海博物馆从香港古玩市场购回一批楚简，其数量有 1200 余枚，字数约 35000 字，包含古书近百种，竹简形制与郭店楚简相类似，长度从 23.8 到 57.2 厘米不等，宽度约 0.6 厘米，厚度约 0.1 到 0.14 厘米不等，短简编绳有两道，长简多为三道，文字以墨书写，也有朱书符号，如《周易》。整理者将这批竹简命名为"上海博物馆藏战国楚竹书"（简称上博简）。该批竹简购入时竹简与泥水混合，或是出自墓葬。这批材料的主要著录文献是：马承源先生主编：《上海博物馆藏战国楚竹书》（一至九册），上海古籍出版社从 2001 年至 2012 年陆续出版。

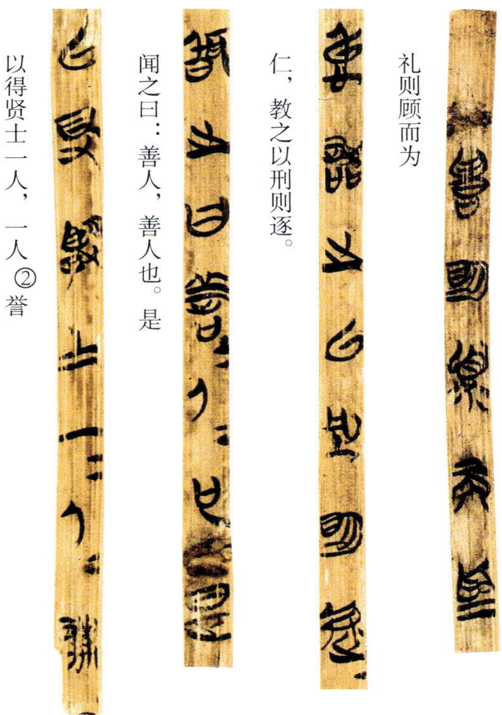


图 4.9　上海博物馆藏楚竹书（二）《从政》篇图版及释文
（《上海博物馆藏战国楚竹书》[二]，第 61 页）

上博简内容丰富，涉及诸子思想（主

① 单育辰：《新见白起破郢的楚简》，载《江汉考古》2019 年第 6 期。

② "一人"二字为重文。

要是儒家与道家，亦有墨家和杂家篇章）、史书、文学、音乐、数术等类别，其中有可以和传世本和其他出土楚简如郭店简对照，如《缁衣》《周易》《武王践阼》等篇。不过，上博简多见的还是前所未见的先秦古佚书，如《孔子诗论》《性情论》《乐礼》《鲁邦大旱》《乐书》《子羔》《彭祖》《恒先》等。

上博简中有大量关于战国时期法律思想相关的政法论述，如《鲁邦大旱》记载的鲁哀公向孔子咨询应对旱灾的措施，孔子就提出祭祀山川与加强刑德之治的方法；《相邦之道》记载了孔子关于治国之术的回答；《从政》主要讲述为政的道德原则（图4.9）；《武王践阼》甲乙本记载了武王践阼与师尚父之间的关于治国之术对答等。①

### 9. 清华大学藏战国竹简

2008年清华大学校友从香港文物市场购回一批战国竹简，此即《清华大学藏战国竹简》（简称清华简）。据统计，该批竹简总数接近2500枚（包括残片），其中整简的数量估计1800枚。清华简的形制多样，最长简有46厘米，最短简仅10厘米，少数简颜色鲜亮，有的还有红色的格线（即“朱丝栏”），多数简非常清晰，部分简在简背有篇题，有些简有编次号数，为编联带来了诸多方便。这批材料的主要著录文献是：清华大学出土文献研究与保护中心编，李学勤主编：《清华大学藏战国竹简》（壹至捌），由中西书局从2010年至2018年陆续出版；黄德宽主编：《清华大学藏战国竹简》（玖至拾壹），由中西书局2019至2021年出版。

清华简使秦以前的《尚书》类文献在2000余年后再现于当代。此类文献有些与传世本相同，如《金縢》《皇门》《祭公之顾命》等，但篇题、文句与传世本多有差异。近十年来陆续公布后，还有大量前所未见的佚篇，成为研究先秦历史的重要资料。清华简从2010年开始陆续分辑出版，至2021年底为止已经有11辑面世。

《清华大学藏战国竹简》第一辑收录《尹至》《尹诰》《程寤》《保训》《耆夜》《金縢》《皇门》《祭公》和《楚居》9篇文献。《保训》与法律史尤其相关，引起讨论较多的该篇的“中”字含义，仍有进一步探讨的必要。② 清华简《皇门》（图4.10）所言“我闻昔在二有国之哲王则不恐于恤……是人斯助王恭明祀、敷明刑”，则将“明刑”的传统上溯到了“二有国”，也就是夏商之时。虽然《皇门》为两周之人的追述，但该表述又和商代“有册有典”之社会特征相契合。早期文献中的“明刑”之“刑”当理解为法律、法度，而不应单纯看作刑法或刑罚，某些文辞偏古的传世文献表明西周时代此类“刑”应当是以成文形式制定并推行的，如《逸周书·尝麦》所谓“王命大正正刑书”即是对此类成文法的修订记录。如将此类资料和西周金文对读研究，可以发现成文法应在西周就已存在。而西周成文法还有更早的渊源，亦是两周时期普遍存在的认知。

---

① 参见王沛：《新出土文献与先秦法律思想》，载《华东政法学院学报》2006年第3期。

② 参见王沛：《刑名学与中国古代法典的形成：以清华简和〈黄帝书〉资料为主的研究》，载《历史研究》2013年第4期。

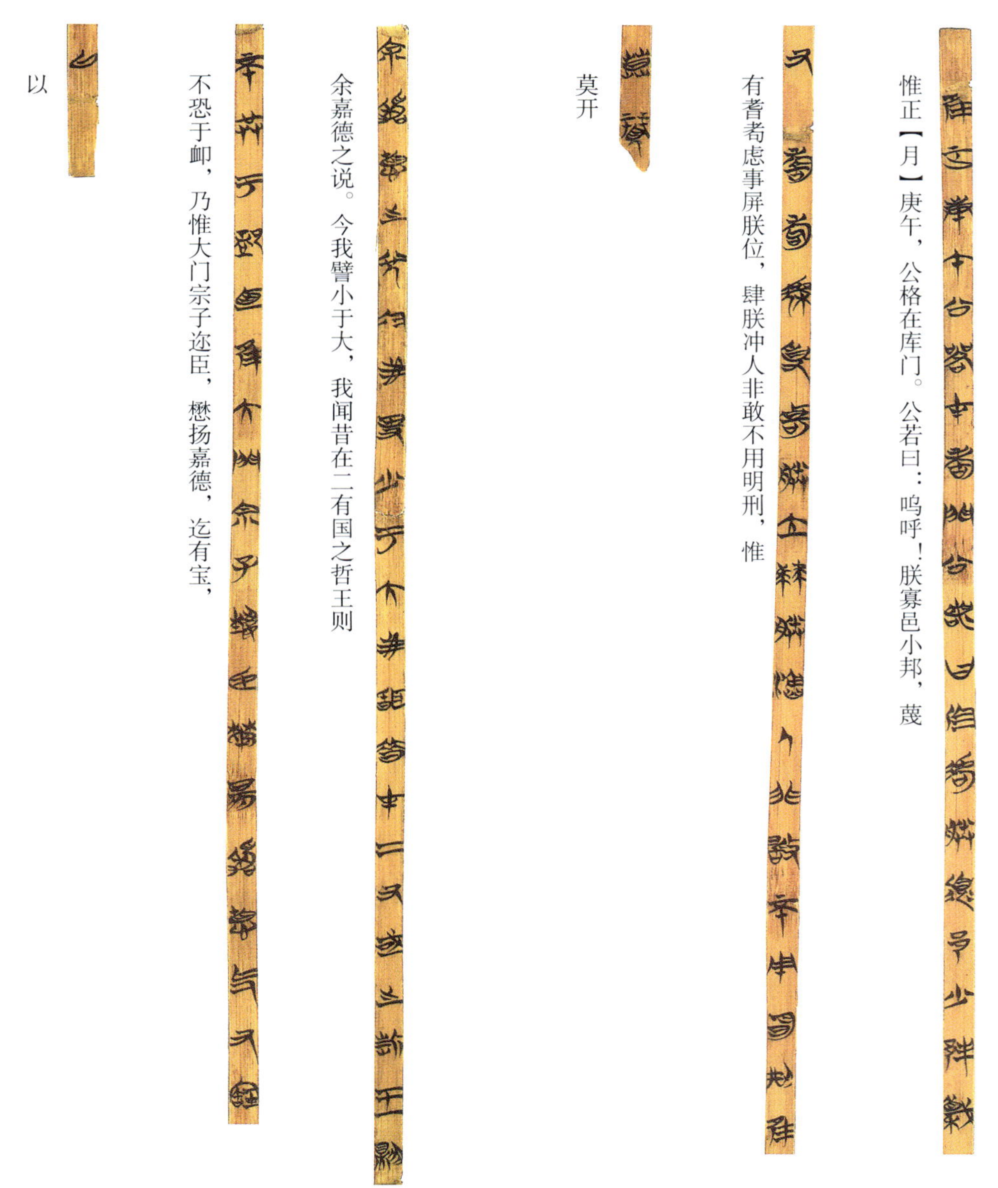


图 4.10　清华大学藏战国竹简（壹）《皇门》篇图版及释文
（《清华大学藏战国竹简》[壹]，第 87 页）

《清华大学藏战国竹简》第二辑收录《系年》，该篇共有 138 支竹简，简长 44.6—45 厘米，字迹清晰，保存较好，只有个别残损之处。《系年》是继《竹书纪年》出土之后，先秦竹简史书的又一次重大发现。竹书分二十三章，叙述西周初年至战国前期的重要史事，在很大程度上拓展了我们对先秦史的新知。《系年》是最早的纪事本末体史书。

《清华大学藏战国竹简》第三辑收录《傅说之命》三篇及《周公之琴舞》《芮良夫毖》《良臣》《祝辞》《赤鹄之集汤之屋》共六种八篇文献，文体多样，有论说、颂诗等，是研究西周及其前代史的重要材料。

《清华大学藏战国竹简》第四辑收录《筮法》《别卦》《算表》三篇。其中《筮法》一篇分十七命、三十节，不仅有 57 个揲蓍实例，更系统介绍占筮的理论与方法，是了解先秦早期易学发展的重要材料。《算表》原无篇题，篇题系整理者添加，共 21 支简，整简 17 支，另有 4 支简上端残损。简长 43.5 厘米，宽 1.2 厘米。《算表》是了解先秦数学发展的重要实例材料。

《清华大学藏战国竹简》第五辑收录《厚父》《封许之命》《命训》《汤处于汤丘》《汤在啻门》《殷高宗问于三寿》共六篇文献。其中《厚父》是夏代贵族后裔厚父讲述夏代史，具有重要的史料价值。《封许之命》记述周成王册封吕丁，并提到“武王司明刑”，这是管窥周初法制的珍贵史料。《命训》对《逸周书》的成书年代的研究具有重要价值。《汤处于汤丘》《汤在啻门》《殷高宗问于三寿》为我们了解商代历史增加了新资料。

《清华大学藏战国竹简》第六辑收录《郑武夫人规孺子》《管仲》《郑文公问太伯》《子仪》《子产》共五篇文献，这批竹简里最重要的法史材料是《子产》。以往关于子产立法的记载都出自《左传》，所以研究者也只能在叔向那段矛盾的言论中做各种推测，直至清华简《子产》面世，才使我们获知另一种古老的叙事方式。清华简《子产》的抄写时代与《左传》的最终成书时代大致相当，都是战国中后期。清华简《子产》既没有表明子产首次公布成文法，也没有说这部法律铸造在青铜器上。不过，清华简《子产》又为这桩历史事件提供了三处前所未知的珍贵信息：

（1）子产是在学习“三邦”法律的基础上来立法的。整理者认为所谓“三邦”，就是夏商周三代，如果结合《左传》所说的“三辟”来看，此意见非常有说服力。《子产》进一步佐证在东周观念中子产立法与三代立法并无本质差异，而《子产》和《左传》不同的地方在于评价：《子产》对学习三代法律持肯定态度，《左传》对学习三代法律持否定态度。（2）子产所立之法有四部分，分别是“郑令”“野令”“郑刑”“野刑”，此信息非常符合周代的政治架构。周代社会本有国、野之别。简单来说，周代武装拓殖时，常筑城以卫之，城中征服者为国人，城外土著为野人。《左传·襄公三十年》说子产治郑，使“都鄙有章，上下有服”，其都鄙即国野。国野分治，史籍中已有线索，但国野法律各异，则是《子产》的新发现。这迫使我们必须重新思考某些古文献的深层含义。比如《逸周书·尝麦》在提到西周推行刑书时，便是分都邑和野鄙两个区域开展的，此情形与《子产》相扣合。“令”的本意是命令，“刑”的本意是型范。子产立法“令”“刑”之别，或与秦汉令律之别相近。（3）子产立法的理论依据是“天地、逆顺、强柔”，这是东周出现的新思潮，此思潮与西周法律观有很大的差异。西周时代立法理论的核心是“天命”观：上天将统治天下的大权交付给文王武王，那么文武所发布之政令就是合符天命的，后王所做的事情只是效仿文武，沿用其法度。与其不同的是，《子产》所言之立法理论已与天命、先王无关，《子产》提出要根据天地运行之规律、事物发展之形势来审时度势地制定法律，这正是东周流行的“天道”观之反映。

《子产》体现的思想浑然一体，论述严密（图 4.11）。如果把《子产》和《左传》

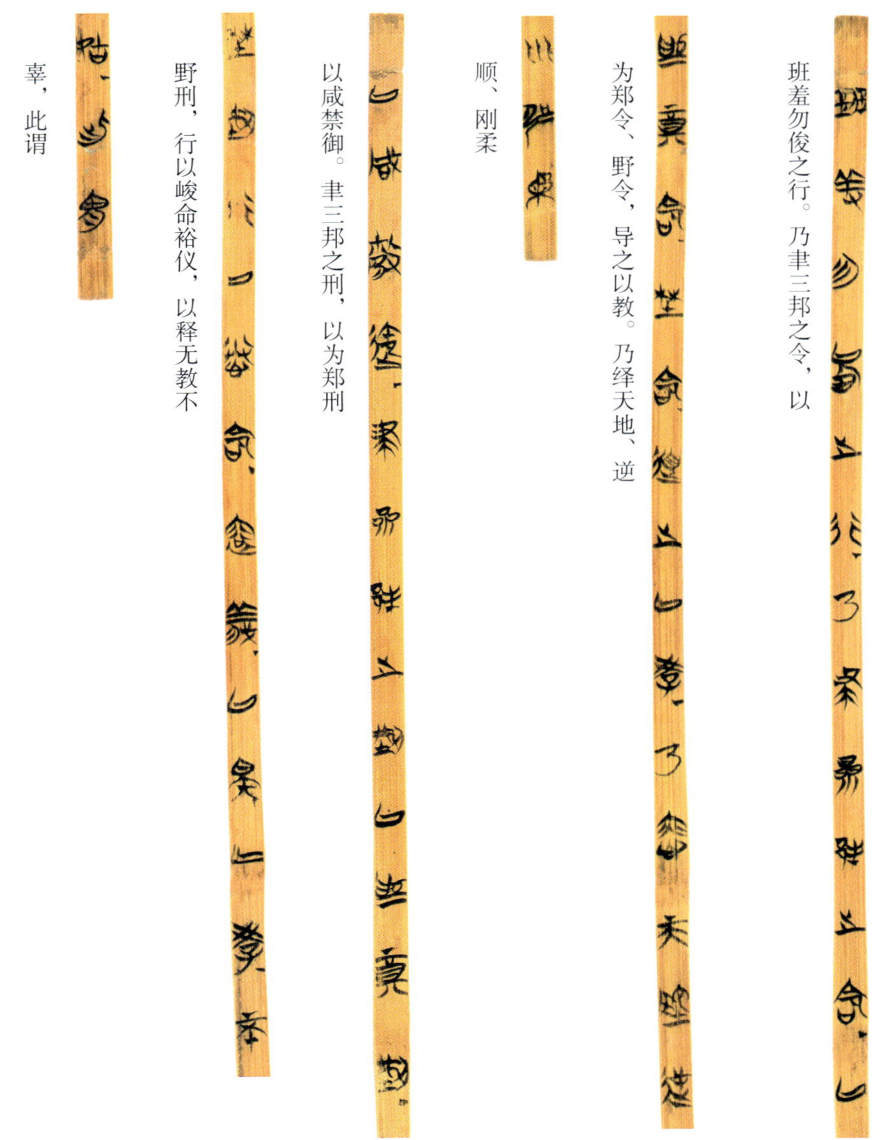


图 4.11 清华大学藏战国竹简（陆）《子产》篇图版及释文

（《清华大学藏战国竹简》[ 陆 ]，第 96 页）

对比不难发现，尽管态度不同，二者在述及立法之悠久历史时却相当一致。在《左传》中，叔向反对子产立法、进而将历史上的立法都斥之为乱世产物，其文辞固然精彩，其用语着实过激。不仅如此，学者早已指出，《左传》之成书乃是层累的过程，书中名人言论尤多后人附益，其言论中的矛盾现象亦或与后世之附益有关。若将这些言论都奉为史实，就可能出现认识错误。清华简《子产》虽不是史书，但其传抄时代与子产立法相去不远，内容与两周背景有很多吻合之处。更重要的是，《子产》在提供新线索的同时，还将研究者的注意力重新转移到曾被忽视的史料上来。这些史料表明，子产铸刑书是中国源远流长之立法史中的一个关键环节，此环节既保留了诸如国野有别的传统形式，又衍生出礼崩乐坏后的立法新理论，同时，此环节并不涉及法律公布问题。既然诸种资料都未提供中国曾有秘密法传统的坚实证据，那么对相关旧说的重新审视与辨析就非常有必要了。

《清华大学藏战国竹简》第七辑收录《子犯子余》《晋文公入于晋》《越公其事》四篇文献，均为先秦佚籍，其中《越公其事》对于研究战国法制具有重要的参考价值。

《清华大学藏战国竹简》第八辑收录《摄命》《邦家之政》《邦家处位》《治邦之道》《心是谓中》《天下之道》《八气五味五祀五行之属》《虞夏殷周之治》共八篇佚籍，《摄命》所记载的册命文书，可以和金文对读，特别是《摄命》中出现的沓为诉讼之意，解决了金文资料中盉的释读问题，① 而《摄命》本身也是关乎西周司法的重要材料。《邦家之政》主要反映的是儒家观念，但又有与墨家思想相合的诸如节俭、薄葬、均分等内容。《邦家处位》以正反对比的形式，强调“用人以度”的重要性。《治邦之道》与第九辑的《治政之道》是相连的长篇政论文。《心是谓中》全面肯定心的重要性，认为心“处身之中”，目、耳、口、四肢皆听命于心。对了解先秦时人对心与身、心和天命的关系是很重要的文献。《天下之道》中把民心上升到道德层面，是先秦时期民本思想的重要体现。《虞夏殷周之治》以虞夏商周为例，强调朴素治国的重要性。

《清华大学藏战国竹简》第九辑收录《治政之道》《成人》《祷辞》《廼命一》《廼命二》四种五篇佚文，均未见于史籍记载。《治政之道》与第八辑《治邦之道》虽形制有所不同，但实为内容连贯的长篇政论，其内涵丰富、逻辑性强。《成人》，该篇共 30 支简，文字保存基本完好，唯简 10 最末一字残半。该篇题系整理者拟定。该篇专门阐述法律思想，尤其是五行说对当时法制的影响，是前所未见的，弥足珍贵。需要法律史学者予以重点关注。

需要注意到，《成人》为尚书类文献，其仿古特征明显，与传世《吕刑》颇有可对读之处。整理者也将《成人》篇的简文内容与包山楚简司法文书进行对读，增进我们对司法活动中的“盟证”程序的认识。主要有以下二端：②

其一，盟证的举办场所，可能即清华简（玖）“成人”所见“示所”。如《成人》篇简 21—22 载：

> 咸讯其有众，有众无稽，则中几之于示所，争猎入于公。

“中几之于示所”一句，大意是指在确定的期日在“示所”举行盟证，以查明案情。所谓“示所”即神事之所，整理者亦以《墨子 · 明鬼下》的记载为证：

---

① 参见陈剑：《试为西周金文和清华简〈摄命〉所谓“粦”字进一解》，载《出土文献》2018 年第 2 期。

② 王捷：《论先秦的诉讼担保》，载《政法论坛》2020 年第 6 期。

昔者，齐庄君之臣有所谓王里国、中里徼者，此二子者，讼三年而狱不断。齐君……乃使二人共一羊，盟齐之神社，二子许诺。于是泏（莅）洫（盟）摇羊而漉其血，读王里国之辞既已终矣，读中里徼之辞未半也，羊起而触之，折其脚，祧神之而槀之，殪之盟所……

战国时楚国官府审理案件时是否有可能需要到官府之外的神事之所进行“盟证”，整理者此说如能成立，这也是战国楚地诉讼程序仍有神明色彩的又一例证。

其二，“五辞”与盟证之辞

“成人”篇有“五辞”之说（图 4.12），简 20—21 云：

凡民五争，正之于五辞，五辞无诎，正之于五常，五常不逾，正之于五正。

李均明指出：“‘五辞’或指诉讼过程中产生的供辞、证辞、辩辞等多个方面的说辞。”其说甚确。盟证程序中参与者的言辞也正属“五辞”之类。

《清华大学藏战国竹简》第十辑收录了《四告》《四时》《司岁》《行称》《病方》等五种八篇文献，其中《四告》（图 4.13）是周公、伯禽、周穆王、召伯虎向神明祈祷的四篇告辞，其首篇告辞对法律史研究意义重大。在告辞中，周公所言“我亦永念天威，王家无常，周邦之无纲纪，畏闻丧文武所作周邦刑法典律，用创兴立诲”，表明周初文王、武王即制作法律。最近整理者又将句话和此前公布、并经缀补的清华简《封许之命》联系起来：在《封许之命》中成王说“余惟缰文王明刑”“武王司（嗣）明刑”，这样文王创立法律—武王继承法律—成王发扬光大法律的法律演进图景跃然眼前。在清华简《皇门》中周公说“肆朕冲人非敢不用明刑，惟莫开余嘉德之说”，似乎表明西周初年对“明刑”之运用尚不能完全把握，而西周中期以后金文中大量出现周王要求在审判中贯彻“明刑”的用例，则体现出法律的普及程度。

《清华大学藏战国竹简》第十一辑收录《五纪》篇，整理者根据该篇中心内容拟题为“五纪”，全篇共 130 简，内容基本完整，近 4500 字。整理者指出：“本篇以天象历算（五纪、五算）为基础，论叙天象星辰、天地神祇，而更大篇幅则集中于与之对应的人事行用方面。篇中先叙五纪五算、神祇司掌，后叙以历算为纲纪，树设邦家、蕃育万民、敬事鬼神、百官供事、兵戎祭祷，充分展现了战国时的天人观念。”整理者还指出：“《五纪》在篇章结构、内容观念、文句语词等方面与《尚书》某些篇章有相似之处，可以认为具有相同或相近的文献与思想渊源。该篇始论历数，终归人事，结构严整，层次丰富，对于古代天文历数、国家治理等方面的研究具有重要价值，是先秦思想史、学术史的重要文献。”可见，《五纪》篇的面世，将对探研先秦时期法律思想的哲学基础起到重要的作用。

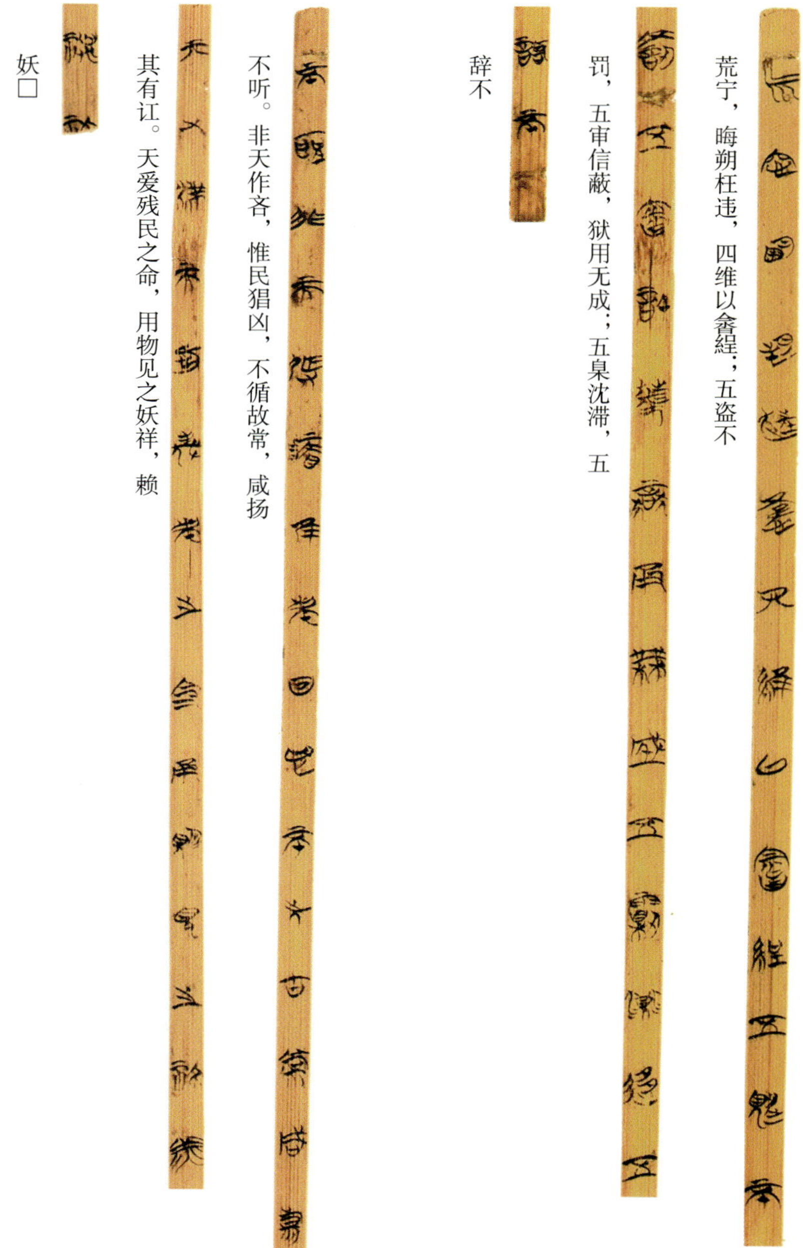


图 4.12　清华大学藏战国竹简（玖）《成人》篇图版
（《清华大学藏战国竹简》[玖]，第 79 页）

### 10. 安徽大学藏战国竹简

2015 年由安徽大学出土文献与中国古代文明研究协同创新中心入藏一批战国时期竹简（简称安大简）。竹书保存状况良好，完简较多，涉及《诗经》《曹沫之阵》等

图 4.13　清华大学藏战国竹简（拾）《四告》篇图版及释文
（《清华大学藏战国竹简》[拾]，第 25 页）

重要内容，大多属于古代文献典籍。相关资料陆续公布于安徽大学汉字发展与应用研究中心编，黄德宽、徐在国主编：《安徽大学藏战国竹简》，其中第一册已由中西书局 2019 年出版。

经黄德宽等学者初步整理，这批竹简总数为 1167 枚，形制不一，最短的简约 21.3 厘米，最长的简约 48.5 厘米，简宽 0.4—0.8 厘米。主要有：其一，《诗经》（图 4.14），除去少量残缺，实际存简 97 枚。内容为《诗经·国风》，共计 58 篇。其先后顺序，与今传本有所不同。各国《国风》所属篇目及数量与《毛诗》也不一致，且存在大量异文。其中最引人瞩目的，是《侯风》所属六篇诗，在今传本《毛诗》中归入《魏风》，而《魏风》除首篇《葛屦》外，其余九篇归入《毛诗》中的《唐风》。其二，楚史书，大致可分为两组，共440多枚简，第一组完简有300多枚，保存较好。简长34厘米，宽0.6厘米，三道编绳，简首、简尾有留白，满简书写为27—30字。简背有刻划线、编号，编号可分为若干组。竹书从“颛顼生老童”讲起，至楚（献）惠王“白公起祸”，叙述楚先祖及熊丽以下至惠王时期各王的继位次第及重大历史事件，可以说是一部较为完整的楚国通史。第二组竹简有140多枚，整简简长34.5—35厘米，宽0.6—0.7厘米，三道编绳，简端有留白，以墨识符号标记分章。简文书写较为紧密，满简书写37—40字。整理者认为“陈子鱼内（入）陈，驿台枼，枼公见。春秋商（适）三百岁”，可能是这组简的最后一支。与第一组竹书视野局限在楚国内不同，第二组多记载楚国与相关国家许多重大历史事件。其三，诸子类文献，以儒家思想为主，根据竹简性质及字体分为九组。其中第八组竹简约60支，整简9支，简长44.2厘米，宽0.6厘米，三道编绳。简首尾留白，满简书写27字。简背有顺序编号，似为两组。竹书记载周公与申徒狄之间的对话，“申徒狄”之“狄”，作“易”，或称“易也”。申徒狄的最终结局，“因怀（踣），退，自投于河”，与《庄子·外物》“申徒狄因以踣河”大致吻合。竹书所记内容，与信阳长台关竹书当属于同一篇文献，其保存的状况，要比长台关简好一些。关于长台关竹书的学派属性，学界有儒、墨等不同争议。从竹书整体为儒家典籍看，长台关竹书属于儒家学派的可能性似乎更大一些。其四，楚辞类文献，大致可以分为两组。第一组共有23（或24）支简，简长21.3厘米，宽0.6厘米。两道编绳，简端不留白，简背有刻划线，满简书写为17—18字。竹书以娥皇、女英怀念舜为主题，涉及苍梧、沅、澧、湘等众多地名、水名，可与《列女传》“舜陟方，死于苍梧，号曰重华。二妃死于江、湘之间”等内容相互印证。第二组共有27支简，简长33厘米，宽0.5厘米，三道编绳，简背有编号。简文作者认为自己“小心翼翼”“贵吾不骄”“贫吾不惑”，但“善而莫吾知”，不为世人所认可。对于“寇盗富贵”“善者贫贬”及小人得势等社会丑恶现象，作者“忧心之戚戚”，坚守自己的道义，“宁生而饥，毋死而祀”，“宁言而勿用，毋知而弗起”。明知社会黑暗，依然坚持“从信与义”“从善之所处”，竹书倾力彰显主人公意志之坚定，内心之幽愤、凄楚，可以看作屈原《离骚》的姊妹篇。其五，相面、占梦等方面的材料，大致可以分为三组。第一组共有22支简，其中整简15支，残简7支。简长42.8厘米，宽0.5厘米，三道编绳。竹简首尾留白，满简书写约30字。简面下部有编号，应原为18支简。竹书主要内容为相面之术。第二组共有11支简，残断严重，没有完简。竹书以解梦为要旨，内容有“某梦得金玉生肉生鱼”，“某梦不能举其手”，“梦乘鬼车鬼马乘舟”等。第三组共有6支简，可以拼合为3支简。整简1支，长44.4厘米，宽0.4厘米，三道编绳。简文内容艰涩难懂，尚需要进一步深入研究。这批资料对研究战国时

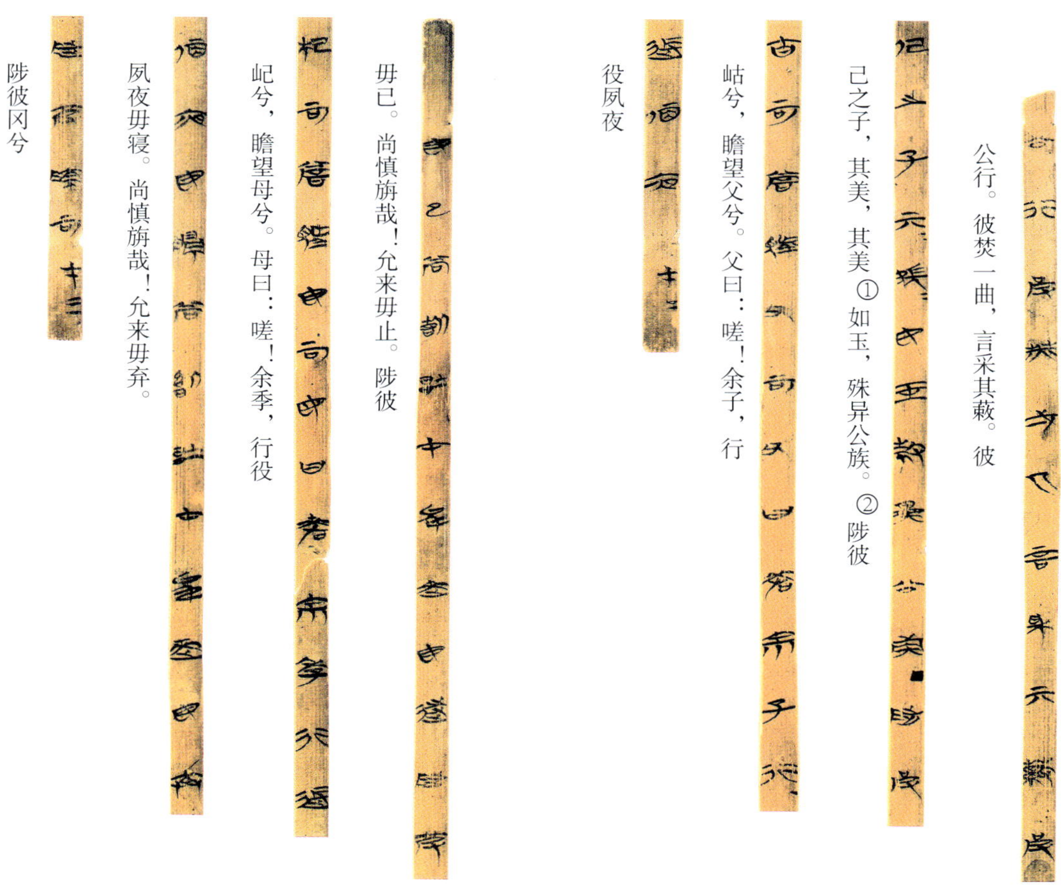


图 4.14　安徽大学藏战国竹简（壹）《诗经·矦》图版及释文
（《安徽大学藏战国竹简》，第 39 页）

期的法观念、法思想有一定帮助。

### 11. 信阳长台关楚墓竹简

1957 年出土于河南省信阳市长台关镇小刘庄的长台关一号楚墓。该墓从其墓葬规格和随葬品看，是战国中期楚国贵族墓葬，墓主身份可能是大夫。1957 年 9 月《文物参考资料》公布了竹简图版，整理报告《信阳楚墓》由河南省文物研究所编著（文物出版社 1986 年版）、商承祚先生编著的《战国楚竹简汇编》（齐鲁书社 1995 年版）收有简册全部图版、摹本、释文、考释及字表，陈伟先生等著《楚地出土简册（十四

---

① “其美”二字为重文。

② 以上为《矦·汾沮洳》，下句开始为《矦·陟岵》。

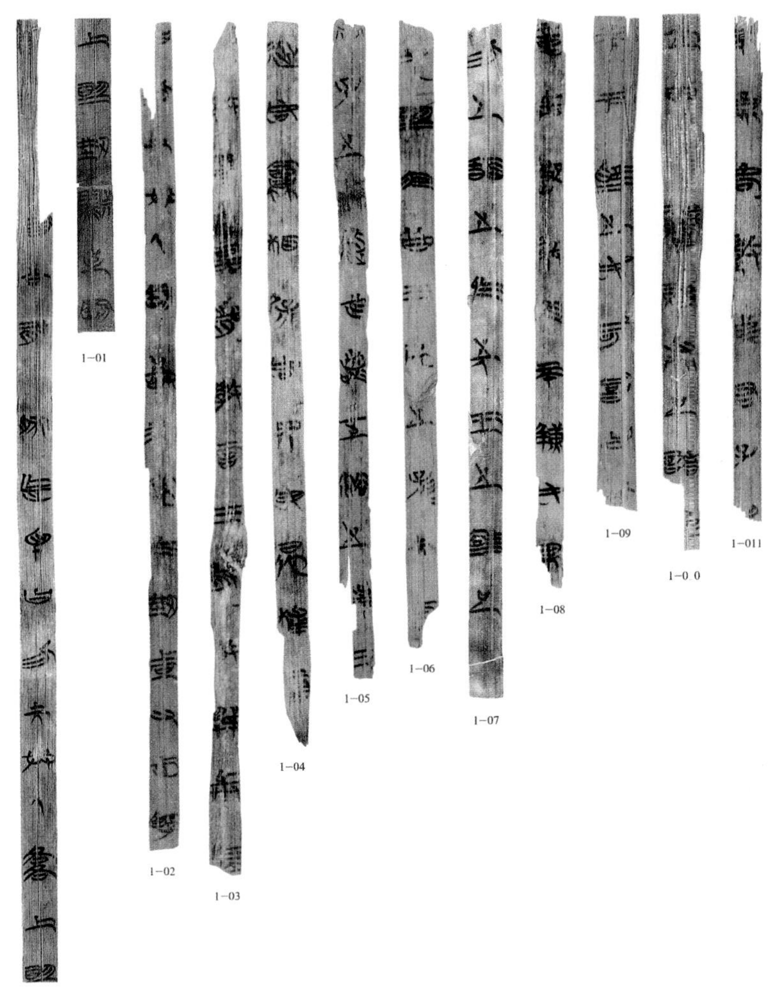

图 4.15　长台关楚墓竹简图版
（《楚地出土战国简册合集（二）：葛陵楚墓竹简、长台关楚墓竹简》，第 74 页）

种）》（2009 年经济科学出版社，2016 年武汉大学出版社有上下册的释文修订本）收入该批竹简的释文、注释。2013 年武汉大学简帛研究中心、河南省文物考古研究所编著的《楚地出土战国简册合集（二）：葛陵楚墓竹简、长台关楚墓竹简》（文物出版社 2013 年版）一书有最新拍摄的红外照片图版和释文（图 4.15）。

这批楚简可分为两类，一为遣策类，共有 28 枚，约 1030 字，保存较为完整；二为古书类，残损严重，共有 110 枚，约 500 字，简宽 0.7—0.8 厘米，厚 0.10—0.15 厘米，简长短不齐，残存最长为 33 厘米。该组简册无篇题，整理者称为“竹书”。该批楚简公布之后，先是史树青先生认为是西周初期的周公旦的言论与观点，可能是发现的最早写于竹简的法典。后来李学勤先生指出其记载的是某代周公和申徒狄的对话，属于儒家典籍，后来李学勤先生又指出该组简可能是《墨子》佚篇，不过仍有学者认为是儒家典籍。① 李零先生则认为该组简册很可能只是周公、申徒狄问对中的一种，与学派归属无大关联，其拟篇题为《申徒狄》。② 该批竹简在20世纪50年代出土时曾轰动学界，但由于简册大部分内容残缺，故而对于重要争论点的学派归属问题至今尚无定谳，尚待今后有更多的楚简出现进行验证。

### 12. 荆州夏家台楚墓竹简

2014年8月至2015年8月湖北省荆州博物馆在荆州中学新校区抢救性挖掘发掘战国墓葬350座、出土战国竹简420枚（残），经初步整理，内容为《诗经·邶风》《尚书·吕刑》和日书，其中《诗经·邶风》和《尚书·吕刑》为战国楚墓中首次出土。《尚书·吕刑》为中国法制史最为重要的典籍之一，而此次出土的楚简为早期《吕刑》抄本，对《吕刑》文本的流传等具有重要研究价值。经初步统计，《吕刑》简册有70支，共535字，占传本原文952字的56%，其行文顺序与传本《尚书·吕刑》基本一致，但部分用字有明显差别，目前该批楚简正在整理中，尚未公布。

### 13. 荆州龙会河北岸墓地M324楚墓竹简

2018年6月至2019年4月，荆州博物馆在荆州秦家嘴、龙会河北岸墓地抢救性发掘古墓葬416座。其中，龙会河北岸墓地M324出土战国楚简324枚。根据竹简形制和文字风格，这批楚简可以初步分为两类。第一类简，较长，整简长约44厘米，字体为典型的楚文字。简文中有文王、成王、穆王、庄王、共王、康王、灵王、平王、昭王、悥王、简王、声王12位楚王谥号，与《史记·楚世家》所载楚王世系相合。第二类简，稍短，整简长约41厘米。简文记载有周武王、周公旦相关事迹。如14号简："王若曰：旦！呜呼！敬哉！"这批楚简中的许多内容，过去从未见到，为佐证西周初年重大史实，研究楚国历史和政治军事思想以及法观念提供了重要资料。该批楚简目前尚未公布。

### 14. 荆州枣林铺M46楚墓竹简

2019年2月至2020年12月，为配合基本建设，荆州博物馆对荆州市荆州区纪南镇枣林铺墓地进行发掘，有4座墓出土了竹简，其中M46为战国晚期前段墓葬，出土竹简704枚，其中约70%为完整简（图4.16）。荆州博物馆与荆州文物保护中心联合成立了"枣林铺楚墓竹简保护整理研究小组"进行了初步整理释读，这批文献分为

---

① 参见李学勤：《简帛佚籍与学术史》，江西教育出版社，2001年，第352—359页。

② 参见李零：《长台关楚简〈申徒狄〉研究》，载李零：《简帛古书与学术源流》，生活·读书·新知三联书店，2004年，第176—192页。

5 种 9 篇，其中《吴王夫差起师伐越》内容与清华简《越公其事》基本相同；《诗书之言》为先秦“诗”“书”类文献的摘抄，《齐桓公自莒返于齐》与《国语·齐语》基本相同，《上贤》篇的思想倾向与墨家“尚贤”相类特别要主要注意的是，其中包括既包括《尚书》中《康诰》《吕刑》的内容，也有古佚书《夏后之宫刑》《汤之宫刑》珍贵文献，① 是研究法制史的重要材料。该批楚简目前尚未公布。

图 4.16　枣林铺 M46 竹简的出土情况
（《2020 中国重要考古发现》，第 74—75 页）

# 二、秦简牍

## 15. 云梦睡虎地 11 号秦墓竹简

1975 年 12 月至 1976 年初，在湖北省孝感云梦县睡虎地发掘了 12 座战国末至秦代的墓葬，其中 11 号墓出土大量战国后期秦国至秦代的竹简。《人民日报》《光明日报》等在 1976 年年初就进行了报道，并发表了部分简牍内容。② 整理者很快在《文物》上概述了这批竹简的大致分类与内容，并登载了部分释文与图版。③ 随即又在《文物》上以连载的形式第一时间公布了释文与少数图版照片。④ 其后整理小组先后出

① 国家文物局：《2020 中国重要考古发现》，文物出版社，2021 年，第 72—73 页。

② 湖北省云梦县发掘十二座战国末期至秦的秦墓，出土一批秦代的法律、文书竹简，载《人民日报》1976 年 3 月 28 日。云梦秦简整理小组：《云梦秦简部分释文（南郡守腾文书、大事记等）》，载《光明日报》1976 年 4 月 6 日。

③ 季勋：《云梦睡虎地秦简概述》，载《文物》1976 年第 5 期。

④ 云梦秦墓竹简整理小组：《云梦秦简释文》（一）、（二）、（三），载《文物》1976 年 6、7、8 期。此为整理小组最初释文，无注，附有部分简牍图版照片。

版了多个版本的简牍图版、注释与译文，目前通行的版本是文物出版社 1990 年精装本。① 最新的图版照片、释读成果则见于《秦简牍合集》，作者利用最新技术对原始图像或者保存的简牍重新拍摄，其展现了许多较过去简影更为清晰的红外线图版照片，又根据这些红外线照片与过往学界研究成果对睡虎地秦简简文的释读提出了很多新的观点。②

这批重要竹简就藏于墓主人棺内，保存状况较为完好，经过拼缀整理，总计有 1155 枚，另有残片 80 枚。③

因墓主人喜长期担任诸如安陆令史、鄢狱史等地方司法职务，故而这批竹简中绝大部分是极其珍贵的一手法制资料，弥补了过去一直以来存在的秦基础法制史料不足的情况，直接改写了秦法制史研究的现状，相关研究的广度与深度得到极大的拓展。睡虎地 11 号秦墓竹简（以下简称睡虎地秦简）法制史资料信息如下：

（1）《编年记》

整理者题名，共计 53 枚，其内容主要包括两部分，首先是逐年记载自秦昭王元年至秦始皇三十年之间的秦国军政大事，其次还记载名喜（一般认为即是墓主人）的生平及相关事项。此类简册的定名与性质有所争议，有学者认为可定名为《叶书》，也见于西汉前期的松柏汉墓 M1 号墓。④ 根据记载，墓主人喜长期任职秦地方基层，担任“狱史”等司法职务，因此《编年记》是讨论秦基层司法制度或者司法官员流动的一手材料。

（2）《语书》

最后一简简背题有“语书”二字，故整理小组以此为题名，共计 14 枚。其中一至八枚主要内容是南郡守腾下令所属县道严格执行秦法的公文，其内容强调法律制定的必要性，严格执法的作用，同时要求属下官吏百姓积极举劾不执法守法的违法犯罪

---

① 整理小组先后出版有：《睡虎地秦墓竹简》（八开线装本），文物出版社，1977 年，附有注释与除《日书》外所有图版照片；《睡虎地秦墓竹简》（32 开平装本），文物出版社，1978 年，此版本修订调整了注释，并增加语译与索引，但删去了图版照片；《睡虎地秦墓竹简》（八开精装本），文物出版社，1990 年，此版本则集各家之长，注释、语译与所有简牍图版俱全。另外，文物出版社于 1981 年出版发掘报告《云梦睡虎地秦墓》，其中附有之前未完全公布的《日书》图版照片与释文。

② 武汉大学简帛研究中心、湖北省博物馆、湖北省文物考古研究所编，陈伟主编：《秦简牍合集（壹）》，武汉大学出版社，2014 年，另作者在 2016 年又出版了关于秦简牍合集中释文的最新修订成果，其中睡虎地秦简释文见陈伟主编，彭浩、刘乐贤等撰著：《秦简牍合集释文修订本（壹）》，武汉大学出版社，2016 年。

③ 睡虎地秦墓竹简整理小组：《睡虎地秦墓竹简》，文物出版社，1990 年。

④ 李零：《视日、日书和叶书——三种简帛文献的区别和定名》，载《文物》2008 年第 12 期；武汉大学简帛研究中心、湖北省博物馆、湖北省文物考古研究所编，陈伟主编：《秦简牍合集（壹）》，武汉大学出版社，2014 年，第 8 页。

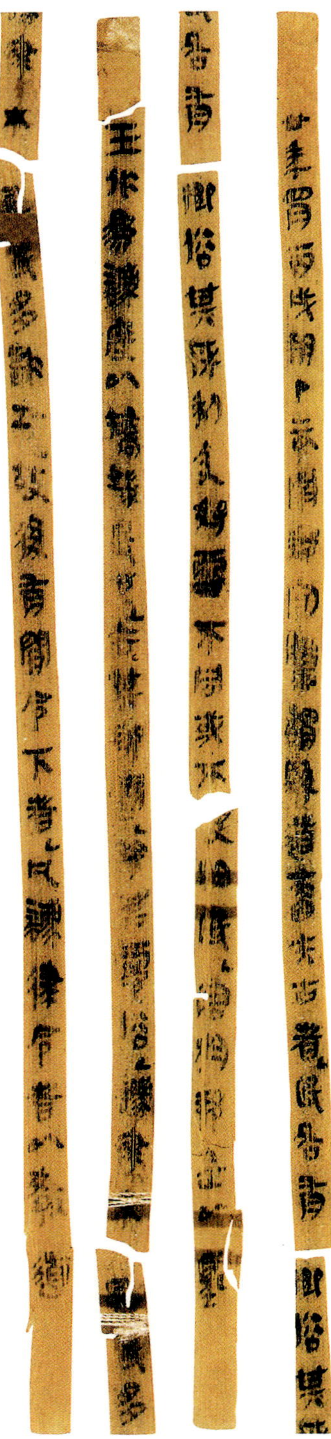

图 4.17（1） 睡虎地秦简《语书》1—2 简彩色图版
（《中国法书全集 1：先秦秦汉》，第 125 页）

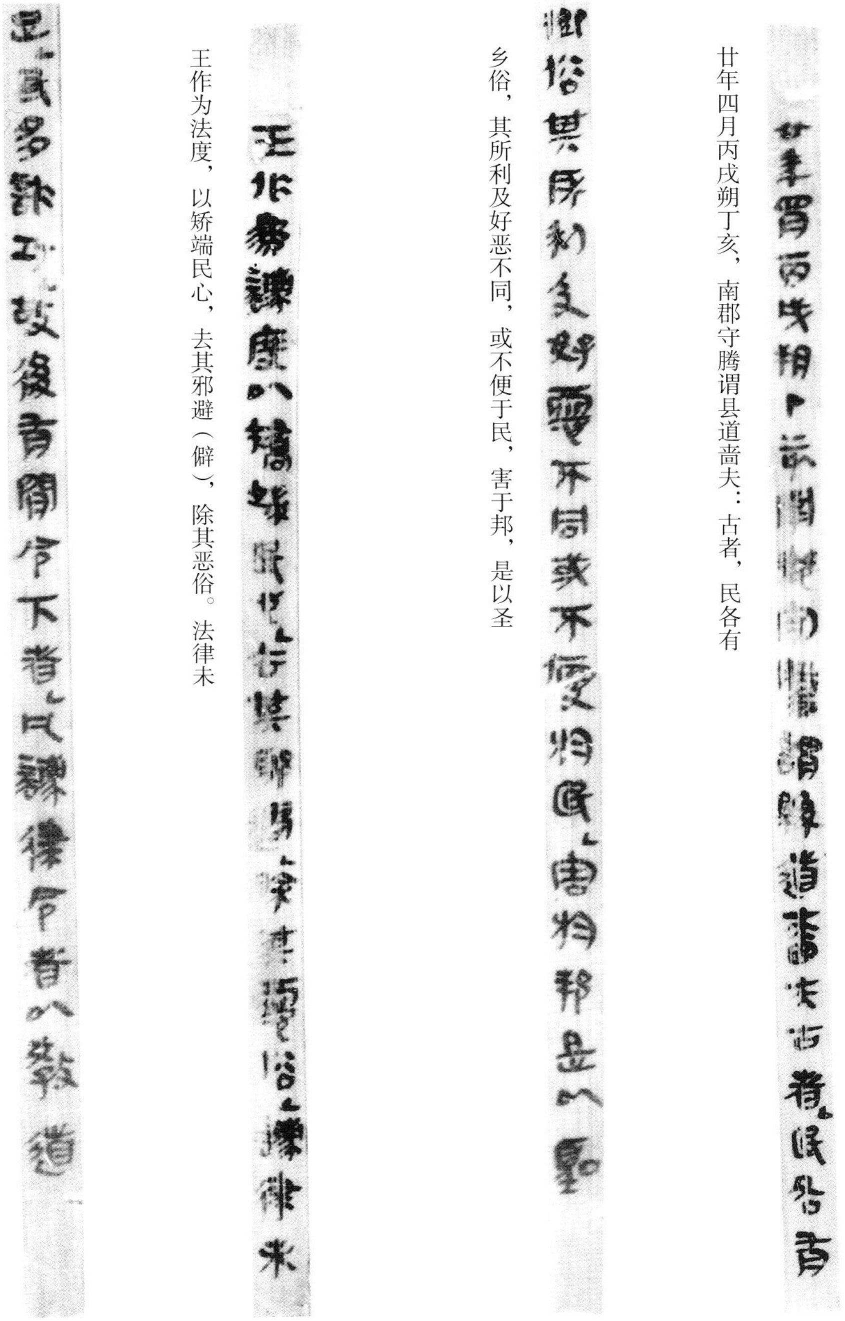

廿年四月丙戌朔丁亥，南郡守腾谓县道啬夫：古者，民各有

乡俗，其所利及好恶不同，或不便于民，害于邦，是以圣

王作为法度，以矫端民心，去其邪避（僻），除其恶俗。法律未

足，民多诈巧，故后有间令下者。凡法律令者，以教道（导）

图 4.17（2）　睡虎地秦简《语书》1—2 简红外图版及释文
（《秦简牍合集》[ 壹 ]，第 913 页）

百姓居田舍者毋敢醢（酤）酉（酒），田啬夫、部佐谨禁御之，有不从令者有辠（罪）。田律

图 4.18（1） 睡虎地秦简《田律》简 12 彩色图版
（《书写历史：战国秦汉简牍》，第 51 页）

图 4.18（2） 睡虎地秦简《田律》简 12 红外图版及释文
（《秦简牍合集》[ 壹 ]，第 660 页）

行为（图 4.17）。

九至十四枚简是有关“良吏”“恶吏”的说明与训诫教令。有学者指出从内容与形制上看，前八枚简与后六枚简应分开，前者是郡守文书，后者属于官箴训诫，应与《为吏之道》编联。① 南郡守腾向所属各县道官府以及百姓公开的文书是研究统一六国前夕，地方政府如何进行移风易俗、移植与推广秦法律规范适用的绝佳例证，表明“法令由一统”政策早在统一六国之前已经逐步展开。

（3）《秦律十八种》

整理者题名，因这批简中包括十八种律的部分条文，共 201 枚。具体包括田律（计 12 枚简［图 4.18］，内容涉及农业生产管理，包括定期报告耕种相关的降雨量，刍藁缴纳的数量规范，树木砍伐，动物狩猎的季节性禁令等）、厩苑律（计 8 枚简，内容涉及官有牲畜以及官方器物的管理，具体包括官有牲畜管理的考核与奖惩、官有器物假借的流程规范等）、仓律（计 43 枚简，内容涉及官有物资特别是粮食的管理制度，具体包括粮食入仓、出仓以及储藏期间的管理流程，官有粮食的具体储藏方法以及不同类型的统计标准，粮食管理不善导致亏空时的具体责任划分与赔偿办法、官员公务出差时物资供应的具体标准等）、金布律（计 33 枚简，内容涉及官有财物、物资的管理，包括官方收入、租金的管理、官有牲畜和器物的损害赔偿办法、官有徒隶发放衣物的具体标准等诸多规定）、关市律（计 1 枚简，一条律文，主

① 参见陈侃理：《睡虎地秦简“为吏之道”应更名“语书”——兼谈“语书”名义及秦简中类似文献的性质》，载《出土文献》（第 6 辑），中西书局，2015 年。

要规定了某些官方收入的管理办法以及违反时的罚则[①])、工律(计10枚简,内容主要是秦手工业制造生产方面的法律规定,具体涉及官方制作器物的标准化规定、官府兵器的具体管理办法、出借官府器物造成损害时的赔偿规定等)、工人程(计3枚简,具体主要是官营手工业生产定额的相关规定,条文具体包括官有劳动力工作量不同情况下的换算标准)、均工律(计4枚简,共三条律文,最后一条律文有残缺,主要涉及手工业从业者的调度与管理,如关于官有工匠的培训期限与工作量等)、徭律(计10枚简,一般认为构成内容较长的一条律文[②],主要是关于徭役征发的种种规定,具体包括出现违法情况的惩治办法、免责条款,工程质量的担保责任分配,官方工程的修缮办法等)、司空律(计28枚简,条文内容主要涉及官方建造管理与刑徒管理两方面,前者有官方车辆的修缮与报废程序、官有牛车的借用、维修以及拉车牲口饲养不善的惩罚规定等,后者涉及以己身劳动抵偿官有债务与罚金时的换算标准、官府提供的伙食标准、服役劳作时不同身份的着装、刑具配备要求、特定身份者以劳作抵偿时的优待规定等)、军爵律(计4枚简,内容涉及授予爵位时特定情形下的处理办法以及违反相关规定的罚则)、置吏律(计5枚简,即任用官吏的规定,具体涉及举荐的期限以及例外规定、特定官职的举荐限制规定以及具体程序等)、效律(计17枚简,主要是与官府物资核验相关的各项规定,此处条文主要包括官有粮仓管理不善造成损失的处理办法,粮食入仓、出仓以及储藏期间的管理流程规定,官员职务交接时物资核验的规定,其中部分条款与《仓律》条款相似)、传食律(计4枚简,主要涉及特定身份官员或者不同爵位者出差时的伙食提供标准)、行书律(计3枚简,关于文书传递的法律规定,涉及不同类别文书的传递主体、传送速度、开启方式等规定)、内史杂(计12枚简,主要是内史所涉各类职掌的规定,条文涉及内容较杂,如都官任职抄写相关法律的要求、都官官有器物的管理、公务流转时以书面形式汇报的要求、任命属吏的年龄与身份要求等多种规定)、尉杂(计2枚简,似为县尉各项职能的规定,具体涉及校对法律文本的规定等)、属邦(计1枚简,即官吏少数民族机构属邦职能相关的法律,本条则是道官府输送徒隶的具体规定)

《秦律十八种》仅仅只是当时秦律内容的一部分,但已经可以看出秦法网严密的特征,表明秦政府以法家思想为指导,以法律作为最为重要与直接的手段,深入到社

① 本条《关市律》内容的断读引起诸多讨论,特别是在岳麓书院藏秦简相关类似条文公布以后,相关讨论可参看陈松长:《睡虎地秦简"关市律"辨证》,载《史学集刊》2010年第4期;陈伟:《关于秦与汉初"入钱缿中"律的几个问题》,载《考古》2012年第8期;李力:《秦汉简〈关市律〉〈金布律〉解读之若干问题辨析》,载中国文化遗产研究院主办:《出土文献研究》(第十五辑),中西书局,2016年。

② 另有学者认为当中应析出一条《兴律》条文,见王伟:《〈秦律十八种·徭律〉应析出一条〈兴律〉说》,载《文物》2005年第10期。

会基层管控相关的方方面面。

（4）《效律》

本组第一枚简简背自题“效”，计60枚简，其中部分内容与上述《秦律十八种·效》重复。此组《效律》的内容主要是核验县和都官物资以及账目的规定，具体包括官有粮食出入仓的具体流程、粮食称量发现不足时的处理办法、粮食管理不善时相关负责官员的处罚措施、官员交接职务中发现所管理官有物资与账目核验不符时的处罚措施与责任分配等诸多规定。《效律》的集中出土可以作为研究秦律单篇律文外在形式与性质的重要范例。

（5）《秦律杂抄》

整理者题名，计有42枚简，书写于简上的类似律名有《除吏律》《游士律》《除弟子律》《中劳律》《藏律》《公车司马猎律》《牛羊课》《傅律》《屯表律》《捕盗律》《戍律》等十一种，部分律文没有记律名，此组条文较为分散，一般认为是墓主人喜根据其生前的实际需要而从秦律中摘抄一部分条文所逐渐形成的法律抄本（图4.19）。内容上具体而言，《除吏律》主要涉及任用废官的处罚规定；《游士律》条文内容规范了四类违法犯罪主体，其中包括“游士”；《除弟子律》条文则是就任用弟子时登记违规以及违法保举弟子的处罚规定；《中劳律》即关于从军劳绩的律文；《藏律》即关于府藏的律文；《公车司马猎律》是公车司马参与田猎的法律规定；《牛羊课》涉及官有牛羊牲畜的饲养与管理；《傅律》即傅籍相关法律规定；《屯表律》则是关于边防的法律规定。

其中有学者讨论了部分律名的性质，诸如“公车司马猎律”“蛮夷律”“置吏律”是否正式的类似《盗律》《贼律》等律篇名，还是作为某一条律文内容简单概括的临时性题名？[①] 此问题的解决有待更多资料的出现，比如可结合后出岳麓秦简等秦律资料进行对比考察，《戍律》《置吏律》又见于岳麓书院藏秦简当中。这一问题的继续探讨有助于复原秦律的篇章分类乃至秦立法体系的真实面貌。

（6）《法律答问》

整理者题名，本组简计有210枚，依照内容可分为187条。以问答方式对秦律中的某些特定概念、法律适用中的疑难问题、疑难案件的处理、诉讼程序等进行了明确的解释，一般认为该解释出自有权主体，是秦司法解释的一种（图4.20）。

其中涉及某些特定概念，诸如“非公室告”“公室告”的区分，即以罪行发生领域区分该犯罪是否可被官方受理追诉，表明了当时公权力并未侵入家庭私人领域，传统的家长管辖权至少在睡虎地秦简反映的时代继续获得了官方的认可。其次，一些问答出现的“室人”“同居”概念影响深远，可以说是中华法系特有的法律概念，被后世汉唐以来的帝制时期的法律制度所承袭。另外，其中部分内容反映出秦律中已经出现了诸如未成年

---

① 如张忠炜：《秦汉律令法系研究初编》，社会科学文献出版社，2012年。

图 4.19（1）　睡虎地秦简《秦律杂抄》简 20—21 彩色图版（《中国法书全集 1：先秦秦汉》，第 123 页）

赀司空啬夫一盾，徒治（笞）五十。·漆园殿，赀啬夫一甲，令、丞及佐各一盾，徒络组各

廿给。漆园三岁比殿，赀啬夫二甲而法（废），令、丞各一甲。采山重殿，赀啬夫一甲。

图 4.19（2）　睡虎地秦简《秦律杂抄》简 20—21 红外图版及释文（《秦简牍合集》[ 壹 ]，第 696—697 页）

图 4.20（1）　睡虎地秦简《法律答问》简 187 彩色图版（《书写历史：战国秦汉简牍》，第 53 页）

·可（何）谓宫均人？·宫中主循者殹（也）。

图 4.20（2）　睡虎地秦简《法律答问》简 187 红外图版及释文（《秦简牍合集》[ 壹 ]，第 733 页）

人减轻刑罚、团体犯罪加重刑罚、区分故意与非故意等刑罚适用原则的雏形。

（7）《封诊式》

本组简计 98 枚，该篇题书写于简 98 背面。主要涉及各种案件的公文记录格式，包括财产查封、现场勘验记录等，这些公文包括县或县级机构的平行文书和乡呈递县

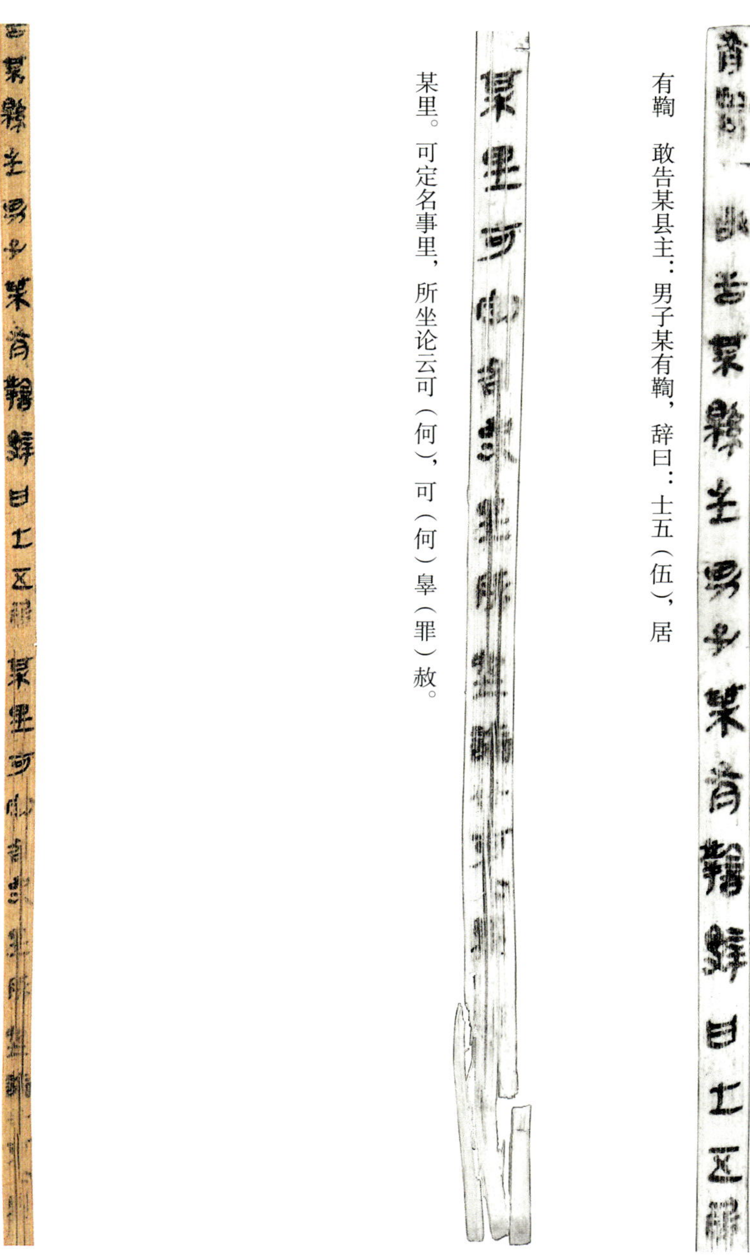


图 4.21（1）　睡虎地秦简《封诊式》
简 6 彩色图版
（《中国法书全集 1：先秦秦汉》，第 124 页）

图 4.21（2）　睡虎地秦简《封诊式》
简 6 红外图版及释文
（《秦简牍合集》[ 壹 ]，第 1092 页）

的上行文书。这些文书均以“爰书”的形式表现出来（图 4.21）。

其中“治狱”“讯狱”两则反映出秦时已经注意到刑讯在调查案情、审理案件中的不足与局限性，着重要求基层官员在调查审讯时合理调整调查方式方法以求得案件的真相。“封守”则反映出当时已经存在相对严密的犯罪嫌疑人财产查封与登记程序，包括犯罪嫌疑人的直系亲属基本信息、不动产与动产的分类统计都以书面形式登记在案，程序一丝不苟。“贼死”“出子”“经死”等几份法律文书是迄今为止发现的中国古代最早的刑事勘查记录。

（8）《为吏之道》

本组简计有 51 枚简，简文分五栏书写，为整理者题名，一般将《为吏之道》理解为宦学读本或者是道德训诫类的官箴文献，主要目的在于教导官吏如何尽忠职守，其内容多涉及基层官员的日常职能，部分内容亦出现在相关秦律条文当中，可见此类文献既可以作为研究秦代法制思想的重要文本，也是研究基层司法制度的必要参考。

在《为吏之道》最后附有战国时魏国的两条律文，根据内容当是魏安釐王二十五年（公元前 252 年）颁布的《户律》《奔命律》，从抄录原因、内容分析可作为研究秦律、秦令关系的重要法制史料。

（9）《日书》甲、乙种

《日书》甲种计有 166 枚简，《日书》乙种计 259 枚简。甲种原无篇题，而《日书》乙种则自有篇题《日书》，整理者依照内容相似性选择以《日书》作为无篇题抄本的名字，故这两件抄本相应的称为《日书》甲种与《日书》乙种，从内容上看是当时百姓选择或者日常占卜吉凶方法的汇编集，是研究秦基层社会生活的重要史料，其中诸如“秦除”中记载的内容“开日，亡者不得。请谒，得。言盗，得”，可作为反映基层民众对法律的接受程度以及基层司法运行实态的法制史料。①

睡虎地秦简自发掘公布以来已经四十多年，法制史资料的相关研究成果甚多，有的更是引起长久热烈的讨论，比如“隶臣妾”身份性质的讨论就是典型例子，相关论争大大推进了我们对秦法律真实状况的认知。但是，不能因此就认定这批最早的秦法制史基础资料已经没有任何问题，或者说研究价值已经利用殆尽，其实从最基本的释字、句读到律文理解都还存在进一步研究的空间。

### 16. 云梦龙岗 6 号秦墓简牍

1989 年年底，同样在云梦县发现了一批秦汉墓葬，在清理过程中，编号为 6 号

---

① 《日书》的综合性研究可参考饶宗颐、曾宪通：《云梦秦简日书研究》，香港中文大学，1982 年；刘乐贤：《睡虎地秦简日书研究》，台北文津出版社，1994 年；吴小强：《秦简日书集释》，岳麓书社，2000 年；王子今：《睡虎地秦简〈日书〉甲种疏证》，湖北教育出版社，2003 年；陈伟主编：《秦简牍合集（壹）》，武汉大学出版社，2014 年。

的秦墓出土了一批简牍。这批竹简散布于淤泥中，大多散乱残断，保存状况较差，整理者当时现场清理时将它们编为 293 个整理号（其中含残简 10 个号）。① 另外还有 1 枚木牍出自墓主腰部，木牍记载内容与形式近似司法文书，也是十分重要的一批秦法律文献。云梦龙岗 6 号秦墓简牍（以下统称龙岗秦简）图片与释文完整公布于《云梦龙岗 6 号秦墓及出土简牍》一文，同时还包括简牍分布示意图、简牍注释、简牍出土登记号与考释编号对照表等。② 刘信芳、梁柱在吸收相关讨论成果之后，进一步改善照片效果，又于 1997 年出版《云梦龙岗秦简》一书，该书附录中还增加了云梦龙岗秦简文字通检以及竹简摹本。③ 后在胡平生主持下，李天虹、刘国胜等人参与，利用红外线仪器重新通读云梦龙岗秦简简文，对其进行“再整理”，相关成果于 2001 年以《龙岗秦简》为名出版。④ 除去简文图版、新的摹本与释文外，该书还有较为详细的注释、大意与校证。该书在简牍编联上有较大突破与调整，并提出了不少新的释读意见。另外书后还附有李学勤、黄盛璋、刘国胜、胡平生等学者 5 篇关于这批简牍的研究论文。

最新的图版与释读成果则见于陈伟主编《秦简牍合集》第 2 卷《龙岗秦简简牍》部分。⑤ 该书采用红外相机重新拍摄云梦龙岗简牍，清晰度上优于过去照片，对以往没有释读的残简提出了许多新的释读意见。同时在红外图版基础上，结合过往研究成果，在残断简牍缀合以及编联上取得了一些新的收获。

龙岗秦简的年代，从简文记载的诸如“皇帝”“黔首”等特殊词汇推测可能是秦始皇统一天下之后，要晚于睡虎地秦简。另外木牍中写有“九月丙申”，根据朔闰推测可能是秦始皇三十七年或秦二世二年。

竹简内容基本上属于秦法律条文的抄录，最早整理者依据内容初步将这批简牍分为《禁苑》《驰道》《牛羊》《田赢》《其他》五类，并认为龙岗秦简中关于禁苑管理的规

---

① 武汉大学简帛研究中心、湖北省文物考古研究所、四川省文物考古研究所编，陈伟主编：《秦简牍合集（贰）》，武汉大学出版社，2014 年，第 3 页，此处根据《秦简牍合集（贰）》附录一“竹简出土登记与考释编号对照表”统计所得。这批简牍基本信息最早见于梁柱：《云梦龙岗发现秦代墓葬和秦法律文书》，载《江汉考古》1990 年第 1 期，其中披露“这批简编为 283 个号”，似乎未统计残简编号。另外较早完全披露龙岗秦简信息的文章《云梦龙岗 6 号秦墓及出土简牍》记载“现场清理时编为 293 个整理号”，文中有登记号与考释编号对照表，记载 283 个出土登记号，并附有 10 个残简考释编号，与上合。见湖北省文物考古研究所、孝感地区博物馆、云梦县博物馆：《云梦龙岗 6 号秦墓及出土简牍》，载《考古》编辑部编：《考古学集刊》第 8 集，科学出版社，1994 年，第 90 页。

② 湖北省文物考古研究所、孝感地区博物馆、云梦县博物馆：《云梦龙岗 6 号秦墓及出土简牍》，载《考古》编辑部编：《考古学集刊》第 8 集，科学出版社，1994 年。

③ 刘信芳、梁柱编著：《云梦龙岗秦简》，科学出版社，1997 年。

④ 中国文物研究所、湖北省文物考古研究所：《龙岗秦简》，中华书局，2001 年。

⑤ 武汉大学简帛研究中心、湖北省文物考古研究所、四川省文物考古研究所编，陈伟主编：《秦简牍合集（贰）》，武汉大学出版社，2014 年。

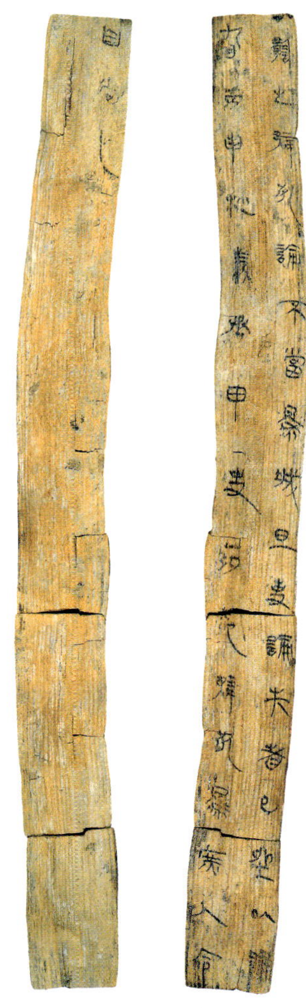

图 4.22（1）　龙岗秦简木牍
13 正反面彩色图版
（《书写历史：战国秦汉简牍》，
第 76 页）

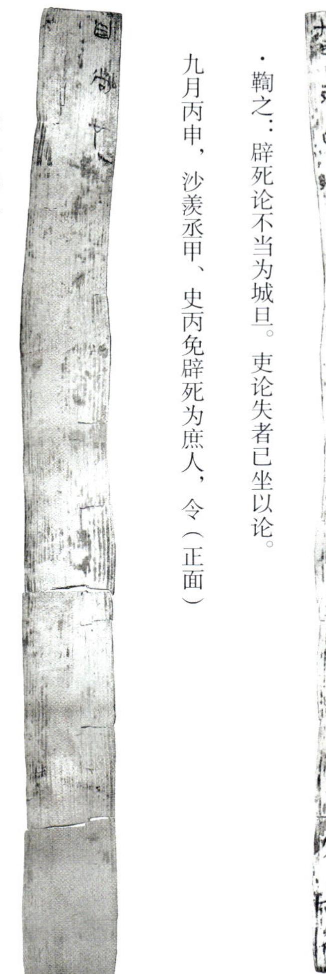


图 4.22（2）　龙岗秦简木牍 13 正反面
红外图版及释文
（《秦简牍合集》[贰]，第 271 页）

定远较睡虎地秦简所见《田律》为详。①2001 年《龙岗秦简》则指出早期整理者分类上存在的问题，进而认为这批简的内容就是围绕“禁苑”为中心，条文内容或直接或间接与“禁苑”相关。② 当然条文出处不一，应当是摘抄自不同秦律。但因为缺简以及残断较多，同时可考简文内容中未直接出现律名，导致很难明晰这批简牍所载律文的具体归属，结合其他秦及汉初简牍内容看，可以发现部分律文应当来自《贼律》或《盗律》。

① 刘信芳、梁柱编著：《云梦龙岗秦简》，科学出版社，1997 年，第 27 页。

② 中国文物研究所、湖北省文物考古研究所：《龙岗秦简》，中华书局，2001 年，第 4 页。

另外，其中唯一的一块木牍内容则是记述了一名叫“辟死”的人曾被错判为城旦，经过乞鞫再审之后撤销了原来错误判决，被免为庶人，而原审官员则被论处追责。对于木牍的性质，存在告地书与实际司法文书两种不同看法。对比张家山汉简《奏谳书》记载的秦及汉初司法程序与司法文书的格式与内容，可以认为该木牍反映的是一起真实存在的案件，而“辟死”很可能就是墓主人的名字（图 4.22）。①

结合睡虎地秦简的出土情况，或可推测墓主人“辟死”是一位曾经参与禁苑管理的基层小吏，故而随葬简牍内容大量与禁苑相关。该木牍可作为研究秦司法再审制度以及民间法律信仰问题的鲜活例证。

### 17. 青川郝家坪 50 号战国秦墓木牍

1979 年至 1980 年，在四川省青川县郝家坪发掘的一座战国秦墓，于 1982 年《文物》第 1 期刊登了发掘简报。该墓中出土了 2 块木牍，分别编号为 16、17 号。根据简报介绍：其中 16 号木牍正面字迹较为清晰，背面字迹多不可识。② 发掘简报中公布了 16 号木牍缩小的图版正面照片，临摹的正、反面木牍的摹本及释文。1987 年，在两本不同出版物中刊登了 16 号木牍的彩色图版，在《全国出土文物珍品选（1976—1984）》中 16 号木牍正反面均有照片，图幅较小。③ 在《中国美术全集》中不仅有缩小版的正反面彩色图版照片、摹本，还有接近原始大小的正反面照片。④ 而 17 号木牍文字残损不清，无法辨识。长期未见较为清晰的木牍图版照片。

因此，所谓“青川木牍”，多特指字迹较为清晰的 16 号木牍。近年来，利用红外线拍照技术重新对青川 16 号、17 号木牍拍照，相较而言，前者字迹更为清晰，而后者正面可依稀识别一些文字。成果见于武汉大学《秦简牍合集》第 2 卷《郝家坪秦墓木牍》。⑤

目前学界研究较为充分的是 16 号木牍，内容记载的是秦武王下令对当时的《田律》进行修订并重新颁布的命令（图 4.23）。涉及当时的田制，包括阡陌的长宽、作为田界表示物封的大小，以及除草、除道、修补桥梁坡隄等日常维护工作等规定，部分内容与《岳麓书院藏秦简》中披露的秦《田律》、张家山汉简《二年律令》所见汉

---

① 参见刘国胜：《云梦龙岗简牍考释补正及其相关问题的探讨》，载《江汉考古》1997 年第 1 期。

② 四川省博物馆、青川县文化馆：《青川县出土秦更修田律木牍——四川青川县战国墓发掘简报》，载《文物》1982 年第 1 期。

③ 文化部文物局、故宫博物院编：《全国出土文物珍品选（1976—1984）》，文物出版社，1987 年第一版，图 265。

④ 中国美术全集编辑委员会编：《中国美术全集 · 书法篆刻编 1：商周至秦汉书法》（本卷主编：启功），人民美术出版社，1987 年，第 47—48 页。

⑤ 武汉大学简帛研究中心，湖北省文物考古研究所，四川省文物考古研究所编，陈伟主编：《秦简牍合集（贰）》，武汉大学出版社，2014 年，第 271 页。

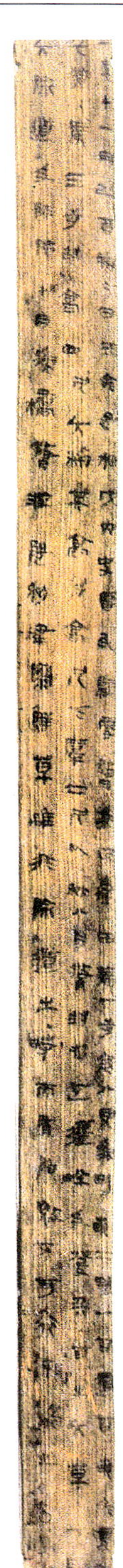

图 4.23（1）　青川 16 号木牍彩色照片及摹本（《中国美术全集·书法篆刻编第 1 册·商周至秦汉书法》，第 47 页）

图 4.23（2）　青川 16 号木牍红外图版（《秦简牍合集》[贰]，第 277 页）

初《田律》规定近似。

背面则记录了未除道者的姓名与日期。可以推测墓主人身份可能是田官下属官吏。这是目前所见年代最早的秦国木牍，该律文揭示了秦耕田的具体规制，也体现了秦及汉初《田律》的沿革发展历程，从而窥见当时立法的延续性与继承性，价值重大。

17 号木牍，目前仅能识别一部分，从可识文字看，似乎当时法律规定不参与除道的百姓需要按照所更土地面积出钱抵偿劳役。①

### 18. 龙山里耶遗址秦简牍

2002 年 4 月起，因配合水电站建设，湖南省文物考古研究所等单位对湖南湘西涉及水电站淹没区的战国-秦代里耶古城遗址进行抢救性发掘时，在城内的一号古井（编号 J1）中，前后清理出简牍 38000 余枚，除去少量战国楚简外，绝大多数都是秦代简牍。② 其后又于 2005 年 12 月在北护城壕十一号坑发掘出 51 枚简牍。这批简牍中占绝大多数的都是当时秦代洞庭郡迁陵县的政府公文，另外还有部分是私人历谱、医药病方等。关于洞庭郡，史籍失载。根据里耶秦简中的记载，可推断秦王政二十五年设置了洞庭郡，迁陵县也是在同年设置。这批简牍的年代从秦王政二十五年至三十七年，秦二世元年、二年，因此可以说里耶秦简牍是研究秦代政治、经济、法律、行政区划、社会治理、交通地理等方面的重要文献资料。

2002 年《湘西里耶秦简复活秦国历史》一文披露里耶古城发现大量秦简牍，其中还公布了一组简的正面彩色图版照片并简单介绍了内容。③ 从内容看，涉及秦赀刑钱的追缴问题。2003 年公布发掘简报，《湖南龙山里耶战国-秦代古城一号井发掘简报》中介绍了简牍的发掘信息与基本情况，文中还公布了一些简牍正反面的彩色图片

---

① 释文见武汉大学简帛研究中心、湖北省文物考古研究所、四川省文物考古研究所编，陈伟主编：《秦简牍合集（贰）》，武汉大学出版社，2014 年，第 202 页。

② 简牍数量在前后多次的披露中存在些许差异。关于里耶发现大量秦简牍的最早报道见于 2002 年，《中国国家地理》杂志 2002 年 9 期登载龙京沙、张春龙《湘西里耶秦简复活秦国历史》一文，报道提到“湘西里耶 2 万多枚秦简的出土又引起历史考古学家的极大关注”，当时还处于整理之中，故秦简牍数量仅仅初步统计的结果。而 2003 年发布的发掘简报披露一号井共出土简牍是“36000 余枚”，见湖南省文物考古研究所、湘西土家族苗族自治州文物处、龙山县文物管理所：《湖南龙山里耶战国-秦代古城一号井发掘简报》，《文物》2003 年第 1 期。2007 年出版的正式发掘报告则记载简牍数量是 37000 余枚，见湖南省文物考古研究所编：《里耶发掘报告》，岳麓书社，2007 年，第 179 页。近年出版的《里耶秦简（壹）》前言介绍这批简牍出土状况时则更正为 38000 余枚，见湖南省文物考古研究所编著：《里耶秦简（壹）》，文物出版社，2012 年，前言。本文此处取最新统计数字。

③ 此处照片所摄图版内容仅为部分，并不完全。根据内容推测应该是里耶秦简 9—11 正面，完整简牍照片与释文可见湖南省文物考古研究所编：《里耶发掘报告》，岳麓书社，2007 年，第 190 页，彩版二十七之中。

以及其释文，其中部分简牍内容涉及行政公文、司法文书等。[①]《湘西里耶秦代简牍选释》一文选取并公布了37枚简牍材料信息，对它们进行考证、断读、注释并附有黑白图版照片。[②]2006年，湖南省文物考古研究所主编的《里耶发掘报告》出版，全面介绍了里耶古城遗址的发掘情况，并公布了相较以往更多的简牍内容，包括释文、标点、注释以及彩色图版。[③]虽然不足百一，也可从中窥探秦洞庭郡迁陵县的行政建制、郡县官员的设置与职能、户籍信息登记与管理、秦行政文书制度等社会治理的方方面面信息。而从法制史研究角度看，从司法文书运行以及内容上，我们已经了解到秦时刑徒的管理、具体劳役的分工、罚金刑的追缴、司法官员的设置等诸多信息，可以说让我们第一次直观地认识到秦的基层行政与司法的运行流程与原始面貌。之后，整理者偶尔会披露一部分里耶秦简牍新资料，有代表性的如张春龙、龙京沙《湘西里耶秦简8-455号》，公布了里耶秦简8-455的释文与照片。[④]这枚木牍涉及秦统一改制后某些规范用语的官方改称，是研究职官沿袭变化的重要一手文献资料，可与传世文献相印证。

这批里耶秦简分批出版，2012年正式出版第一卷，即《里耶秦简（壹）》，该书公布了一号古井（J1）第5、第6、第8层出土的2627枚简牍图版与照片。（图4.24）[⑤]2013年，《湖南出土简牍选编》出版，其中第三卷是《里耶秦简》，披露一些未见于《里耶秦简（壹）》的第7、第10、第11层的简牍释文与图片。[⑥]2016年，《里耶秦简博物馆藏秦简》出版，该书公布了里耶秦简博物馆藏所有二百余枚里耶秦简资料，配有详细释文、注释以及简牍彩色图版与红外图版照片。[⑦]2017年，《里耶秦简（贰）》出版，公布了一号古井第9层出土的3423枚简牍图版与照片。[⑧]此外，需要特别指出，先后出版两卷的《里耶秦简牍校释》在《里耶秦简》公布的简牍基础上，

① 湖南省文物考古研究所、湘西土家族苗族自治州文物处、龙山县文物管理所：《湖南龙山里耶战国–秦代古城一号井发掘简报》，载《文物》2003年第1期。

② 湖南省文物考古研究所、湘西土家族苗族自治州文物处：《湘西里耶秦代简牍选释》，载《中国历史文物》2003年第1期。

③ 具体简牍释文等可参见湖南省文物考古研究所编：《里耶发掘报告》，岳麓书社，2007年，第179—216页。

④ 张春龙、龙京沙：《湘西里耶秦简8-455号》，载武汉大学简帛研究中心主办：《简帛》（第四辑），上海古籍出版社，2009年，在后来公布的《里耶秦简（壹）》中整理者将此木牍编号调整为8-461。

⑤ 湖南省文物考古研究所编著：《里耶秦简（壹）》，文物出版社，2012年。

⑥ 宋少华、张春龙、郑曙斌、黄朴华编著：《湖南出土简牍选编》，岳麓书社，2013年。

⑦ 里耶秦简博物馆、出土文献与中国古代文明研究协同创新中心中国人民大学中心编著：《里耶秦简博物馆藏秦简》，中西书局，2016年。据其序言所言，里耶秦简博物馆藏秦简基本已经在之前所出版的《里耶秦简（壹）》《湖南出土简牍选编》等书中公布，仅有少数简牍此前未公布。

⑧ 湖南省文物考古研究所编著：《里耶秦简（贰）》，文物出版社，2017年。

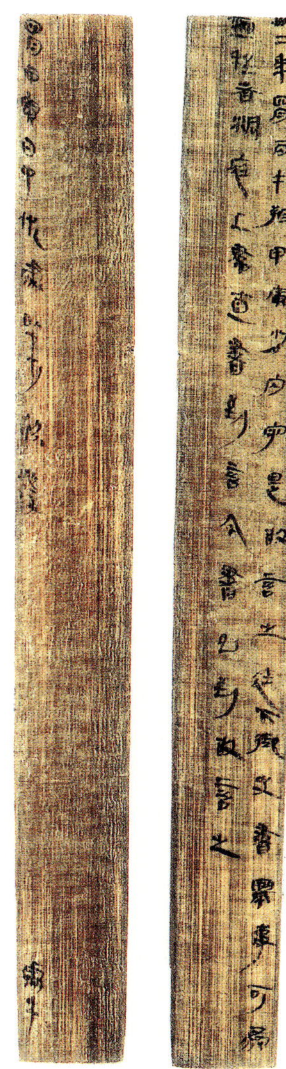

图 4.24（1）　里耶秦简牍 8-152 正反面彩色图版（《里耶秦简》[ 壹 ]，彩版第 1 页）

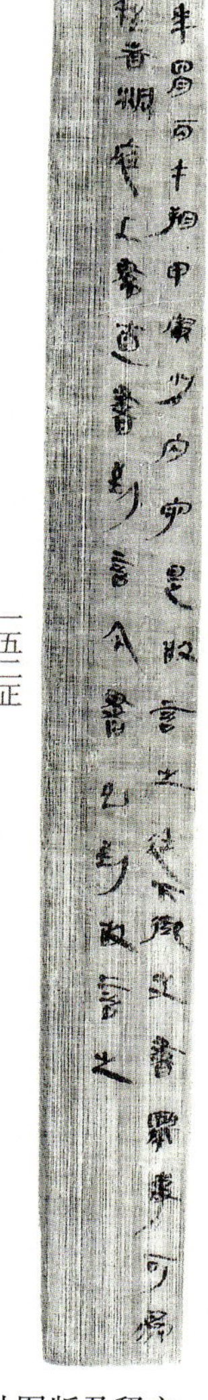

卅二年四月丙午朔甲寅，少内守是敢言之：廷丶御史丶弓举亭可为恒程者、洞庭上群（裙）直，书到言。今书已到，敢言之。（正面）

一五二正

四月甲寅日中，佐处以来。/欣发。　处手。（反面）

一五二背

图 4.24（2）　里耶秦简牍 8-152 红外图版及释文（《里耶秦简》[ 壹 ]，第八层图版第 35 页）

对其注释、标点、编联都有不少的补充，是十分必要的参考著作。①

从法制史研究角度进一步说明里耶秦简牍的重要意义：

第一，许多律令类简牍内容就是最为直接体现秦代法律制度的例证，特别是某些文书记载了失载的具体法律规范条文，更是填补了相应的空白。如《史记》中记载秦始皇统一天下之后进行大规模的更名活动，改令为诏，改命曰制，其实还有更多

① 可参见陈伟主编：《里耶秦简牍校释》（第一卷），武汉大学出版社，2012 年；陈伟主编：《里耶秦简牍校释》（第二卷），武汉大学出版社，2018 年。

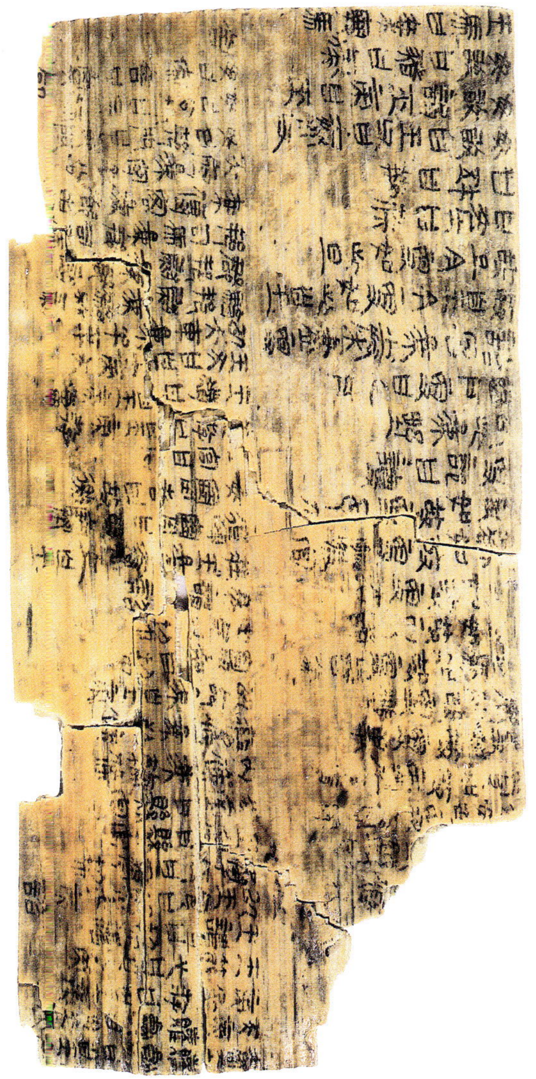

图 4.25（1）　里耶秦简牍 8-461
正面彩色图版
（《里耶秦简》[壹]，彩版第 14 页）

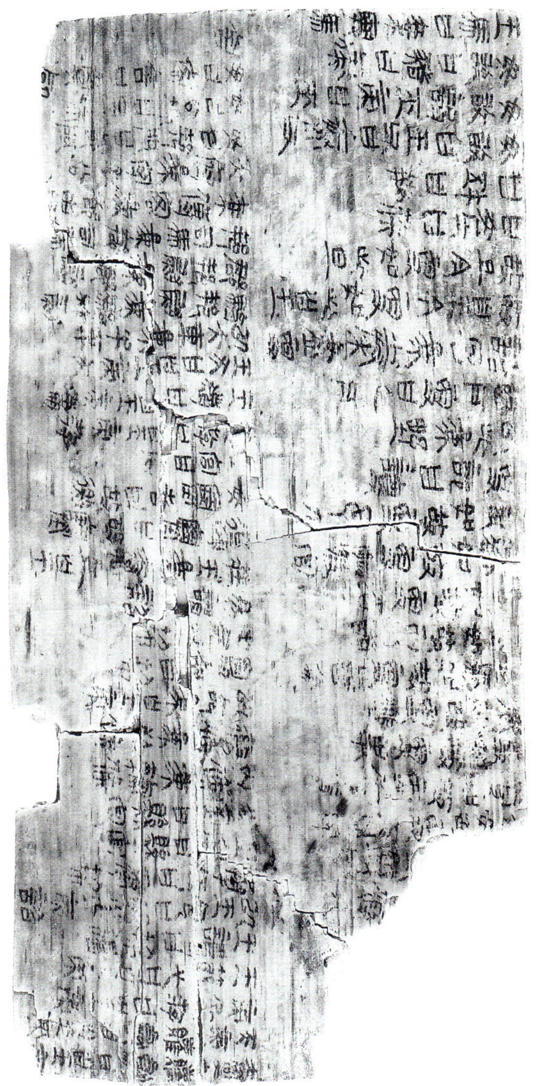

图 4.25（2）　里耶秦简牍 8-461
正面红外图版
（《里耶秦简》[壹]，第八层图版第 68 页）

特定名词的改变，可见于里耶秦简牍 8-461（图 4.25），如“王官曰县官”“彻侯为列侯”“邦司马为郡司马”等等。

第二，许多文书内容可以印证上述睡虎地秦简、龙岗秦简以及下文提及的岳麓秦简中秦律令的内容。诸如睡虎地秦简《效律》与《金布律》规定了物资检验发现出现数目差错，负责的官署长官以及冗吏共同承担赔偿责任，而里耶秦简 8-785 的文书就是具体例证：“☐不备，直钱四百九十。少内段、佐却分负各二百卌五。瘳手。”虽然有所残缺，但可推测文书中的少内段、佐却每人平均承担 245 钱的赔偿责任。

第三，司法文书反映出当时秦代基层司法的实际面貌。如 8-141+8-668 文书记载："卅年十一月庚申朔丙子，发弩守涓敢言之：廷下御史书曰县□治狱及覆狱者，或一人独讯囚，啬夫长、丞、正、监非能与□□殴，不参不便。书到尉言。今已到，敢言之。"说明当时基层存在单独审讯的情形，而此种情况很容易滋生司法腐败，故而在秦始皇三十年朝廷下令要求基层官员不能单独审讯罪犯。

### 19. 湖南大学岳麓书院藏秦简

2007 年 12 月，湖南大学岳麓书院从香港购藏了一批竹简，经过鉴定确认是秦简。① 初步揭取之后，整理者确认共有 2098 个编号，比较完整的简有 1300 多枚。此外，2008 年 8 月，香港一收藏家将其收藏的少量竹简捐赠给岳麓书院，经过技术处理之后，发现这批捐赠的竹简（76 个编号，较为完整的有 30 余枚）同属于收购的秦简。②

《岳麓书院所藏秦简综述》一文较为详细地介绍了这批秦简（以下简称岳麓秦简）的大致内容。当时还处于初步整理阶段，当时整理者初步分为日志、官箴、梦书、数书、奏谳书以及律令杂抄六部分（之后具体出版时篇题有所改变）。该文公布了部分秦简的图版照片与释文，另外整理者在论文成果中披露一些岳麓秦简的新释文，如《中国史研究》2009 年第 3 期刊登了数篇岳麓秦简研究文章，其中均公布了岳麓秦简新的部分释文或图版。③

岳麓秦简全部内容亦分批公布发表，自 2010 年迄今已经出版六卷，每卷均包括秦简彩色图版、红外线图版、放大图版、释文以及简注。因其内容多涉及法律资料，故下文分卷进行论述：

（1）《岳麓书院藏秦简（壹）》（朱汉民、陈松长主编，上海辞书出版社，2010 年），主要内容包括《质日》《为吏治官及黔首》《占梦书》。《质日》内容与《关沮秦汉墓简牍》所刊《历谱》内容基本相同，其中有官员处理公务的记载，亦有记录处理公务时因违法而被要求接受调查（图 4.26）。

---

① 2007 年 4 月由香港中文大学张教授介绍，胡平生教授、岳麓书院陈松长教授等曾一同查看过一批在香港的竹简，确认是秦简。由胡平生教授文章记载的七支简牍初步释文看，这批秦简应该就是后来岳麓书院所收藏的这批简。参见胡平生：《论简帛辨伪与流失简牍抢救》，载中华文化遗产研究院编：《出土文献研究》（第 9 辑），中华书局，2011 年，第 102—103 页。

② 简牍数量信息见陈松长：《岳麓书院所藏秦简综述》，载《文物》2009 年第 3 期。

③ 《中国史研究》2009 年第 3 期相关文章有：陈松长：《岳麓书院藏秦简中的行书律令初论》；肖灿、朱汉民：《岳麓书院藏秦简〈数〉的主要内容及历史价值》；朱汉民、肖灿：《从岳麓书院藏秦简〈数〉看周秦之际的几何学成就》；肖永明：《读岳麓书院藏秦简〈为吏治官及黔首〉札记》；于振波：《秦律令中的"新黔首"与"新地吏"》。另外还有如陈松长：《睡虎地秦简"关市律"辨正》，《史学集刊》2010 年第 4 期；陈松长：《岳麓书院藏秦简〈为吏治官及黔首〉略说》，载中国文化遗产研究院编：《出土文献研究》（第 9 辑），中华书局，2010 年；陈松长：《岳麓书院藏秦简中的徭律例说》，载中国文化遗产研究院编：《出土文献研究》（第 10 辑），中华书局，2012 年；陈松长：《睡虎地秦简中的"将阳"小考》，载《湖南大学学报（社会科学版）》2012 年第 5 期等。

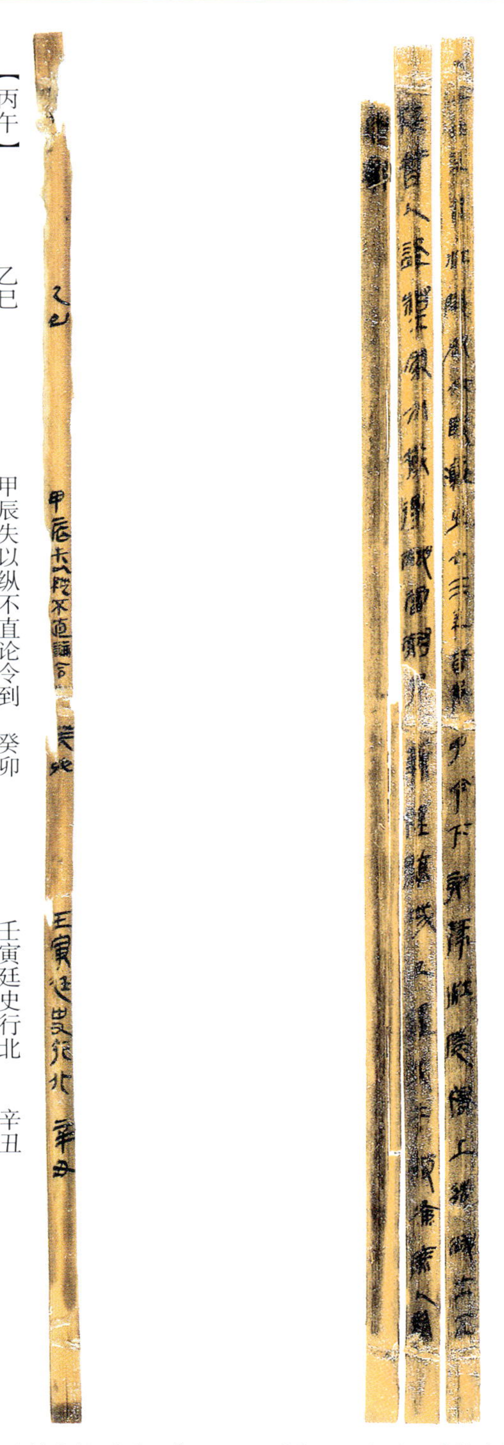


图 4.26　岳麓秦简《质日》三十四年质日简 8 彩色图版（《岳麓书院藏秦简》[ 壹 ]，第 10 页）

图 4.27（1）　岳麓秦简叁 044—046 彩色图版（《岳麓书院藏秦简》[ 叁 ]，第 4 页）

图 4.27（2）　岳麓秦简叁 044—046 红外图版（《岳麓书院藏秦简》[ 叁 ]，第 82 页）

《为吏治官及黔首》，共有八十余枚简，内容与睡虎地秦简《为吏之道》具有相似性，两者可以比对研究。《占梦书》内容是以阴阳五行学说解释梦境。

（2）《岳麓书院藏秦简（贰）》（朱汉民、陈松长主编，上海辞书出版社，2011年），本卷内容为《数》，共计236个编号，另有18枚残片。涉及租税类算题、面积类算题、谷物换算类算题、衰分类算题等。此类算题通常反映现实场景，部分内容与《仓律》等规定可相互印证。

（3）《岳麓书院藏秦简（叁）》（朱汉民、陈松长主编，上海辞书出版社，2013年），本卷整理者又拟题名《为狱等状四种》，整理者依据简牍材质、书写体裁等将本组简划分为四类（图4.27）。第一类共有136枚简，保存状况较为良好，共有七个案例，均属下级官府就可能的疑难案件的法律适用问题基于主动或被动原因，向上级机关请示汇报。

第二类共有73枚简，保存状况较差，多残简、缺简，共有四件案例，前两件案例文书主体部分则是县长官为破案有功的狱史或令史而向上级郡府请功的文书，附件中详细记述了狱史或令史破案的详细过程及其表现；后两件案例则是郡府下行文书要求县审理郡已覆狱的乞鞫再审案件。第三类包括一个案例，共有27枚简，内容较为完整，整理者取名“学为伪书案”，类似第一类的上奏文书。第四类也只包括一个案例，残缺较为严重，从现存案例内容看，记载的是一个罪犯在作战中因怯懦而逃跑导致长官与士卒阵亡的案子。另有七枚残简。关于本卷的提名，整理者根据三枚简背的类似标题的字词确定，分别为“为狱□状”“为乞鞫奏状”“为覆狱状”。其后2016年本卷具体整理者陶安总结了本卷简牍复原的经验，并吸收了一些新的研究成果之后出版了《岳麓秦简复原研究》。①2018年，整理者又出版了岳麓秦简（壹）—（叁）的释文修订本。②

（4）《岳麓书院藏秦简（肆）》（陈松长主编，上海辞书出版社，2015年）共收入竹简351枚，整理者根据简的字体、编绳数量、长度、简背划线、反印文等特征将本卷竹简分为三大组（图4.28）。第一组计108个编号，缀合成105枚简，根据其中一枚简简背自题“亡律”以及简文内容，整理者认为第一组可能是秦的《亡律》，是研究秦代逃亡相关问题法律规制的最为重要的出土史料。

第二组计178枚简，一般内容均为秦律，包括《田律》《金布律》《尉卒律》《徭律》《傅律》《仓律》《司空律》《内史杂律》《奔敬（警）律》《戍律》《行书律》《置吏律》《贼律》《具律》《狱校律》《杂律》《兴律》《关市律》《索律》等十九种律，许多见于睡虎地秦简或者是张家山汉简《二年律令》，但亦有新见之律，如《索律》《狱校律》等。每种律律文数量不同，当为某律一部分条文的抄本。第三组共有简103枚，其内容大多与“内史”有关，出现了许多令名，如“内史郡二千石官共令”“廷内史郡二千石官共令”“内史户曹令”等，这是第一次大规模发现秦令内容，学术价值不言而喻。

① ［德］陶安：《岳麓秦简复原研究》，上海古籍出版社，2016年。

② 陈松长主编：《岳麓书院藏秦简（壹—叁）（释文修订本）》，上海辞书出版社，2018年。

子杀伤、殴詈、牧杀父母，父母告子不孝及奴婢杀伤、殴、牧杀主、主子父母，及告杀，其奴婢及子亡，已命而自出者，不得为自出。

图 4.28（1） 岳麓秦简肆 013—014 彩色图版（《岳麓书院藏秦简》［肆］，第 3 页）

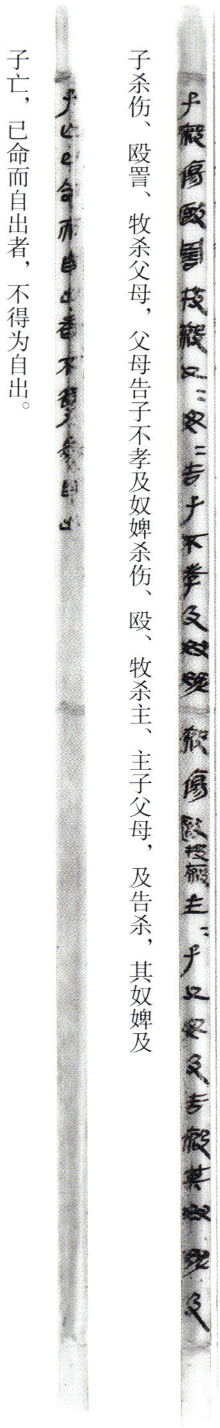

图 4.28（2） 岳麓秦简肆 013—014 红外图版及释文（《岳麓书院藏秦简》［肆］，第 27 页）

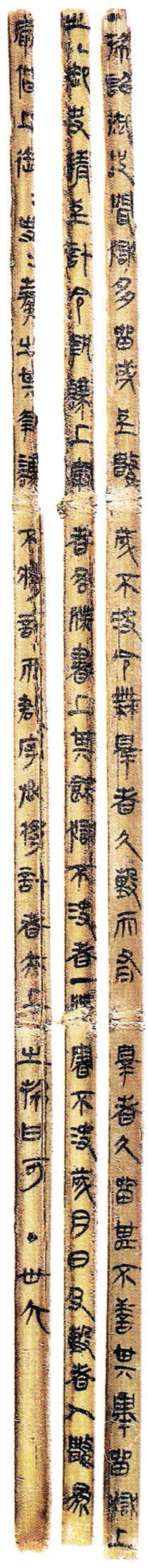

图 4.29（1） 岳麓秦简伍 059—061 正面彩色图版（《岳麓书院藏秦简》［伍］，第 5 页）

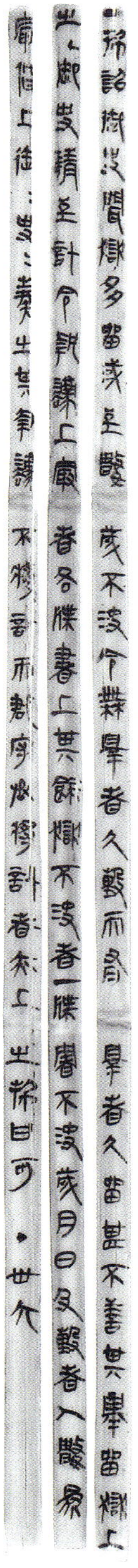

图 4.29（2） 岳麓秦简伍 059—061 正面红外图版（《岳麓书院藏秦简》［伍］，第 29 页）

（5）《岳麓书院藏秦简（伍）》（陈松长主编，上海辞书出版社，2017 年）共收入 337 枚简，整理者根据收入竹简的形制以及内容初步分为三组（图 4.29）。第一组共 99 枚简，这一组简没有明确的令名或律名，但在简文内容中反复出现“犯令”“前令”“令到”等用语，以及“制曰可”等制书下达的格式用语，根据以上格式用语可推定是秦令。其内容包括妻子更嫁后财产处置的规定，新地吏及其近亲属、舍人违反规定接受酒肉财产馈赠的处罚规定，要求上计时上报地方久拖不决的案件数量、拖延时间等具体信息的规定等，结合传世文献资料，可据此分析秦令制定原因以及相关特定司法制度，如疑案上谳制度等。

第二组共有竹简 151 枚，简尾多署令名，大致可分为卒令、廷卒令、廷令以及“治狱受财枉事令”四种。“卒令”的大量出现，自然引发学术关注，相关讨论与争议时有发生。何谓“卒令”？这一问题迄今尚未有共识，这也激励着我们进一步研究相关问题。第三组共有竹简 87 枚，整理者介绍到本组简令文抄写形式多样，既有在简尾表明具体令名者，亦有以“令曰”起首者，还有以“诸”起首抄写令文者，可知秦令形式的多样化。

（6）《岳麓书院藏秦简（陆）》（陈松长主编，上海辞书出版社，2020 年）共收入 274 枚简，整理者划分为 5 组。第一组有 130 个简牍编号，比较完整者 89 枚，大致分为“廷戊”与“令丁等令”两个部分，“廷戊”部分简的共同特征是简尾以数字编号而不书令名，其中有两组令文与岳麓秦简伍标识为“廷戊”的令文内容基本相同，故整理者将此部分称为“廷戊”。“令丁等令”部分亦没有令名，整理者根据其中一条令文内容与岳麓秦简伍令丁令文内容相同，结合其他令文内容，确定了“令丁等令”这个篇题。此处所见秦令多以数字、天干地支等方式命名秦令，考察令文内容，涉及军队不检举犯罪的连坐处罚、百姓携带禁止兵器的处罚规定、违反公文递送期限要求的处罚规定等，涉及领域广泛。第二组共有 75 个编号，完整的有 70 枚简，涉及许多新的秦令，包括《祠令》《卜祝酎及它祠令》《四谒者令》《食官共令》《四司空共令》等。第三组共有 57 个编号，完整的有 54 枚简，该组简有部分内容可与岳麓秦简伍第二组简对读，内容基本相同。第四组共有 53 个编号，完整的有 48 枚简，其中有 1 枚简题有“具律”，其余均为令文，包括《卒令》《县官共令》与《廷令》。第五组简只有 16 个编号，可以拼成 13 枚简，涉及内容包括《杂律》《贼律》与《廷内史郡二千石官共令》等。

岳麓秦简当中大部分为秦的法律文献资料，涉及司法、立法等多个方面，特别是大规模秦令的出现，填补了以往研究材料的空白，对秦律令体系建构与运行研究的意义十分重大。然而需要考虑一点：岳麓秦简未经科学发掘，故而其简册的编联复原问题长期以来都是需要花费整理者大量精力的一处难点，亦是之后相关研究者仍可进一步讨论的重点。

### 20. 云梦睡虎地 4 号秦墓木牍

1975 年至 1976 年，在云梦睡虎地 4 号秦墓中发掘出 2 枚木牍，分别编为 11 号木牍、6号木牍。其中前者保存较为完好，后者下端残缺，木牍均两面书写，内容为秦士卒黑夫和惊写给家里的私信，叙述出征的情况以及索要衣物，两封书信撰写时间分别是秦王政二十四年二月二十九日以及同年三月以后进入夏季之前，这两枚木牍记载的家信是研究秦家庭结构、军事制度以及爵位制度的重要资料之一。图版照片可见于《湖北云梦睡虎地十一座秦墓发掘简报》(《文物》1976年第9期),《云梦睡虎地秦墓》(《云梦睡虎地秦墓》编写组主编，文物出版社，1981年),《书写历史——战国秦汉简牍》(湖北省博物馆编，文物出版社，2007年),《秦简牍合集（壹）》(武汉大学简帛研究中心、湖北省博物馆、湖北省文物考古研究所编，陈伟主编，武汉大学出版社，2014年）等。

### 21. 天水放马滩1号秦墓竹简

1986年6月至9月，在甘肃天水放马滩发掘了14座秦汉古墓，其中1号秦墓出土了木版地图4件，竹简460枚。《甘肃天水放马滩战国秦汉墓群的发掘》作为发掘报告发表在《文物》1982年第2期，最早对发掘情况进行了介绍。同期《天水放马滩秦简综述》一文则是较为全面地介绍了天水放马滩秦简的内容。2009年中华书局出版了《天水放马滩秦简》一书，公布了这批秦简的全部图版与释文。红外线扫描与集释可见《秦简牍合集》第3卷《放马滩秦墓简牍》。

放马滩1号墓简牍（以下统称放马滩秦简）内容分为《日书》甲种、《日书》乙种、地图以及《志怪故事》。其中《日书》占绝大部分内容，根据诸如“辠”“黔首”的用法推测《日书》乙种抄写于秦始皇统一后不久，而《日书》甲种稍晚于乙种。放马滩《日书》的许多内容与睡虎地秦简《日书》内容相似，可比较研究。其中又有以日、辰、时“数”来占卜疾病、盗贼数目的新内容，其中涉及的一些占卜内容也出现在秦律规定的日常司法事务中，比如抓捕盗贼等，具有法制史研究价值。

《志怪故事》则是讲述了一名叫“丹”的人死而复生的故事，其后借“丹”之口讲述了鬼的好恶以及祭祀鬼时的注意事项，值得注意的是，该故事的记述内容十分类似当时的文书，比如以秦常见的官方上行文书的格式用语开头。

### 22. 江陵王家台15号秦墓竹简

1993年，湖北省荆州地区博物馆在位于江陵县荆州镇王家台地区清理了16座秦汉墓葬，其中15号秦墓出土竹简800余枚，但保存状况较差。《文物》1995年第1期刊登了荆州博物馆撰写的《江陵王家台15号秦墓》一文，较为初步地介绍了15号秦墓出土文物与简牍的情况，同时公布了少量的竹简释文与照片。2004年艾兰、邢文主编的《新出简帛研究》(文物出版社，2004年）一书中登载了王明钦《王家台秦墓竹简概述》一文，较为详细地介绍了该墓出土的竹简内容，同书又有五篇国内外学者对王家台秦简的研究论文。但迄今未公布王家台秦简的完整照片与释文。

根据墓葬形制、陪葬器物以及结合简牍内容推测，该墓的相对年代上限不早于公元前 278 年的“白起拔郢”，下限不晚于秦代。根据上述报告，王家台秦简主要内容包括《效律》《归藏》《日书》《政事之常》《灾异占》等。

与法制史有直接关系的《效律》简，其主要内容涉及检验县、都官物资账目的制度，包括物资进出的统计、官有物资损坏的惩罚措施以及相应官员的赔偿责任规定，也对度量衡的误差做了最低的规定。王家台秦简中共计发现 96 枚《效律》残简，其中编号者 72 枚，未编号者 24 枚。从已知内容看，与睡虎地秦简中的《效律》内容相比，王家台秦简《效律》残缺较多，内容基本相同，只是排列顺序有差异，文字略有不同。①

《为政之经》共有 65 枚简，与睡虎地秦简《为吏之道》、岳麓秦简《为吏治官及黔首》在性质上有相似之处，均为官箴指南，可对比研究。

整理者提到这批秦简保存状况很差，简上出现了霉菌，导致拍出来的照片模糊不清。因此迄今未公布清晰完整的竹简图版照片与释文。

### 23. 江陵岳山 36 号秦墓木牍

1986 年 9 月至 10 月，在江陵县岳山发掘 46 座秦汉古墓，其中 36 号秦墓出土木牍 2 枚，内容都是与日常生活十分紧密的择日，实用性特征明显，可以睡虎地秦简、放马滩秦简等《日书》作对读研究，释文可见《江陵岳山秦汉墓》（载《考古学报》2000 年第 4 期），最新红外线图版与释文见《秦简牍合集》第 3 卷《岳山秦墓木牍》。

### 24. 北京大学藏秦简

2010 年初，北京大学获赠收藏了一批从海外回归的秦简牍，共计有竹简 762 枚（其中约 300 枚为双面书写），木简 21 枚、木牍 6 枚、竹简 4 枚、木觚 1 枚。收藏整理者研究后认为这批秦简牍的抄写年代大约在秦始皇时期，其中的《质日》出现了秦始皇三十一年的干支，简牍主人可能是秦地方官吏。②

北大秦简初步介绍见于《文物》2012 年第 6 期刊登的《北京大学藏秦简牍概述》，另外同期还有数篇文章对其中某类文献进行了较为详细的介绍，如矢凤瀚《北大藏秦简〈从政之经〉述要》；另外《简帛》第 8 辑（武汉大学简帛研究中心主办，上海古籍出版社，2013 年）刊登了系列文章介绍北大秦简其他内容的整理与研究情况，如辛德勇《北京大学藏秦水陆里程简册的性质与拟名问题》；《出土文献研究》第 14 辑（中国文化遗产研究院主编，中西书局，2015 年）刊登了数篇北大秦简的研究文章，如朱凤瀚：《三种“为吏之道”题材之秦简部分简文对读》，以上这些文章都披露了部分简牍图版与释文。另外，《北京大学藏秦代简牍书迹选粹》公布了北大秦简的部分

① 王明钦：《王家台秦墓竹简概述》，载艾兰、邢文：《新出简帛研究》，文物出版社，2004 年，第 39 页。

② 参见北京大学出土文献研究所：《北京大学藏秦简牍概述》，载《文物》2012 年第 6 期。

图版照片与简单释文。①

北京大学藏秦简（以下简称北大秦简）的内容十分丰富，择与法制史相关资料简述：首先是《从政之经》，共46枚简，内容与体例近似睡虎地秦简《为吏之道》，可作比较研究，从中也可窥探出官箴指南类读本的普及；其次，《水陆里程简册》比较详细地记录了秦南郡内部不同地区的道路里程，不同季节船只载重、空载时逆水与顺水航行的每日最低运行里程等。② 在研究秦汉地方行政区划、交通地理方面具有重大价值，也是研究秦地方司法机构以及法律文书传递的重要文献资料。

### 25. 益阳兔子山遗址秦代简牍

2013年5月至11月间，在对益阳市兔子山遗址进行抢救性发掘过程中，其中11口古井出土了楚、秦、汉、三国时期的简牍一万三千余枚，这些简牍内容多是当时的司法、行政文书，是研究以长沙为代表的湖南地区先秦、秦汉数百年司法制度、行政制度变迁最为珍贵的史料。③

其中九号井的发掘报告已经公布，介绍并公布了九号井简牍信息，共出土有字简579枚，无字简201枚。简文内容大多为簿籍类文书，其中明确是秦简牍的是编号J9③：1，记载了秦二世继位一个月的诏书，以确认胡亥本人登基的合法性（图4.30）。④

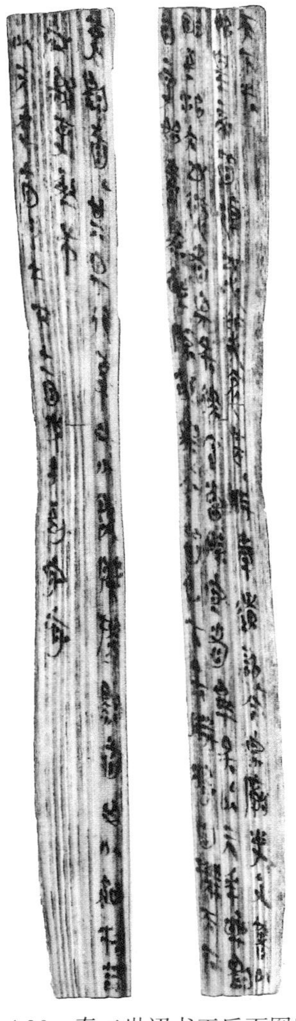

图4.30　秦二世诏书正反面图版
（《文物》2016年第5期，第40页）

① 北京大学出土文献研究所编：《北京大学藏秦代简牍书迹选粹》，人民美术出版社，2013年。

② 具体可参见辛德勇：《北京大学藏秦水陆里程简册初步研究》，载清华大学出土文献研究与保护中心编，李学勤主编：《出土文献》第四辑，中西书局，2013年；《北京大学藏秦水陆里程简册的性质与拟名问题》，武汉大学简帛研究中心主办：《简帛》第8辑，上海古籍出版社，2013年，第17—20页。

③ 早期报道可参见湖南省文物考古研究所：《二十年风云激荡·两千年沉寂后显真容》，载《中国文物报》2013年12月6日第6版。

④ 较早介绍兔子山遗址简牍信息的发表文章参见周西璧：《洞庭湖滨兔子山遗址考古·古井中发现的益阳》，载《大众考古》2014年第6期，该文也完整披露了秦二世诏书释文。秦二世诏书释文、图版可见：《益阳兔子山遗址出土简牍（一）》，"湖南考古"网站（http://www.hnkgs.com/show_news.aspx?id=973），2014年12月10日；张春龙、张兴国：《湖南益阳兔子山遗址九号井出土简牍概述》，载《国学学刊》2015年第4期；张春龙等《湖南益阳兔子山遗址九号井发掘简报》，载《文物》2016年第5期；湖南省文物考古研究所、益阳市文物管理处：《湖南益阳兔子山遗址九号井发掘报告》，载湖南省文物考古研究所编：《湖南考古辑刊》第12集，科学出版社，2016年。

# 三、西汉简牍

## 26. 疏勒河流域汉代官署遗址简牍

位于甘肃西部的疏勒河，汉代时其中游名“籍端水”，下游名“冥水”，该河与其各支流流经汉代的敦煌、酒泉两郡。武帝开辟河西，设立武威、酒泉、张掖、敦煌四郡后，逐渐在四郡建立边塞。敦煌、酒泉郡的边塞成为整个长城的最西段。自 20 世纪初以来，两郡的汉代官署遗址多次出土了大量简牍，这些简牍是以下官署的遗物：敦煌郡的玉门、阳关、中部、宜禾四个都尉府，酒泉郡的西部、北部、东部三个都尉府，各都尉府下辖的鄣（候官）、候、燧机构，以及玉门关、阳关等关卡，以及敦煌郡效谷县下辖的悬泉置。我们可参照《疏勒河流域出土汉简》一书的命名方式，① 将它们统称为“疏勒河流域汉代官署遗址简牍”。其中，含有法制史料者有以下几种：

（1）英国考古学家斯坦因在 1906—1908 年的第二次中亚考察中，从疏勒河流域汉代长城遗址掘获的一批简牍。

（2）斯坦因在 1913—1915 年的第三次中亚考察中，再度从疏勒河流域汉代长城遗址掘获的一批简牍。

以上两种简牍后来入藏英国国家图书馆。其中较完整的简牍有 900 余枚，斯坦因均交由法国学者沙畹及其学生马伯乐做考释研究。1913 年沙畹出版的《斯坦因东土耳其斯坦沙漠发现的汉文文书》，②1953 年马伯乐出版的《斯坦因第三次中亚考察所获汉文文书》，③ 公布了两批简牍的全部考释成果和部分照片（图 4.31）。罗振玉、王国维根据沙畹书，于 1914 年出版了名著《流沙坠简》，④ 刊出了斯坦因第二次考察所获简牍并做了卓越的分类考释。张凤则利用马伯乐提供的照片，于 1931 年出版《汉晋西陲木简汇编》，⑤ 收录了两批简牍的大部分照片，其中部分为马伯乐书未刊照片，同时做了自己的考释。⑥1990 年大庭脩出版《大英图书馆藏敦煌汉简》，收录了沙畹和马伯乐

---

① 参见林梅村、李均明编：《疏勒河流域出土汉简》，文物出版社，1984 年，第 6 页。

② Édouard Chavannes. *Les Documents Chinois：Découverts Par Aurel Stein Dans Les Sables Du Turkestan Oriental*. Oxford Imprimerie De L’université. Lodon. 1913.

③ Henri Maspero. *Les Documents Chinois. De La Troisiéme Expédition De Sir Aurel Stein En Asie Centrale*. The Trustees Of The British Museum. Lodon. 1953.

④ 罗振玉、王国维：《流沙坠简》，上虞罗氏宸翰楼刻本，1914 年。

⑤ 张凤：《汉晋西陲木简汇编》，有正书局，1931 年。影印版见劳榦等撰：《汉简研究文献四种》（下册），北京图书出版社，2007 年，第 543—661 页。

⑥ 参见张啸东：《张凤编〈汉晋西陲木简汇编〉——中国出版史上第二个由中国人独立编纂的西北出土简牍图录及其作者的初步研究》，载《荣宝斋》2017 年第 7 期。

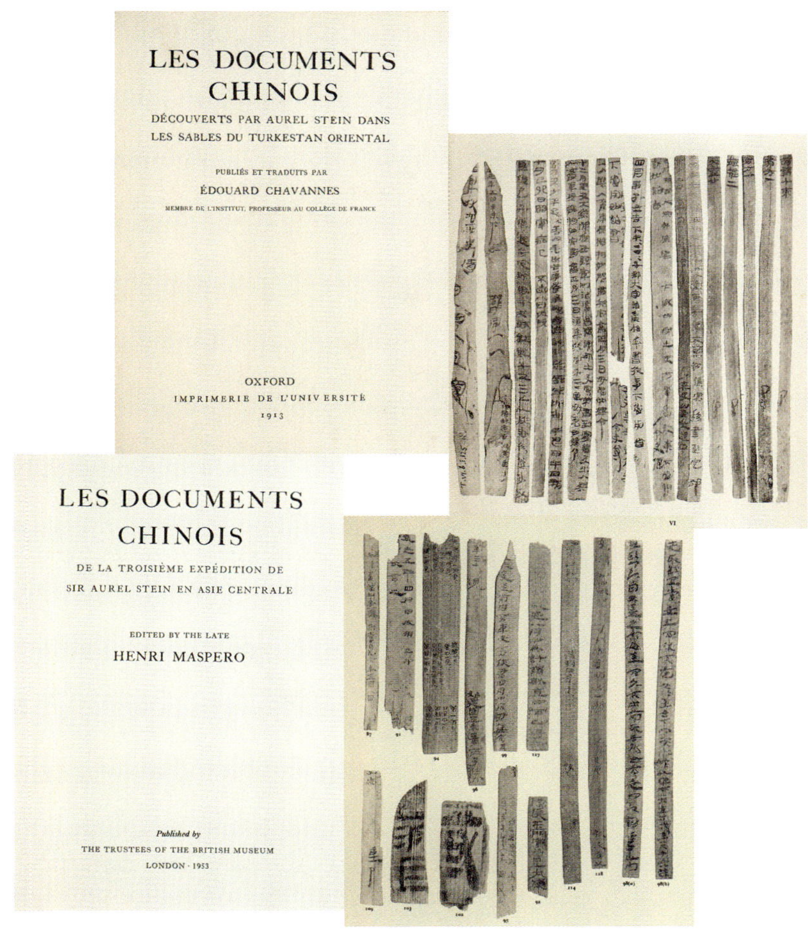


图 4.31　沙畹和马伯乐的汉简著作

（*Découverts Par Aurel Stein Dans Les Sables Du Turkestan Oriental*. *De La Troisiéme Expédition De Sir Aurel Stein En Asie Centrale*）

已公布的所有汉代简牍，重做了释文和考释，并增加了 300 余幅未发表过的照片。①

（3）1944 年，西北科学考察团历史考古组在河西地区调查中，夏鼐、阎文儒从敦煌小方盘城以东汉代遗址中获得的汉代简牍数十枚。夏鼐于 1948 年发表的《新获之敦煌汉简》刊载了这批简牍的大部分照片和考释。②1998 年出版的《居延汉简补编》则刊出了其中 76 枚简牍的照片和释文。③

① 大庭脩:《大英图书馆藏敦煌汉简》，京都：同朋舍，1990 年。

② 夏鼐:《新获之敦煌汉简》，载《历史语言研究所集刊》(第十九本)，商务印书馆，1948 年，第 235—265 页。

③ 简牍整理小组编:《居延汉简补编》，中研院历史语言研究所，1998 年。

1984 年，林梅村、李均明编著了《疏勒河流域出土汉简》，在前人成果的基础上重新整理了以上三种简牍，考校了全部释文，清理了简牍编号，核对了出土地点，共得到简牍编号 951 个。1991 年出版的《敦煌汉简》，① 则囊括了罗振玉、王国维、张凤、夏鼐所刊此三种简牍的照片，并重新做了编号和释文。

以上三种简牍所见的纪年绝大多数在汉代，大部分又属西汉（含新莽）。其内容涉及汉代法律的诸多方面，例如法律形式有“律”“决事”“故事”“诏书”“式”，犯罪有“贼燔”“贼杀”“留难变事”，刑罚有“弃市”“完城旦”“弛刑”，司法制度有“诏所名捕”，司法职官有“狱掾”等等。又如《敦煌汉简》2659—2643 五枚简或原属一册，其内容和格式都可与后来出土的秦汉简“封诊式”“诊式”“爰书式”等法律文书范式相印证，具有一定研究价值。

另外，2008 年出版的《英国国家图书馆藏斯坦因所获未刊汉文简牍》又刊布了近 2000 枚、《文物》杂志又刊布了 100 余枚斯坦因所获简牍材料，② 这些新刊布材料绝大多数都是削除简牍字迹时剥落的残片即“削衣”，或称“柿”，其中未见较完整的涉及法律的材料。

（4）周炳南所获敦煌汉简。1920 年春，周炳南从敦煌西北玉门关城外掘得，建国初后入藏敦煌研究院，共 17 枚，年代在西汉至东汉或西晋。其全部释文、注释已发表在李均明、何双全于 1990 年出版的《散见简牍合辑》和 2001 年出版的《中国简牍集成》中，③ 全部照片则收录于《敦煌汉简》图版一三一。其中一枚简记“武威徒王□”，与刑罚和刑徒管理制度有关。

（5）敦煌马圈湾汉简。1979 年出土于敦煌县西北小方盘城附近的马圈湾汉代烽燧遗址，该遗址为斯坦因的考察所遗漏，遗址性质可能是玉门都尉下辖的玉门候官，其烽燧名“候官燧”。④ 出土简牍共 1221 枚，纪年在西汉宣帝至新莽之间。1984 年出版的《汉简研究文集》发表了部分释文、考释，1991 年出版的《敦煌汉简》《敦煌汉简释文》和 2001 年出版的《中国简牍集成》刊出了全部照片、释文和注释，⑤ 2013 年出版的《敦煌马圈湾汉简集释》又补充了红外照片，并做了精详的考释。⑥ 其中含有数量

---

① 甘肃省文物考古研究所编：《敦煌汉简》，中华书局，1991 年。

② 汪涛、胡平生、吴芳思编著：《英国国家图书馆藏斯坦因所获未刊汉文简牍》，上海辞书出版社，2008 年；张存良、巨虹：《英国国家图书馆藏斯坦因所获汉文简牍未刊部分》，载《文物》2016 年第 6 期。

③ 李均明、何双全编：《散见简牍合辑》，文物出版社，1990 年，第 1—2 页；中国简牍集成编辑委员会编：《中国简牍集成（第四册）》，敦煌文艺出版社，2001 年，第 13—16 页。

④ 参见吴礽骧：《河西汉塞调查与研究》，文物出版社，2005 年，第 64 页。

⑤ 中国简牍集成编辑委员会编：《中国简牍集成（第三册）》，敦煌文艺出版社，2001 年，第 6—156 页。

⑥ 张德芳：《敦煌马圈湾汉简集释》，甘肃文化出版社，2013 年。

颇丰的契券、司法文书、法律事务记录等材料，也可见零散的律令、诏书等法律条文。

（6）各遗址采集汉简。这是指历年在敦煌、玉门地区各官署遗址通过采集而非发掘所获得的简牍，可以按照刊布文献分为以下几个批次：

第一，1977 年，在玉门花海柴墩子南墩烽燧遗址采集的 91 枚简牍。年代在西汉中期。1984 年出版的《汉简研究文集》刊出了发掘简报以及部分照片和释文，①《散见简牍合辑》收录了全部释文，②《敦煌汉简》则发表了全部照片和释文，其中可见债务契约、债务追索文书、"劾"文书等法律文书残简，具有一定研究价值。

第二，1981 年，在敦煌酥油土的 D38 烽燧遗址采集的 76 枚简牍。年代以西汉中后期为主。《汉简研究文集》刊载了其部分照片、释文和考释，③《散见简牍合辑》和《中国简牍集成》也收录了释文和注释，④《玉门关汉简》第四部分则刊发了重新拍摄的彩色和红外照片。其中 1 枚制书简涉及皇帝对特定犯人的特赦，内容相当罕见；保存较好的《击匈奴降者赏令》是迄今所见最为系统的秦汉时期购赏法规之一（图 4.32）。

第三，1979—1989 年，在敦煌后坑墩、马圈湾墩、小方盘城、臭墩子墩、小方盘城南第一烽燧、小方盘城南第二烽燧、芦草井子、盐池湾墩、小月牙湖东墩、悬泉置、大坡墩共 11 处官署遗址采集的 137 枚简牍。年代主要在西汉中后期，少量晚至东汉初期。大部分照片和全部释文、注释已刊载于《敦煌汉简》《敦煌汉简释文》和《中国简牍集成》。⑤《玉门关汉简》第二部分"一九八七年至一九八九年悬泉置遗址采集汉简补遗"、第四部分"《敦煌汉简》所收零散采集简的重新整理"又刊发了新拍摄的彩色和红外照片，《文物》1991 年第 8 期，1993 年出版的《简帛研究（第一辑）》，2001 年出版的《中国简牍集成》也收录了部分释文和注释。⑥一些简牍含有买卖契约、购赏制书、记录《烽火品约》适用情况的文书等法制史料，还有 1 枚"惊（警）备

---

① 嘉峪关市文物保管所：《玉门花海汉代烽燧遗址出土的简牍》，载甘肃省文物工作队、甘肃省博物馆编：《汉简研究文集》，甘肃人民出版社，1984 年，第 15—33 页。

② 李均明、何双全编：《散见简牍合辑》，文物出版社，1990 年，第 9—14 页。

③ 敦煌县文化馆：《敦煌酥油土汉代烽燧遗址出土的木简》，载甘肃省文物工作队、甘肃省博物馆编：《汉简研究文集》，甘肃人民出版社，1984 年，第 1—14 页。

④ 李均明、何双全编：《散见简牍合辑》，文物出版社，1990 年，第 19—24 页。中国简牍集成编辑委员会编：《中国简牍集成（第三册）》，敦煌文艺出版社，2001 年，第 204—213 页。

⑤ 中国简牍集成编辑委员会编：《中国简牍集成（第三册）》，敦煌文艺出版社，2001 年，第 204—213 页。

⑥ 敦煌市博物馆：《敦煌汉代烽燧遗址调查所获简牍释文》，载《文物》1991 年第 8 期；何双全：《敦煌新出简牍辑录》，载李学勤主编：《简帛研究（第一辑）》，法律出版社，1993 年，第 221—235 页；中国简牍集成编辑委员会编：《中国简牍集成（第三册）》，敦煌文艺出版社，2001 年，第 157—194 页；《中国简牍集成（第四册）》，第 17—28 页。

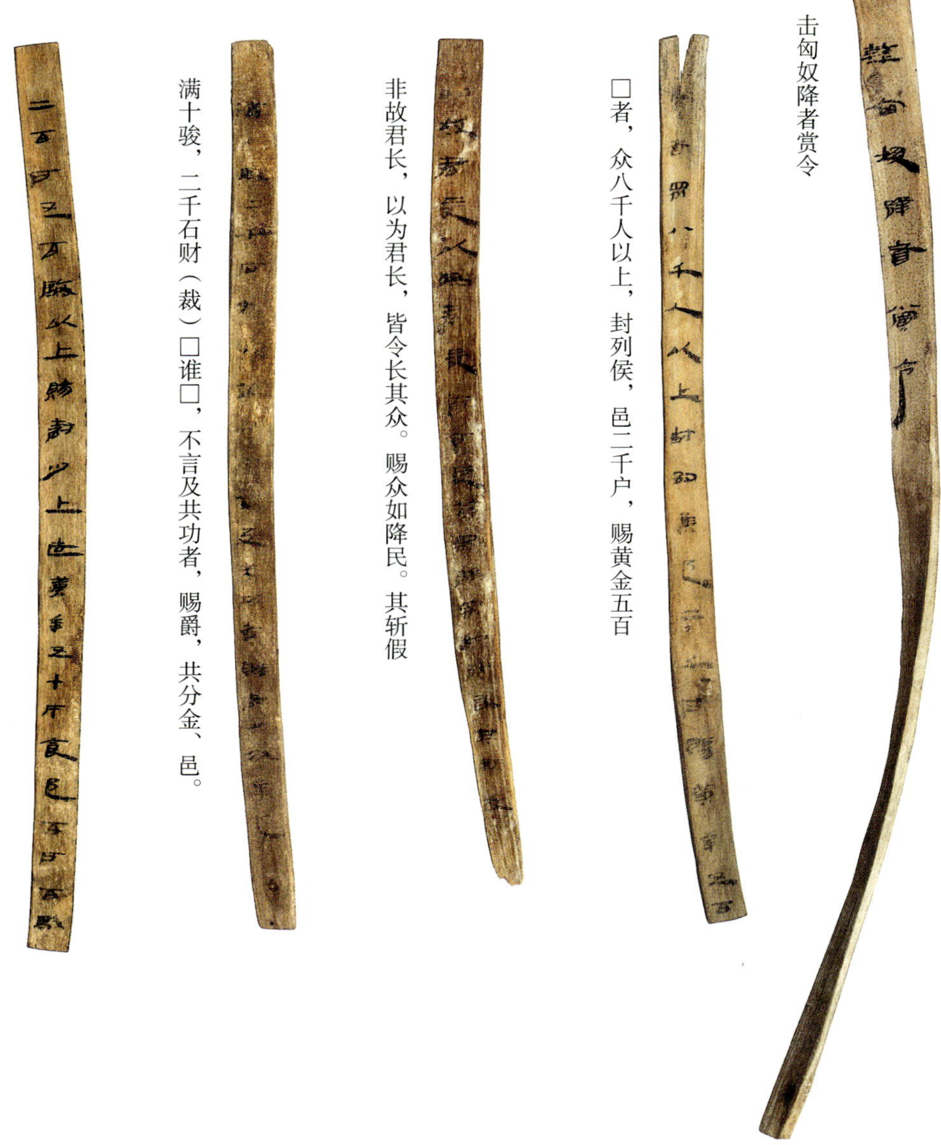


图 4.32　击匈奴降者赏令

（《玉门关汉简》，第 120 页）

檄”简，是反映边塞警备制度运行的直接材料。

第四，1990 年，在敦煌悬泉置遗址采集的 50 枚简牍。年代在西汉中后期。全部的彩色、红外照片和释文已在《玉门关汉简》第二部分中刊出。其中有少量“劾”文书、爰书简。

第五，1988—2009 年，在敦煌条湖坡、人头疙瘩、小方盘城、东碱墩、高望燧、酥油土、盐池墩、贼庄子、湾窑南墩、清水沟（疏勒河北三墩）、一棵树共 11 处烽燧遗址采集的 79 枚简牍。年代在西汉中期至西晋。部分照片、释文和注释已在《敦煌汉简》《敦煌汉简释文》《中国简牍集成》和《敦煌研究》等处发表，① 全部的彩色、红外照片和释文则在《玉门关汉简》第三部分“敦煌其他烽隧遗址采集简”刊出，含有部分契约、爰书、案卷，以及《烽火品约》类条文的简牍。其中一棵树烽燧西汉简 08dh-3，形制特异，削成上部二面、下部三面，无封泥槽，上部以大字记录重罪嫌犯田博的姓名、身份、外貌信息，下部以小字详述田博所犯的篡取死罪囚重罪及其逃亡时的同行人员、衣着和携带物品，一般认为是通缉文书的实物，对研究汉代刑事通缉的具体运作具有独特价值（图 4.33）。

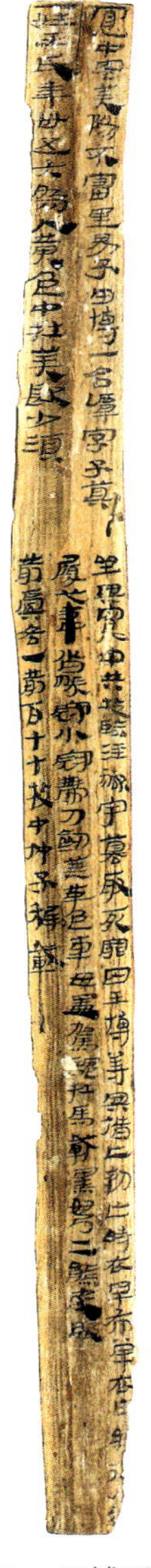

图 4.33　田博通缉文书
（《玉门关汉简》，第 91 页）

以上 6 种简牍，《敦煌汉简》《敦煌汉简释文》《中国简牍集成》已将其全部释文、注释及大多数照片统一排版，连续编号刊发，极大地方便了研究者的利用。

（7）悬泉汉简。1990—1992 年出土于敦煌悬泉置遗址，有字简牍共 23000 余枚，其中较完整的简册有 50 余册，另有多件帛书，年代多在西汉中后期。《文物》2000 年第 5 期、2001 年出版的《敦煌悬泉汉简释粹》、2005 年出版的《出土文献研究（第七辑）》、2009 年出版的《悬泉汉简研究》陆续发表了部分照片、摹本、释文和考释，②《中国法书全集》

① 中国简牍集成编辑委员会编：《中国简牍集成（第三册）》，敦煌文艺出版社，2001 年，第 195—202 页；李岩云：《敦煌西湖一棵树烽隧遗址新获简牍之考释》，载《敦煌研究》2012 年第 5 期。

② 甘肃省文物考古研究所：《甘肃敦煌汉代悬泉置遗址发掘简报》，载《文物》2000 年第 5 期；甘肃省文物考古研究所：《敦煌悬泉汉简内容概述》，载《文物》2000 年第 5 期；甘肃省文物考古研究所：《敦煌悬泉汉简释文选》，载《文物》2000 年第 5 期；胡平生、张德芳撰：《敦煌悬泉汉简释粹》，上海古籍出版社，2001 年；郝树声、张德芳：《悬泉汉简研究》，甘肃文化出版社，2008 年；

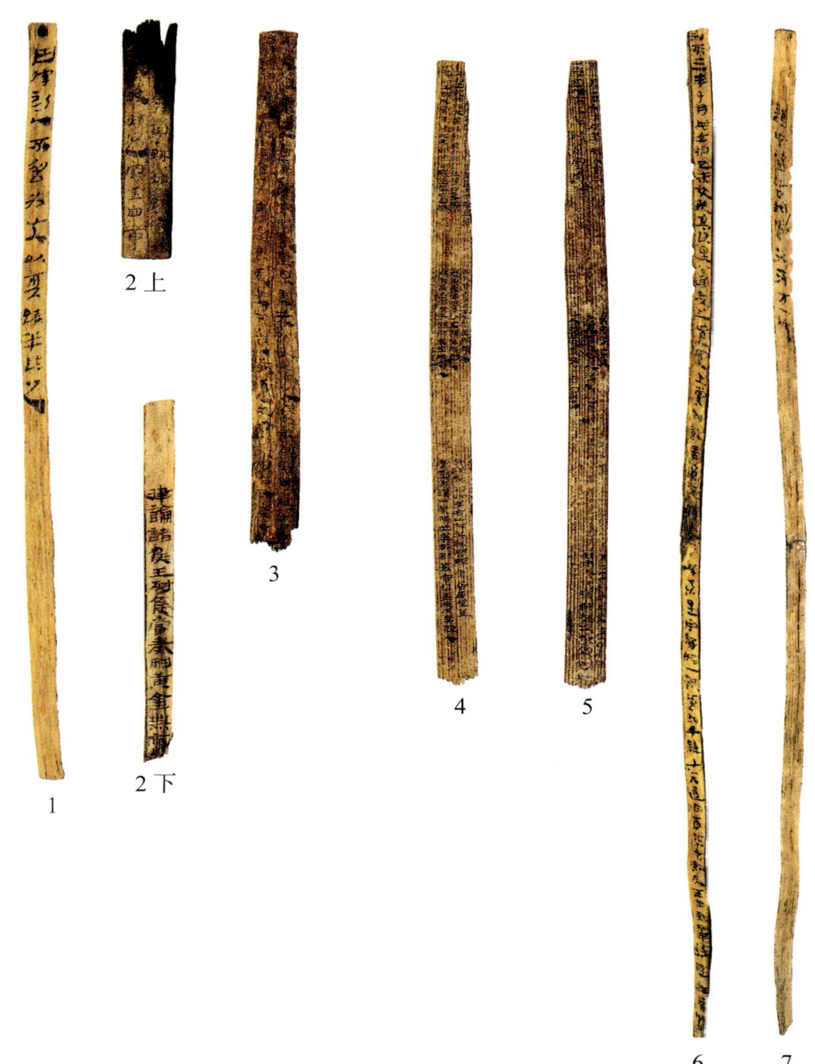


图 4.34　囚律、贼律、酎金律、爰书、亡人罪人簿籍、契券

1. 囚律；2 上 . 贼律；2 下 . 酎金律；3. 爰书；4—5. 亡人罪人簿籍；6—7. 契券（有券齿）

（《悬泉汉简》[ 壹 ]，第 112、213、269、261、151、152 页）

刊载了部分简牍和帛书的照片，① 一些论文也披露了部分释文，系统化的刊布则始于 2019 年，② 据悉将分八辑出版，但大部分简牍目前仍在整理中。

悬泉汉简的性质、种类、年代都相当丰富多样，其中的法制史料有散见的各种法

---

宋镇豪主编：《中国法书全集 1：先秦秦汉》，文物出版社，2009 年。

① 宋镇豪主编：《中国法书全集 1：先秦秦汉》，文物出版社，2009 年。

② 甘肃简牍博物馆等编：《悬泉汉简（壹）》，中西书局，2019 年；《悬泉汉简（贰）》，中西书局，2021 年。

律条文，特别是他种简牍所罕见的《厩令》；许多法律条文可与《二年律令》和传世文献所载的律令直接对应，[①]如涉及“告缗”制度的《兵令》，涉及文书和行书制度的条文等等；关于传置的律文则为以往记载欠缺的传置制度添补了细节。此外，还可见颇为丰富且保存状况较好的法律文书简牍，涵盖案件调查、罪人管理、传置运行、债务追索、契券等方面（图 4.34）。

（8）小方盘城遗址出土汉简。小方盘城遗址多被认为是汉代玉门关址，但也有不同意见。[②]1998 年，小方盘城南侧废墟文化层中出土了 381 枚简牍，年代在西汉中期至东汉。《敦煌学辑刊》发表了部分照片和释文，[③]2019 年出版的《玉门关汉简》第一部分则刊出了全部彩色、红外照片和释文。[④]其中 1 枚简抄录了《北边挈令第六》，充实了“挈令”类法律条文的数量（图 4.35）。

（9）陕西历史博物馆藏敦煌汉简。据称 1999—2000 年出土于甘肃省武都县琵琶乡赵坪村，学者指出实应出自敦煌，共 12 枚，年代在西汉晚期，后入藏陕西省历史博物馆。《文物》刊出其照片和释文。[⑤]其中关于“私从者”“从者”的记载对身份法制的研究有一定价值。

（10）瓜州县博物馆藏汉简。据白军鹏介绍，瓜州县博物馆藏有一批简牍，数量及采集地、采集时间均不详，《酒泉宝鉴》公布了 3 枚，其博物馆网站上又公布有不同的 2 枚。[⑥]其中博物馆网站公布的 1 枚简牍中抄录了一条边塞管制规定“有越塞出入迹，及匿不言而留一日，以故不得，以鞫狱故”，补充了此类法规的材料储备。

·北边挈令第六，从卫尉博德行丞相事，郎中令自为行，从御史大夫

图 4.35　北边挈令第六（《玉门关汉简》，第 26 页）

## 27. 罗布淖尔汉代边塞遗址简牍

罗布淖尔位于今新疆东南部，又名“罗布泊”，汉代西域的楼兰国位于其西部。汉代自昭帝开始在楼兰国都附近的伊循城屯兵，置都

① 参见张俊民：《悬泉汉简所见律令文与张家山〈二年律令〉》，载梁安和、徐卫民主编：《秦汉研究（第五辑）》，陕西人民出版社，2011 年，第 57—68 页。

② 如吴礽骧认为该遗址在西汉时是玉门都尉治所，在东汉是玉门候官治所。参见吴礽骧：《河西汉塞调查与研究》，文物出版社，2005 年，第 67 页。

③ 李岩云：《1998 年敦煌小方盘城出土的一批简牍涉及的相关问题》，载《敦煌学辑刊》2009 年第 2 期。

④ 张德芳、石明秀主编：《玉门关汉简》，中西书局，2019 年。

⑤ 王子今、申秦雁：《陕西历史博物馆藏武都汉简》，载《文物》2003 年第 4 期。

⑥ 参见白军鹏：《来自汉代敦煌烽燧中的边塞实录——“敦煌汉简”的发掘、保存及整理情况概述》，载《文汇报》2019 年 5 月 31 日。

尉，设居庐訾仓。1930、1934 年，西北科学考察团成员黄文弼在罗布淖尔默得沙尔汉代边塞遗址两次掘获简牍共数十枚，应为西汉中后期居庐訾仓的遗物。黄文弼在 1948 年出版的《罗布淖尔考古记》中发表了其释文和考释，①《散见简牍合辑》的“附录”收录了其中 71 枚简牍的释文，1998 年出版的《居延汉简补编》刊出了其中 58 枚简牍的照片，《中国简牍集成》则收录了 75 枚简牍的释文和注释。② 其中有少量司法文书简牍，可见犯罪“殴杀”，司法文书“爰书”，以及法律形式“行事”。

### 28. 额济纳河流域汉代边塞遗址简牍

额济纳河发源于今甘肃西部张掖市附近，上游名“黑河”，北流入内蒙古后称“额济纳河”，在汉代有“弱水”“肩水”“居延水”等名。汉代张掖郡境内的边塞大体沿着额济纳河从南向北延伸，西接酒泉郡边塞，是长城的重要组成部分。该郡边塞机构隶属于居延、肩水两都尉，由甲渠、殄北、遮虏、卅井、肩水、橐他、仓石、庾等鄣候和肩水金关等关卡构成。20 世纪 30 年代以来，这些边塞机构遗址多次出土了大量简牍。我们可参照《额济纳汉简》一书的命名方式，将它们统称为“额济纳河流域汉代边塞遗址简牍”。其中，含有法制史料的有以下几种：

（1）居延汉简。1927 年，中国、瑞典联合组建的西北科学考察团的成员黄文弼于额济纳河畔的葱都尔拾得汉简数枚。1930 年，考察团成员贝格曼率队在额济纳河流域的 32 个汉代边塞遗址掘获简牍，总数达 13000 余枚，通称“居延汉简”，后入藏“中研院”历史语言研究所。居延汉简绝大多数为西汉武帝末期至东汉光武帝中期之间的遗物，也有少量晚至东汉中期者。瑞典人索麦斯特罗姆于 1956 年出版的《内蒙古额济纳河流域考古报告》较细致地记录了其出土情况。③1943—1960 年，劳榦先后出版了《居延汉简考释 · 释文之部》《居延汉简考释 · 考证之部》《居延汉简 · 图版之部》《居延汉简 · 释文之部》，④ 将大多数释文和照片公之于众。1959 年，中国科学院考古研究所出版《居延汉简甲编》，⑤ 对当时所掌握的 2500 余枚居延汉简照片做了重新整理。1980 年，中国社科院考古研究所出版《居延汉简甲乙编》，⑥ 根据新获得的出

---

① 黄文弼：《罗布淖尔考古记》，国立北京大学出版社，1948 年。

② 初师宾主编，胡平生、陈松长校注：《中国简牍集成（第二十册）》，敦煌文艺出版社，2005 年，第 2319—2343 页。

③ Bo Sommarström. *Archeological Researches In The Edsen-Gol Region Inner Mongolia*. Statens Etnografiska Museum. Stockholm. 1956.

④ 劳榦：《居延汉简考释 · 释文之部》，四川南溪，1943 年石印本；劳榦：《居延汉简考释：考证之部》，四川南溪，1944 年石印本；劳榦：《居延汉简考释：释文之部》，上海商务印书馆，1949 年；劳榦：《居延汉简：图版之部》，（台北）中研院历史语言研究所，1957 年；劳榦：《居延汉简：释文之部》，（台北）中研院历史语言研究所，1960 年。

⑤ 中国科学院考古研究所编：《居延汉简甲编》，科学出版社，1959 年。

⑥ 中国社会科学院考古研究所编：《居延汉简甲乙编》，中华书局，1980 年。

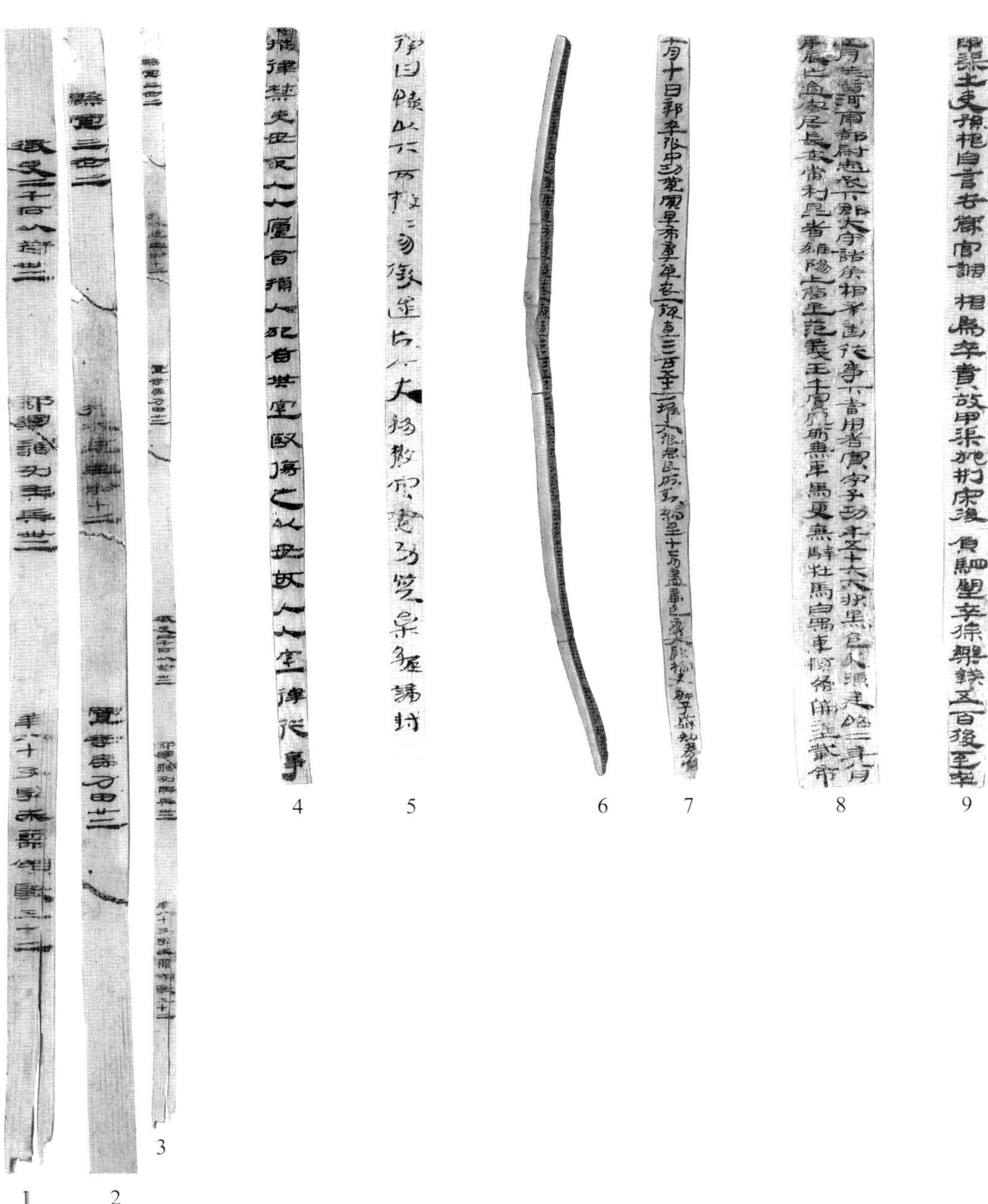

图 4.36　居延汉简中的施行诏书目录、律、契券、通缉文书、索债文书
1—3. 施行诏书目录；4—5. 律；6—7. 契券（有券齿）；8. 通缉文书；9. 索债文书
（《居延汉简》[壹]，第 16 页；《居延汉简》[肆]，第 67 页；《居延汉简》[贰]，
第 138、141 页；《居延汉简》[叁]，第 152 页）

土地点清册等材料，校订了释文和出土地点，并替换了部分照片。1981 年，马先醒发表《居延汉简新编》，① 对劳榦的释文做了部分校订。1987 年，谢桂华、李均明、朱国炤出版《居延汉简释文合校》，② 基于多种研究成果对释文做逐一校订。1998 年，简牍整理小组出版《居延汉简补编》，③ 收入了劳榦未发表或遗漏了的 1153 枚简牍的照片；2014—2017 年，又出版了《居延汉简》共四辑，④ 刊出简牍共 14000 支左右，收入了所有已掌握的照片，补充了红外照片，并重新校订了释文。居延汉简中的法制史材料异常丰富，如法律目录“施行诏书目录”，法律形式“律”“挈令”“烽火品约”“版诏令”等，法律条文有“捕律”“功令”条文以及多种不知篇章归属的条文，司法文书则有证辞笔录“爰书”“辞”、逮捕传唤文书“搜索”“讂书”“或逻”“名捕”、起诉文书“告”“劾”“言”“举书”，契约有买卖、贳卖和借贷契券等等。居延汉简提供了大量传世文献所不载的汉代法律信息，继清末以降沈家本、程树德、张鹏一、杜贵墀等学者的汉代法律搜辑工作之后，再度开启了汉代法制史研究的新局面（图 4.36）。

（2）台北“国家图书馆”所藏居延出土汉代简牍。裘善元旧藏，共 30 枚，年代在西汉中晚期。其全部照片和释文已由《居延汉简补编》公布。含有部分法制史材料，如借贷契券、调查文书、除罪记录等。

（3）居延新简。1972—1974 年发掘于额济纳河流域的三个边塞遗址：破城子（甲渠候官遗址）、甲渠第四燧、肩水金关，总数达 19700 余枚，是迄今为止西北地区所获简牍中数量最大的一批，年代在西汉中期至东汉前期。1978—1980 年，《文物》和《考古》杂志陆续刊发了少量简牍的释文、照片和考释，⑤1988 年出版的《居延新简释

---

① 马先醒：《居延汉简新编》，载《简牍学报（第九期）》，简牍学会，1981 年。

② 谢桂华、李均明、朱国炤：《居延汉简释文合校》，文物出版社，1987 年。

③ 简牍整理小组编：《居延汉简补编》，（台北）中研院历史语言研究所，1998 年。

④ 简牍整理小组编：《居延汉简（壹）》，（台北）中研院历史语言研究所，2014 年；简牍整理小组编：《居延汉简（贰）》，（台北）中研院历史语言研究所，2015 年；简牍整理小组编：《居延汉简（叁）》，（台北）中研院历史语言研究所，2016 年；简牍整理小组编：《居延汉简（肆）》，（台北）中研院历史语言研究所，2017 年。

⑤ 甘肃居延考古队：《居延汉代遗址的发掘和新出土的简册文物》，载《文物》1978 年第 1 期；徐苹方：《居延考古发掘的新收获》，载《文物》1978 年第 1 期；甘肃居延考古队简册整理小组：《“建武三年候粟君所责寇恩事”释文》，载《文物》1978 年第 1 期；肖亢达：《“粟君所责寇恩事”简册略考》，载《文物》1978 年第 1 期；俞伟超：《略释汉代狱辞文例——一份治狱材料初探》，载《文物》1978 年第 1 期；任步云：《居延汉简“候史广德坐罪行罚檄”》，载《文物》1979 年第 1 期；徐元邦、曹延尊：《居延出土的“候史广德坐不循行部”檄》，载《考古》1979 年第 2 期；薛英群：《居延〈塞上烽火品约〉册》，载《考古》1979 年第 4 期；甘肃省居延考古队简册整理小组：《〈塞上烽火品约〉释文》，载《考古》1979 年第 4 期；徐苹方：《居延、敦煌发现的〈塞上蓬火品约〉》，载《考古》1979 年第 5 期；初仕宾：《居延简册〈甘露二年丞相御史律令〉考述》，载《考古》1980 年第 2 期。

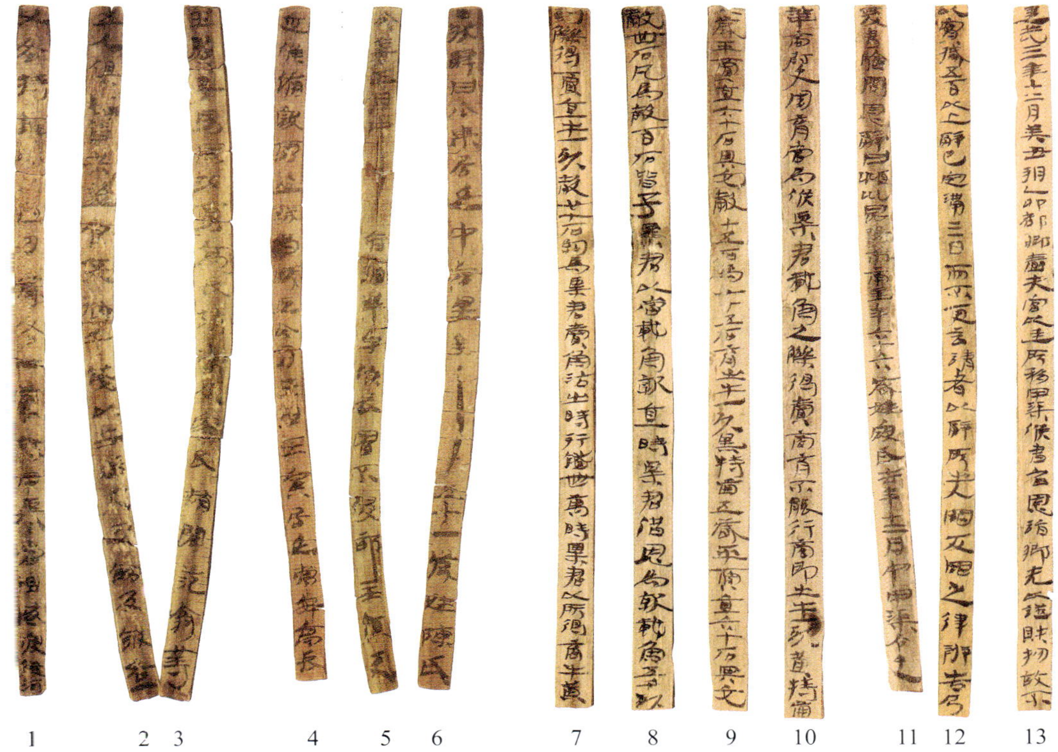

图 4.37 破城子出土“甲渠候责寇恩”简册和“候长陈业劾王闳等”简册
1—6.“候长陈业劾王闳等”简册；7—13.“甲渠候责寇恩”简册
（《居延新简集释》[六]，第 78 页；《居延新简集释》[七]，第 3 页）

粹》又发表了一大批释文和考释。[①]1990 年出版的《居延新简：甲渠候官与第四燧》完整刊布了甲渠候官和第四燧所出简牍的释文，[②]1994 年出版的《居延新简：甲渠候官》又将该两处遗址简牍的释文和照片一齐刊出，[③]《中国简牍集成》第九、十、十一、十二册收录了这些释文的校订版、注释及部分照片，2013 年出版的《居延新简释校》则对释文重新做了校理、完善和补充，[④]2016 年出版的《居延新简集释》基于大量研究成果，对《居延新简：甲渠候官》所收简牍做了精详细致的考释，并补刊了红外照片（图 4.37）。[⑤]随着 2011—2016 年出版的《肩水金关汉简》共五辑刊出肩水金关简

① 甘肃省文物考古研究所编，薛英群、何双全、李永良注：《居延新简释粹》，兰州大学出版社，1988 年。

② 甘肃省文物考古研究所等编：《居延新简：甲渠候官与第四燧》，文物出版社，1990 年。

③ 甘肃省文物考古研究所等编：《居延新简：甲渠候官》，中华书局，1994 年。

④ 马怡、张荣强主编：《居延新简释校》，天津古籍出版社，2013 年。

⑤ 张德芳等：《居延新简集释》（全七册），甘肃文化出版社，2016 年。

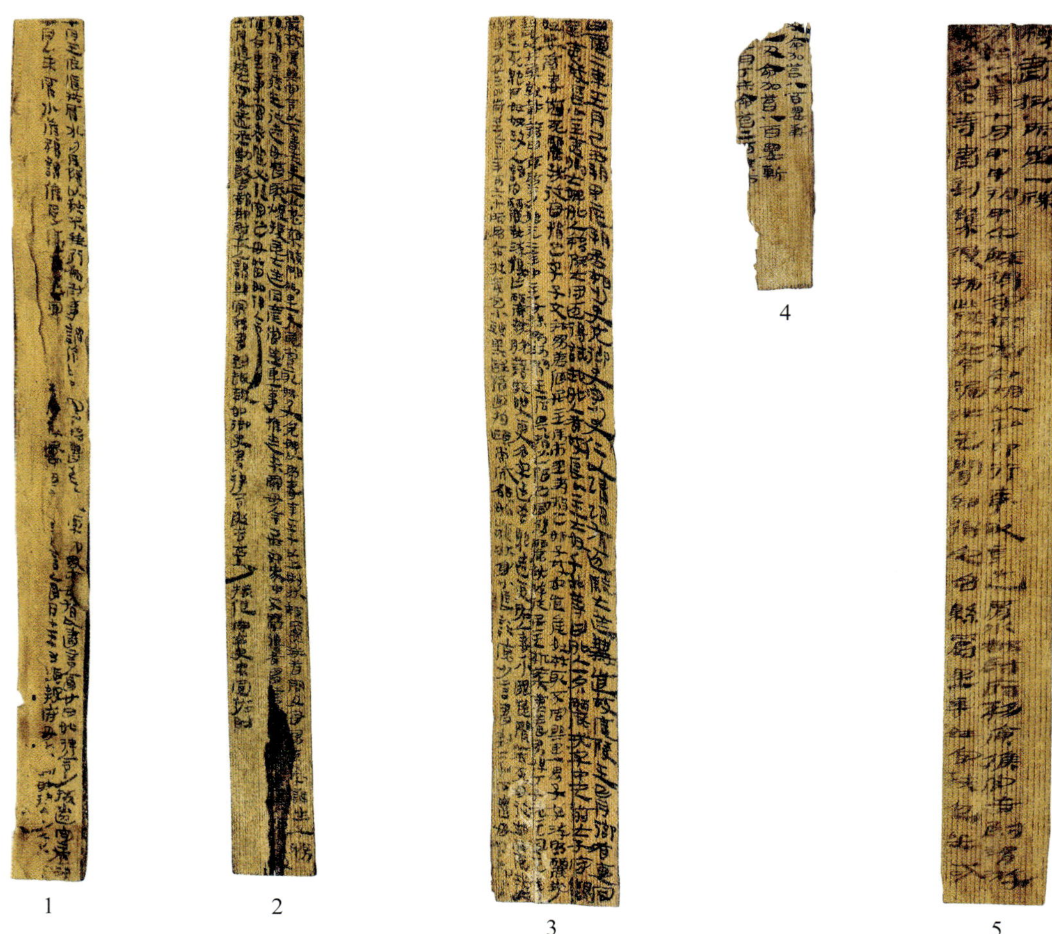

图 4.38　肩水金关出土“逐验丁外人”牍册、加笞记录、逮捕文书
1—3.“逐验丁外人”牍册；4. 加笞记录；5. 逮捕文书
（《肩水金关汉简》[壹]上册，第 2、16 页；《肩水金关汉简》[贰]上册，第 31 页）

牍的全部释文和照片，① 居延新简的全部内容现已刊布完毕。

居延新简法制史料的丰富程度相比居延汉简又跨上了一个新台阶，如在破城子、肩水金关都有出土的全国范围的通缉令“甘露二年诏所逐验外人”牍册，其所载事件和人物与传世史籍中的重大政治案件直接印证，引发了裘锡圭、初仕宾、朱绍侯、薛英群等学者的热烈讨论；一系列保存良好、内容完整、格式具备的“劾”文书，使人们对西汉公诉制度“劾”有了空前程度的了解，并可与后来出土的里耶秦简、长沙五一广场东汉简中的“劾”文书衔接成一个发展序列；一片削衣上的“加笞”记录，

① 甘肃简牍保护研究中心等编：《肩水金关汉简（壹）》，中西书局，2011 年；《肩水金关汉简（贰）》，中西书局，2012 年；《肩水金关汉简（叁）》，中西书局，2013 年；《肩水金关汉简（肆）》，中西书局，2015 年；《肩水金关汉简（伍）》，中西书局，2016 年。

有助于理解文景刑制改革后的笞刑执行方式；新见的“囚律”“功令”“烽火品约”以及先帝诏书等法律条文，进一步充实了西汉法律条文的储备，有助于揭示法律制度的演变；新莽时期的法律条文和文书则提供了王莽改制的法律方面的细节；其他与法律事务相关的记录、簿籍、契约等材料，也往往较居延汉简更为丰富（图 4.38）。

（4）采集散简。包括以下几批：A. 1982 年在甲渠候官遗址采集的 20 枚；B. 1974 年在第四燧遗址采集的 67 枚；C. 1976 年在卅井塞次东燧遗址采集的 173 枚；D. 1972 年在居延地区采集的 7 枚；E. 1972 年在居延地区不明地点采集的散简 14 枚。这几批采集简牍的全部释文、注释及大部分照片已收入《居延新简：甲渠候官与第四燧》《居延新简：甲渠候官》和《中国简牍集成》。① 其中含有部分法制史料，如记录债务争讼的“爰书”、刑事勘验记录、涉及官吏任职制度的诏书等等。

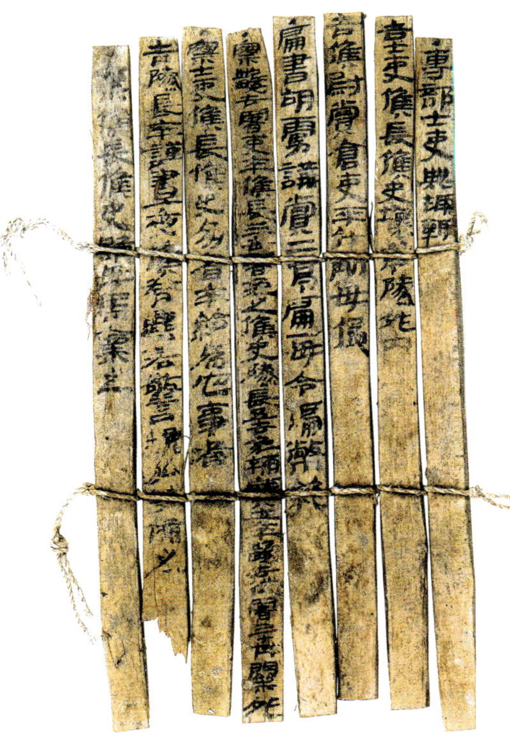

图 4.39 “专部士吏典辄趣”简册
（《额济纳汉简》，第 73 页）

（5）地湾汉简。地湾遗址为肩水都尉辖下的肩水候官的遗址。1986 年在该遗址出土的 778 枚简牍被称为“地湾汉简”，以区别于居延汉简中同出自该地的简牍。其全部释文和彩色、红外照片已在 2017 年出版的《地湾汉简》中公布。② 其中有部分法律方面的残简，如规定徭役制度的诏书，以及“爰书”、逐捕文书、治狱文书等法律文书。

（6）额济纳汉简。1999—2002 年采获于额济纳河流域的多个边塞遗址，共 500 余枚，其纪年在西汉宣帝至东汉光武帝之间。2005 年出版的《额济纳汉简》公布了全部的释文、照片和详细考释，③2007 年出版的《额济纳汉简释文校本》又细致地考校了释文并做了进一步的研究。④ 其中含有零散的《烽火品约》和诏书等法律条文；“专部士吏典趣辄”简册（图 4.39）和与“扁书”相关的材料则有助于探析汉代的法律及法

① 中国简牍集成编委会编：《中国简牍集成（第十二册）》，敦煌文艺出版社，2001 年，第 195—200、235—282 页。

② 甘肃简牍博物馆等编：《地湾汉简》，中西书局，2017 年。

③ 魏坚主编：《额济纳汉简》，广西师范大学出版社，2005 年。

④ 孙家洲主编：《额济纳汉简释文校本》，文物出版社，2007 年。

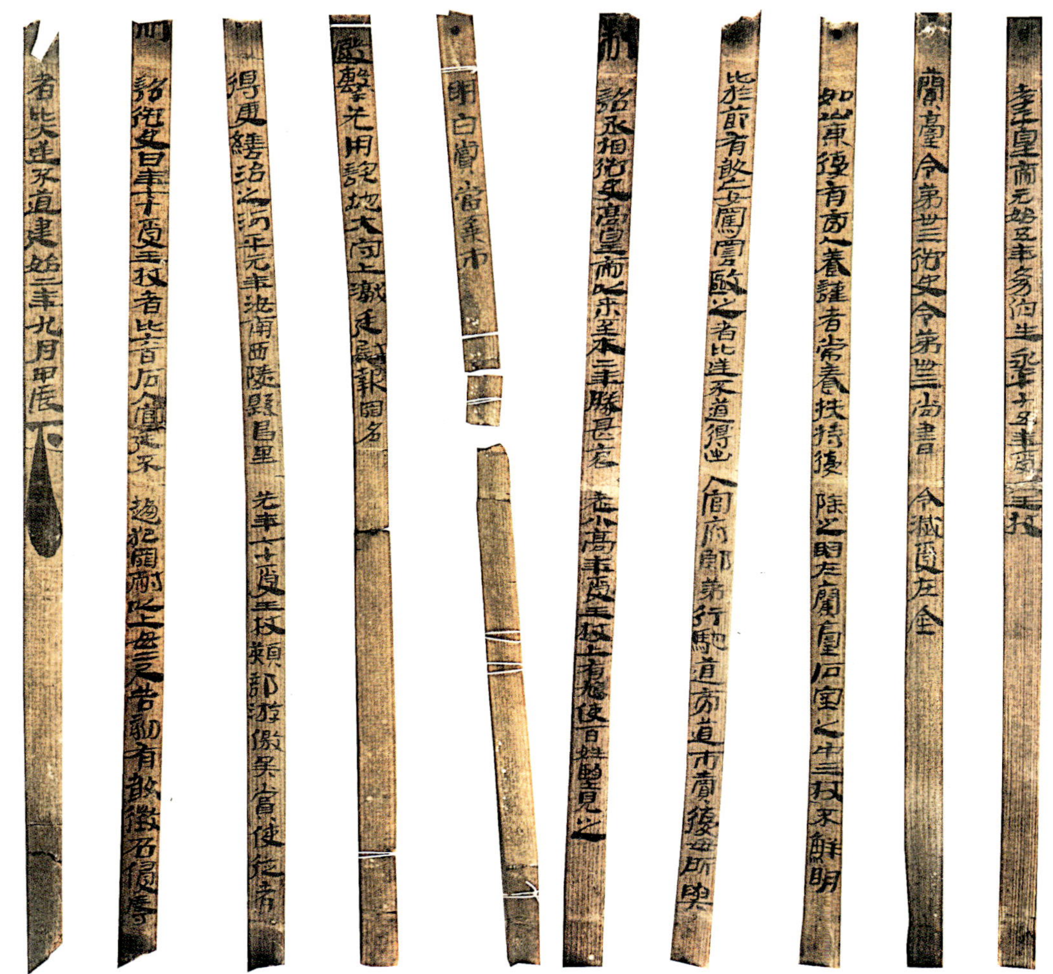

图 4.40　王杖十简

（《武威汉简集释》，第 155、156 页）

律文书的公布方式。

### 29. 武威磨嘴子汉墓简牍

甘肃省武威市新华乡缠山村磨嘴子汉墓出土了多批简牍，其中含法制史料者有两批，分述如下：

（1）武威磨嘴子 18 号汉墓“王杖十简”（图 4.40）。1959 年出土于甘肃省武威市新华乡缠山村磨嘴子 18 号汉墓，为编成一册的 10 枚简，原应系在同墓所出鸠杖的一端，年代在西汉后期。《考古》1960 年第 9 期发表了该墓的发掘简报，又刊出了该批简的全部摹本、释文和部分照片，①1964 年出版的《武威汉简》刊出了全部照片以

① 甘肃省博物馆：《甘肃武威磨咀子汉墓发掘》，载《考古》1960 年第 9 期；考古研究所编辑室：《武威磨咀子汉墓出土王杖十简释文》，载《考古》1960 年第 9 期。

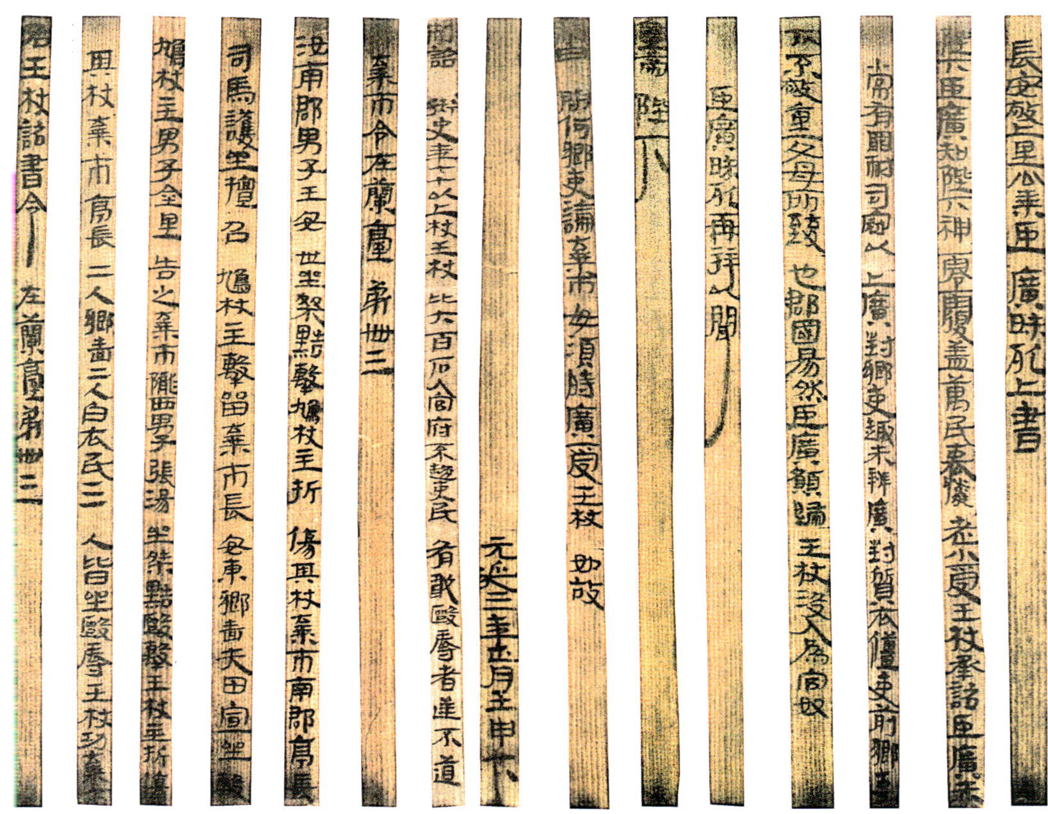

图 4.41　王杖诏书令
（《武威汉简集释》，第 159、160 页）

及细致的考证，①《中国简牍集成》收录了其释文和注释，②2020 年出版的《武威汉简集释》补刊了红外照片，并综合前人研究成果做了精详的考释。③该简册一经发表即引起学界的热烈讨论，仅就编联顺序即产生了整理者、陈直、武伯纶、大庭脩、郭沫若、李均明、何双全等学者的四种不同意见，至于与之相关的法律形式、立法制度、司法制度、文书制度等法制史问题，则又加入了滋贺秀三、冨谷至、臧知非、郝树声、籾山明等学者的专门研究。简册摘抄了已转化为《令》的西汉宣帝和成帝的关于年老者“受王杖”及相关待遇的立法诏书，并附有适用该诏书的“行事”，这些法规是著名传统法律制度——矜老恤幼制度的历久绵长的沿革史的重要一环；对西汉的立法程序、法律形式、司法实践的研究来说，该简册也具有重要意义，并可与后来出土

① 中国科学院考古研究所、甘肃省博物馆编：《武威汉简》，文物出版社，1964 年。

② 中国简牍集成编委会编：《中国简牍集成（第四册）》，敦煌文艺出版社，2001 年，第 197—200 页。

③ 张德芳、田河：《武威汉简集释》，甘肃文化出版社，2020 年。

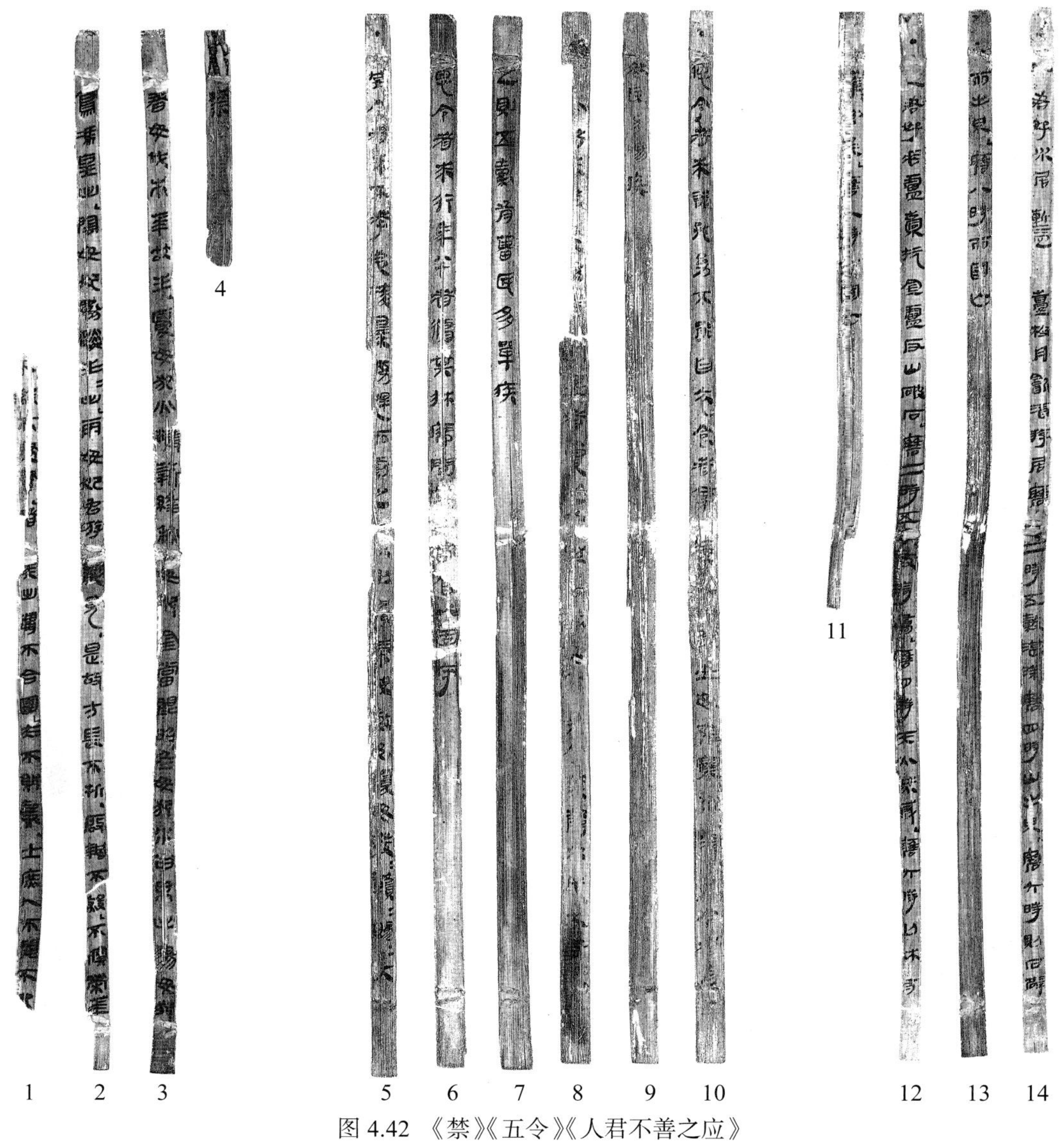

图 4.42 《禁》《五令》《人君不善之应》
1—4.《禁》; 5—10.《五令》; 11—14.《人君不善之应》
（《银雀山汉墓竹简》[贰]，第 83、101、104 页）

于同地的《王杖诏书令》简册，以及 1989 年武威旱滩坡东汉墓出土诏书残册做比较研究。

（2）《王杖诏书令》简册（图 4.41）。1981 年由缠山大队社员上交，据称出于磨嘴子汉墓，共 26 枚，原为一册，根据简背编号和简文内容可知原应有 27 枚，而遗失了第 15 枚。《汉简研究文集》发表了全部的照片、释文和考释，① 引发了持久的研究热度，

① 武威县博物馆：《武威新出土王杖诏令册》，载甘肃省文物工作队、甘肃省博物馆编：《汉简研究文集》，甘肃人民出版社，1984 年。

《中国简牍集成》收录了其释文和注释，①《武威汉简集释》又补刊了红外照片并做了细致的考释。此简册抄录了与“王杖十简”相同的西汉宣帝、成帝诏书，但文本更加完善，还附有适用该诏书的皇帝诏决成案和“行事”。对于汉代的立法程序、法律形式、矜恤制度、司法制度乃至法律方法等方面的研究来说，该简册都具有极高价值。

### 30. 临沂银雀山汉墓简牍

1972年出土于山东省临沂市银雀山1号和2号汉墓，共有竹简4974枚，木牍2枚，年代在汉武帝初年。1号墓简牍的内容是多种今已佚失的书籍，2号墓竹简是一份历谱。这批简牍主要部分的介绍、释文、照片、摹本和详细考释，已在《文物》《考古》陆续刊发出来，②其中两种兵书的全部释文在1975、1976年分别出版，③《中国法书全集》则刊出了部分照片，④1985年和2010年出版的《银雀山汉墓竹简》（壹）（贰）系统地发表了大部分简牍的照片、释文和考释，⑤1985年出版的《银雀山汉简释文》则刊布了所有简牍的释文，⑥尚未出版的《银雀山汉墓竹简（叁）》还将刊发散碎简支的整理成果。这批简牍书籍的相当一部分与法律密切相关，学者曾认为属于齐国法律的内容，⑦不过谨慎来讲，它们是战国至西汉时期法律思想的直接反

---

① 中国简牍集成编委会编：《中国简牍集成（第四册）》，敦煌文艺出版社，2001年，第201—208页。

② 山东省博物馆、临沂文物组：《山东临沂西汉墓发现〈孙子兵法〉和〈孙膑兵法〉等竹简的简报》，载《文物》1974年第2期；许荻：《略谈临沂银雀山汉墓出土的古代兵书残简》，载《文物》1974年第2期；罗福颐：《临沂汉简概述》，载《文物》1974年第2期；卫今：《从银雀山竹简看秦始皇焚书》，载《文物》1974年第7期；银雀山汉墓竹简整理小组：《临沂银雀山汉墓出土〈孙子兵法〉残简释文》，载《文物》1974年第12期；遵信：《〈孙子兵法〉的作者及其时代——谈谈临沂银雀山一号汉墓〈孙子兵法〉竹简的出土》，载《文物》1974年第12期；银雀山汉墓竹简整理小组：《临沂银雀山汉墓出土〈孙膑兵法〉释文》，载《文物》1975年第1期；山东省博物馆、临沂文物组：《临沂银雀山四座西汉墓葬》，载《考古》1975年第6期；路安：《从临沂出土汉简〈晏子〉残章看〈晏子春秋〉中的批孔材料》，载《文物》1974年第6期；银雀山汉墓竹简整理小组：《临沂银雀山汉墓出土〈王兵〉篇释文》，载《文物》1976年第12期；银雀山汉墓竹简整理小组：《银雀山简本〈尉缭子〉释文（附校注）》，载《文物》1977年第2期；银雀山汉墓竹简整理小组：《银雀山竹书〈守法〉、〈守令〉等十三篇》，载《文物》1985年第4期。

③ 沈阳部队《孙膑兵法》注释组：《〈孙膑兵法〉注释》，辽宁人民出版社，1975年；银雀山汉墓竹简整理小组编：《银雀山汉墓竹简孙子兵法》，文物出版社，1976年。

④ 宋镇豪主编：《中国法书全集1：先秦秦汉》，文物出版社，2009年。

⑤ 银雀山汉墓竹简整理小组编：《银雀山汉墓竹简（壹）》，文物出版社，1985年；银雀山汉墓竹简整理小组编：《银雀山汉墓竹简（贰）》，文物出版社，2010年。

⑥ 吴九龙：《银雀山汉简释文》，文物出版社，1985年。

⑦ 参见吴九龙：《银雀山汉简齐国法律考析》，载《史学集刊》1984年第4期；刘海年：《战国齐国法律史料的重要发现——读银雀山汉简〈守法守令等十三篇〉》，载《法学研究》1987年第2期。

映，如《守法守令等十三篇》中的《守法》《市法》《守令》《李法》《田法》《兵令》等篇，即属于战国以来主张依靠法律治理各类社会事务的思潮的作品，性质与传世的《商君书》《尉缭子》《墨子·城守》等有类似之处，其部分内容如市场的设置方法、军队的部署调度方式等，可与后来发现的睡虎地秦简、岳麓秦简、张家山汉简中的法律规定相印证；《禁》《迎四时》《四时令》等篇所主张的节令规范可与先秦礼书、秦汉《田律》和王莽《月令诏条》相参照；阴阳家书性质的《人君不善之应》等篇，则呈现了董仲舒之前的天人感应思想因素，对理解董仲舒法律思想的形成背景具有一定价值（图 4.42）。

### 31. 长沙马王堆汉墓简牍帛书

1972—1974 年出土于长沙马王堆 1、3 号西汉墓，其中 1 号墓出竹简 312 枚，性质为遣册，以及竹木签牌 68 枚；3 号墓出帛书 50 余种，又有木牍 6 枚和竹简 600 余枚，竹简中 410 枚为遣册，200 枚为医书，另有签牌 52 枚。这批简牍帛书的大部分内容，已陆续刊布于《文物》杂志，① 专著《长沙马王堆一号汉墓发掘简报》《长沙马王堆一号汉墓》《长沙马王堆二、三号汉墓》（第一卷），② 以及《马王堆汉墓文物》中。③1980—1985 年出版的《马王堆汉墓帛书》第一至四册又刊布了帛书的大部分内容。④2014 年出版的《长沙马王堆汉墓简帛集成》共七册，则在重新整理工作的基础上，刊出了所有简牍帛书的照片，补出了红外照片，修订了释文，并做了精详的注释。⑤

这批简牍帛书中含有诸多与法律思想密切相关的内容。帛书《老子》的甲、乙两个版本，是现存的年代仅次于楚简本的早期《老子》版本，对研究道家学派在战国至西汉的形成和发展状况有不可替代的价值。《经法》《十大经》《称》《道原》是研究黄老法律思想的重要文献，又与法家思想有所关联。《丧服图》提供了法律儒家化之前在

---

① 《文物》1972 年第 9 期；《文物》1974 年第 7 期；《文物》1974 年第 9 期；《文物》1974 年第 10 期；《文物》1974 年第 11 期；《文物》1975 年第 4 期；《文物》1975 年第 6 期；《文物》1975 年第 9 期；《文物》1977 年第 1 期；《文物》1977 年第 8 期；《文物》1984 年第 3 期。

② 湖南省博物馆、中国科学院考古研究所编：《长沙马王堆一号汉墓发掘简报》，文物出版社，1972 年；湖南省博物馆、中国科学院考古研究所编：《长沙马王堆一号汉墓》，文物出版社，1973 年；湖南省博物馆、湖南省文物考古研究所编：《长沙马王堆二、三号汉墓》（第一卷），文物出版社，2004 年。

③ 傅举有、陈松长编著：《马王堆汉墓文物》，湖南出版社，1992 年。

④ 国家文物局古文献研究室编：《马王堆汉墓帛书》（壹），文物出版社，1980 年；马王堆汉墓帛书整理小组编：《马王堆汉墓帛书》（叁），文物出版社，1983 年；马王堆汉墓帛书整理小组编：《马王堆汉墓帛书》（肆），文物出版社，1985 年。

⑤ 湖南省博物馆、复旦大学出土文献与古文字研究中心编纂，裘锡圭主编：《长沙马王堆汉墓简帛集成》（全七册），中华书局，2014 年。

图 4.43 帛书《丧服图》和《五行》
（《长沙马王堆汉墓简帛集成》[ 壹 ]，第 70、103 页）

社会上流传的一种丧服制度主张，其服叙和服期都与儒家经典《仪礼》《礼记》的制度有较大差异，是研究丧服制度史的不可替代的宝贵材料（图 4.43）。

### 32. 江陵凤凰山汉墓简牍

1973 年出土于湖北省江陵县凤凰山 8、9、10、168 号四座西汉墓，共有竹简 428 枚，木牍 9 枚，竹牍 1 枚，有铭文的竹衡杆 1 枚，年代在西汉文帝至武帝时期。《文物》1974 年第 6 期发表了这批简牍的部分释文和考释，①《散见简牍合辑》也收录了部分释文，② 全部的释文、照片、摹本和详细考释则在 2012 年出版的《江陵凤凰山西

① 长江流域第二期文物考古工作人员训练班：《湖北江陵凤凰山西汉墓发掘简报》，载《文物》1974 年第 6 期；黄盛璋：《江陵凤凰山汉墓简牍及其在历史地理研究上的价值》，载《文物》1974 年第 5 期；弘一：《江陵凤凰山十号汉墓简牍初探》，载《文物》1974 年第 6 期；纪南城凤凰山 168 号汉墓发掘整理组：《湖北江陵凤凰山一六八号汉墓发掘简报》，载《文物》1975 年第 9 期；湖北省文物考古研究所：《江陵凤凰山一六八号汉墓》，载《考古学报》1993 年第 4 期。

② 李均明、何双全编：《散见简牍合辑》，文物出版社，1990 年，第 55—77 页。

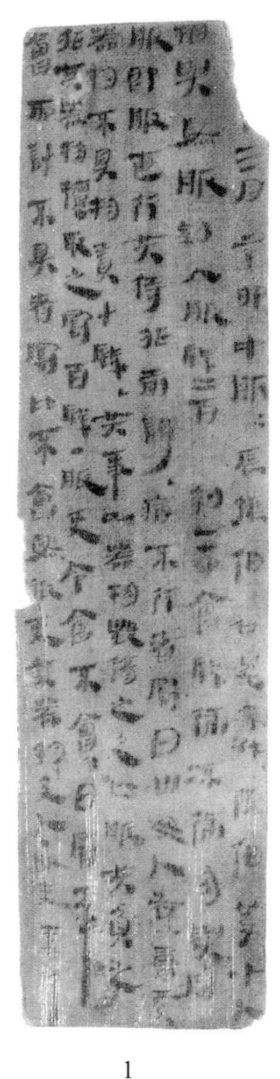
1

2

3

图 4.44　“中舨共侍约”木牍、记刍稾的木牍、记田租的大竹简
1.“中舨共侍约”木牍；2. 记刍稾的木牍；3. 记田租的大竹简
（《江陵凤凰山西汉简牍》，第 95、103、104 页）

汉简牍》中发表。① 其中，10 号墓所出木牍《中舨共侍约》是同时代契约中难得一见的，刷新了人们对汉代契约行为的认识，且其理解尚存分歧；口算、田租、刍稾簿籍简牍则可与张家山汉简《二年律令》和传世文献的相关记载相对照，对西汉前期赋税和土地法制的实施状况的研究具有重大价值；衡杆铭文则是度量衡法制实施的见证（图 4.44）。

① 湖北省文物考古研究所编：《江陵凤凰山西汉简牍》，中华书局，2012 年。

### 33. 阜阳双古堆汉墓简牍

1977年出土于安徽省阜阳市双古堆1号汉墓（汝阴侯夏侯灶墓），共6000余枚，年代在汉文帝时期。《文物》等刊物和1998年出版的《出土文献研究（第四辑）》先后公布了部分照片、释文和考释，①《中国法书全集》刊出了部分照片，②大部分简牍的释文和注释也被《中国简牍集成》收录。③这批简牍残损严重，内容大多是性质不一的各种书籍，其中的《作务员程》（整理者拟名）一篇，残简近百片，是迄今已知的惟一一篇系统抄写的"程"类文献，内容主要是器物制造、建筑工程、农产品加工等方面的规格、标准，以及所用劳动量的标准。此类规格和标准应即秦汉法律中多见的用于工作考核的"程"，具有一定法律效力。

### 34. 连云港花果山汉墓简牍

1978年出土于江苏省连云港市花果山汉墓，因云台砖厂爆破取土而出土，故残损严重，字迹可辨者共13枚，另17枚残甚，年代在西汉晚期。《考古》1982年第5期刊出了照片、摹本、释文和考释，④《散见简牍合辑》和《中国简牍集成》也收录了全部释文和注释。⑤其中含有刑事调查文书（发掘者认为是"封诊式"或"决事比"类文献），刑事立案簿籍，刑徒输送簿籍，以及买卖契约，均具有一定研究价值。总体来看，这批简牍的文书类型与后来出土的黄岛土山屯汉墓简牍相近，其格式和内容也可与长沙五一广场东汉简中的同类文书相参照（图4.45）。

---

① 安徽省文物工作队、阜阳地区博物馆、阜阳县文化馆：《阜阳双古堆西汉汝阴侯墓发掘简报》，载《文物》1978年第8期；文物局古文献研究室、安徽省阜阳地区博物馆阜阳汉简整理组：《阜阳汉简简介》，载《文物》1983年第2期；文物局古文献研究室、安徽省阜阳地区博物馆阜阳汉简整理组：《阜阳汉简〈苍颉篇〉》，载《文物》1983年第2期；胡平生、韩自强：《〈苍颉篇〉的初步研究》，载《文物》1983年第2期；文物局古文献研究室、安徽阜阳地区博物馆阜阳汉简整理组：《阜阳汉简〈诗经〉》，载《文物》1984年第8期；胡平生、韩自强：《阜阳汉简〈诗经〉简论》，载《文物》1984年第8期；文化部古文献研究室、安徽省阜阳地区博物馆阜阳汉简整理组：《阜阳汉简〈万物〉》，载《文物》1988年第4期；胡平生、韩自强：《〈万物〉略说》，载《文物》1988年第4期；胡平生：《阜阳双古堆汉简数术书简论》，载中国文物研究所编：《出土文献研究（第四辑）》，中华书局，1998年，第12—30页。

② 宋镇豪主编：《中国法书全集1：先秦秦汉》，文物出版社，2009年。

③ 中国简牍集成编辑委员会编：《中国简牍集成（第18册）》，敦煌文艺出版社，2005年，第1655—1728页；中国简牍集成编辑委员会编：《中国简牍集成（第19册）》，敦煌文艺出版社，2005年，第1729—1830页。

④ 李洪甫：《江苏连云港市花果山出土的汉代简牍》，载《考古》1982年第5期。

⑤ 李均明、何双全编：《散见简牍合辑》，文物出版社，1990年，第96—99页；中国简牍集成编辑委员会编：《中国简牍集成（第19册）》，敦煌文艺出版社，2005年，第1853—1860页。

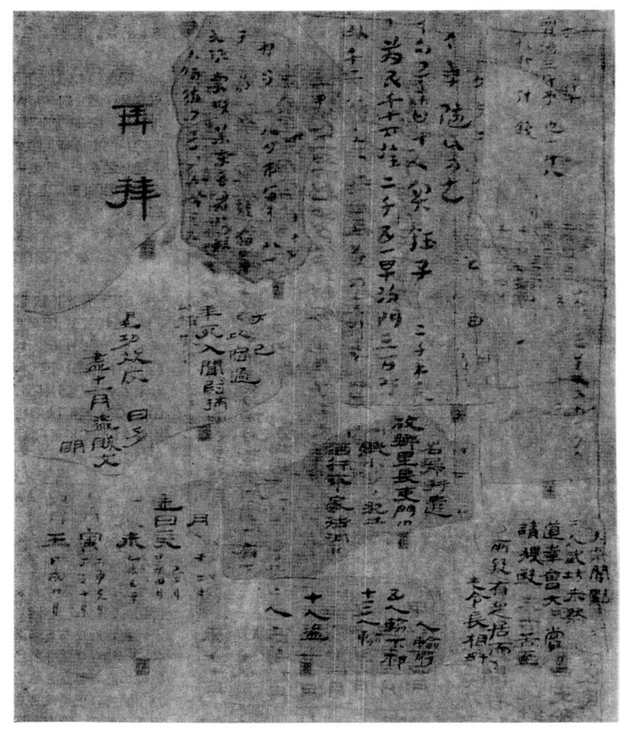

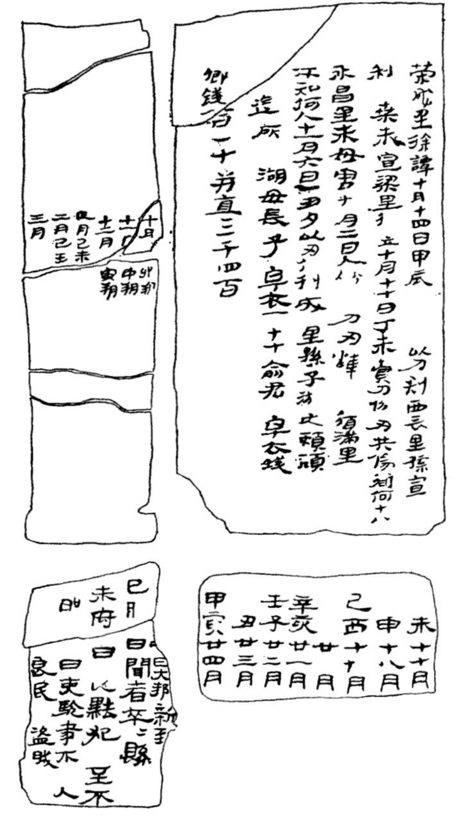

图 4.45 连云港花果山汉墓简牍照片和摹本
（《考古》1982 年第 5 期，第 477、478 页）

## 35. 大通上孙家寨汉墓简牍

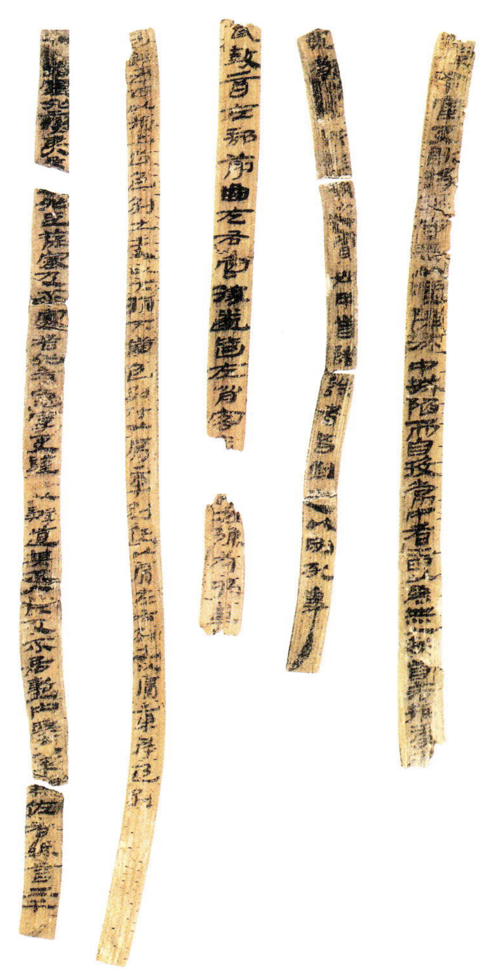
图 4.46　军法
（《中国法书全集 1：先秦秦汉》，第 238 页）

1978 年出土于青海省大通县上孙家寨村 115 号汉墓，缀合后较完整的简牍共 240 余枚，年代在西汉晚期。《文物》1981 年第 2 期、《考古学集刊（第 5 集）》发表了部分照片、释文和考释，[①]1989 年出版的《中国新出土の书》刊出了 7 枚木简的照片，[②]1993 年出版的《上孙家寨汉晋墓》刊出了全部的照片和释文，[③]《散见简牍合辑》和《中国简牍集成》也收录了全部释文和注释，[④]2009 年出版的《中国法书全集》又刊出 27 枚木简的彩色照片。[⑤] 李零已经准确指出，这批简牍的性质应是军法、军令。[⑥] 作为迄今所见最为系统的一种汉代军法、军令类文献，其所规定的制度涵盖了作战队列及其号令、战场纪律、人员配置、功过赏罚等多个方面，其中数度引用"孙子"之语，对探讨汉代兵法与军法之间的复杂关系具有很高价值（图 4.46）。

## 36. 邗江胡场汉墓木牍

1979 年出土于江苏省邗江胡场 5 号西汉墓，共 13 枚，有字者 6 枚，年代在西汉中期。《文物》1981 年第 11 期刊出了部分照片、

① 青海省文物考古工作队：《青海大通县上孙家寨一一五号汉墓》，载《文物》1981 年第 2 期；国家文物局古文献研究室：《大通上孙家寨汉简释文》，载《文物》1981 年第 2 期；朱国炤：《上孙家寨木简初探》，载《文物》1981 年第 2 期；陈公柔、徐元邦、曹延尊、格桑木：《青海大通马良墓出土汉简的整理与研究》，载《考古》编辑部编辑：《考古学集刊（第 5 集）》，中国社会科学出版社，1987 年。

② ［日］西林昭一：《中国新出土の书》，二玄社，1989 年。

③ 青海省文物考古研究所：《上孙家寨汉晋墓》，文物出版社，1993 年。

④ 李均明、何双全编：《散见简牍合辑》，文物出版社，1990 年，第 31—43 页；中国简牍集成编辑委员会编：《中国简牍集成（第 19 册）》，敦煌文艺出版社，2005 年，第 1333—1372 页。

⑤ 宋镇豪主编：《中国法书全集 1：先秦秦汉》，文物出版社，2009 年，第 238—241 页。

⑥ 参见李零：《青海大通县上孙家寨汉简性质小议》，载《考古》1983 年第 6 期。

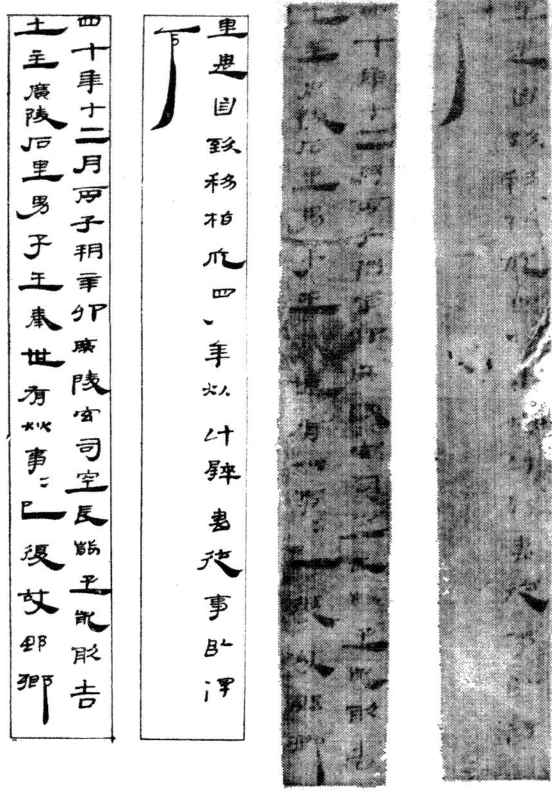

图 4.47　告地书
（《江苏邗江胡场五号汉墓》,《考古》
1981 年第 11 期，第 18 页）

摹本和全部释文，①《散见简牍合辑》和《中国简牍集成》也收录了全部释文和注释。②其中的“广陵宫司空告土主”告地书（图 4.47），对生前曾被系狱的墓主做了虚拟的复免放归，性质与龙岗秦简“辟死有鞫”告地书相近，有助于理解秦汉法律制度与社会风俗和民间信仰的互动关系；发掘者鉴定墓主年仅 30 岁左右，头骨异常，怀疑是受刑或长期受重压所致，与告地书所载相应，是直接揭示当时嫌疑人在羁押中所受待遇的实物材料。

### 37. 江陵张家山汉墓简牍

1983—1987 年，湖北省江陵县（今荆州市）西北的张家山 M247、M249、M258、M127、M336（M136）5 座汉墓先后出土了 3000 余枚简牍，年代在西汉早期吕后至文帝时期。其中 M247、M336 所出简牍中有大量系统的法制史料，分述如下：

（1）张家山 M247 汉简（图 4.48）。年代在汉初吕后时期，其内容除遣册和历谱外，还有方技、术数类书籍《算术书》《引书》《脉书》，诸子书《盖庐》，题为《二年律令》的律令一卷，以及主要根据秦汉司法案卷改编的案例书籍《奏谳书》一卷。《文物》1985 年第 1 期发表了部分释文和照片，③后来又陆续发表了《奏谳书》的全部释文和考释，④2001 年出版的《张家

① 扬州博物馆、邗江县图书馆：《江苏邗江胡场五号汉墓》，载《文物》1981 年第 11 期。

② 李均明、何双全编：《散见简牍合辑》，文物出版社，1990 年，第 100—103 页；中国简牍集成编辑委员会编：《中国简牍集成（第 19 册）》，敦煌文艺出版社，2005 年，第 1861—1868 页。

③ 荆州地区博物馆：《江陵张家山三座汉墓出土大批竹简》，载《文物》1985 年第 1 期；张家山汉墓竹简整理小组：《江陵张家山汉简概述》，载《文物》1985 年第 1 期。

④ 江陵张家山汉简整理小组：《江陵张家山汉简〈奏谳书〉释文》，载《文物》1993 年第 8 期；李学勤：《〈奏谳书〉解说（上）》，载《文物》1993 年第 8 期；彭浩：《谈〈奏谳书〉中的西汉案例》，载《文物》1993 年第 8 期；李学勤：《〈奏谳书〉解说（下）》，载《文物》1995 年第 3 期；彭浩：《谈〈奏谳书〉中的秦代和东周时期的案例》，载《文物》1995 年第 3 期。

图 4.48　张家山 M247 汉墓及其所出竹简
（《荆州重要考古发现》，第 198、200 页）

山汉墓竹简（二四七号墓）》刊出了经整理的全部简牍的照片、释文和考释，[①]2006 年出版了重新校订释文的《张家山汉墓竹简（二四七号墓）》（释文修订本），[②]2007 年出版的《二年律令与奏谳书》刊出了全部简牍的红外照片，另补刊了几枚残简，并综合已有研究成果调整了简文的释读和编联，同时做了精详的考释。[③]《二年律令》是最早发现的系统抄写的汉代法律文本，现存 526 枚简，出现律篇名二十七种，令篇名一种，使汉律在魏晋南北朝失传后，第一次为世人窥见其较完整的面貌。《奏谳书》是旨在传授司法技能和理念的书籍，由 22 个案例构成，其中秦代案例 3 则，汉初案例 16 则，虚构案例 2 则，疑似虚构案例 1 则，其尤可贵之处在于几乎完整地展示了传世文献中十分匮乏的秦汉司法程序细节；两则汉高祖亲自诏决的案例反映了皇帝最高权力在疑难案件审理中的作用；"和奸"一案则罕见地直接描述了司法官吏在个案中适用法律的思维进路，为古代法律推理研究提供了极为可贵的直接材料，其价值较《魏书·刑罚志》所载的几个法律论辩案例有过之而无不及。

（2）张家山 M336 汉简。M336 原编号为 M136，1985 和 1988 年两次发掘出土简牍，年代在西汉文帝时期。其中的法制史料有两组，共 500 余枚。第一组是《功令》一卷，现存 184 枚简，是迄今已知最为系统完整的一种《功令》文本。第二组是律令十五种，现存 372 枚简，律篇有《盗律》《朝律》等。《文物》1992 年第 9 期、2012 年

① 张家山二四七号汉墓竹简整理小组：《张家山汉墓竹简（二四七号墓）》，文物出版社，2001 年。

② 张家山二四七号汉墓竹简整理小组：《张家山汉墓竹简（二四七号墓）》（释文修订本），文物出版社 2006 年版。

③ 彭浩、陈伟、［日］工藤元男：《二年律令与奏谳书》，上海古籍出版社，2007 年。

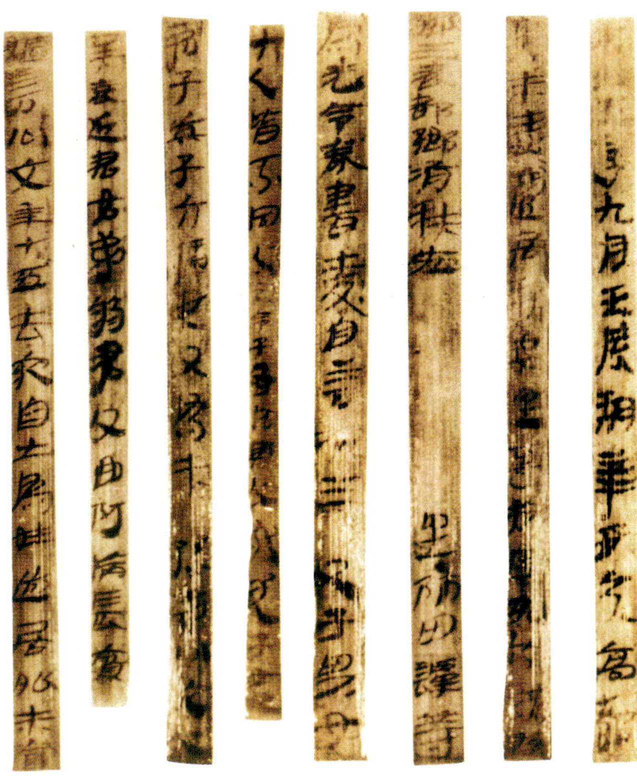

图 4.49　“先令券书”简册
（《中国法书全集 1：先秦秦汉》，第 217 页）

出版的《简牍名迹选》曾刊发过几枚简的照片和释文，[①] 系统化的整理成果将很快面世。

### 38. 仪征胥浦汉墓简牍

1984 年出土于江苏省扬州市仪征县胥浦 101 号汉墓，共 19 枚，年代在西汉末期。《文物》杂志发表了部分照片、摹本、全部释文和考释，[②]《中国简牍集成》也收录了释文和注释，[③]《中国法书全集》也收入了部分照片。[④] 其中的 16 枚竹简原为一册《先令券书》(图 4.49)，是最早发现的完整的汉代遗嘱文本，它对遗产中部分田产的分配和处置，是研究汉代的遗嘱、家庭、继承制度，以及地产与家族血缘纽带之间的关系等问题的极为难得的材料。

### 39. 江陵毛家园汉墓简牍

1985—1986 年出土于江陵县毛家园一号西汉墓，有竹简 74 枚，告地书木牍 1 枚。《中国考古学年鉴 1987》和 2007 年出版的《书写历史：战国秦汉简牍》已刊出木牍释文和照片。[⑤] 为利用告地书考察西汉户籍、身份等方面制度的研究充实了材料。

---

① 荆州地区博物馆：《江陵张家山两座汉墓出土大批竹简》，载《文物》1992 年第 9 期；[ 日 ] 西林昭一：《简牍名迹选 5：湖北篇（三）》，二玄社，2009 年。

② 扬州博物馆：《江苏仪征胥浦 101 号西汉墓》，载《文物》1987 年第 1 期；陈平、王勤金：《仪征胥浦 101 号西汉墓〈先令券书〉初考》，载《文物》1987 年第 1 期。

③ 中国简牍集成编辑委员会编：《中国简牍集成（第 19 册）》，敦煌文艺出版社，2005 年，第 1897—1904 页。

④ 宋镇豪主编：《中国法书全集 1：先秦秦汉》，文物出版社，2009 年。

⑤ 杨定爱：《江陵县毛家园 1 号西汉墓》，载中国考古学会编：《中国考古学年鉴 1987》，文物出版社，1988 年，第 204 页；湖北省博物馆编：《书写历史：战国秦汉简牍》，文物出版社，2007 年。

## 40. 江陵高台汉墓简牍

江陵县高台秦汉墓地距凤凰山墓地仅200余米，先后两次出土过简牍，均含有法制史料。

**（1）高台 M6、M18 简牍**。1990年，高台墓地四个墓葬出土了简牍，年代在西汉早期，其中M6出竹简53枚，内容为遣册，M18出木牍4枚；M4、M5所出简牍的情况则未见报道。M18木牍的照片、摹本和释文已发表于《文物》1993年第8期和2009年出版的《荆州重要考古发现》中。① 此4枚木牍原是一套完整的文书，出土时的叠压顺序仍维持着封缄时的形式，含封检1枚，告地书1枚，附件（随从人员和器物清单）2枚。封检记载了死者的复免赋税待遇，可作为赋税制度的研究材料，告地书则有助于户籍管理制度及法律与民间信仰的互动情况的研究。

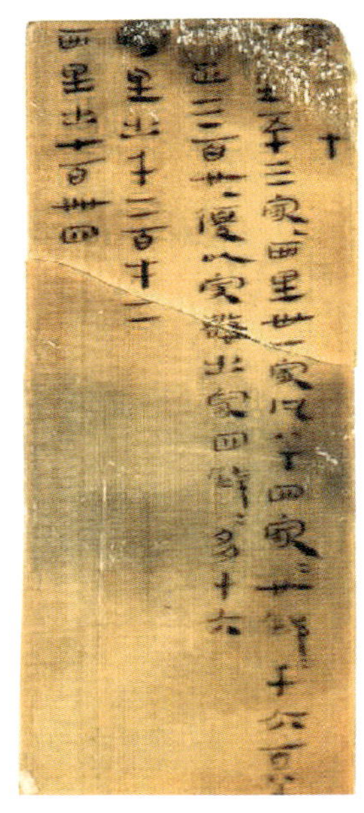

图 4.50　记钱的簿籍
（《江汉考古》2014年第5期，第33页）

**（2）高台 M46 木牍**。2009年出土于M46，共9枚，年代在西汉武帝初期。《江汉考古》2014年第5期发表了其全部的照片和释文。② 木牍中有1枚簿籍记各里户数及其所出钱，是研究赋税法律制度的良好材料；另1枚簿籍记有“子钱”的名目，学者认为或指利息，③ 有助于西汉借贷法律关系的研究（图4.50）。

## 41. 平壤贞柏洞汉墓简牍

1990—1992年出土于朝鲜平壤贞柏洞364号椁板墓，有户口簿木牍3枚和《论语》木简一批，年代在西汉后期元帝时。2010年出版的《简帛研究2007》和2011年出版的《出土文献研究（第10辑）》相继发表了3枚《乐浪郡初元四年县别户口簿》

① 湖北省荆州地区博物馆：《江陵高台18号汉墓发掘简报》，载《文物》1993年第8期；张万高：《高台墓地的发现与发掘》，载荆州博物馆编著：《荆州重要考古发现》，文物出版社，2009年，第176—187页。

② 荆州博物馆：《湖北荆州高台墓地M46发掘简报》，载《江汉考古》2014年第5期。

③ 参见石洋：《荆州高台M46出土记钱木牍考释》，载《江汉考古》2019年第2期。

木牍和《论语》简册的部分照片、释文和考释。[①]“县别户口簿”充实了西汉户籍制度研究的材料储备。

### 42. 连云港尹湾汉墓简牍

1993年出土于江苏省连云港市东海县温泉镇尹湾村汉代墓地，其中M2出木牍1枚，M6出木牍23枚和竹简133枚，年代在西汉成帝时期。《文物》1996年第8期、第10期先后发表了部分照片、释文和考释，[②]1997年出版的《尹湾汉墓简牍》公布了全部的照片和释文，[③]《中国简牍集成》收录了全部释文和注释，[④]《中国法书全集》则刊出了部分简牍的质量较好的照片。[⑤]这批简牍中的《集簿》等5枚簿籍木牍提供了迄今所见最为完整、细致的一套西汉郡级地方的行政区划及其各级吏员配置组织的实录，其中“狱丞”“狱史”“亭长”“游徼”“牢监”等基层法律职务的配置情况尤其具有填补史载缺失的价值，对汉代司法职官史的研究来说这批簿籍是能发挥标尺功能的宝贵材料（图4.51）。

### 43. 沅陵虎溪山汉墓简牍

1999年出土于湖南省沅陵县城关镇西一号西汉墓，墓主为长沙王吴臣之子沅陵侯吴阳，共有残简1336枚（段），其中简头600余枚，推测原应共有800余枚简。《文物》杂志2004年出版的《新出简帛研究》、2013年出版的《湖南出土简牍选编》陆续发表了部分照片和释文，[⑥]2020年出版的《沅陵虎溪山一号汉墓》发表了全部简牍的照片、释文。[⑦]其中有记载沅陵侯国行政组织设置、吏员配置、道路、户口、田亩等

---

① 李成市、尹龙九、金庆浩：《平壤贞柏洞364号墓出土竹简〈论语〉》，载中国文化遗产研究院编：《出土文献研究（第10辑）》，中华书局，2011年，第174—206页；杨振红、（韩）尹在硕：《韩半岛出土简牍与韩国庆州、扶余木简释文补正》，载卜宪群、杨振红主编：《简帛研究2007》，广西师范大学出版社，2010年，第277—299页。

② 连云港市博物馆：《江苏东海县尹湾汉墓群发掘简报》，载《文物》1996年第8期；连云港市博物馆：《尹湾汉墓简牍释文选》，载《文物》1996年第8期；滕昭宗：《尹湾汉墓简牍概述》，载《文物》1996年第8期；连云港市博物馆等：《尹湾汉墓简牍初探》，载《文物》1996年第10期。

③ 连云港市博物馆、东海县博物馆、中国社会科学院简帛研究中心、中国文物研究所编：《尹湾汉墓简牍》，中华书局，1997年。

④ 中国简牍集成编辑委员会编：《中国简牍集成（第19册）》，敦煌文艺出版社，2005年，第1905—2062页。

⑤ 宋镇豪主编：《中国法书全集1：先秦秦汉》，文物出版社，2009年。

⑥ 湖南省文物考古研究所、怀化市文物处、沅陵县博物馆：《沅陵虎溪山一号汉墓发掘简报》，载《文物》2003年第1期；郭伟民：《虎溪山一号汉墓葬制及出土竹简的初步研究》，载艾兰、邢文编：《新出简帛研究》，文物出版社，2004年，第50—53页；宋少华等编著：《湖南出土简牍选编》，岳麓书社，2013年，第257—264页。

⑦ 湖南省文物考古研究所编著：《沅陵虎溪山一号汉墓》，文物出版社，2020年。

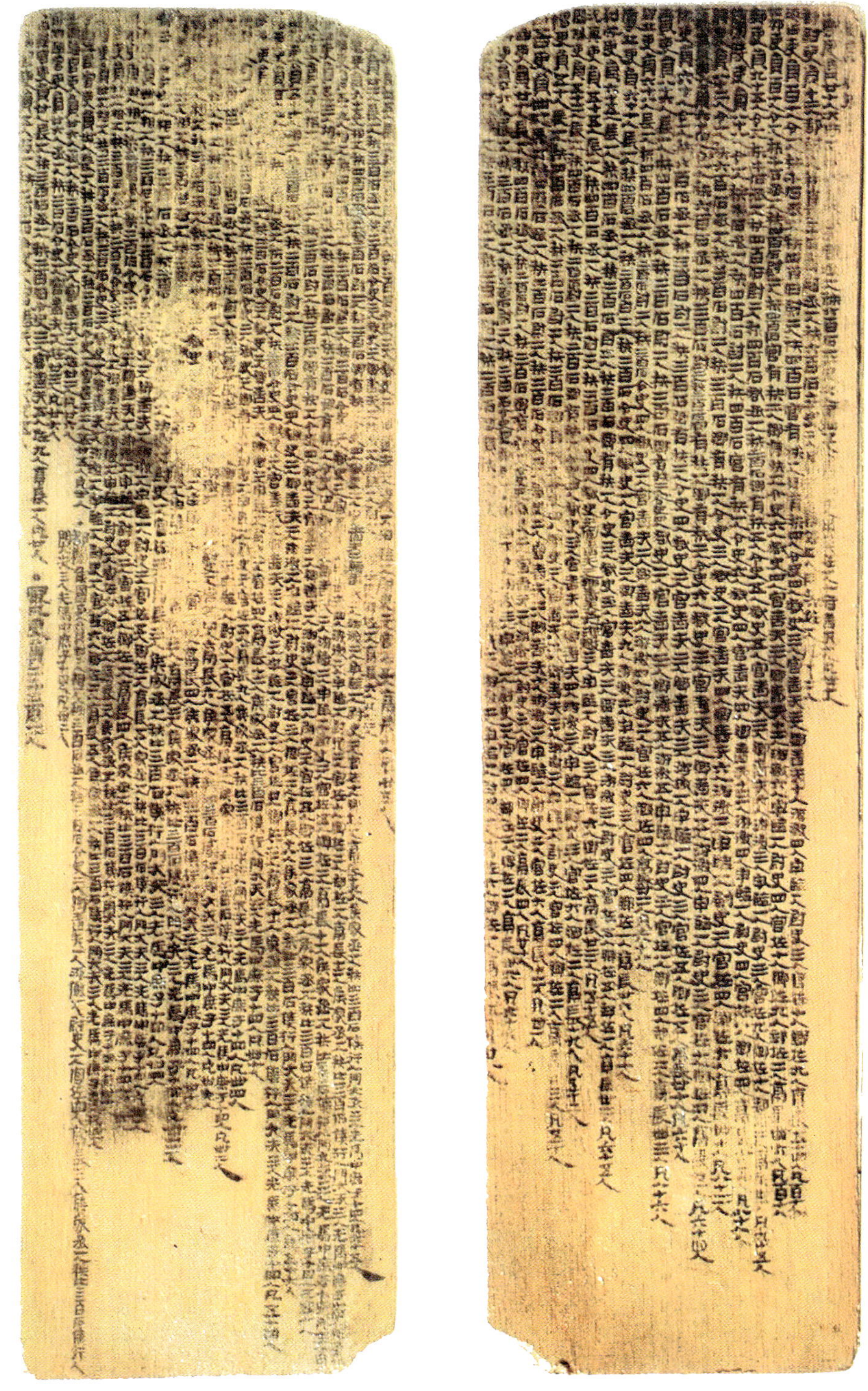

图 4.51　东海县吏员簿
（《尹湾汉墓简牍》，第 14 页）

数据的《计簿》一卷，共200余枚简，其道路里程可作为研究文书递送制度的辅助材料，有爵者的统计记录则可资身份、赋役制度研究之用。

### 44. 随州孔家坡汉墓简牍

2000年出土于湖北省随州市孔家坡8号汉墓，共700余枚。《新出简帛研究》曾发表部分释文和考释，[①]2006年出版的《随州孔家坡汉墓简牍》则刊发了全部照片、释文和考释。[②]其中的1枚告地书木牍，对户籍管理和文书制度的研究具有一定价值。

### 45. 荆州印台汉墓简牍

2002—2003年出土于湖北省荆州市印台墓地的9座墓葬，共有竹木简2300余枚，木牍60余枚，年代在西汉前期。《荆州重要考古发现》刊发了部分照片和释文。[③]含有文书、簿籍、告地书等法制史料，最重要的是一种系统抄写的律令，其性质和规模与张家山M247、张家山M336、睡虎地M77、胡家草场M12的成卷律令相当，具体内容有待刊布。

### 46. 长沙走马楼遗址西汉简牍

2003年11月出土于长沙走马楼街东侧基建工地的J8古井中，该井距1996年出土了数万枚吴简的J22仅90米。经过清理，有字简牍共计有2191个编号，年代在武帝元朔、元狩时期。大部分简牍按材质和形制可分为四类：（1）长55.5厘米（汉制二尺四寸）左右的单行竹简；（2）长46厘米（汉制二尺）左右的竹简，有单行、两行、三行等形式；（3）长23厘米（汉制一尺）左右的竹简、竹牍，有单行、双行、多行等形式；（4）长约23厘米的木简、木牍，有单行、两行、三行、四行等形式。此外，还有少量的木楬、签牌、木觚。《出土文献研究（第七辑）》《简帛研究2006》《简牍名迹选》《湖南出土简牍选编》以及《考古》杂志，都陆续发表过部分照片、释文和考释。[④]

---

① 张昌平：《随州孔家坡墓地出土简牍概述》，载艾兰、邢文编：《新出简帛研究》，文物出版社，2004年，第64—70页。

② 湖北省文物考古研究所、随州市考古队编著：《随州孔家坡汉墓简牍》，文物出版社，2006年。

③ 郑忠华：《印台墓地出土大批西汉简牍》，载荆州博物馆编著：《荆州重要考古发现》，文物出版社，2009年，第204—208页。

④ 长沙简牍博物馆、长沙市文物考古研究所联合发掘组：《2003年长沙走马楼西汉简牍重大考古发现》，载中国文物研究所编：《出土文献研究（第七辑）》，上海古籍出版社，2005年，第57—64页；宋少华：《长沙出土的简牍及相关考察》，载卜宪群、杨振红主编：《简帛研究2006》，广西师范大学出版社，2008年，第249—262页；［日］西林昭一：《简牍名迹选2：湖南篇二》，二玄社，2009年；宋少华等编：《湖南出土简牍选编》，岳麓书社，2013年，第265—274页；长沙简牍博物馆、长沙市文物考古研究所：《长沙市走马楼西汉古井及简牍发掘简报》，载《考古》2021年第3期；陈松长：《长沙走马楼西汉古井出土简牍概述》，载《考古》2021年第3期。

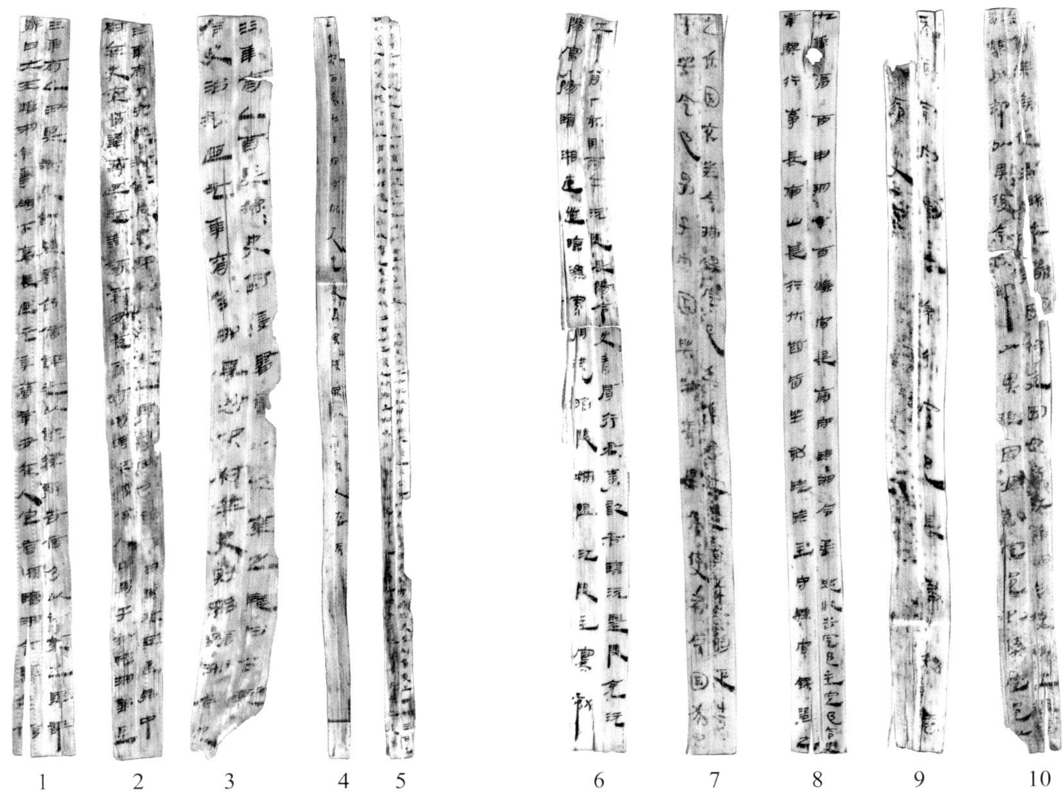

图 4.52　爰书和劾文书

1—5. 爰书；6—10. 劾文书

（《考古》2021 年第 3 期，第 100、102 页）

这批简牍大多为官文书，也有少量私人信件，官文书中有司法文书、行政文书、簿籍、券书、案录等，其司法文书可能是迄今为止所发现的最为集中和丰富的一批。文书的收发方涉及汉朝朝廷、长沙国、武陵、临湘、义阳、定邑、采铁、采铜等多个中央、地方政府或专门官署，其中“定邑”是不见于史书记载的长沙定王的陵邑；职官则可见自宰相、内史、中尉以下至令史、尉史、狱史、具狱史、守狱史等从中央到基层的各级各类型职务；涉及的司法程序囊括了侦查、逮捕、起诉、讯问、审理、判决、执行等各环节，可见“案赎罪以下，写府辟报爰书”“爰书：先以证律辨告”等司法文书习语，为西汉中期司法制度及其运作实况的研究提供了大批宝贵材料；所见刑罚有“髡钳笞釱左止”“耐为隶臣”，而不见“黥”“劓”“斩止”等肉刑，是汉文帝刑罚改革的实物见证，还可见对髡钳城旦、完城旦“驾（加）论”笞和釱止的加重处罚；犯罪则可见盗、纵火、诈为书、诈钱、诈为出券、弗券书、逃亡、纵罪人、劾不以实、去署过三百里不取传等，对研究西汉犯罪类型的演变来说具有重要价值（图 4.52）。

### 47. 天长纪庄汉墓木牍

2004 年出土于安徽省天长市安乐镇纪庄村汉墓，共 34 枚，年代在西汉前中期。《文物》2006 年第 11 期、《简帛研究 2006》和《简牍名迹选》相继发表了部分照片和释文，① 引起学界讨论。其中 1 枚木牍正面自题“户口簿”，背面自题“算簿”，是该县的户口和算赋统计簿，对赋税法制的研究来说是很好的材料；另 1 枚木牍为东阳县守丞责且致墓主孟马的私文书，其以“以吏无劾，无它事”为问候语，可能反映了当时的官吏时刻担心受法律追究的焦虑心理。

### 48. 荆州松柏汉墓简牍

2004 年出土于湖北省荆州市纪南镇松柏村汉墓，该墓下葬于武帝早期，墓主周偃生前曾担任江陵县西乡有秩啬夫。共有木牍 63 枚，木简 10 枚，年代在西汉武帝早期。《文物》杂志、《荆州重要考古发现》发表过部分照片和释文。② 其中有《南郡免老簿》《新傅簿》《罢癃簿》《西乡户口簿》等重要簿籍，对研究当时的户籍和人口管理制度具有宝贵价值。也有部分律令，如 1 枚木牍完整地抄录了一条汉令《令丙第九》，为汉文帝所下达，规定了三县向皇帝献枇杷的实施方式，对汉令研究、行书制度研究都具有宝贵价值，引起了彭浩、李松儒、张俊民、胡平生、曹旅宁、马怡、凡国栋等学者的热烈讨论（图 4.53）。

### 49. 广州南越国宫署遗址简牍

2004 年出土于广东省广州市南越国王宫宫署遗址的古井中，共 100 余枚，年代在西汉前期。《考古》2006 年第 3 期发表了部分照片和释文。③ 其中有少量刑事案卷和簿籍简，扩充了秦汉刑事诉讼研究的材料储备。南越国沿用秦制，未经历文帝、景帝的刑罚改革，因此这批简牍对西汉地方政权法制的研究具有独特价值。

### 50. 云梦睡虎地汉墓简牍

2006 年出土于湖北省云梦县睡虎地墓地（曾出土睡虎地秦简）M77 汉墓，数量超

---

① 天长市文物管理所、天长市博物馆：《安徽天长西汉墓发掘简报》，载《文物》2006 年第 11 期；杨以平、乔国荣：《天长西汉木牍述略》，载卜宪群、杨振红主编：《简帛研究 2006》，广西师范大学出版社，2008 年，第 195—202 页；［日］西林昭一：《简牍名迹选 11：山东、安徽篇》，二玄社，2009 年。

② 荆州博物馆：《湖北荆州纪南松柏汉墓发掘简报》，载《文物》2008 年第 4 期；朱江松：《罕见的松柏汉代木牍》，载荆州博物馆编著：《荆州重要考古发现》，文物出版社，2009 年，第 209—212 页。

③ 广州市文物考古研究所、中国社会科学院考古研究所、南越王宫博物馆筹建处：《广州市南越国宫署遗址西汉木简发掘简报》，载《考古》2006 年第 3 期。

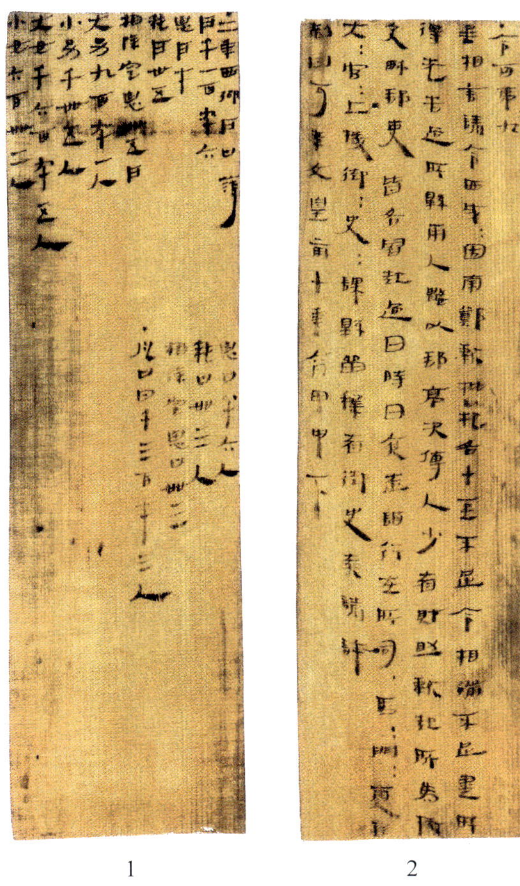

1　　2

图 4.53　“西乡户口簿”和“令丙第九”木牍
1.“西乡户口簿”木牍；2.“令丙第九”木牍
（《荆州重要考古发现》，第 211 页）

达 2137 枚，年代在西汉文帝后期。《江汉考古》、《文物》杂志发表了部分照片、释文和考释。① 这批简牍含有极为丰富的法制史料，包括司法案卷和罕见的记载官吏功劳的功次文书，最重要的则当属继张家山 M247、M336，印台汉简之后再次发现的系统抄写的汉律（图 4.54）。汉律共两卷，800 余枚简。第一卷总题《□律》，律篇十五种：《盗律》《告律》《具律》《贼律》《捕律》《亡律》《杂律》《囚律》《兴律》《关市律》《复律》《校（效）律》《厩律》《钱律》《迁律》；第二卷总题《旁律》，律篇二十四种：《金布律》《均输律》

① 湖北省文物考古研究所、云梦县博物馆：《湖北云梦睡虎地 M77 发掘简报》，载《江汉考古》2008 年第 4 期；彭浩：《读云梦睡虎地 M77 汉简〈葬律〉》，载《江汉考古》2009 年第 4 期；熊北生、陈伟、蔡丹：《湖北云梦睡虎地 77 号西汉墓出土简牍概述》，载《文物》2018 年第 3 期；蔡丹、陈伟、熊北生：《睡虎地汉简中的质日简册》，载《文物》2018 年第 3 期；陈伟、熊北生：《睡虎地汉简中的功次文书》，载《文物》2018 年第 3 期。

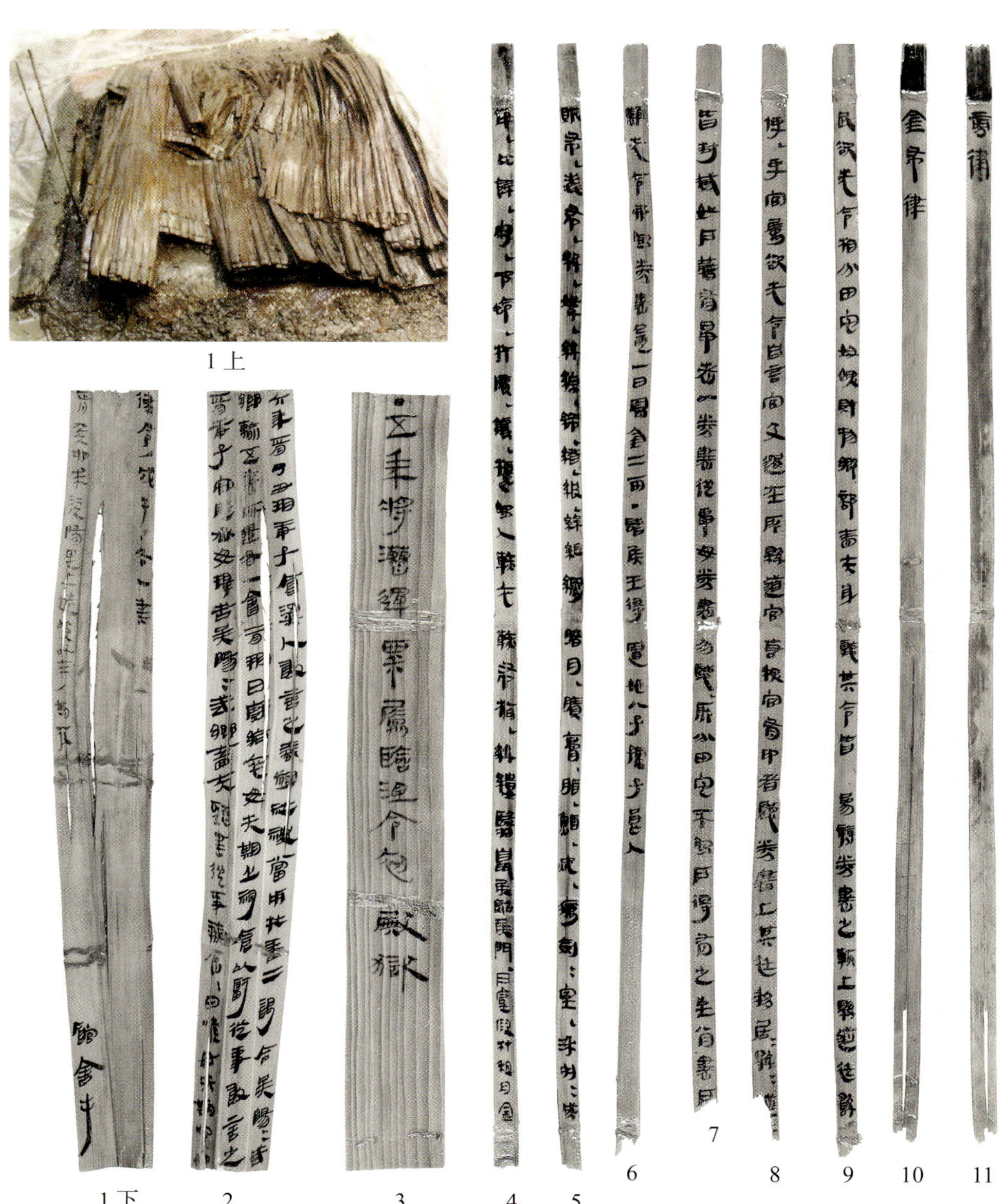

图 4.54　出土时的睡虎地汉简、司法案卷、汉律

1 上 . 出土时的睡虎地汉简；1 下、2—3. 司法案卷；4—11. 汉律

（《中国古代简牍综览》，第 105 页；《文物》2018 年第 3 期，第 45、48 页）

《户律》《田律》《徭律》《仓律》《司空律》《尉卒律》《置后律》《傅律》《爵律》《市贩律》《置吏律》《传食律》《赐律》《史律》《奔命律》《治水律》《工作课律》《腊律》《祠律》《赍律》《行书律》《葬律》。其中的《爵律》《市贩律》《奔命律》《治水律》《腊律》《祠律》《葬律》都是首次出现的律篇名。陈伟等学者指出，此种律分为《□律》《旁律》二卷，似表明"至迟在汉文帝后期，律典已分作两个大类"，① 可见这批简牍对律令结构及其沿革等秦汉法制史基本问题的探索具有极其重要的价值。可预见，在胡家草场 M12 汉简律令刊布之后，其研究价值还将得到更为充分的发挥。

### 51. 荆州谢家桥汉墓简牍

2007 年出土于湖北省荆州市谢家桥 1 号汉墓，共 211 枚，年代在西汉早期。《文物》2009 年第 4 期和《荆州重要考古发现》发表了部分照片和释文。② 简牍共计 211 枚，是一整套文书，其中 3 枚竹牍为告地书，208 枚竹简为一卷遣册，遣册是告地书的附件，出土时全套简牍仍卷合，保持封缄状态，这本身就是探究秦汉文书封缄制度的一手实物材料。③ 其内容则是研究当时的户籍、赋役、文书制度的重要材料。

### 52. 北京大学藏西汉竹简

2009 年初，北京大学通过捐赠获得了一批流失海外的西汉竹简，原出土地不明，经过清理共得到 3346 个编号，其中完整者约 1600 枚，残断简多数也可缀合。这批竹简本是多种书籍简册，内容涵盖了《汉书·艺文志》"六略"中的各大门类，整理者推断其抄写年代主要在汉武帝后期，下限不晚于宣帝。竹简有长、中、短三种简，长简长约 46 厘米，相当于汉制两尺，三道编绳，内容是三种选择类的术数书；短简长约 23 厘米，相当于汉制一尺，两道编绳，内容为医方；其余内容的均为中等简，长约 29.5—32.5 厘米，相当于汉制一尺三寸至一尺四寸，三道编绳。《光明日报》《文物》《书法丛刊》等报刊和《北京大学藏西汉竹书墨迹选粹》都相继发表过部分竹简的照片和释文，并对竹简的入藏、整理等情况做了介绍。④2012—2015 年，陆续出版了《北京

---

① 陈伟：《秦汉简牍所见的律典体系》，载《中国社会科学》2021 年第 1 期。

② 荆州博物馆：《湖北荆州谢家桥一号汉墓发掘简报》，载《文物》2009 年第 4 期；杨开勇：《谢家桥 1 号汉墓》，载荆州博物馆编著：《荆州重要考古发现》，文物出版社 2009 年，第 188—197 页。

③ 参见黄浩波：《蒲封：秦汉时期简牍文书的一种封缄方式》，载《考古》2019 年第 10 期。

④ 《3300 多枚珍贵西汉竹简入藏北京大学》，载《光明日报》2009 年 11 月 6 日第 1 版；《北京大学收藏珍贵西汉竹书——多项首次面世典籍照亮中华灿烂文明》，载《光明日报》2009 年 11 月 6 日第 2 版；朱凤瀚、韩巍、陈侃理：《北京大学藏西汉竹书概说》，朱凤瀚：《北大汉简〈苍颉篇〉概述》，赵化成：《北大藏西汉竹书〈赵正书〉简说》，韩巍：《北大汉简〈老子〉简介》，阎步克：《北大竹书〈周驯〉简介》，何晋：《北大汉简〈妄稽〉简述》，傅刚、邵永海：《北大藏汉简〈反淫〉简说》，李零：《北大汉简中的数术书》，陈苏镇：《北大汉简中的〈雨书〉》，陈侃理：《北大汉简数术类〈六博〉、〈荆决〉等篇略述》，李家浩、杨泽生：《北京大学藏汉代医简简介》，以上均载《文物》2011 年第 6 期；陈侃理：《北京大学藏西汉竹书及其书法价值》，载《书法丛刊》2011 年第 4 期；北大出土文献所编：《北京大学藏西汉竹书墨迹选粹》，人民美术出版社，2012 年。

图 4.55　赵正书
（《北京大学藏西汉竹书》[ 叁 ]，2015 年，夹页）

大学藏西汉竹书》第壹至伍卷，开始系统地刊布这批竹简的内容，① 第陆、柒两卷也即将出版。

这批竹简中的一些早已佚失的书籍，为我们了解战国至汉代的法律思想增添了新的材料，如著录于《汉书 · 艺文志》“诸子略 · 道家”的《周驯》，以阐发治国为君之道为主旨，其开篇即强调“决狱不可以不正”；《儒家说丛》反映了儒家的个人修养对“刑罚”的态度；《阴阳家言》鼓吹自然灾异与国家治理之间的互相感应，或许与董仲舒以来的新儒家法律思想的形成有一定关系；《节》主张配合四时节令的行为范式，可能是王莽《月令诏条》的思想渊源之一，其对“阴阳”“刑德”在各时节的运行出入的描述，可帮助我们加深对“刑德”概念的理解。前所未见的汉代史书《赵正书》( 图 4.55 )，以记录李斯、子婴等人的言论为主，讲述了从秦始皇临终到二世灭亡的秦国政治状况，其中讲到二世乱政的重要举措之一是“燔其律令及故世之藏”，而李斯曾“缓刑罚而薄赋敛，以见主之德，众其惠”，都与传世文献中汉代人所认识的秦亡缘由大异其趣，对我们重新审视这一问题具有参考意义。

### 53. 益阳兔子山遗址西汉简牍

2013 年出土于湖南省益阳市赫山区铁铺岭社区兔子山遗址的 11 口古井中，共

① 北京大学出土文献研究所编：《北京大学藏西汉竹书》( 贰 )，上海古籍出版社，2012 年；《北京大学藏西汉竹书》( 肆 )，上海古籍出版社，2015 年；《北京大学藏西汉竹书》( 壹 )，上海古籍出版社，2015 年；《北京大学藏西汉竹书》( 叁 )，上海古籍出版社，2015 年；《北京大学藏西汉竹书》( 伍 )，上海古籍出版社，2014 年。

1 上

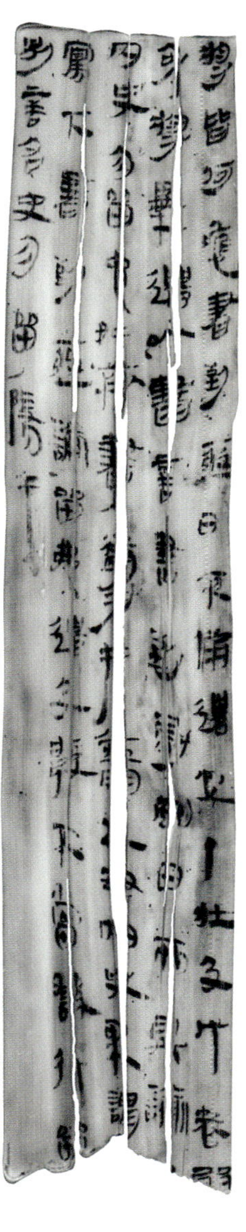

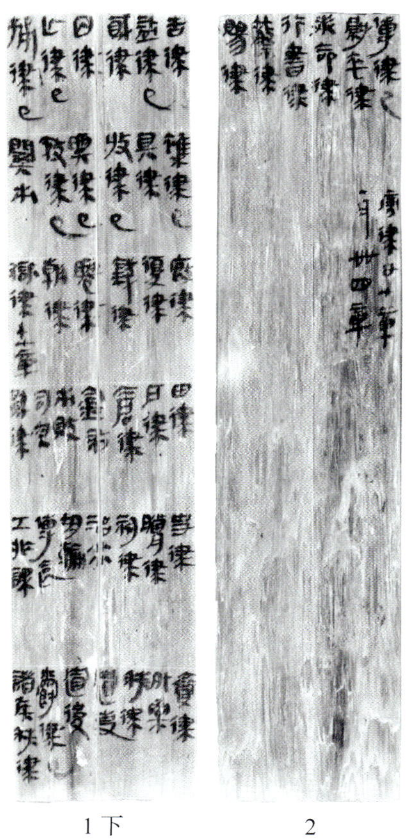

1 下　　2　　3

图 4.56　揭剥中的兔子山简牍、律目木牍、行政文书

1 上 . 揭剥中的兔子山简牍；1 下、2. 律目木牍；3. 行政文书

（《大众考古》2014 年第 6 期，第 34 页；《历史研究》2020 年第 6 期，第 8 页；《文物》2021 年第 6 期，第 72 页）

15000 余枚，年代在战国楚至三国之间。该遗址在秦汉时期为益阳县城，其第 1、5、7 号井所出简牍为西汉初年吴姓长沙国益阳县档案简牍，第 3 号井所出简牍为西汉晚期刘姓长沙国益阳县档案。"中国考古" 网站、2013 年 12 月 6 日的《中国文物报》，以及《大众考古》《文物》《湖南考古辑刊》《历史研究》等刊物都陆续发表过部分简牍的照片、释文和考释，① 大部分简牍则仍在整理中。

这批简牍中含有大量的司法案卷等各类法律文书，一经发表即引起学界的极大关注。徐世虹先后撰文，指出其中的"张勋主守盗"大木牍反映西汉末期的盗罪规范、法律术语"鞫"的涵义、城旦刑罚的执行等方面都与秦和汉初有所不同；② 曹旅宁则根据其中一则买卖奴婢传致文书，指出唐代的相关制度是秦汉制度的廷续 ③ 等等，都反映出这批简牍对西汉法制史研究所具有的重要价值。最为引人瞩目的是出土于 7 号井的木牍 J7 ⑦：1+2，完整地记载了"狱律十七章"和"旁律廿七章"的所有律名，其律名和分类与睡虎地 M77、胡家草场 M12 汉简律令都能契合并衔接，正如张忠炜、张春龙所指出，它说明汉初以来狱律与旁律的划分，很可能就是传世文献中正律与旁章的划分的源头。毋庸置疑，此牍又为廓清扑朔迷离的汉律整体面貌补上了一块重要的拼图（图 4.56）。

### 54. 随州周家寨汉墓简牍

2014 年出土于湖北省随州市周家寨 M8 墓地（靠近孔家坡墓地），共有竹简 566 枚，木牍 1 枚，竹签牌 3 枚，年代为西汉早期。《大众考古》2015 年第 4 期、《考古》

① 《湖南益阳出土 5000 枚简牍、时间跨度从先秦到三国》，"中国考古" 网站（http://kaogu.cssn.cn/zwb/xccz/201307/t20130724_3926784.shtml），2013 年 7 月 24 日；《湖南益阳兔子山遗址》，"中国考古" 网站（http://kaogu.cssn.cn/zwb/xshdzx/2013nqgsdkgxfx/201404/t20140411_3929061.shtml），2014 年 4 月 11 日；湖南省文物考古研究所：《二十年风云激荡：两千年沉寂后显真容》，载《中国文物报》2013 年 12 月 6 日第 6 版；周西璧：《洞庭湖滨兔子山遗址考古：古井中发现的益阳》，载《大众考古》2014 年第 6 期；湖南省文物考古研究所、益阳市文物处：《湖南益阳兔子山遗址九号井发掘简报》，载《文物》2016 年第 5 期；湖南省文物考古研究所益阳市文物管理处：《湖南益阳兔子山遗址九号井发掘报告》，载湖南省文物考古研究所编：《湖南考古辑刊（第 12 集）》，科学出版社，2016 年，第 129—163 页；湖南省文物考古研究所、中国人民大学历史学系：《湖南益阳兔子山遗址七号井出土简牍述略》，载《文物》2021 年第 6 期；张忠炜、张春龙：《汉律体系新论——以益阳兔子山遗址所出汉律律名木牍为中心》，载《历史研究》2020 年第 6 期。

② 徐世虹：《西汉末期法制新识——以张勋主守盗案牍为对象》，载《历史研究》2018 年第 5 期；《秦汉"鞫"文书谫识》，载武汉大学简帛研究中心主办：《简帛》（第 17 辑），上海古籍出版社，2018 年。

③ 曹旅宁：《汉唐时期律令法系中奴婢马牛等大宗动产买卖过程研究——以新出益阳兔子山汉简所见异地买卖私奴婢传致文书为线索》，载《社会科学》2020 年第 1 期。

2017 年第 8 期发表了木牍、签牌及部分竹简的照片和释文。① 木牍为告地书，签牌为随行奴婢的标签，对研究文书和户籍制度有一定价值。

### 55. 黄岛土山屯汉墓简牍

2016—2017 年出土于青岛市黄岛区土山屯汉墓 M147 西汉墓，共 11 枚，年代在西汉哀帝时期。墓主头戴武弁，生前曾任萧县和堂邑县令。《大众考古》2018 年第 2 期、《考古学报》2019 年第 3 期发表了部分照片和释文。② 木牍字迹清晰，书写工整，其中有记载堂邑县及其下属机构重要数据的《堂邑元寿二年要具簿》和《诸曹要员集簿》，记载逮捕盗贼及定罪情况的《堂邑盗贼命簿》《盗贼命簿》《捕得他县盗贼小盗伤人簿》，记载囚徒定罪和输送铁官情况的《囚簿》等簿籍，是不可多得的反映西汉晚期县级司法事务运作状况的宝贵材料。

### 56. 渠县城坝遗址西汉简牍

2014—2018 年出土于四川省渠县城坝遗址（秦汉宕渠县）的郭家台城址的古井、窖穴和"津关区"，共 200 余枚，年代在秦至魏晋之间。《考古》2019 年第 7 期发表了部分照片和释文。③ 其中出土于"津关区"房屋遗址的汉成帝河平二年"爰书"两行简，是乡吏为回复办案查询文书而对其所辖居民进行户籍调查的报告，堪称反映司法事务中运用户籍的一手材料。

### 57. 荆州胡家草场汉墓简牍

2018—2019 年出土于湖北省荆州市纪南城遗址东南的胡家草场墓地，共 4642 枚，为单座墓葬出土简牍数量最大者之一，年代在西汉前期。"荆州博物馆"网站、"亚洲考古"微信公众号、《考古》杂志、《荆州胡家草场西汉简牍选粹》都陆续发表了部分照片和释文，④ 其法制史料主要是律典三卷和令典二卷共 3000 余枚简。在迄今已知的

---

① 湖北省文物考古研究所：《湖北随州周家寨墓地》，载《大众考古》2015 年第 4 期；湖北省文物考古研究所、随州市曾都区考古队：《湖北随州市周家寨墓地 M8 发掘简报》，载《考古》2017 年第 8 期。

② 彭峪：《汉代县令家族的身后事：山东青岛土山屯墓群》，载《大众考古》2018 年第 2 期；青岛市文物保护考古研究所、黄岛区博物馆：《山东青岛土山屯墓群四号封土与墓葬的发掘》，载《考古学报》2019 年第 3 期。

③ 四川省文物考古研究院、渠县历史博物馆：《四川渠县城坝遗址》，载《考古》2019 年第 7 期。

④ 《荆州新出楚汉简牍被公布为"考古中国"重大项目》，"荆州博物馆"网站（http://www.jzmsm.org/yw/kaogu/kaogudongtai/2019-05-06/1633.html），2019 年 5 月 6 日；《胡家草场墓地首次公开简牍高清图片》，"亚洲考古"公众号（https://mp.weixin.qq.com/s/PYOiXqXli5BlWHgarxXcOg），2020 年 1 月 7 日；荆州博物馆：《湖北荆州市胡家草场墓地 M12 发掘简报》，载《考古》2020 年第 2 期；李志芳、蒋鲁敬：《湖北荆州市胡家草场西汉墓 M12 出土简牍概述》，载《考古》2020 年第 2 期；荆州博物馆、武汉大学简帛研究中心编著：《荆州胡家草场西汉简牍选粹》，文物出版社，2021 年。

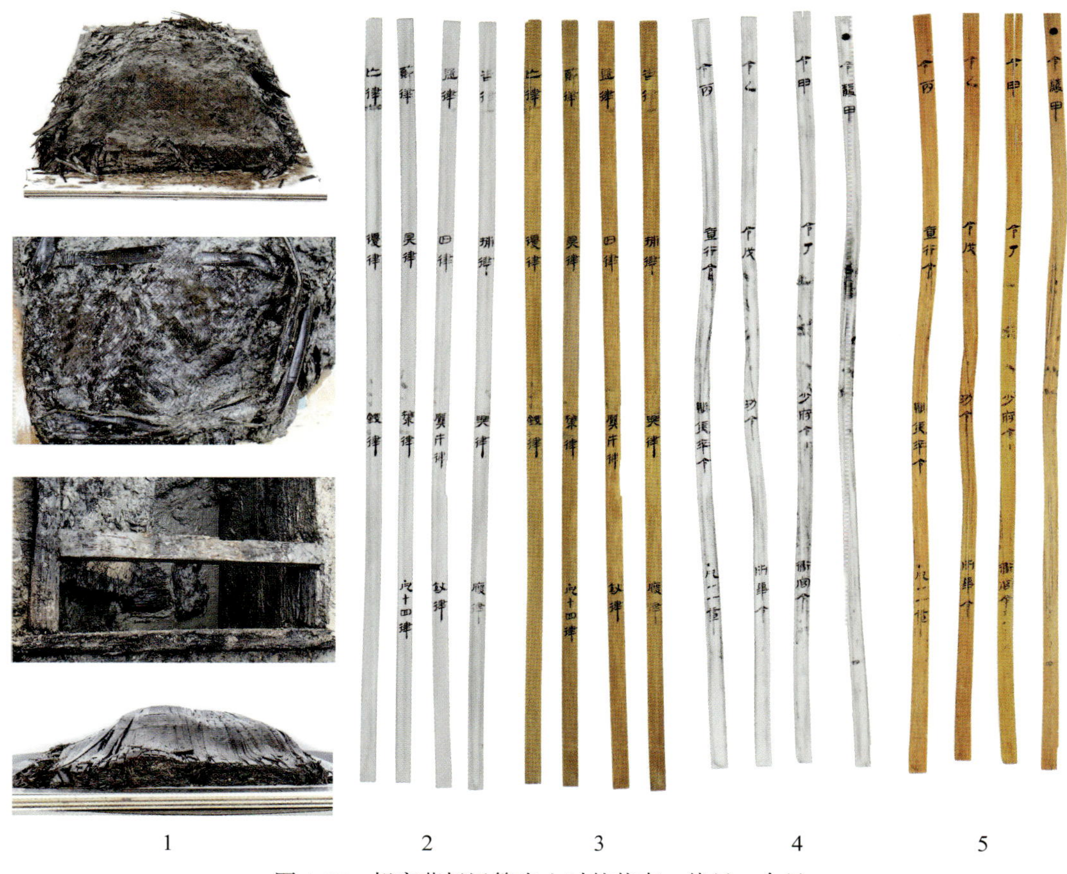

1　　2　　3　　4　　5

图 4.57　胡家草场汉简出土时的状态、律目、令目

1. 胡家草场汉简出土时的状态；2—3. 律目；4—5. 令目

（《考古》2020 年第 2 期，第 19、26、29 页）

汉代简牍法律文本中，这批律令简不仅保存状况最好、数量最大（超过张家山 M247、M336 和睡虎地 M77 汉简），且其文本的系统化和完善程度也难有可与匹敌者。

律典三卷和令典二卷各自带有目录。律典第一卷无总题，目录记“凡十四律”，除缺少《迁律》外，律篇与睡虎地 M77 汉简的《□律》相同。律典第二卷总题《旁律甲》，目录记“凡十八律”，律篇有《朝律》《田律》《户律》《置吏律》《赐律》《市贩律》《置后律》《秩律》《均输律》《仓律》《爵律》《徭律》《行书律》《金布律》《傅律》《尉卒律》《奔命律》等。第三卷总题《旁律乙》，目录记“凡十三律”，分别为：《腊律》《祠律》《司空律》《治水律》《工作课律》《传食律》《外乐律》《葬律》《蛮夷复除律》《蛮夷士律》《蛮夷律》《蛮夷杂律》《上郡蛮夷间律》。胡家草场 M12《旁律甲》和《旁律乙》的律篇与睡虎地 M77《旁律》大多重合，也互有出入。令典第一卷总题《令散甲》，目录记“凡十一章”，分别为：《令甲》《令乙》《令丙》《令丁》《令戊》《壹行令》《少府令》《功令》《蛮夷卒令》《卫宫令》《市事令》。令典第二卷无总题，目录记“凡廿六章”，令篇有《户令甲》《户令丙》《厩令甲》《金布令甲》《金布令乙》《诸侯共令》《禁苑令》《仓令甲》《尉令乙》等。

胡家草场M12汉简继睡虎地M77汉简之后，再次向人们展示了早期汉律令结构的真实面貌，与《晋书·刑法志》等传世文献记载相比较，既多相互印证，又存在明显的实质性冲突，为西汉立法体系研究带来了空前宝贵的一手材料，其内容所涵盖的法规的范围也明显超过张家山M247汉简，必将大大充实对西汉早期法律制度的了解（图4.57）。

作为目前已知最为完善、完整的一种汉代律令钞本，胡家草场M12汉简律令的价值在一定程度上比张家山汉简、睡虎地M77汉简律令更胜一筹，对于复原西汉立法体系、考察法律形式在秦汉魏晋之间的发展演变脉络等法制史基本问题而言，这批简牍文本或将发挥不可替代的标尺性和框架性功能。

## 四、东汉和魏晋简牍

### 58. 额济纳河流域汉代边塞遗址简牍

额济纳河流域之于汉代边塞体系的地理意义，及该地区出土简牍的基本情况，我们已在西汉部分的“额济纳河流域汉代边塞遗址简牍”中做过简要介绍。该地区所出简牍大部分年代在西汉，但也有一部分晚至东汉，其中包含法制史料的有以下几种：

（1）居延汉简中的东汉简牍。这批简牍的情况前已做过介绍。其年代自新莽末期割据陇右的隗嚣政权开始，东汉中期以后的纪年较少，而以光武帝建武年间者居多。其内容涉及社会生活的各个方面，大部分仍与屯戍有关。数量最多的是来往公文，及用于行政事务的各种统计、会计簿籍。

（2）居延新简中的东汉简牍。这批简牍的情况前已做过介绍。其所见纪年最晚者西晋武帝太康四年，但东汉光武帝以后的已不多见。新莽末至光武帝建武初年者，尚见更始帝刘玄的更始及刘盆子政权的建世，还有隗嚣的复汉及顺延西汉平帝年号的元始二十六年（相当于光武帝建武二年），建武三年才奉东汉纪年正朔。

居延新简最显著的特点是出土了大量的简册，其中甲渠候官第22号房舍遗址保存了一批较完整的册书，是当时官署的实用文书。其中《建武三年十二月候粟君所责寇恩事》简册（图4.58）由36枚简组成，是一套相当完整的记录债务纠纷案件证辞的“爰书”，在法制史学界引发了热烈讨论，是研究东汉诉讼和官吏责任制度的宝贵材料。

此外，在居延新简中留存了两件隗嚣政权时期的“科”：《捕匈奴虏购科赏》与《捕反羌科赏》。这两件标题统称为《捕斩匈奴反羌购偿科别》，内容是有关捕、斩匈奴、反羌获得赏金及除罪的规定。这两件科就是对汉律中所涉及的捕和斩的内容更细致化的规定，可能是补充性的，也有可能是修改性的。这是研究两汉法律结构中非常

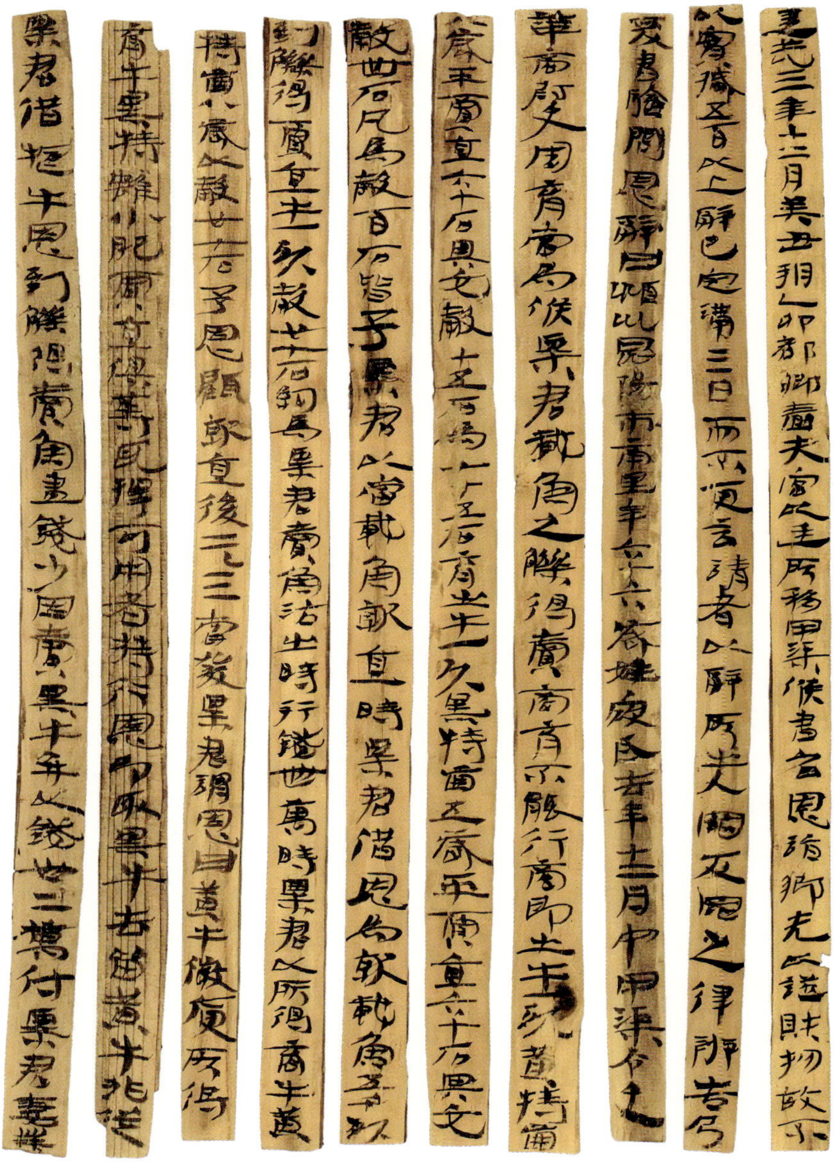

图 4.58　建武三年十二月候粟君所责寇恩事

（《居延新简集释（七）》，第 1—9 页）

重要的地方性立法，需要做深层次探讨。

（3）额济纳汉简中的东汉简牍。这批简牍的情况前已做过介绍。其形制有简、两行、牍、柧、楬、封检等，存二件较完整的册书，其一尚系有编绳，保存了册书的原貌，尤为可贵。内容包括了西汉中期至东汉初期特别是新莽时期的政治、军事、法律、汉匈关系和居延边塞屯戍、社会生活等方面，是内容丰富的第一手资料。其中的法制史料包括烽火品约、士吏行政规范等三类，对研究东汉初期居延烽燧重建意义重大。

（4）地湾汉简中的东汉简牍。这批简牍的情况前已做过介绍。其所见年号集中于公元前81年至公元27年，属西汉昭帝至东汉光武帝时期，是肩水候官的各种原始文书档案，记录了这一地区的政治、经济、军事、典章制度等各方面的情况，如日常勤务的日迹记录、邮件传递记录、守御器簿、戍卒被兵簿、钱出入簿、吏受奉名籍、谷出入簿、吏卒廪名籍、出入关的记录等，为研究汉代的社会和历史提供了珍贵的资料，与居延汉简、金关汉简、悬泉汉简等，共同构成了西北汉简的资料宝库（图4.59）。

若和奸卖买

图4.59　和奸卖买文书
（《地湾汉简》，第12页）

## 59. 疏勒河流域汉代官署遗址简牍

疏勒河流域之于汉代行政和边塞体系的地理意义，及该地区所出简牍的概况，我们已在西汉部分的“疏勒河流域汉代官署遗址简牍”中做过简要介绍。敦煌地区出土的东汉魏晋简牍中，包含法制史料的有以下几种：

（1）敦煌汉简中的东汉魏晋简牍。这批简牍的公布情况前已做过介绍。其所见年号最早者为西汉武帝天汉三年（公元前98年），最晚者为东汉顺帝永和二年（公元137年），其中涉及东汉时期有新莽及东汉光武帝、明帝、章帝、安帝、顺帝年号，有极少量简的用语及书法风格与汉简有别，疑为东汉以后的遗物。这些简牍大多出于鄣隧遗址，故其内容大多与屯戍活动有关。常见者有烽火品约、传递烽火的记录、传递邮书的记录、日迹符券、勤务统计、司法文书等，是少见的涉及边塞法律规范、立法和司法的重要研究对象（图4.60），但由于此批简牍发掘时间早，缺乏保存技术，散、碎、残的情况比较严重，需要细致缀合及考证。

（2）敦煌悬泉置汉简中的东汉简牍。这批简牍的公布情况前已做过介绍。悬泉汉简中的东汉纪年有建武、永平、永元等，最晚者为汉安帝的“永初元年”。其内容非常丰富，含有大量的诏书及各级官府的通行文书、律令、司法文书、簿籍、私信及典籍等。官府文书中不仅有以往简牍中常见的郡、县、亭隧文书，还有以往未见或少见的督邮及乡、置文书。悬泉汉简所见律令大多残断，司法文书则相对完整。律令简20

所犯尤桀黠，当以时诛，恐当与浸多，为吏民害，愿比建平三年诏书

图 4.60　比建平三年诏定罪（《敦煌马圈湾汉简集释》，第 120 页）

诈以不出塞，及诸候者谩所至，以失寇，皆要（腰）斩，责聂（摄）。太守、都尉、长史以下乏者，与同罪。候者见来迹若得

图 4.61　诈不出塞条（《玉门关汉简》，第 6 页）

余枚，大多未见律名，据内容考察当有贼律、田律、置吏律、盗律、令乙、兵令、仓令等。所见品式主要有烽火品约及驿置关于住宿、用车、膳食等方面的规定。司法文书中最常见的是爰书，其中与传车、驿马相关的爰书最多。再者为逮书——为追捕和羁押罪犯专设的文书，从中亦知悬泉置住有服役犯人，故效谷县派有狱吏常驻于此参加管理。此外还有劾状等诉状。这让后人充分地了解东汉时边郡司法状态，并可以与西汉司法制度比较研究。

（3）《玉门关汉简》所收东汉魏晋简牍。《玉门关汉简》一书收录了历年来在敦煌地区各烽燧遗址出土并且收藏在敦煌市博物馆的全部汉晋简牍 729 枚（有晋简 2 枚）。其中包括 1998 年在玉门关遗址发掘出土的 381 枚、1987 年至 1990 年在悬泉置遗址采集的悬泉汉简 57 枚、1990 年以来在其他各烽燧遗址采集的零星汉简 79 枚，均属首次公布。另外 212 枚虽在此前已有发表，但此次重新整理，有清晰的图版和更加准确的释文。该书所收录的简牍记录了烽燧边塞的行政、司法工作。内容涉及玉门关位置、出入关制度、中原与西域关系、西北边防制度、丝路交通等，对过去敦煌出土汉简的诸多内容有补充意义，对汉晋时期的边疆管理及玉门关功能性质的研究具有重要意义（图 4.61）。

### 60. 武威旱滩坡东汉墓简册

1989 年 8 月，在甘肃省武威发掘旱滩坡东汉墓，获木简 16 枚，又出木质鸠杖 1 件。简文见“建武十九年”年号，简文性质与“王杖十简”和“王杖诏书令”有类似之处，由摘抄的“田律”“田令”“令乙”“公令”“御史挈令”“兰台挈令”“卫尉挈令”“尉令”等法条及其相关的“行事”构成，但内容多残损，其

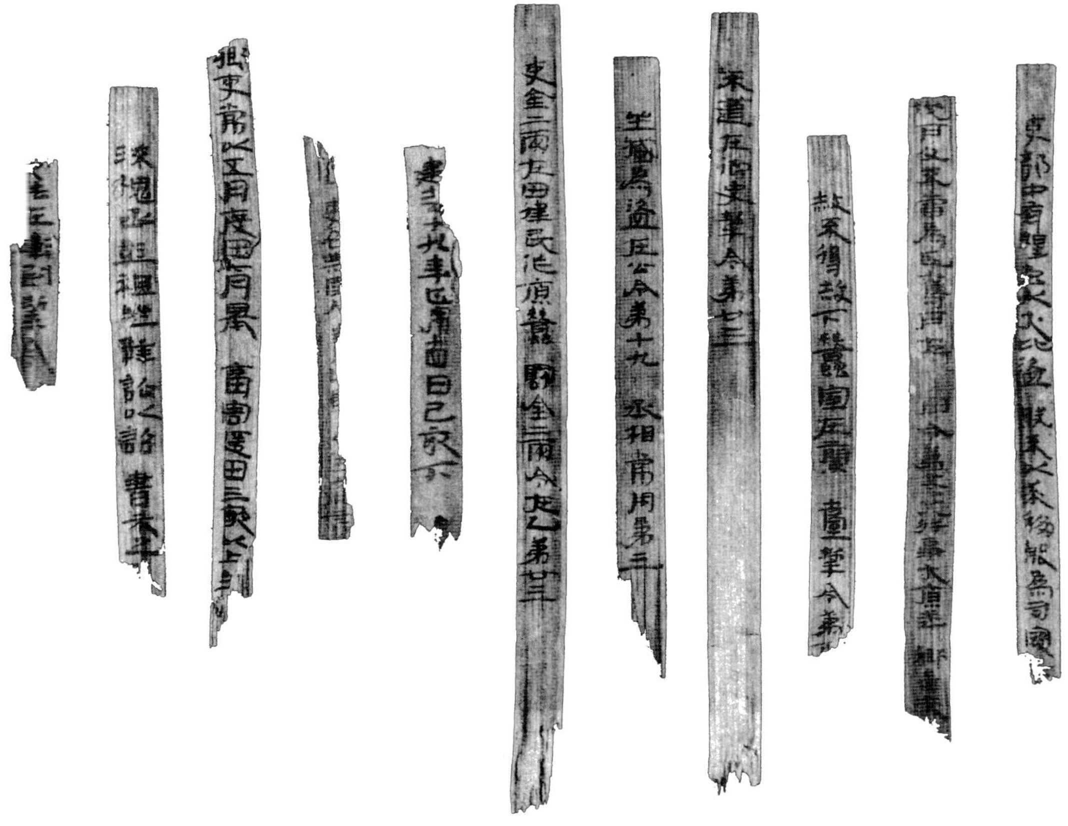

图 4.62　旱滩坡法律简
(《文物》1993 年第 2 期，第 29、30 页)

制度涉及矜老、上言变事、擅使民无名数、擅发民马车牛、诈占名数等方面。《文物》1993 年第 10 期已发表其照片、释文和考释。① 此批律令简所见部分律令名与史料记载相符，有些则前所未见，对研究东汉立法体系和法律制度具有重要作用（图 4.62）。

### 61. 甘谷东汉墓简册

1971 年 12 月，天水市甘谷县渭阳人民公社十字道生产大队村北的刘家洼坪发现一座东汉墓，从中清理出松木简 23 枚，其中完整者 8 枚，原为一册。木简设三道编绳，墨书隶体，正面书写正文，背面上端署编号“第一”至“第廿三”，但缺“第四”“第八”“第十三”“第十九”等序号。简册正文为东汉桓帝延熹元年、二年宗正府卿刘柜上奏皇帝报告宗室受侵辱之事、皇帝的批示及下发的诏书律文。《汉简研究文

① 武威地区博物馆：《甘肃武威旱滩坡东汉墓发掘简报》，载《文物》1993 年第 10 期；李均明、刘军：《武威旱滩坡出土汉简考述——兼论“挈令”》，载《文物》1993 年第 10 期。

集》已公布了所有的照片、摹本、释文及考证。[①]简文揭示东汉中后期顺帝和桓帝之世刘姓宗室与州、郡、县地方豪绅之间争权夺利的激烈斗争，反映了刘姓皇族的衰落及地方豪强的兴起，是研究东汉上层社会纠纷解决机制的第一手资料。

### 62. 益阳兔子山遗址东汉三国简牍

2013 年 5—11 月，湖南省益阳市兔子山遗址井窖中出土了楚、秦、汉、三国时期的简牍 5000 余枚，其基本情况我们已在西汉部分的“益阳兔子山官署遗址简牍”中做过简要介绍（图 4.63）。其中 6 号井出东汉、孙吴木简约 1000 枚，年号有永寿、建安、嘉禾等，内容多为司法文书和簿籍，记录了益阳县的刑事案件审理、吏员管理、钱粮出入等情况。其中 1 枚木牍为东汉中期益阳县兼狱史况的上行文书，报告兼左贼史押解嫌犯故废亭长入狱，并请求将之依法械系，其后则附有县丞和狱掾为该嫌犯安排牢房和牢人的议定，是反映当时刑事羁押程序的一手材料。

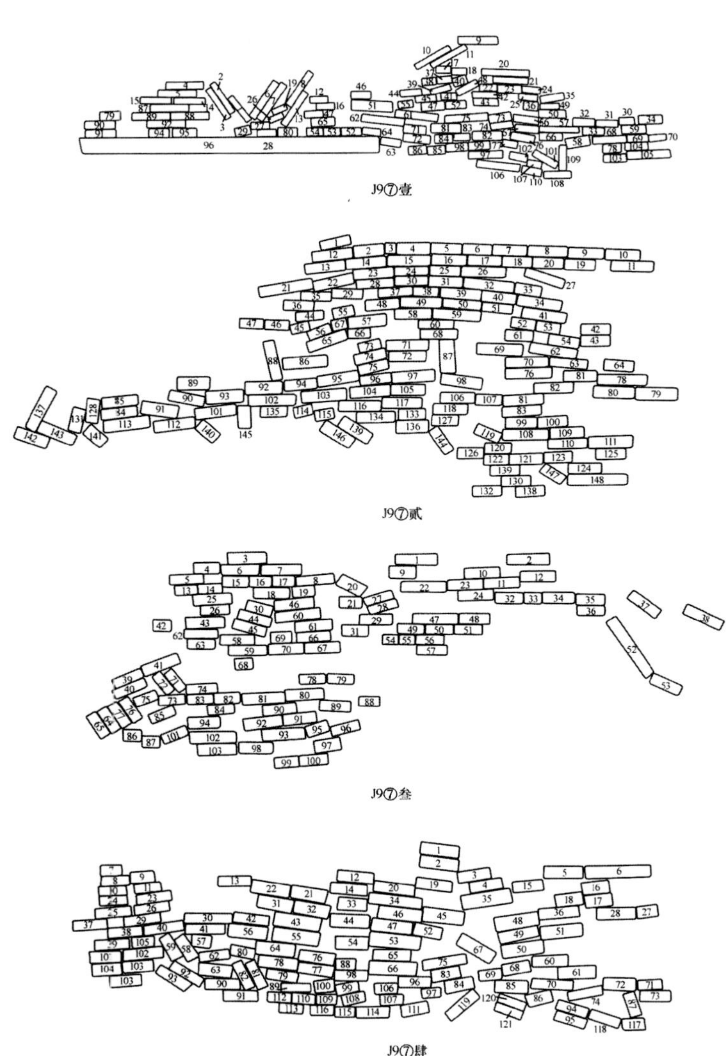


图 4.63　兔子山遗址 J9 第 7 层简牍揭剥图（《湖南考古辑刊》[ 第 12 集 ]，第 147 页）

### 63. 张家界古人堤遗址东汉简牍

1987 年 4 月至 8 月，在湖南省古人堤遗址 1 号探方发掘出土一批简牍，共计 90 枚，根据简牍文字中东汉永元、永初年号，以及简文书体，可知其为东汉时期的遗物。简文为容大致可分为汉律、医方、官府文书、书信及礼物谒、历日表、九九术表六类。

① 张学正：《甘谷汉简考释》，载甘肃省文物工作队、甘肃省博物馆编：《汉简研究文集》，甘肃人民出版社，1984 年，第 85—141 页。

《中国历史文物》2003 年第 2 期介绍了简牍出土情况，并公布了古人堤简牍的全部释文、注释及部分照片。①

古人堤简牍中的基层司法文书、《贼律》的部分摘录，可以与《二年律令》对读，另外还记录了基层司法官吏职务名称，如贼曹小史等。更重要的是以罪名形成的汉律目录，包括斗杀以刀、蛊人、父母告子、贼杀伤人、犬杀伤人、殴父母等近二十条，这对于研究罪名的形成规律有重要的意义。

### 64. 长沙东牌楼遗址东汉简牍

2004 年 4—6 月，长沙市文物考古研究所发掘了位于市中心五一广场东南侧的东牌楼建筑工地内的古井群，在编号 J7 的古井内清理出 426 枚东汉简牍，其中有字简 206 枚，无字简 220 枚，均为木质，其形制以木牍和封检居多（图 4.64，图 4.65）。简文所见纪年有灵帝的建宁、熹平、光和、中平四个年号，最早为建宁四年，最晚为中平三年。其内容大致可分为公文、私信、杂文书、习字及残简五大类。其中杂文书又包括事目、户籍、名簿、名刺、券书、签牌、杂账等小类。2006 年出版的《长沙东牌楼东汉简牍》公布了全部简牍的照片、释文及注释，② 书中附有《长沙东牌楼七号古井发掘报告》《长沙东牌楼东汉简牍概述》《长沙东牌楼东汉简牍的书体、书法与书写者》，分别对简牍的出土情况、内容、形制、年代及其价值做了详细介绍。

东牌楼简牍虽然数量不多，但和后面陆续出土的五一广场、尚德街东汉简牍，出土地极近，年代相似，均多为文书简，很多内容可以相互印证，在五一广场简牍中所见司法官吏名称等在此批简牍中也可以看到。

### 65. 长沙五一广场遗址东汉简牍

2010 年 6—8 月，长沙市五一广场出土了一批东汉简牍，总数 6862 枚，简文所见纪年有章和、永元、元兴、延平、永初等年号，表明该批简牍的年代在东汉早中期和帝至安帝之间。其形制主要是官文书简牍，也有用于封缄文书的封检及函封、标识封缄文书的楬等，另有部分私人信函简牍。2015 年出版的《长沙五一广场东汉简牍选释》，公布了 176 枚简牍的图版和释文。③2018 年开始，中西书局陆续出版

① 湖南省文物考古研究所、中国文物研究所：《湖南张家界古人堤遗址与出土简牍概述》，载《中国历史文物》2003 年第 2 期；湖南省文物考古研究所、中国文物研究所：《湖南张家界古人堤简牍释文与简注》，载《中国历史文物》2003 年第 2 期。

② 长沙市文物考古研究所、中国文物研究所：《长沙东牌楼东汉简牍》，文物出版社，2006 年。

③ 长沙市文物考古研究所、清华大学出土文献研究与保护中心、中国文化遗产研究院、湖南大学岳麓书院编：《长沙五一广场东汉简牍选释》，中西书局，2015 年。

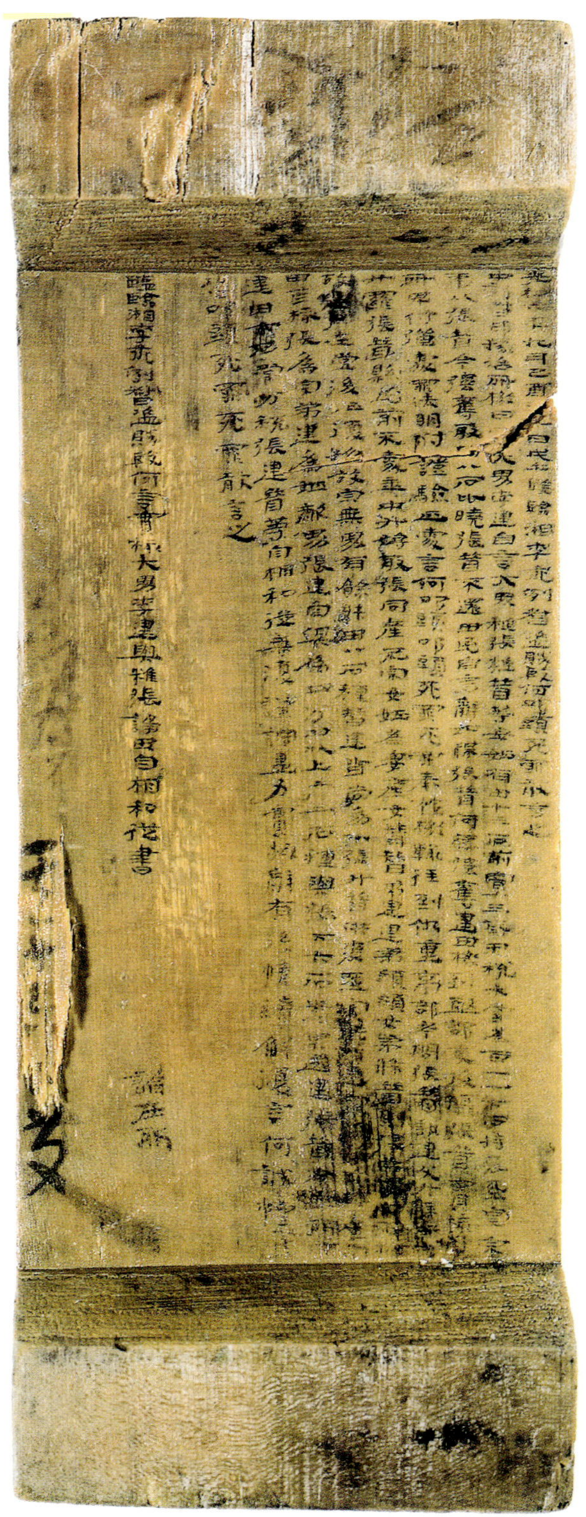

图 4.64　诤田自相和从书（《长沙东牌楼东汉简牍》，第 34 页）

图 4.65　东牌楼建设工地与 J7 位置（由西向东）
（《长沙东牌楼东汉简牍》，第 33 页）

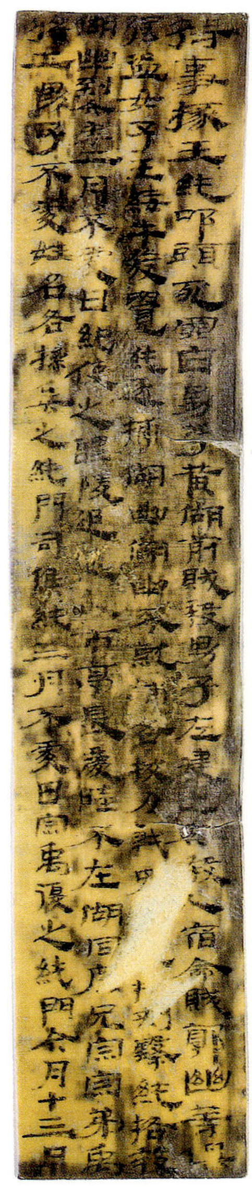

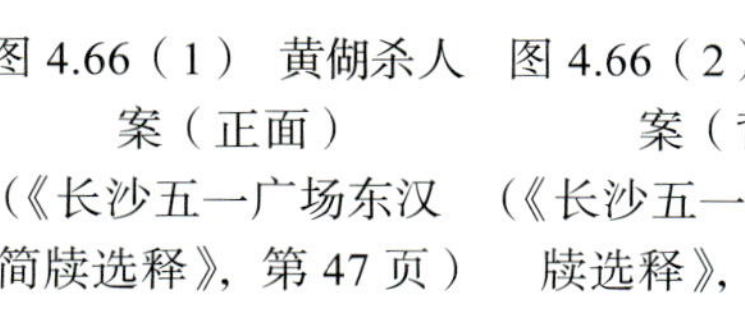

图 4.66（1） 黄倗杀人案（正面）
（《长沙五一广场东汉简牍选释》，第 47 页）

图 4.66（2） 黄倗杀人案（背面）
（《长沙五一广场东汉简牍选释》，第 47 页）

了六册《长沙五一广场东汉简牍》，① 开始系统地刊布简牍内容，其每册收录 400 枚简牍的彩色、红外照片，以及释文和注释，并详细登录了各简的形制数据。目前，这批简牍仍在继续整理刊布当中（图 4.66）。

这批简牍的内容相当丰富，涉及当时的政治、经济、法律、军事诸多领域。尤其是当时大量使用的行政公文具有时效性，主要是长沙郡及门下诸曹、临湘县及门下诸曹的下行文书，临湘县、临湘县下属诸乡和亭的上行文书，以及与外郡县的往来文书。公文涉及的地域广泛，从中可了解当时的行政区划及管理体系。其中不少名称也见于走马楼三国吴简，说明某些体制一直沿用至三国孙吴时期。文书的责任人或撰写者多为各级官吏，简文所见职官名目繁多，是研究东汉官僚体系的第一手资料。简牍还包含大量与司法相关的内容，涉及刑事、民事诉讼，对研究东汉司法史具有重大价值。这批纪年明确、保存较好、形制规整、字迹清楚、数量众多的官府档案文书简牍，弥补了以往东汉早中期简牍出土较少的缺环。

## 66. 长沙尚德街遗址东汉简牍

2011 年 3 月至 2012 年 9 月，在长沙市尚德街清理了大批战国至明清时期遗

① 长沙市文物考古研究所、清华大学出土文献研究与保护中心、中国文化遗产研究院、湖南大学岳麓书院编:《长沙五一广场东汉简牍（壹）》，中西书局，2018 年；《长沙五一广场东汉简牍（贰）》，中西书局，2018 年；《长沙五一广场东汉简牍（叁）》，中西书局，2019 年；《长沙五一广场东汉简牍（肆）》，中西书局，2019 年；《长沙五一广场东汉简牍（伍）》，中西书局，2020 年；《长沙五一广场东汉简牍（陆）》，中西书局，2020 年。

迹，其中的九口古井出土了257枚简牍，残断较为严重，其中有字简和有墨迹的简牍171枚，无字简86枚。内容包括诏书律令、官府公文、杂账、名簿、药方、私人书信、习字等；书体包括隶书、行书、草书和楷书等；时代为东汉中晚期至三国孙吴早中期，以东汉中晚期为主。为研究东汉的政治、经济、社会生活等增添了重要的资料。2016年出版的《长沙尚德街东汉简牍》刊布了这批简牍的彩色、黑白照片及释文，并附有详细的发掘报告，介绍了相关古井的发掘情况。①

这批简牍对于汉代立法、司法乃至中国传统法制的沿革史有重要研究价值。如律令中"惊动鬼神"与"对悍使者而无人臣礼""上书绝匿其名"等罪状同列为"大不敬"，超出以往对"大不敬"的认识，为这一影响深远的重要法律制度的形成、发展、演变增添了一个时代断面（图4.67）。

### 67. 长沙科文大厦遗址东汉简牍

1997年5—6月，在长沙五一广场科文大厦工地内发掘了一批古代井窖，其中六座井窖中出土了东汉简牍200余枚，形制有简、牍、封检、楬等，保存较好，内容大致是官府文书、信件等，其中可见汉殇帝"延平"纪年。这批简牍现收藏于长沙简牍博物馆，《简帛研究2006》曾简要地介绍过其情况。②但迄今尚未见图版的公布。

### 68. 长沙走马楼遗址孙吴简牍

1996年7月至12月，在湖南省长沙市五一广场走马楼西南侧的编号为J22的古井中发掘了大批三国孙吴时期的简牍，总计有10万余枚，其中有字简7.2万余枚，带字痕简3万余枚，另有4万余枚无字简。已整理部分所见年号最早为东汉建安二十五年，最晚年号为孙吴嘉禾六年，另外建安年号还顺延至二十七年。唯有一枚为"中平二年"纪年。这批简牍大部分属于孙吴临湘县或侯国的文书。从目前已整理的情况看，其内容以户籍、各种名籍和赋税簿籍为主，也有官府的往来文书，涉及司法调查、军粮督运、借贷还债、征讨叛乱等事项，还有私人信件、名刺、封检等。1999年出版的《长沙走马楼三国吴简：嘉禾吏民田家莂》刊布了2141枚大木简"田家莂"的照片和释文，③从2003年至2019年陆续出版了九册《长沙走马楼三国吴简·竹简》，

---

① 长沙市文物考古研究所编：《长沙尚德街东汉简牍》，岳麓书社，2016年。

② 宋少华：《长沙出土的简牍及相关考察》，载卜宪群、杨振红主编：《简帛研究2006》，广西师范大学出版社，2008年，第249—262页。

③ 长沙市文物考古研究所、中国文物研究所、北京大学历史学系编：《长沙走马楼三国吴简：嘉禾吏民田家莂》，文物出版社，1999年。

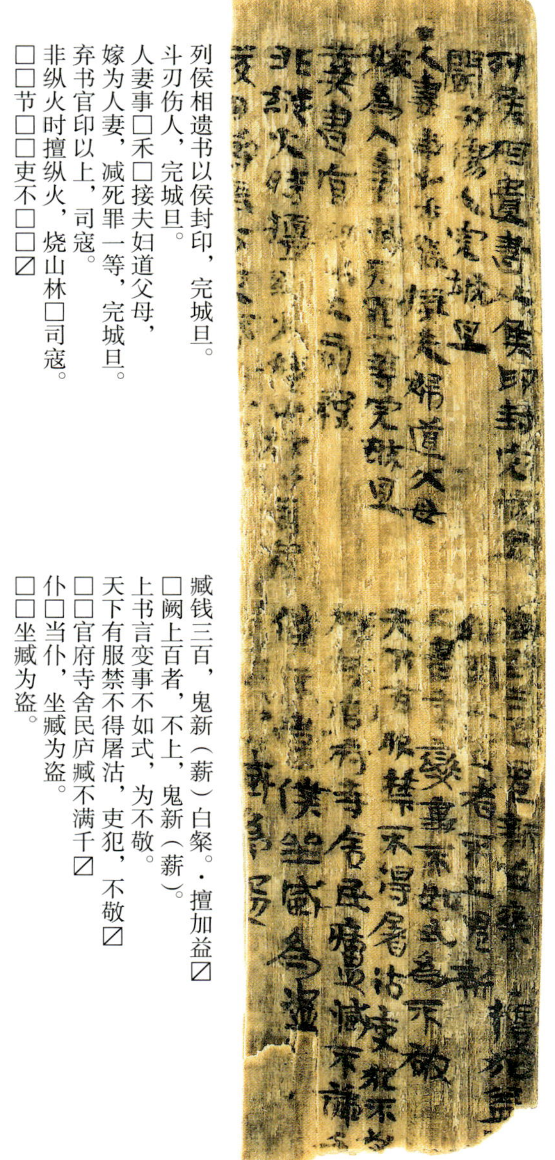

列侯相遗书以侯封印，完城旦。
斗刃伤人，完城旦。
人妻事□禾□接夫妇道父母，
嫁为人妻，减死罪一等，完城旦。
弃书官印以上，司寇。
非纵火时擅纵火，烧山林□司寇。
□□节□□吏不□□▨

臧钱三百，鬼新（薪）白粲。·擅加益▨
□阙上百者，不上，鬼新（薪）。
上书言变事不如式，为不敬。
天下有服禁不得屠沽，吏犯，不敬▨
□□官府寺舍民庐臧不满千▨
仆□当仆，坐臧为盗。
□□坐臧为盗。

图 4.67（1）　罪名条（正面）及释文
（《长沙尚德街东汉简牍》，第 117 页）

妻淫失煞（杀）夫，不道。
奸人母，子旁，不道。
对悍使者无人臣礼，大不敬。
惊动鬼神，大不敬。
上书绝匿其名，大不敬。
漏泄省中语，大不敬。

□□□□弃市。
以人罪为重，当斩。非犯军中，弃市。
盗变事书，弃市。
留变事书，当上不上满半日，弃▨
吏留难变事，满半日，弃市。
发视变事，弃市。
同产相奸，弃市。

图 4.67（2）　罪名条（背面）及释文
（《长沙尚德街东汉简牍》，第 118 页）

开始系统地刊布竹简的照片和释文。①

这批简牍中最引人瞩目的是一套题为"嘉禾吏民田家莂"的大木简。"莂"是可剖分的契约文书，一式两份或多份，这套"田家莂"皆于简牍上端大书"同"字或其变形，一侧或两侧有被剖分的痕迹。莂文所记为嘉禾四年和五年收取租税事，文书制作于次年初。莂文结构大体分为三项：第一记佃家情况，包括所在丘名、佃家身份、姓名、佃田地块数、佃田面积；第二记佃家收成或未收成的田亩数、交付米布钱的数额；第三记田户曹史的审核签署，含日期及田户曹史姓名，末字署"校"。这批莂对研究三国吴时期的民事契约意义重大，是中国古代民事法制研究的重要史料，也是中国古代民事契约法制史发展的重要阶段。同时，随着新《民法典》的出台，传统民事法律文化在当代社会的影响也不可忽视。

图 4.68　苏仙桥遗址孙吴简彩色图版（《湖南考古辑刊》[ 第 8 集 ]，第 108 页）

### 69. 郴州苏仙桥遗址孙吴、西晋简牍

2003 年 12 月至 2004 年 2 月，湖南省文物考古研究所、郴州市文物处对郴州市苏仙桥建设工地的 11 口汉代至宋元时期的古井进行考古发掘。在 J4 号古井中清理出三国吴简 140 枚，在 J10 号古井中出土西晋木简 900 余枚。简文中的明确纪年有赤乌二年、五年、六年，简文内容可分为簿籍类、文书书信类、记事类、纪年简、习字简及其他。2005 年出版的《出土文献研究（第 7 辑）》公布了 J4 吴简的所有照片和释文（图 4.68）。②

J10 西晋简共 909 枚（含残简），其中无字简 5 枚，大多数是木质，竹简仅 3 枚。简文所见年号有晋惠帝的元康、永康、太安等。简牍性质为西晋桂阳郡郡府的文书档案，记事详细到

① 长沙市文物考古研究所、中国文物研究所、北京大学历史学系走马楼简牍整理组编著：《长沙走马楼三国吴简·竹简（壹）》，文物出版社，2003 年；《长沙走马楼三国吴简·竹简（贰）》，文物出版社，2007 年；《长沙走马楼三国吴简·竹简（叁）》，文物出版社，2008 年；《长沙走马楼三国吴简·竹简（肆）》，文物出版社，2018 年；《长沙走马楼三国吴简·竹简（伍）》，文物出版社，2018 年；《长沙走马楼三国吴简·竹简（陆）》，文物出版社，2017 年；《长沙走马楼三国吴简·竹简（柒）》，文物出版社，2013 年；《长沙走马楼三国吴简·竹简（捌）》，文物出版社，2015 年；长沙简牍博物馆、中国文化遗产研究院、北京大学历史学系、故宫研究院古文献研究所编：《长沙走马楼三国吴简·竹简（玖）》，文物出版社，2019 年。

② 湖南省文物考古研究所、郴州市文物处：《湖南郴州苏仙桥 J4 三国吴简》，载《出土文献研究（第 7 辑）》，上海古籍出版社，2005 年，第 152—168 页。

年月日，内容涉及桂阳郡和辖下各县的概况、县城的规模和吏员设置、数量登记，桂阳郡辖区内的地理、道路邮驿、政府建筑物登记、人口、土地、物产、赋税、矿产资源、人文掌故，以及诏书政令或桂阳郡的上奏文书，祭祀社稷之神和先农，改火的记录等。《湖南考古辑刊》第 8 集公布了部分晋简的释文和照片，① 但全部的内容尚未整理完成。

这批简牍对研究吴晋之际基层司法机关的传承演变，了解三国至晋的立法司法动向，深入探究中华法系的形成过程，都有重要意义。

### 70. 楼兰、尼雅出土魏晋简牍及纸文书

楼兰遗址位于新疆巴音郭楞蒙古自治州若羌县罗布泊沿岸，地处古丝绸之路孔道，魏晋时期为西域长史所在。尼雅遗址位于新疆民丰县北约 150 公里外的尼雅河下游，东汉魏晋间为鄯善、精绝国属地。19 世纪末 20 世纪初，英籍匈牙利人斯坦因、瑞典人斯文 · 赫定、美国人亨廷顿、日本大谷考察队的橘瑞超、瑞典人伯格曼等纷纷进入楼兰、尼雅地区进行发掘考察。他们在楼兰、尼雅遗址中共发现魏晋简牍及汉文纸文书 728 件，包括斯文 · 赫定第二次中亚考察在楼兰所获 277 件，斯坦因三次中亚考察在楼兰所获 349 件、在尼雅所获 58 件，橘瑞超第二次中亚考察在海头故城所获 44 件。

楼兰、尼雅遗址出土简牍与纸文书绝大多数为魏晋时期物。所见纪年以纸文书残片上的曹魏嘉平四年为最早，以木简上的前凉建兴十八年为最晚，此外还有曹魏元帝的景元、咸熙，西晋武帝的泰始、怀帝的永嘉年号等。楼兰、尼雅出土木简与残纸文书主要是魏晋时期西域长史统辖西域，进行屯戍活动时的公私文书；此外还有《左传》《战国策》《孝经》《急就章》、九九术等古籍及各式医方、历谱的残篇断简。

楼兰、尼雅简纸文书的整理公布经历了漫长的岁月，主要成果如下：（1）斯文 · 赫定第二次中亚考察所获简纸文书刊于德国学者孔好古出版的《斯文 · 赫定在楼兰发现的汉文写本及零星物品》；②（2）斯坦因第一次、第二次中亚考察所获简纸文书分别刊于法国学者沙畹（Edouard Chavannes）编撰的《丹丹乌里克、尼雅、安迪尔发现的汉文文书》，③ 以及《斯坦因东土耳其斯坦沙漠发现的汉文文书》，④ 斯坦因第三次

---

① 湖南省文物考古研究所、郴州市文物处：《湖南郴州苏仙桥遗址发掘简报》，载《湖南考古辑刊（第 8 集）》，岳麓书社，2009 年，第 93—117 页。

② August Conrady. *Die Chinesischen Handschriften-Und Sonstigen Kleinfunde Sven Hedins in Lou-Lan.* Generalstables Litografiska Anstalt. 1920.

③ Edouard Chavannes. “Chinese Documents From The Sites of DanD ā n-Uliq, Niya, And Endere”. In. *M.Aurel. Stein. Ancient Khotan*. Clarendon Press. 1907. pp.521—547.

④ Edouard Chavannes. *Les Documents Chinois: Découverts Par Aurel Stein Dans Les Sables Du Turkestan Oriental*. Oxford Imprimerie De L’université. London. 1913.

亚考察所获见马伯乐《斯坦因第三次中亚考察所获汉文文书》；[①]（3）橘瑞超所获见《西域考古图谱》；[②]（4）1914 年，王国维、罗振玉出版《流沙坠简》，[③]王国维在该书《补遗》中考释了斯坦因在尼雅所获汉文文书，在《附录》中考释了日本大谷探险队在海头所获“李柏文书”；（5）1925 年，留法学者张凤在国内出版《汉晋西陲木简汇编》，[④]收入了从马伯乐处得到的斯坦因第三次中亚考察所获简牍照片，及沙畹《斯坦因东土耳其斯坦沙漠发现的汉文文书》所附斯坦因第二次考察所获简牍的照片，并做了自己的整理与释文；（6）1985 年，林梅村出版《楼兰尼雅出土文书》，[⑤]综合上述成果，把各家刊布的文书编号与原报告出土号逐一核对纠错，将原著录一号多件者整理成一件一号，并重新校订了释文（图 4.69）。

图 4.69　斯坦因所获未刊汉文“罚赀”（《英国国家图书馆藏斯坦因所获未刊汉文简牍》，第 37 页）

这批简纸文书可以结合敦煌汉简共同研究，对了解从东汉到魏晋中央政权在西北地区管理上的立法变化，以及西北地区基层司法在不同时期的差异和演变来说，堪称不可替代的一手材料。

## 71. 吐鲁番阿斯塔那晋墓木简

1966 年至 1969 年，新疆维吾尔自治区博物馆在吐鲁番县阿斯塔那古墓群 53 号晋墓掘获泰始九年木简 1 枚，内容为买棺契约，已在《文物》1972 年第 1 期公布。[⑥]该契约可以与同时期中原契约做对比研究，是难得的可供探讨西域民事规则与中原民事习俗差别的材料。

## 72. 高台骆驼城墓葬群木牍

1998—2001 年，甘肃省张掖市高台县骆驼城墓葬群多次发现从东汉至前凉时期的木牍（图 4.70），内容有告地书、遣册、衣物疏；另在一晋墓葬内发现 1 枚木牍，内

① Henri Maspero. *Les Documents Chinois. De La Troisiéme Expédition De Sir Aurel Stein En Asie Centrale*. The Trustees of The British Museum. London. 1953.

② 香川默识：《西域考古图谱》，国华社，1915 年。

③ 罗振玉、王国维：《流沙坠简》，上虞罗氏宸翰楼刻本，1914 年。

④ 张凤：《汉晋西陲木简汇编》，有正书局，1931 年；影印版见劳榦等撰：《汉简研究文献四种》（下册），北京图书出版社，2007 年，第 543—661 页。

⑤ 林梅村编：《楼兰尼雅出土文书》，文物出版社，1985 年。

⑥ 新疆维吾尔自治区博物馆：《吐鲁番县阿斯塔那——哈拉和卓古墓群清理简报》，载《文物》1972 年第 1 期。

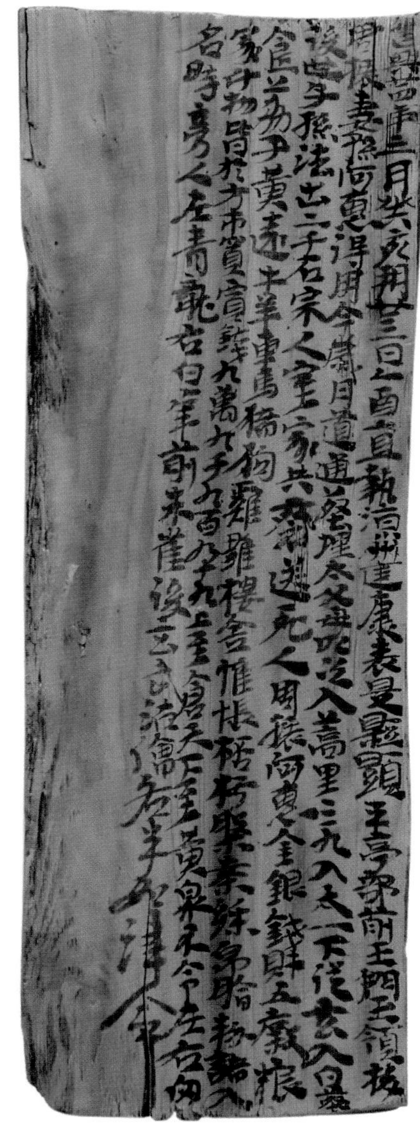

图 4.70　骆驼城魏晋墓所见“耿少平、孙阿昭墓地买地券”
(《考古与文物》2008 年第 1 期，第 87 页)

容是冥婚书，其照片、释文和考释已陆续发表在《考古》和《考古与文物》期刊上，① 这对考察西北地区魏晋时期婚姻习俗、婚姻规范都有非常重要的意义。

### 73. 玉门花海毕家滩十六国墓葬纸本《晋律注》

2002 年 6 月，甘肃省文物考古研究所对玉门花海毕家滩十六国墓葬群进行抢救性发掘，在 M24 的棺木盖板里侧发现贴有《晋律注》纸书，久佚的晋律得以重见天日。尽管棺板出土的相对位置已经错乱，棺板文书断裂为 9 段，残存只有 4234+289 字，但仍然是这次考古发掘中最有价值的重大发现。《法学研究》2010 年第 4 期公布了其部分释文。② 纸本《晋律注》并非简牍材料，但它是迄今所见魏晋出土文献中唯一的法律文本，对研究汉唐之际立法的发展演变影响和意义都十分重要。

### 74. 临泽黄家湾滩晋墓简牍

2010 年 6—8 月，在甘肃省张掖市临泽县黄家湾滩墓群 M23 西晋墓中发现一批保存较为完好的木质简牍，共计 27 枚，900 字，是西晋晚期张掖郡临泽县对一起田产纠纷的审理记录，题名为《田产争讼爰书》，其全部的释文已在《中国经济史研究》杂志发表。③ 这批简牍是研究西晋基层民事纠纷司法解决机制的重

① 甘肃省文物考古研究所、高台县博物馆：《甘肃高台县骆驼城墓葬的发掘》，载《考古》2003 年第 6 期；赵雪野、赵万钧：《甘肃高台魏晋墓墓券及所涉及的神祇和卜宅图》，载《考古与文物》2008 年第 1 期；高台县博物馆：《高台骆驼城前凉墓葬出土衣物疏考释》，载《考古与文物》2011 年第 2 期。

② 曹旅宁、张俊民：《玉门花海所出〈晋律注〉初步研究》，载《法学研究》2010 年第 4 期。

③ 杨国誉：《“田产争讼爰书”所展示的汉晋经济研究新视角——甘肃临泽县新出西晋简册释读与初探》，载《中国经济史研究》2012 年第 1 期。

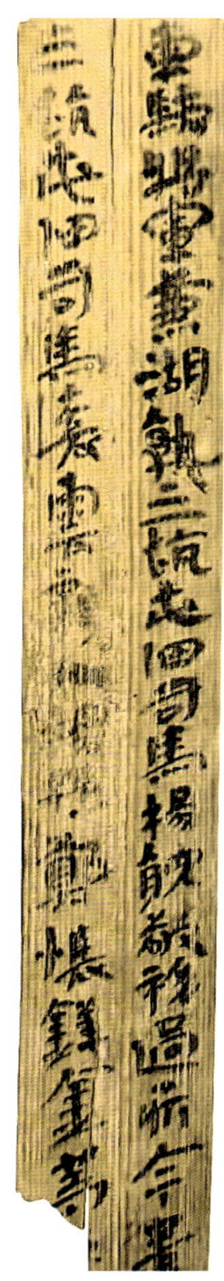

图 4.71　南京城南遗址孙吴过所简（正、背面）
（《文物》2020 年第 12 期，第 81 页）

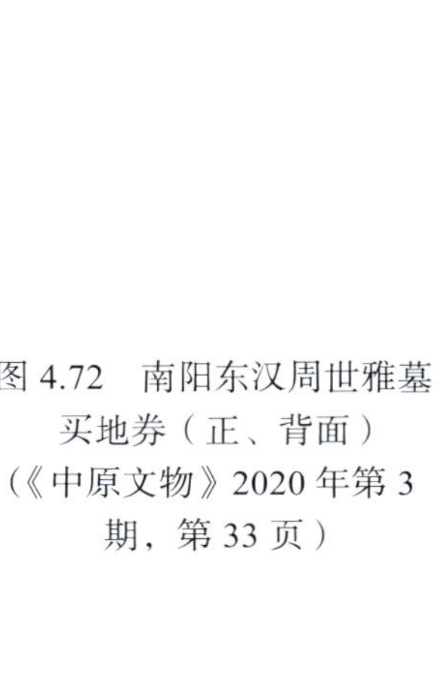

图 4.72　南阳东汉周世雅墓买地券（正、背面）
（《中原文物》2020 年第 3 期，第 33 页）

要文献，可以与长沙走马楼三国吴简的《嘉禾吏民田家莂》、长沙五一广场东汉简的内容相对照，共同用来分析从东汉至西晋的基层民事纠纷，以及民事习惯的演变等问题，是重要的魏晋法制史一手材料。

### 75. 南京城南遗址孙吴、西晋简牍

南京城南的六朝都城建康遗址先后两次出土魏晋简牍共 190 余枚：（1）2004 年 4 月，在城南秦淮河下游西岸的皇册家园建设工地的发掘中清理出 40 余枚简牍，其纪年有孙吴的赤乌、永安，以及西晋的建兴。简牍类型有文书、名刺、签牌、符券、封检、道教符咒等。（2）2009 年 7 月—2010 年 8 月，在皇册家园对岸发掘出简牍 140 余枚，纪年可见孙吴的“赤乌”和西晋的“建兴”。《书法丛刊》《文物》杂志介绍了这两次出土的情况，并公布了部分简牍的图版、释文和考释。① 简牍的类型有名刺、账簿、签牌、过所、符咒、日书、封检等（图 4.71），对当时的经济、宗教、地名以及行政、职官制度的研究和考订具有一定价值。

### 76. 南阳东汉周世雅买地券

2019 年 11 月，为配合南阳市广苑食品商贸城征地建设，南阳市文物考古研究所对该工地进行考古发掘，其中 M13 为东汉建宁四年周世雅墓，内出土一件铅质买地券，保存完好，券文清晰，个别字迹稍模糊（图 4.72）。《中原文物》杂志已发表其照片和释文。② 买地券是中国古代为逝者买墓地的证券，是一种反映土地私有权及其观念的文书，从东汉开始作为丧葬礼仪中的重要组成部分。与其他朝代相比，东汉买地券更加接近于真实土地买卖契约，对研究东汉不动产买卖行为有重要意义。

### 77. 散见东汉魏晋简牍

除了成批出土的之外，各地尚有零星发现的东汉魏晋简牍，具有法制史料价值的有如下数种：

（1）1996 年，贵州省文物考古研究所发掘安顺宁谷汉代遗址中的龙泉寺遗址时，获木牍 1 枚，残存 13 字，内容可能与司法文书有关。③

（2）2009 年 9 月 19 日，株洲市考古队在醴陵市城区解放路邓公塘发现一处汉晋时期遗址，找到两口汉晋时期的古井和两处灰坑（生活垃圾池）遗址，并出土 1 枚

---

① 贾维勇、胡舜庆、王志高：《读南京新近出土的孙吴简牍书法札记》，载《书法丛刊》2005 年第 3 期；王志高：《南京城南出土六朝简牍及相关问题》，载《文物》2020 年第 12 期。

② 南阳市文物考古研究所：《南阳东汉建宁四年周世雅墓发掘简报》，载《中原文物》2020 年第 3 期。

③ 参见贵州省文物考古研究所：《贵州安顺市宁谷汉代遗址与墓葬的发掘》，载《考古》2004 年第 6 期；杨林洁：《安顺宁谷木牍试释》，载《大众文艺》2018 年第 11 期。

竹简和大量破损陶罐、青瓷等物品。其中，古井和竹简在株洲市考古史上尚属首次发现。竹简上用墨迹书写的字体清晰可辨。考古人员初步研究认为，竹简记录的大概是阴阳五行之类的内容，或与法律思想相关，有一定的研究价值。①

（3）2015 年长沙坡子街 J5 出土汉简牍一批，为东汉行政文书简，具体信息尚待公布。

① 参见沈晓：《醴陵邓公塘古井发掘汉晋简牍》，载林小军主编：《株洲年鉴 2010》，方志出版社，2010 年。

# 附　录

## 卜辞所见商代寇贼的犯罪与惩罚

周　博

殷墟甲骨文目前出土的总量已达16万片左右，[1]主要是占卜的记录，即卜辞。卜辞记载的事项繁多，比如政治、军事、祭祀、社会经济等。除此之外，也包含有大量的法制史内容，寇贼便是其中的典型代表，具有颇高的法律史研究价值，有助于揭示商代法制的基本面貌，可以推进我们对于刑罚的认识。不过，以往学界对于殷墟卜辞“寇”字的释读存在争议，对其身份也有不同的说法，而且相关资料梳理亦有不足，致使对于商代寇贼的研究并未充分展开，尚有较大遗漏。今笔者不揣谫陋，拟在前贤时俊研究基础之上，从卜辞“寇”的释读与用法、寇贼的犯罪与抓捕、商王朝对寇贼的惩罚这三方面展开对寇贼的系统深入研究，不当之处，敬请各方家指正。

### 一、卜辞“寇”的释读与用法

殷墟卜辞屡见一字（下文用“△”代表），其主要写法作如下之形：

A. （《合集》573正）[2]　（《合集》580正）　（《合集》546）

B. （《乙编》749）[3]　（《合集》26992）　（《屯南》857）[4]

C. （《合集》577）　（《合集》611）　（《合集》32008）

A是“△”的完整字形；B则省略了人形大部，仅保留手形；C则将手形亦省掉，

---

① 参见葛亮：《一百二十年来甲骨文材料的初步统计》，载《汉字汉语研究》2019年第4期，第33—54页。

② 郭沫若主编，胡厚宣总编辑：《甲骨文合集》，中华书局，1978—1983年。本文简称《合集》。

③ 董作宾主编：《殷虚文字乙编》（上辑），商务印书馆，1948年；董作宾主编：《殷虚文字乙编》（中辑），商务印书馆，1949年；董作宾主编：《殷虚文字乙编》（下辑），“中研院”历史语言研究所，1953年。本文简称《乙编》。按：《乙编》749重见于《合集》555正，拓片较后者清晰。

④ 中国社会科学院考古研究所编著：《小屯南地甲骨》，中华书局，1980、1983年。本文简称《屯南》。

属于最简体。C 形与甲骨文的“宓”字相近，裘锡圭先生指出 C 形乃 A 形的简体，“与‘宓’字不能混为一谈”。① 刘钊先生主编的《新甲骨文编》亦将 A、B、C 视作同一字，② 可从。“△”在不同类组的写法存在一定的差异，如宾组作 A、B、C 三形，历组作 B、C 二形，花东子卜辞、无名组均作 B 形。

关于“△”，学界大致有释作“寇”“宰”“仆”“隶”“叟”等多种说法。③ 甲骨文中已有“宰”“叟”二字，其字形明显皆与“△”不类，释“宰”“叟”之说并不可信。④ 另外，甲骨文中亦有“仆”字，字形作“□”⑤，与“△”迥然有别。而释“隶”之说是由张政烺先生提出的，他认为“△”表示“人持尾在家内作扫除工作”。⑥ 然而甲骨文中的“尾”字作“□”“□”⑦，人后所饰尾形与上揭“仆”字人后所缀相近，而与“△”中人所持物截然不同，故“△”似非从尾，释“隶”之说恐难足信。⑧

将“△”释作“寇”，则有充分的字形依据。何琳仪、黄锡全先生指出西周早期启卣铭文（《集成》5410）⑨ 的“□”即甲骨文“△”字，认为此字系“寇”之初文，并系统梳理了“寇”的形体演变，⑩ 脉络清晰，并无挂碍。另外，从甲骨文构形上看，A 作为“△”的完整字形，黄天树先生分析为“从‘宀’从‘丮’从‘械’”，⑪ 械似扑杖之类。⑫ 叶玉森先生认为“象盗寇手持干梃入室抨击，小点或象室中什物狼藉

① 裘锡圭：《释“柲”》，载裘锡圭：《裘锡圭学术文集》（甲骨文卷），复旦大学出版社，2012 年，第 54 页。

② 刘钊主编：《新甲骨文编》（增订本），福建人民出版社，2014 年，第 197—198 页。

③ 参见于省吾主编：《甲骨文字诂林》，中华书局，1996 年，第 2008—2011 页；胡厚宣：《甲骨文所见殷代奴隶的反压迫斗争》，载《考古学报》1976 年第 1 期，第 9 页。

④ 参见李孝定：《甲骨文字集释》卷三，“中研院”历史语言研究所，1970 年，第 1066—1067 页；何琳仪、黄锡全：《启卣启尊铭文考释》，载中华书局编辑部等编：《古文字研究》（第 9 辑），中华书局，1984 年，第 374 页。

⑤ 此字形采自李宗焜：《甲骨文字编》，中华书局，2012 年，第 1114 页。

⑥ 张政烺：《释甲骨文“俄”“隶”“蕴”三字》，载张政烺：《甲骨金文与商周史研究》，中华书局，2012 年，第 12—13 页。

⑦ 字形采自李宗焜：《甲骨文字编》，中华书局，2012 年，第 10 页。

⑧ 参见钟柏生：《卜辞中所见殷代的军政之一——战争启动的过程及其准备工作》，载中国文字编辑委员会编：《中国文字》（新 14 期），艺文印书馆，1991 年，第 125 页。

⑨ 中国社会科学院考古研究所编：《殷周金文集成》，中华书局，1984—1994 年。本文简称《集成》。

⑩ 何琳仪、黄锡全：《启卣启尊铭文考释》，载中华书局编辑部等编：《古文字研究》（第 9 辑），中华书局，1984 年，第 374—375 页。

⑪ 黄天树：《甲骨文“寇”“农”二字补释》，载《出土文献》2020 年第 1 期，第 22 页。

⑫ 参见胡厚宣：《甲骨文所见殷代奴隶的反压迫斗争》，载《考古学报》1976 年第 1 期，第 9 页；裘锡圭：《释“柲”》，载裘锡圭：《裘锡圭学术文集》（甲骨文卷），复旦大学出版社，2012 年，第 54 页。

形”，① 林沄先生亦指出“象人持棍棒入室破坏”。② 此与文献所载“寇”之本义相合。《说文》：“寇，暴也。”③《尚书·费誓》：“无敢寇攘。”郑玄注：“寇，劫取也。”④《尚书·舜典》：“蛮夷猾夏，寇贼奸宄。”伪孔传：“群行攻劫曰寇。”⑤ 总之，将“△”释作“寇”是可信的，目前学界亦多持此说。⑥

既然明确了“△”当释为“寇”，我们则有必要梳理一下该字在殷墟卜辞里的用法（残辞或意不明者除外），具体分析如下：

（一）用作动词，表示劫掠、侵犯之义。

据上文知，“寇”的本义当为入室行暴、劫掠，可引申为侵略、进犯。如《左传》文公七年云：“兵作于内为乱，于外为寇。”⑦《战国策·燕一》载：“夫燕之所以不犯寇被兵者，以赵之为蔽于南也。”⑧“犯寇”连言，当为同义复合词，意为侵犯，这里表被动。殷墟卜辞有相关的用法，如：

（1）贞：[illegible]毋寇。
　　〼毋寇。　　《拼集》308⑨［典宾］

（2）贞：宂、弓不允寇。
　　宂、弓允寇。　　《契合》265⑩［典宾］

（3）〼不允寇。　　《合集》592［典宾］

（4）丁卯［卜］，贞：王〼壅⑪田于〼。

---

① 叶玉森：《殷虚书契前编集释》卷四，转引自于省吾主编：《甲骨文字诂林》，中华书局，1996年，第2008页。

② 林沄：《商史三题》，“中研院”历史语言研究所，2018年，第110页。

③ （汉）许慎：《说文解字》卷三下，中华书局，1963年，第68页。本文简称《说文》。

④ （清）阮元校刻：《尚书正义》卷二十，《十三经注疏》，中华书局，1980年，第255页；（汉）司马迁：《史记》卷三十三，中华书局，1982年，第1524—1525页。

⑤ （清）阮元校刻：《尚书正义》卷三，《十三经注疏》，中华书局，1980年，第130页。

⑥ 蔡哲茂先生指出释“寇”之说已成为学界共识，目前比较有影响力的甲骨文字编亦持此说。参见蔡哲茂：《说卜辞中的“寇”与商王朝对异族的统治政策》，载中国古文字研究会等编：《古文字研究》（第33辑），中华书局，2020年，第20页；李宗焜：《甲骨文字编》，中华书局，2012年，第766—768页；刘钊主编：《新甲骨文编》（增订本）卷三，福建人民出版社，2014年，第197—198页。

⑦ （清）阮元校刻：《春秋左传正义》卷十九，《十三经注疏》，中华书局，1980年，第1846页。

⑧ （西汉）刘向集录：《战国策》卷二十九，上海古籍出版社，1985年，第1039页。

⑨ 黄天树主编：《甲骨拼合集》，学苑出版社，2010年版。本文简称《拼集》。

⑩ 林宏明：《契合集》，万卷楼，2013年。本文简称《契合》。

⑪ “壅”从裘锡圭先生读，参见裘锡圭：《甲骨文中所见的商代农业》，载裘锡圭：《裘锡圭学术文集》（甲骨文卷），复旦大学出版社，2012年，第258—261页。

丁卯卜，贞：王其命𠂤供众于北。

己卯卜，贞：苒方其寇我或（域）。　　　《屯南》2260［历二］

殷墟甲骨文中的“毋”用为否定副词，其后一般接动词。（1）可能是贞卜□是否会进犯，[①]“□”似为国族名。关于（2）（3）辞，蔡哲茂先生已指出“‘允’字作为副词，其后的‘寇’就必然不是族氏名”[②]，应为动词。对于（2）辞，蔡哲茂先生疑亣、弓属于“商王朝的人”，“商人方是行动的主体”，将卜辞解释为“问攻击行动能否成功”。[③] 此说似不足信。据（4）来看，“寇”明显表示的是外敌入侵，况且甲骨文表示商人攻击所使用的动词里并无“寇”。[④] 再次，甲骨文所见很多国族与商王朝时敌时友，如沚族先与商为敌，后又归附。[⑤] 亣、弓二族是否也有这种可能性，我们亦无法排除。因此，（2）作为一组正反对贞的卜辞，可能占卜的仍是亣、弓二国族会不会来进犯。

（4）的“壅田”指的是“去高填洼、平整土地和修筑田垄等工作”，[⑥] 往往由某些宗族承担。比如《合集》9479（宾三）：“戊子卜，宾贞：命犬征族壅田于虎。”此即商王占卜是否命犬征以其族众去虎地壅田。据此可知，丁卯日的两条卜辞似有关联，即商王先占卜是否要进行壅田，然后贞卜是否派𠂤征集其族众前往，地点在商都之北。“苒方”为方国名；“寇”用作动词，可训为侵扰、侵略[⑦]。丁卯、己卯在干支表分列第4、16位，时间前后相继。丁卯日商王占卜壅田事宜，至己卯日，商王又占卜苒方是否会来侵扰。这两件事或有联系，似反映出商王担心农业生产遭到外来不利的影响。

除了甲骨文外，“寇”在西周金文中亦有用其本义的例子。如西周中期的曶鼎铭文（《集成》2838）云：“昔馑岁，匡众厥臣廿夫寇曶禾十秭。”这里“寇”用作动词，

---

① 张玉金先生指出甲骨文中的“毋”“既用来表示对可能性的否定，也常用来表示对必要性的否定”。前者可译为“不会”，适用于本卜辞的理解。参见张玉金：《甲骨文语法学》，学林出版社，2001年，第48页。

② 蔡哲茂：《说卜辞中的“寇”与商王朝对异族的统治政策》，载中国古文字研究会等编：《古文字研究》（第33辑），中华书局，2020年，第25—26页。

③ 蔡哲茂：《说卜辞中的“寇”与商王朝对异族的统治政策》，载中国古文字研究会等编：《古文字研究》（第33辑），中华书局，2020年，第26页。

④ 参见李发：《甲骨军事刻辞整理与研究》，中华书局，2018年，第375—393页。

⑤ 参见孙亚冰、林欢：《商代地理与方国》，中国社会科学出版社，2010年，第263—267页。

⑥ 裘锡圭：《甲骨文中所见的商代农业》，载裘锡圭：《裘锡圭学术文集》（甲骨文卷），复旦大学出版社，2012年，第261页。

⑦ 参见中国社会科学院考古研究所编著：《小屯南地甲骨》（下册），中华书局，1983年，第994页；姚孝遂、肖丁：《小屯南地甲骨考释》，中华书局，1985年，第102页。按：“苒方”的“苒”字似有缺笔，以往释读不一，但均认为是方国名。

意为劫掠。

## （二）用作名词，表示寇贼之义。

“寇”除了用作本义外，还引申为名词，指的是行劫掠的寇贼（或言盗贼）。如《玉篇》云：“寇，贼寇也。”①《左传》襄公三十一年载：“敝邑以政刑之不修，寇盗充斥。”②林沄先生认为：“因为‘寇’是破坏社会安定的罪犯，所以卜辞中有大量的‘幸（执）寇’的记录。”③黄天树先生亦指出殷墟卜辞“追寇”“执寇”“逸寇”之“寇”皆指劫掠者，④二位先生之说可信。

“寇”表寇贼，除了见于甲骨文外，在西周金文中亦不乏其例。如西周中期的扬簋铭文（《集成》4294—4295）载：“王若曰：‘扬！作司工，官司粮田佃、眔司居、眔司刍、眔司寇、眔司工事。’”“司寇”系“官司寇”之省，为动宾短语．“寇”指寇贼，“司寇”意为主司寇盗之事。⑤

寇贼属于破坏商王朝社会安定与秩序的犯罪人员，是商王重点打击的对象之一，亦是本文研究的主要内容。笔者将于二、三部分详加探讨，此不赘述。

## （三）用作名词，表示人名、地名、族名。

殷墟卜辞的“寇”还用作人名、地名、族名。卜辞中载有一人名曰“子寇”，有时亦省称为“寇”，如：

（5）□□卜，㱿［贞］：☑子寇☑。　《合集》3184［典宾］
（6）戊［申］卜，宾贞：寇⑥亡忧。　《合集》590 正［宾一］
（7）丁未卜，［宾贞］：寇亡［忧］。　《合集》591 正［典宾］
（8）贞：唯备犬寇。　《合集》565［典宾］
（9）叀王命侯归。
叀王命目归。
□［酉］卜：叀寇命。　《合集》32929［历一］
（10）贞：命寇归。　《合集》9809［宾三］

① （梁）顾野王：《宋本玉篇》卷十一，中国书店，1983 年，第 209 页。

② （清）阮元校刻：《春秋左传正义》卷四十，《十三经注疏》，中华书局，1980 年，第 2014 页。

③ 林沄：《商史三题》，“中研院”历史语言研究所，2018 年，第 110 页。

④ 黄天树：《甲骨文“寇”“农”二字补释》，载《出土文献》2020 年第 1 期，第 22 页。

⑤ 参见陈絜、李晶：《𢍰季鼎、扬簋与西周法制、官制研究中的相关问题》，载《南开学报（哲学社会科学版）》2007 年第 2 期，第 105—108 页。

⑥ 按：《合集》拓片“寇”字不如原拓《乙编》4046 清晰。

（11）丁□子亦唯衍（侃）[①] 于寇☐丁妇。《花东》122[②]

朱凤瀚先生指出，“子某”习见于师组、宾组卜辞，有时省称为“某”，如师组卜辞中的“子妥”亦称作“妥”。[③] 故“子寇”可省称为“寇”。而“子某”之“子”一般可理解为族长，[④] 子寇应该是寇族的族长。宾组、历组、花东子卜辞的时代相近，上述材料中的“子寇”“寇”似为同一人。

（5）似是占卜子寇之事，惜辞残难以细察。（6）（7）二辞表明商王对子寇的休咎很关心。（8）的“犬寇”之“犬”为职官名，主司田猎，间或参与征伐。[⑤] “犬寇”之称，表明子寇担任王朝犬官。（9）（10）二辞占卜是否命子寇归来。（11）不同于（5）至（10）的王卜辞，属于非王卜辞，占卜主体是与时王武丁关系密切的高级贵族“子”，其身份是与商王同姓的亲族。[⑥] “子亦唯侃于寇”如同花东卜辞中的“丁侃子”，即子因子寇而喜乐，有喜欢、赞赏子寇之意。[⑦] 以上卜辞反映出当时子寇与商王及高级贵族的关系很密切，亦十分受宠。

在商代，人名、地名、族名往往是合一的。[⑧] 子寇的族居地亦名“寇”，见于如下卜辞：

① “衍（侃）”从裘锡圭、陈剑先生读，参见裘锡圭：《释“衍”“侃”》，载裘锡圭：《裘锡圭学术文集》（甲骨文卷），复旦大学出版社，2012 年，第 378—386 页；陈剑：《说花园庄东地甲骨卜辞的“丁”——附：释“速”》，载陈剑：《甲骨金文考释论集》，线装书局，2007 年，第 83 页。

② 中国社会科学院考古研究所编著：《殷墟花园庄东地甲骨》，云南人民出版社，2003 年。本文简称《花东》。

③ 朱凤瀚：《商周家族形态研究》（增订本），天津古籍出版社，2004 年，第 41—43 页。

④ 参见裘锡圭：《关于商代的宗族组织与贵族和平民两个阶级的初步研究》，载裘锡圭：《裘锡圭学术文集》（古代历史、思想、民俗卷），复旦大学出版社，2012 年，第 126—129 页；陈絜：《商周姓氏制度研究》，商务印书馆，2007 年，第 172—177 页。

⑤ 参见陈梦家：《殷虚卜辞综述》，中华书局，1988 年，第 514 页；王宇信、杨升南主编：《甲骨学一百年》，社会科学文献出版社，1999 年，第 458 页。

⑥ 按：“子”的具体身份大致有两种意见：一说是先王之后，刘一曼、曹定云、朱凤瀚等先生持此说；一说是武丁之子，杨升南、姚萱等先生持此说。参见朱凤瀚：《商周家族形态研究》（增订本），天津古籍出版社，2004 年，第 598—599 页；刘一曼、曹定云：《再论殷墟花东 H3 卜辞中占卜主体“子”》，载北京大学考古文博学院编：《考古学研究》（六），科学出版社，2006 年，第 300—307 页；杨升南：《殷墟花东 H3 卜辞“子”的主人是武丁太子孝己》，载王宇信等主编：《2004 年安阳殷商文明国际学术研讨会论文集》，社会科学文献出版社，2004 年，第 204—210 页；姚萱：《殷墟花园庄东地甲骨卜辞的初步研究》，线装书局，2006 年，第 40—55 页。

⑦ 参见裘锡圭：《“花东子卜辞”和“子组卜辞”中指称武丁的“丁”可能应该读为“帝”》，载裘锡圭：《裘锡圭学术文集》（甲骨文卷），复旦大学出版社，2012 年，第 516—518 页。

⑧ 参见陈絜：《商周姓氏制度研究》，商务印书馆，2007 年，第 73—76 页。

（12）☐王寝于寇，☐受年。　　　　《合集》9815［师宾间］

（13）☐寝于寇，乃[①]帝☐受年。　　　　《合集》13572［宾一］

上述二辞似是讲商王在寇地休息，并关心寇地的农业收成。寇地可能属于商王朝的农业区，二辞亦体现出商王与子寇的亲密关系，与上揭（5）至（10）辞相合。比外，“寇”用作族名，见于如下卜辞：

（14）☐［戊午夕］皿（向）己未，寇、𪚲刍逸自爻圉［六人。八月］。
《合集》138［典宾］

（15）☐戊［午夕皿（向）己未，寇］、𪚲刍逸自爻圉六人。八月。
《合集》139正［典宾］

（16）庚午卜：寇刍示千。
弜［示］千。
《合集》32008+《合集》32747+《合集》34560+《合补》6909[②]［历二］[③]

（17）庚午卜：寇刍示千。　　　　《合集》32009［历二］

“寇刍”如同“弜刍”(《合集》11408正)，应指属于子寇家族的刍人，刍人即“打牧草的工作的人”。[④]（14)(15）同文，属于验辞，记载寇、𪚲二族的刍人从爻地监狱逃逸了六个人。(16)(17）二辞的“示”意为交纳、付与，贞卜是否要交付寇刍一千人。[⑤]据此可知，子寇家族拥有的刍人颇多，反映出其宗族经济实力较强。不过，(14）至（17）属于王卜辞，占卜主体是商王，卜辞提及的寇刍应该是子寇向商王进献的，主要当为商王从事农业生产劳动。(14)(15）二辞的寇刍有可能是因犯罪而身陷囹圄，后又趁机越狱逃亡。

通过上文分析可知，子寇是寇族的族长，其本人与商王的关系颇为密切，在王朝任职犬官，自身拥有族居地，家族实力雄厚。据此判断，子寇的身份似属于商王朝的贵族。

① “乃”字暂从《殷墟甲骨刻辞摹释总集》读，参见姚孝遂主编：《殷墟甲骨刻辞摹释总集》，中华书局，1988年，第314页。

② 彭邦炯、谢济、马季凡：《甲骨文合集补编》，语文出版社，1999年。本文简称《合补》。

③ 参见周忠兵：《历组卜辞新缀》第15组，来源：https://www.xianqin.org/xr_html/articles/jgzhh/483.html，2007年3月26日。

④ 裘锡圭：《说殷墟卜辞的“奠”——试论商人处置服属者的一种方法》，载裘锡圭：《裘锡圭学术文集》(古代历史、思想、民俗卷)，复旦大学出版社，2012年，第180页。

⑤ 参见方稚松：《殷墟甲骨文五种记事刻辞研究》，线装书局，2009年，第33—37页。按：方先生误释“寇”为“宓”，不可从。

下面我们还需要辨析一个问题，即子寇家族作为与商王关系密切的家族，似非敌对势力，故卜辞所见被抓捕、施刑及用为人牲的“寇”可能并不是寇族人，而指的应是寇贼。以往有的学者混淆二者，误将寇族类比羌人，认为亦属商人之敌，遂遭商人的打击。[①] 此说并不可信。在殷墟卜辞中既有“执寇”(《合集》553)、“追寇”(《合集》566)、“取寇”(《合集》557)、“以寇”(《合集》551)，也有“执羌”(《合集》223)、“追羌”(《合集》490)、“取羌”(《合集》891 正)、“以羌”(《合集》32021)，二者虽然表述相同，但是行为性质并不见得就一致。萧良琼先生曾分析指出，“执”的内涵“不一定直接与战争有关，或是零星偷袭掳获，或是追捕逃亡者”，[②] 可见行为性质是复杂的，必须具体问题具体分析，而非简单的比附。事实上，不同于羌人，殷墟卜辞中并未有寇族遭到商人征伐的任何记载，而据前文卜辞来看，寇族与商王保有密切的关系。因此，卜辞中被打击的“寇”当指的是寇贼，而非寇族。

## 二、寇贼的犯罪与抓捕

上文既已梳理殷墟卜辞中“寇”的用法，本节则主要探讨作为名词表示寇贼的“寇”，基本见于宾组卜辞，年代大致为武丁、祖庚时期。我们具体从寇贼的犯罪行径与商王朝的抓捕行动两个方面展开考察。

### （一）寇贼的犯罪

寇贼作为破坏社会安定的犯罪分子，其罪行在殷墟卜辞中有所反映：

（18）[癸巳卜]，争[贞]：旬[亡]忧。二（正）　《拼五》1048[③]［典宾］

王占曰：有求（咎），叡光其有来艰。迄至六日戊戌，允有[来艰]。有寇在斁穷，在□田农亦焚廪三。十一月。（反）

《合集》583 反 +《故宫新》180886 反［典宾］

（19）[癸巳卜，㱿贞]：旬[亡]忧。一（正）

[王占]曰：有求（咎），其有来艰。迄至六[日戊戌，允有来艰。有寇]在斁穷，[在□]田农亦焚廪三。（反）　《缀汇》585[④]［典宾］

---

① 蔡哲茂：《说卜辞中的“寇”与商王朝对异族的统治政策》，载中国古文字研究会等编：《古文字研究》(第 33 辑)，中华书局，2020 年，第 20—28 页。

② 萧良琼：《“臣”“宰”申议》，载王宇信主编：《甲骨文与殷商史》(第 3 辑)，上海古籍出版社，1991 年，第 367 页。

③ 黄天树主编：《甲骨拼合五集》，学苑出版社，2019 年。本文简称《拼五》。

④ 蔡哲茂：《甲骨缀合汇编》，花木兰文化出版社，2011 年。本文简称《缀汇》。

（18）（19）二辞均刻于牛肩胛骨的正反面，卜辞内容相接。两版卜辞同文，（19）为第一卜，（18）为第二卜，残辞可相互补足。① 以往《合集》583 反“穷在”之后有一定的残缺，致使无法通读。近年黄天树先生发现《故宫新》180886 反有“□”“日”两个涂朱残字，经与《合集》583 反拼缀，“断边密合，残字‘田’破镜重圆”，并指出“‘田’字以下属于‘疏松质’锯痕，就不再刻字了。‘田’字应与‘农亦焚廪三’连读”。② 其说可从。

通过甲骨缀合与残辞互补，两版卜辞可以通读。从内容来看，（18）（19）皆可归为卜旬卜辞，大意是讲：十一月癸巳日贞卜未来一旬有无忧患，商王视兆后判断将有灾咎发生，果然到第六天戊戌日就发生了两次灾难事件：一为“有寇在𢀛穷”，二为“在□田农亦焚廪三”。

“穷”原篆作“[illegible]”，以往有释作“宰”，二者字形不同，不可混淆。此字“宀”下之形，王子杨先生释为“亏”，③ 可从。“穷”一般认为指宗庙类建筑。④“有寇在𢀛穷”，黄天树先生解释为“在‘𢀛’地的建筑物‘穷’里发生‘劫取’之灾”，⑤ 是说可信。“有寇在𢀛穷”既属于灾难事件，结合前文所见寇族与商王的密切关系，再考虑卜辞时代相近，从而推知此处的“寇”应指寇贼，方才符合文意。

从殷墟卜辞来看，𢀛当是商王举行田猎、祈雨、告祭的重要之地，如《合集》10924（典宾）：“☐于𢀛北，获。”《合集》12859（宾一）：“丁丑卜：𠦪（祷）于𢀛雨。”《合集》33102（历一）：“乙丑卜：王于𢀛告。”告祭活动可能是在宗庙里举行，如《合集》5685 正（典宾）：“己未卜，贞：翌庚申告亚，其入于丁一牛。”“告亚”即告于亚，亚指庙室。⑥《合集》24939（出一）：“乙酉卜，祝贞：惠今夕告于南室。”《合集》24942（出一）：“己巳卜，祝贞：祼告盟室，其[illegible]。”《英藏》2082⑦（出二）：“己丑卜，疑贞：其祼告于大室。”南室、盟室、大室皆为宗庙祭祀之所。⑧ 据此来看，作为𢀛地宗庙建筑的“穷”，或为商王举行告祭之处，似较重要。若此推断无误，那么寇贼在“穷”里的大肆劫掠，对于商王可谓备受打击，实属灾难性事件。戊戌日的第二件灾难之事为“在□田农亦焚廪三”，是言在□地的农耕者又焚烧了三座粮仓，⑨ 其中

① 胡厚宣：《甲骨文所见殷代奴隶的反压迫斗争》，载《考古学报》1976 年第 1 期，第 15—16 页；黄天树：《甲骨文“寇”“农”二字补释》，载《出土文献》2020 年第 1 期，第 19—22 页。

② 黄天树：《甲骨文“寇”“农”二字补释》，载《出土文献》2020 年第 1 期，第 19—21 页。

③ 王子杨：《甲骨文字形类组差异现象研究》，中西书局，2013 年，第 358—376 页。

④ 参见于省吾主编：《甲骨文字诂林》，中华书局，1996 年，第 3362 页。

⑤ 黄天树：《甲骨文“寇”“农”二字补释》，载《出土文献》2020 年第 1 期，第 22—23 页。

⑥ 参见朱凤瀚：《商周家族形态研究》（增订本），天津古籍出版社，2004 年，第 156—158 页。

⑦ 李学勤、齐文心、艾兰：《英国所藏甲骨集》，中华书局，1985、1992 年。本文简称《英藏》。

⑧ 参见于省吾主编：《甲骨文字诂林》，中华书局，1996 年，第 1995 页。

⑨ 参见黄天树：《甲骨文“寇”“农”二字补释》，载《出土文献》2020 年第 1 期，第 22—23 页。

“□”字已残，当地名解。

戊戌日一天两次的暴动事件，破坏了作为国之大事的祭祀活动所需的场所与作为经济命脉的农业生产活动，造成了社会的动荡不安，引发了商王的忧虑，遂“不惜使用整版的牛胛骨，大字涂朱，几次记载这项危急的重大事件”。①

通过以上分析，我们了解到当时寇贼的犯罪活动，对于这种危害社会安定的罪犯，商王朝予以严厉地打击。

### （二）商王朝的抓捕

商王对于寇贼的抓捕是十分重视的，大量见于宾组卜辞。从选派人员到抓捕过程、结果，每个环节均有相关占卜。人员选派方面的卜辞如下：

（20）癸丑卜，宾贞：命彗、郭以黄执寇。七月。　《合集》553［典宾］
（21）癸丑卜，宾贞：叀[illegible]命执寇。　《合集》578［典宾］
（22）癸丑卜，宾贞：叀[illegible]命执寇。七月。
癸丑卜，宾贞：命邑、竝执寇。七月。　《契合》1［宾三］
（23）贞：命子参取寇于若。
癸未卜，贞：勿唯参②命。一月。
乙未卜，贞：呼先取寇于□。
贞：勿呼。　《缀汇》905［宾三］
（24）戊戌卜，宾贞：□取寇于⧄。　《合集》5854［宾一］

（20）（21）（22）的贞卜时间、贞人皆相同，内容均关于“执寇”。林宏明先生已指出《契合》1与《合集》578是成套卜辞，与《合集》553当为同一事所卜。③（20）（21）（22）三辞贞卜命彗、郭还是[illegible]抑或邑、竝去抓捕寇贼。[illegible]、竝，邑三人应是与商王同姓的贵族，地位似不低。④（20）中能率领黄族的“彗、郭”，蔡哲茂先生认为是“黄族族长”，⑤可从。他们应属于“黄多子”，受到商王的重视。《合集》3255正（典宾）：“贞：呼黄多子出牛，侑于黄尹。”“黄尹”即伊尹，“黄多子”指“黄族（即黄尹之族）

① 胡厚宣：《甲骨文所见殷代奴隶的反压迫斗争》，载《考古学报》1976年第1期，第16—17页。

② 此字暂从宋镇豪先生读，参见氏著：《甲骨文中的梦与占梦》，载《文物》2006年第6期，第64页。

③ 林宏明：《契合集》“释文及考释”，万卷楼，2013年，第95—96页。

④ 参见朱凤瀚：《商周家族形态研究》（增订本），天津古籍出版社，2004年，第29—30页；韩江苏、江林昌：《〈殷本纪〉订补与商史人物徵》，中国社会科学出版社，2010年，第393—394页。

⑤ 蔡哲茂：《说卜辞中的“寇”与商王朝对异族的统治政策》，载中国古文字研究会等编：《古文字研究》（第33辑），中华书局，2020年，第21页。

的一些族长”，[1]因先祖伊尹的缘故，在商王朝的地位亦不低。据（20）推知，当时贵族抓捕寇贼似主要依靠自身宗族武装。[2]

（23）（24）的“取”，《说文》训作“捕取也”。[3]如《诗经·豳风·七月》云：“取彼狐狸，为公子裘。”[4]“取寇”意同于“执寇”。子㐱（或省称为㐱）、先亦当属于商人贵族。（23）为两组正反对贞的卜辞，分别贞卜是否要呼命子㐱、先去捕捉寇贼。

在选派完人员后，商王亦关注抓捕寇贼的过程，卜辞有如下记载：

（25）贞：呼追寇，及。　　《合集》566［典宾］

（26）贞：唯逆寇。　　《合集》567［典宾］

（27）□［巳］卜，宾贞：王曰行逢[5]寇，求（咎）。《合集》586[6]［典宾］

（28）贞：遘寇。　　《合集》569［宾三］

（29）贞：逸寇见（现）。　　《合集》568 正［典宾］

（25）贞卜追捕寇贼，能否追上。《说文》：“逆，迎也。”“迎，逢也。”“逢，遇也。”“遘，遇也。”[7]（26）（28）二辞是占卜能否遇见寇贼。（27）的“行”是商人贵族，受王命去抓捕寇贼，商王关心他遇到寇贼后的休咎。（29）贞卜逃逸的寇贼是否会出现。

相比抓捕过程，商王显然对抓捕结果更为看重，相关卜辞较多，如：

（30）贞：呼求寇，幸。　　《合集》572［典宾］

（31）庚午：雀幸寇。　　《合集》574［典宾］

（32）贞：亘幸寇。

贞：亘弗其幸寇。　　《合集》575［典宾］

（33）癸丑卜：王呼疋寇，幸。五月。　　《合集》576［典宾］

（34）甲寅卜，亘贞：寇幸。

① 裘锡圭：《关于商代的宗族组织与贵族和平民两个阶级的初步研究》，载裘锡圭：《裘锡圭学术文集》（古代历史、思想、民俗卷），复旦大学出版社，2012 年，第 129 页。

② 商人宗族有自己的武装，成员以平民族众为主，是商王朝的军事支柱。可参朱凤瀚：《商周家族形态研究》（增订本），天津古籍出版社，2004 年，第 161—163、183—195 页。

③ （汉）许慎：《说文解字》卷三下，中华书局，1963 年，第 64 页。

④ （清）阮元校刻：《毛诗正义》卷八，《十三经注疏》，中华书局，1980 年，第 391 页。

⑤ 此字从蔡哲茂先生读，乃逢遇之义，参见蔡哲茂：《说卜辞中的“寇”与商王朝对异族的统治政策》，载中国古文字研究会等编：《古文字研究》（第 33 辑），中华书局，2020 年，第 22—23 页。

⑥ 此片可与其他片缀合，参见蔡哲茂：《说卜辞中的“寇”与商王朝对异族的统治政策》，载中国古文字研究会等编：《古文字研究》（第 33 辑），中华书局，2020 年，第 22—23、28 页。

⑦ （汉）许慎：《说文解字》卷二下，中华书局，1963 年，第 40 页。

贞：呼妇敹。（正）

王占曰：其㚔，唯其不率。（反）　《拼五》1073［典宾］

（35）其㚔寇。　《合集》577［宾三］

（36）［丙］戌卜，□贞：弗其㚔寇。七月。　《合集》579［典宾］

（37）甲子卜，𣪘贞：得寇☒由。　《合集》601［典宾］

甲骨文中作为动词的“㚔”“执”用法不同，葛亮先生指出：“‘㚔’表示的应该是‘抓获’一类的客观结果，‘执’表示的则是‘抓捕’一类的主动行为。”① 因此，（30）至（36）诸辞皆是贞卜能否抓获寇贼，体现出商王对抓捕结果的重视。其中（30）（33）的命辞有省略，原当分别作“呼求㚔寇，㚔”，“王呼疋㚔寇，㚔”。② 诸辞中的求、雀、亘、疋、妇敹应是受王命抓捕寇贼的商人贵族，其中雀是与商王同姓的贵族。③

蔡哲茂先生将（37）的命辞读作“得，寇由”，④ 似不确。卜辞中的“得”可以带宾语，如“得逸刍”（《英藏》776 正）、“得四羌”（《合集》519）、“得舟”（《合集》11460）等。另外，“寇”与“由”字之间，诸家多认为存在残缺字，⑤ 因此该版命辞似应读为“得寇☒由”。“得寇”当与“㚔寇”意同，可能亦是贞卜能否抓获寇贼。

据上文的分析知，商王对于寇贼的抓捕，发动了大量的商人贵族，包括彗、郭、[illegible]、邑、竝、子参、先、行、求、雀、亘、疋、妇敹，其中[illegible]、邑、竝、雀属于商王同姓亲族，而彗、郭乃伊尹之后。据此来看，当时抓捕的规模与规格似乎不低。那么，这里便有一个疑问，即商王如此兴师动众抓捕寇贼，真的有必要吗？蔡哲茂先生就认为“如此大的规模与高规格，如果说是抓捕罪犯，规模似乎过于盛大”，又分析（27）辞“如果是遇上罪徒奴隶，商王应不至于忧心至卜问有咎”，故蔡先生认为上述卜辞的“寇”皆指寇族。⑥ 其说似不足信。

事实上，从宾组卜辞来看，大约武丁、祖庚时期，商王朝的对外征伐颇多，同时

---

① 葛亮：《甲骨文田猎动词研究》，载复旦大学出土文献与古文字研究中心编：《出土文献与古文字研究》（第 5 辑），上海古籍出版社，2013 年，第 92—97 页。

② 参见蔡哲茂：《说卜辞中的“寇”与商王朝对异族的统治政策》，载中国古文字研究会等编：《古文字研究》（第 33 辑），中华书局，2020 年，第 25 页。

③ 朱凤瀚：《商周家族形态研究》（增订本），天津古籍出版社，2004 年，第 44、61 页。

④ 蔡哲茂：《说卜辞中的“寇”与商王朝对异族的统治政策》，载中国古文字研究会等编：《古文字研究》（第 33 辑），中华书局，2020 年，第 25 页。按：“由”字，蔡哲茂先生读为赞。

⑤ 参见胡厚宣主编：《甲骨文合集释文》，中国社会科学出版社，1999 年，第 45 页；曹锦炎、沈建华：《甲骨文校释总集》，上海辞书出版社，2006 年，第 93 页；陈年福：《殷墟甲骨文摹释全编》，线装书局，2010 年，第 88 页。

⑥ 蔡哲茂：《说卜辞中的“寇”与商王朝对异族的统治政策》，载中国古文字研究会等编：《古文字研究》（第 33 辑），中华书局，2020 年，第 21—23 页。

国内矛盾也非常尖锐。胡厚宣[①]、裘锡圭[②]、齐文心[③]、王子杨[④]等先生对当时商王朝受剥削、压迫之社会底层的大量逃亡、监狱暴动等做了充分的研究，揭示了当时社会的动荡不安。商王对此十分忧虑，将逃亡、监狱暴动、犯罪等纷纷视作灾咎事件，记录在验辞中，如《合集》137正、《拼集》303反、（18）（19）等。因此，稳定社会、巩固统治无疑是商王的当务之急，为达到迅速镇压的目的，大规模地发动贵族抓捕逃亡者、罪犯等，亦属合情合理。另外，需要补叙的是，寇贼本是群行攻劫的暴徒，能闯入商人宗庙劫掠，手上当持械（从字形亦能看出），他们成群结队，攻击能力似不弱。故（27）辞占卜遇到寇贼后的休咎也属正常。

总之，据宾组卜辞，我们得以窥视当时寇贼的部分犯罪活动（应非全部），即（18）（19）二辞所载寇贼闯入商人宗庙大肆劫掠之事，严重危害到商王朝的统治。商王对于寇贼的打击是不遗余力的，发动了大规模的抓捕行动，从选派人员到抓捕过程、结果，商王频频占卜，十分关心。有鉴于当时社会的动荡不安，商王的大规模镇压也是应有之道，力求早日安定社会，巩固自身的统治。

## 三、商王朝对寇贼的惩罚

寇贼作为犯罪分子，一旦被商王朝抓获，就将面临着严酷的惩罚。据卜辞所载，当时的惩罚措施大致有以下三种：

### （一）施以肉刑

商代的刑罚，学界一般认为主要指“五刑”，包括了墨刑、劓刑、刖刑、宫刑、大辟。前四种属于肉刑，大辟即死刑。据卜辞来看，对寇贼所施肉刑以刖刑较为多见，相关记载如下：

（38）贞：刖寇八十人，不亖（昏）。 《合集》580正［典宾］
（39）贞：刖寇，不亖（昏）。 《合集》581［典宾］
（40）贞：其刖寇，亖（昏）。 《缀集》26反[⑤]［典宾］
（41）☐刖☐寇。 《合集》582［典宾］

① 胡厚宣：《甲骨文所见殷代奴隶的反压迫斗争》，载《考古学报》1976年第1期，第1—18页。

② 裘锡圭：《甲骨卜辞中关于俘虏和奴隶逃亡的史料》，载裘锡圭：《裘锡圭学术文集》（古代历史、思想、民俗卷），复旦大学出版社，2012年，第3—14页。

③ 齐文心：《殷代的奴隶监狱和奴隶暴动——兼甲骨文“圉”“戎”二字用法的分析》，载《中国史研究》1979年第1期，第64—76页。

④ 王子杨：《甲骨文字形类组差异现象研究》，中西书局，2013年，第248—250页。

⑤ 蔡哲茂：《甲骨缀合集》，乐学书局，1999年。本文简称《缀集》。

（42）辛未贞：其□多寇。

其刖多寇。　　《屯南》857［历二］

“刖”用为动词，表断足之义。“昷”可读作“昏”或“殙”，意为暴死，即“突然的、非正常的死亡”。① （38）（39）（40）诸辞占卜对寇贼施以刖刑，是否会发生突然的死亡。其中（38）记载了受刖刑的寇贼达八十人，可以窥见当时为寇的人数似不少。（42）为一组选贞卜辞，与“刖”相对的“□”，《屯南》整理者业已指出“当是一种刑法”。② 宋镇豪先生亦分析道：“二辞对贞，□与刖必为同类词，定是一个与刖刑意义相类的刑罚专字。” ③ 其说可从。（42）贞卜对抓获的寇贼施以□刑还是刖刑，这是关于商王对罪犯量刑的重要记载。结合（38）至（41）诸辞来看，商王对寇贼所施的刑罚以刖刑居多。寇贼行劫掠之事，有赖于双足。刖刑断其根本，可谓正当其罚。

据（38）（39）（40）诸辞来看，商王关心受刑之后的寇贼会不会暴死，可见刖刑当具有生命危险性。商王一般是不希望他们死亡，因为刖足者亦有用处。裘锡圭先生曾指出“古代常用刖足者守门”，若“幸而不死，无疑也会被使用在守门一类的工作上”。④ 其说诚然。我们可举一则文献记载为证，如《左传》庄公十九年云：“初，鬻拳强谏楚子，楚子弗从。临之以兵，惧而从之。鬻拳曰：‘吾惧君以兵，罪莫大焉。’遂自刖也。楚人以为大阍，谓之大伯。” ⑤ 杨伯峻先生注：“大阍，杜注谓相当晋朝之城门校尉，为典守城门之官。” ⑥ 此外，刖足者守门的形象也见诸于青铜器上，诸家多有阐发，此不赘述。⑦

### （二）处以死刑，用为祭牲

除了被施以肉刑外，寇贼亦被商王用为人牲以祭。卜辞有用寇的记载，如：

---

① 陈剑：《殷墟卜辞的分期分类对甲骨文字考释的重要性》，载陈剑：《甲骨金文考释论集》，线装书局，2007 年，第 427—436 页。

② 中国社会科学院考古研究所编著：《小屯南地甲骨》（下册），中华书局，1983 年，第 902 页。

③ 宋先生将之释作“墨”，可备一说。参见宋镇豪：《甲骨文中所见商代的墨刑及有关方面的考察》，载中国文物研究所编：《出土文献研究》（第 5 集），科学出版社，1999 年，第 53—58 页；宋镇豪：《甲骨文中所见商代的墨刑》，载刘庆柱主编：《考古学集刊》（第 15 集），文物出版社，2004 年，第 191—197 页。

④ 裘锡圭：《甲骨文中所见的商代五刑——并释“𠛱”“剢”二字》，载裘锡圭：《裘锡圭学术文集》（甲骨文卷），复旦大学出版社，2012 年，第 3 页。

⑤ （清）阮元校刻：《春秋左传正义》卷九，《十三经注疏》，中华书局，1980 年，第 1773 页。

⑥ 杨伯峻：《春秋左传注》（修订本），中华书局，1990 年，第 211 页。

⑦ 参见徐昭峰：《刖刑相关问题探析》，载《中国国家博物馆馆刊》2012 年第 1 期，第 60—62 页。

（43）甲寅卜，永贞：卫以寇率用。
　　贞：卫以寇勿率用。（正）
　　贞：卫以寇率用。（反）　《合集》555[①]［典宾］
（44）癸丑卜，𣪊贞：五百寇用。旬壬戌有用寇百。三月。
　　［癸］丑卜，𣪊贞：五［百］☒。
　　甲子卜，𣪊贞：告若。
　　［甲］子卜，𣪊贞：五百寇［用］。
　　贞：五百寇勿用。
　　戊辰卜，𣪊贞：王徝土方。
　　癸巳卜，亘贞：翦。七月。
　　癸巳卜，亘贞：曰☒。（正）
　　王占曰：其用。
　　王占曰：丙戌其雨，不吉。（反）　《合集》559［典宾］
（45）癸丑卜，𣪊贞：五百［寇用］。旬壬戌有用寇［百。三月］。
　　甲子卜，𣪊贞：☒。
　　贞：［五］☒。
　　戊辰卜，𣪊贞：王☒。
　　癸巳卜，亘贞：翦。七［月］。（正）
　　王占曰：其用。
　　［王］占曰：丙戌其雨☒。
　　王占曰：吉，其翦。（反）　《拼集》138［典宾］
（46）□□卜，𣪊贞：五百寇用。
　　☒贞：五百寇用。
　　☒勿用。
　　☒王徝土☒。
　　☒徝土☒。　《合集》558+《京人》875[②]［典宾］[③]
（47）癸丑卜，𣪊贞：勿䒼用五百［寇］。
　　贞：勿䒼用五百［寇］。　《合集》560［典宾］
（48）癸巳卜，宾贞：翌丙𠂤用寇。　《合集》561［典宾］

① 《合集》拓片不如原拓《乙编》749、750清晰。

② 贝塚茂树：《京都大学人文科学研究所藏甲骨文字》，京都大学人文科学研究所，1959年。本文简称《京人》。

③ 张宇卫：《甲骨缀合第二六一三一则》（第二六则），来源：https://www.xianqin.org/blog/archives/2555.html，2012年1月12日。

“率”训作皆、悉。[①]（43）贞卜是否要将卫所送来的寇贼全部用为人牲。（44）（45）（46）为同文卜辞，从干支来看，癸丑［50］、壬戌［59］、甲子［1］、戊辰［5］、丙戌［23］、癸巳［30］前后相继。据此，我们似可将事件过程梳理为：三月癸丑日占卜是否要将五百名寇贼用为人牲，至一旬中的壬戌日实际仅用了一百名寇贼。甲子日商王进行告祭，又贞卜是否要用五百名寇贼作为祭牲。戊辰日贞卜征伐土方之事，至七月癸巳日再占卜能否将土方消灭。据此推断，商王将寇贼用作人牲乃是征伐土方前所进行的祭祀活动中的一环。（47）的干支、贞人及事项皆同于（44）（45）（46），或亦属同事所卜。（48）的干支丙申、贞人宾不同于（44）—（47），且不记用寇数量，或为另一事。

除了用寇外，卜辞还有戣寇，如：

（49）戣寇。
　　贞：侑于黄尹二羌。　　《缀集》176［典宾］
（50）甲午卜，贞：戣多寇。二月。　　《合集》564 正［典宾］
（51）丁酉卜，古贞：兄执寇戣。　　《合集》570［典宾］

“戣”为动词，指的是用牲法，“字象以钺斩杀人首分离之形”。[②]（49）贞卜是斩杀寇贼还是两名羌人以侑祭黄尹。（51）贞卜是否要斩杀兄抓捕来的寇贼以祭。除了典宾类，寇贼用为人牲的记载亦见于其他类组，如：

（52）惠又劦日遘，又升，王受祐。
　　其日逹人以。
　　其日毋寇以。
　　☑戌隻☑执以。　　《合集》26992［无名］

“劦”“升”一般认为是祭名，此版是关于祭祀的卜辞。“毋寇以”即毋以寇，以，用也。这是占卜祭祀时是否要用寇贼为人牲。

据上述卜辞来看，寇贼用为人牲基本见于典宾类，而且用牲规模似较大，可达五百人之多，用牲之法有“戣”。那么，作为罪犯的寇贼被用为祭牲，能否视作刑罚呢？杨升南先生以“伐”为例做了阐释：

---

① 参见詹鄞鑫：《释卜辞中的范围副词“率”——兼论诗书中“率”字的用法》，载《华东师范大学学报（哲学社会科学版）》1995 年第 6 期，第 174—180 页。

② 于省吾主编：《甲骨文字诂林》，中华书局，1996 年，第 3190 页。

> 甲骨文中作为“大劈”之刑的“伐”，多与祭祀有关，即“杀人以祭”。但以戈割去人的头髗，而被“伐”者之身份皆为罪犯、奴隶，这实质上是一种极刑，只是商人把这种用刑与祭祀结合起来。从法律角度讲，应是刑罚的一种。①

杨先生之说有一定的道理，得到了一些学者的支持。比如徐义华先生亦指出：“商代罪犯的死刑可以分为两种，一种是普通死刑，即单纯的剥夺生命的刑罚；另一种是将罪犯用作牺牲，将其作为祭品献给神灵。”② 其说可从。

《尚书·盘庚》篇是公认可靠的商史资料。其文有载商王盘庚对臣民的训言：“乃有不吉不迪，颠越不恭，暂遇奸宄，我乃劓殄灭之，无遗育，无俾易种于兹新邑！’③“暂遇”意即奸诈。④《国语·晋语六》曰：“乱在内为宄，在外为奸。”⑤“无遗育”意为“不让遗留后代”，⑥ 即斩尽杀绝。据此推知，商代对于奸诈作乱之徒可行夷灭其族之刑罚。寇贼明显属于此种罪犯，他们往往成群，人数可能亦不少，故族诛被处死刑的规模似较大，与上述卜辞所载相合。

（三）用为对外战争的工具

关于使用寇贼作战，林沄先生有解释：

> 其实古代用罪徒作战的例子并不少。史有明文者，如《史记·越世家》：“勾践……乃发习流二千人……伐吴。”索隐：“流放之罪人，使之习战，任为卒伍。”《史记·秦始皇本纪》：“三十三年，发诸尝逋亡人……略取陆梁地，为桂林、象郡、南海，以谪遣戍。”又记秦二世二年，陈涉遣周章西攻咸阳，二世赦郦山刑徒，使章邯将，击破周章军。到汉代，则发罪徒，攻打西南夷、南粤、朝鲜等处已成常例，不烦一一举证。⑦

林先生之说可信，我们亦可补充例证。如《左传》定公十四年云：

① 杨升南：《甲骨文法律文献译注》，载刘海年、杨一凡主编：《中国珍稀法律典籍集成》（甲编第1册），科学出版社，1994年，第136页。

② 王宇信、徐义华：《商代国家与社会》，中国社会科学出版社，2011年，第592页。

③（清）阮元校刻：《尚书正义》卷九，《十三经注疏》，中华书局，1980年，第171页。

④ 顾颉刚、刘起釪：《尚书校释译论》，中华书局，2005年，第917—918页。

⑤ 徐元诰：《国语集解》，中华书局，2002年，第398页。

⑥ 顾颉刚、刘起釪：《尚书校释译论》，中华书局，2005年，第918页。

⑦ 林沄：《商史三题》，“中研院”历史语言研究所，2018年，第110—111页。

吴伐越，越子句践御之，陈于槜李。句践患吴之整也，使死士再禽焉，不动。使罪人三行，属剑于颈，而辞曰："二君有治，臣奸旗鼓。不敏于君之行前，不敢逃刑，敢归死。"遂自刭也。师属之目，越子因而伐之，大败之。①

引文的"罪人"乃触犯军令的罪犯、罪徒，勾践用之战场，逼令自杀，以此大败吴师。可见罪徒在战场中的境遇并不太好，可能用在最危险的场合，生命亦无保障。目前所见，殷墟卜辞所载商王使用寇贼作战仅见于典宾类，年代主要是武丁晚期，相关材料如下：

（53）甲子卜，㱿贞：勿呼伐𢀛方，弗其受有祐。
贞：勿呼多寇伐𢀛方，弗其受有祐。
□□卜，㱿贞：呼多寇伐𢀛方，受有祐。
［戊］辰卜，㱿贞：翌辛未命伐𢀛方，受有祐。一月。
癸酉卜，㱿贞：呼多寇伐𢀛方，受有［祐］。　《缀集》304［典宾］

（54）☒贞：翌辛未☒。
☒多寇伐𢀛☒。　《拼五》1077［典宾］

（55）☒［贞：翌辛］未命☒。
☒呼多寇伐𢀛☒。　《拼集》153［典宾］

（56）甲子卜，㱿贞：呼伐𢀛方，受［有祐］。
癸酉卜，争贞：呼多寇伐𢀛☒。
甲申卜，㱿贞：翌乙［酉］☒。
乙酉酻唐，允☒。　《合集》542［典宾］

（57）☒贞：呼伐𢀛☒。
☒呼多寇☒。
乙酉［酻］唐，允☒。　《缀集》133［典宾］

（58）辛酉卜，争贞：勿呼以多寇伐𢀛方，弗其受有祐。
贞：勿择多寇呼望𢀛方，其橐。
贞：呼伐𢀛。
贞：呼黍，不其［受年］。　《合集》547［典宾］

（59）辛酉卜，争贞：勿呼以寇伐𢀛方，弗其受有祐。
贞：勿择多寇呼望𢀛方，其橐。
贞：呼黍，不其受年。　《拼集》262［典宾］

（60）贞：勿择［寇］呼［望］𢀛。　《合集》549［典宾］

① （清）阮元校刻：《春秋左传正义》卷五十六，《十三经注疏》，中华书局，1980年，第2151页。

（61）☐伐𢀛方，受［有祐］。
☐命雨择多［寇呼］望𢀛方☐。
☐贞：呼以多寇☐。　《合集》546［典宾］

（62）甲寅［卜］，㱿贞：［勿］䶂择多寇呼［望］𢀛☐。
《合集》550正［典宾］

（63）贞：勿呼以寇。　《合集》551［典宾］

（64）贞：勿呼沐（？）以［寇］。　《合集》552［典宾］

（65）贞：呼寇伐𢀛。　《合集》537［典宾］

（66）贞：呼寇［伐］𢀛。
贞：勿呼寇伐𢀛。（甲）
贞：呼寇伐［𢀛］。（乙）　《合集》538［典宾］

（67）贞：勿呼寇伐𢀛。　《合集》539［典宾］

上揭卜辞中的“多寇”或省称作“寇”，（63）（64）二辞“寇”之后似省略了“伐𢀛方”等内容。上述卜辞皆是关于商王使用多寇参与伐𢀛方之事，具体事项有二：一为“呼某以多寇伐𢀛方”；一为“命某择多寇呼望𢀛方”。卜辞大多省略了率领或选取多寇的商王臣属之名号，但（61）（64）二辞有提及，即雨、沐二人。“呼望𢀛方”的“望”指侦察敌情。① 结合上文《左传》勾践败吴的记载，商王使用寇贼攻伐或侦察𢀛方，亦有可能是用在比较危险的场合或时机上。

（53）—（55）（56）—（57）（58）—（60）为三组同文卜辞。李发先生通过干支与事件，将这三组及其他相关卜辞系联为同一件事，大致过程是某年十三月𢀛方自商王朝西部来袭，商王于是发动作战，至次年二月取胜而告一段落。② 这次战事规模较大，从商王发动的兵力来看，除组织多寇外，还包括“登人”（《合集》6177正）、“供人”（《合集》6172、6173）、“登人三千”（《合集》6172）、“以戈人”（《英藏》564正）。③ 关于“登人、供人”，刘钊先生已指出“皆为征集人众之义，所征集者都是族众，即所谓民兵”。④ 商王征集的族兵主要是商人各家族的武装力量，“戈人”类似“雀人”，这里指戈族的宗族武装。⑤

需要指出的是，商王朝采用的征集族兵之法亦见于其他对外战争中，而“多寇”却仅见于伐𢀛方之役，似可说明征兵之法乃当时的常制，而使用“多寇”则比较特殊。

① 参见王宇信、杨升南主编：《甲骨学一百年》，社会科学文献出版社，1999年，第502页。

② 参见李发：《甲骨军事刻辞整理与研究》，中华书局，2018年，第98—103页。

③ 参见李发：《甲骨军事刻辞整理与研究》，中华书局，2018年，第98—102页。

④ 刘钊：《卜辞所见殷代的军事活动》，载中国古文字研究会等编：《古文字研究》（第16辑），中华书局，1989年，第94页。

⑤ 参见朱凤瀚：《商周家族形态研究》（增订本），天津古籍出版社，2004年，第183—187页。

结合“登人三千”的记载，我们推断此次作战的主力应是商人宗族武装，而“多寇”仅是特殊的辅助力量罢了。林沄、黄天树先生皆言作为罪犯的寇贼编入军队乃属特殊情况，① 是说诚然。我们不宜夸大“多寇”的地位与作战水平。商王将多寇用为战争工具似不多见，虽然在战场上可能有死伤，但这恐怕并非是对寇贼的主要惩罚方式。

据上分析，商王朝对于抓捕来的寇贼有着严厉的惩罚，主要的方式是肉刑与死刑。在肉刑方面，商王对寇贼主要施以刖刑，一次受刑人数多达八十人。刖刑具有生命危险性，商王并不希望受刑者死去，为的是在守门一类的工作上继续役使他们。在死刑方面，商王将寇贼与祭祀结合在一起，把寇贼用作人牲，献祭于神祇。一次用寇的规模可高达五百人，用牲之法则有“𢦏”。除了这两种惩罚外，寇贼还沦为战争工具，但仅见于商人伐𢀛方的战役，属于特殊情况而且并非主力，似不能高估。

## 四、结　语

本文从释读入手，确定了殷墟卜辞“△”当释为“寇”，在卜辞中的用法有三：1. 用作动词，表示劫掠、侵犯之义；2. 用作名词，表示行劫掠的寇贼（或言盗贼）；3. 用作名词，表示人名、地名、族名。在此基础之上，本文主要研究了作为名词表示寇贼的“寇”的犯罪、抓捕与惩罚。其材料基本见于宾组卜辞，年代大致为武丁、祖庚时期。

在犯罪方面，寇贼曾闯入商人宗庙大肆劫掠，严重破坏了商王朝的社会秩序与政权稳定，被视作灾难事件，而其罪行当远不止于此。商王对于寇贼的打击是不遗余力的，发动了大规模的抓捕行动，选派人员涉及大量的包括同姓亲族在内的商人贵族。而商王对抓捕寇贼的过程与结果也十分看重，频频占卜。有鉴于当时国内矛盾尖锐，出现了社会底层的大量逃亡、监狱暴动等事件，社会动荡不安，商王为迅速稳定社会与巩固政权，采取大规模的镇压实属必然。

在惩罚方面，商王对作为罪犯的寇贼予以严酷的惩罚，主要表现为刑罚，即肉刑与死刑。在肉刑方面，寇贼主要被处以刖刑，受刑规模较大，亦具有生命危险性，幸存者往往被安排在守门一类的工作上。在死刑方面，商王采取了与祭祀结合的方式剥夺寇贼的生命权，即将寇贼用为人牲，献祭于诸神祇。用寇的规模可以高达五百人之多，用牲之法有“𢦏”。除了刑罚之外，在特殊情况下寇贼还被商王用为战争工具，仅见于商人与𢀛方的战事，但并非主力，不宜高估。

通过殷墟卜辞的系统梳理，我们尽可能地将商代寇贼的犯罪、抓捕与惩罚做了全方位的揭示。《左传》昭公六年载：“商有乱政，而作《汤刑》。”② 一般认为商代在开国伊

① 林沄：《商史三题》，“中研院”历史语言研究所，2018 年，第 110 页；黄天树：《甲骨文“寇”“农”二字补释》，载《出土文献》2020 年第 1 期，第 22 页。

② （清）阮元校刻：《春秋左传正义》卷四十三，《十三经注疏》，中华书局，1980 年，第 2044 页。

始即建立起基本的法律制度，其内容已无法详考。但卜辞所见商王对于寇贼的惩治则在一定程度上展现了当时法制运作的面貌，同时使我们对当时的刑罚有了更深入的认识。

这里，我们有必要廓清商代法制史研究中的一个重要问题，即甲骨文中是否有体现刑罚存在的材料。中国学者大多认为是存在的，而日本学者往往表示怀疑，这方面以籾山明先生为代表，也最具影响力。籾山氏认为甲骨文"五刑"的受刑者皆为敌对异族，人数往往较多，有与祭祀名连称的情况，据此推断"'五刑'都不应该在刑这个范畴理解"，其真正含义应该是损毁异族人的身体使之被奴役，或直接将之用作祭牲的行为。① 现在看来，这种说法似有修正的必要，理由如下：

首先，受刑者并非皆为敌对异族。籾山氏所列含有"寇"的卜辞有（38）（39）（41）（56）（65），将之视作异族名，我们并不赞成。前文已经指出，这些卜辞中的"寇"应即寇贼。另外，籾山氏认为《合集》861的"逸"不能解作受刑者，也是值得商榷的。近年张宇卫先生将《合集》861与《合集》17150缀合，文辞始完整，作："□□卜，争［贞］：刖逸，不殟（昏）。四月。"② "逸"为名词，指逃逸者，这里表示受刑者的身份。逃逸者当属于商王国的社会成员，因其逃亡而遭逮捕处刑。"刖逸"意为对抓回来的逃逸者施以刖刑，明显属于罪罚相应。事实上，对于逃亡者的打击，传世文献亦有记载。如《左传》昭公七年云："周文王之法曰'有亡，荒阅'，所以得天下也。"杜预注："有亡人当大搜其众。"③ 文王时在商末，其法或源自商王朝之制，与上述卜辞亦可相合。因此，籾山氏对于受刑者的研究有些简单化，商王国内的罪犯（如寇贼）、逃亡者皆在受刑之列。

其次，籾山氏所言"五刑"与祭祀名连称的情况，主要分析的是"酌伐""又伐"。关于这一点，前文所引杨升南先生的解释似更为妥帖，即"商人把这种用刑与祭祀结合起来。从法律角度讲，应是刑罚的一种"。④ 最后，从研究方法而言，籾山氏的研究局限于处刑这一环节，而我们应系统地去考察犯罪、抓捕到刑罚这一全过程，避免孤立探讨刑罚的存在问题。

总之，殷墟卜辞关于寇贼的内容是典型的商代法制史料，通过全面爬梳与脉络分析，我们在一定程度上还原了商代法制的运行体系，并以此确证了商代刑罚的存在，对于推动商代法制史研究具有重要的价值。

本文原载于《四川大学学报（哲学社会科学版）》2022年第2期；
原文有删改，本书收录为完整版。

① 籾山明：《甲骨文中の"五刑"をめぐって》，《信大史学》五，1980年。

② 张宇卫：《甲骨缀合第一百廿五则》，来源：https://www.xianqin.org/blog/archives/4338.html，2014年9月15日。

③ （清）阮元校刻：《春秋左传正义》卷四十四，《十三经注疏》，中华书局，1980年，第2048页。

④ 杨升南：《甲骨文法律文献译注》，载刘海年、杨一凡主编：《中国珍稀法律典籍集成》（甲编第1册），科学出版社，1994年，第136页。

# 包山楚简中的“疋狱”文书

王　捷

## 一、“疋狱”篇题汇考

包山楚简中的“疋狱”简为有篇题简，篇题“疋狱”二字书于简84反面。篇题涵义涉及对疋狱文书性质、作用的判定，所以历来注家均有阐发，但至今仍有剩义。

### （一）“疋”字汇考

“疋”，简84作“[illegible]”，整理者释为“疋”，释读无疑义。“疋”之含义有几种相近的看法。最初整理者引《说文》曰“记也”，“疋狱”即“狱讼记录”。① 李零认为题目“疋”字可能读为作等待之义讲的“胥”字（通须），“胥狱”指待决之狱。② 黄盛璋认为：“‘疋狱’即记狱讼，是楚司法机构把官、民向它提出诉讼的各种狱讼案记录下来。” ③ 陈伟认为疋狱简并不是各县上送的文件，而是左尹官署的工作记录。他在篇题释义方面提出了三种推测：其一，《说文》：疋，“或曰‘胥’字”，胥在古书中有副词用法，为相互之意，胥狱或即相狱，指原告指控被告之事。其二，胥有等待之意，疋狱或即须狱，为等待审理之意。其三，从疋得声的字还有“疏”字，疋狱也可能读作疏狱，是指对诉讼之事的分条记录。在三种可能性之中，陈伟认为第二种会大一些。④ 何琳仪同意将“疋狱”读“须狱”，为等待审理的意思。⑤ 刘信芳认为“疋狱”即“疏狱”，即分条记录狱讼之辞。⑥ 李家浩也认为“疋狱”应该读为“疏狱”，是对原告起诉的记录。⑦

---

① 湖北省荆沙铁路考古队：《包山楚简》，文物出版社，1991年，第44页。

② 李零：《包山楚简研究（文书类）》，载李零：《李零自选集》，广西师范大学出版社，1998年，第131—147页。

③ 黄盛璋：《包山楚简中若干重要制度发复与争论未决诸关键词解难、决疑》，载湖南省文物考古研究所等编：《湖南考古辑刊》（第6集），岳麓书社，1994年，第186—199页。

④ 陈伟：《包山楚简初探》，武汉大学出版社，1996年，第39、44、45页。

⑤ 何琳仪：《战国文字通论》（订补），江苏教育出版社，2003年，第160页。

⑥ 刘信芳：《包山楚简司法术语考释》，载李学勤主编：《简帛研究》（第2辑），法律出版社，1996年，第12—34页。

⑦ 李家浩：《谈包山楚简“归邓人之金”一案及其相关问题》，载复旦大学出土文献与古文字研究中心编：《出土文献与古文字研究》（第1辑），复旦大学出版社，2006年，第16—32页。

上引诸家意见可以归纳为二类意见：

其一，“疋”“胥”同音假借，故而“疋狱”为“胥狱”，有指控或等待审理等意。此类意见的基础是《说文》及段注，① 并可引《尔雅》《方言》《广雅》等关于“胥”字含义之记载为据。“疋”“胥”在出土文献中亦有相通例证，如《郭店楚墓竹简·穷达以时》（简9）载：“子疋（胥）前多功，后戮死。”《郭店楚墓竹简·五行》（简43）载：“疋（胥）肤肤达者君子道。”再者，“疋”通“胥”亦符合包山楚简的公文书的具体语境。

其二，“疋”如《说文》所言即“记”，“疋”“疏”相通，故“疋狱”即“疏狱”，系指左尹官署的属吏分条登记受理案件的记录文书。从文字训诂角度看，“疋”“疏”可通，《说文》段注云：“记下云疋也，是为疏耳，疋、疏古今字。”从出土古书看，亦多见“疋”“疏”相通的辞例。上海博物馆藏战国楚竹书中“疋”多释为“足”，整理者引《说文》“疋足也”为据，认为“足”即“疋”，读为“疏”。如上博简（五）《季庚子问亍孔子》篇第十一简载“古（故）女（如）虗（吾）子之足肥也”，整理者将“[illegible]”释为“足”，认为“足”也同“疋”，或读为疏，疏即通，并引段注云：“疏，与㧊音义皆同，皆从疋者。疋所以通也。”②《郭店楚简·老子甲本》（简28）载“古（故）不可得天〈而〉新（亲），亦不可得而疋（疏）”，此处“疋”即“疏”。江陵天星观一号楚墓遣策有“疋占”“笿疋”“紶疋”等辞例，③“疋”亦通“疏”。检包山楚简所见“疋”，还有如简34“淀忈”（与简39之“正疋忈”当系同一人，不过“淀”为“疋”之异写）、简36之“疋期”、简38之“疋署”（简70同样有“疋署”）、简61之“疋越”、简55之“疋喂”（简64同见“疋喂”）、简79之“疋献”等等，均以“疋”用于表示属吏职名，④ 曾侯乙墓竹简简175亦有官吏“疋乘”。“疋”的职能，从文书内容看，是书吏，书吏分条登记受理的讼案，格以“疏”义，均可通。马叙伦云：“……疋借为史……书则史之转借字……然古臣言事于君上曰上书，后世言上疏，即借疏为书也。”⑤ 故而“疋狱”作为篇题，应是“疏狱”较“胥狱”为佳。

### （二）“狱”与“讼”及其相关问题辨析

“狱”字，包山楚简中凡四见，有简84反所见之篇题“疋狱”，简128、139反

---

① “疋”之本义，依《说文》，“𤴔，足也”。“疋”“胥”相通，源自《说文》云“或曰胥字”，段注云：“此亦谓同音叚借，如府史胥徒之胥，径作疋可也。”

② 马承源主编：《上海博物馆藏楚竹书》（五），上海古籍出版社，2005年，第219页。

③ 天星观楚墓遣策参见滕壬生：《楚系简帛文字编》，湖北教育出版社，1995年，第197页。

④ 需要注意的是，包山楚简中尚有“疋”姓者，如简96“正疋期戠之”，简100“正义牢”在简97写作“义牢戠之”等。疋氏亦可能来自官名，需要进一步查找相关资料和研究成果。以上刘国胜老师提示，另外，刘老师还提示“疋狱”篇中档案整理人员除“疋”，姓外尚有他姓之人。在此深表谢意。

⑤ 马叙伦：《说文解字六书疏证·卷四》，上海书店，1985年。

所见之职官称呼“戠狱”，简 131 所见案件称呼“ × × 之狱”。从“疋狱”简中的事例看，“狱”作为名词，在包山楚简中泛指案件，且其范围广泛，有杀人案、行政征收案、婚姻案、田土案等等。与“狱”字相关的还有“讼”字，“讼”在包山文书简中用为起诉之意的司法术语。不过有意思的是，疋狱文书作为左尹官署记录受理案件的文书，篇题有“狱”，文书中却只见“讼”，不见“狱”，陈伟曾经指出：“简书用‘讼’字表示诉讼而篇题却采用‘狱’字……楚国文书中的‘讼’是指当事者个人的行为，‘狱’则反映裁断者的立场，为官方对于讼案的称谓。”① 此意见极确，我们查检文书中的“讼”“狱”用例，可以见到，二词是从不同行为者的角度而言的，“疋狱”系案件的审理者角度的记载，其受理的案件称为“狱”。文书中“讼”系由起诉者的角度而言，即原告诉被告称“讼”，是为动词用法。

包山楚简所见的“狱”“讼”用法，在《荀子》一书可见类似例子，如“狱”，《荀子·宥坐》：“不教其民，而听其狱，杀不辜也。”如“讼”，《荀子·宥坐》：“孔子为鲁司寇，有父子讼者，孔子拘之。”从上引内容看，就案件而言，是“官听狱”“民争讼”，这正是包山楚简中“狱”“讼”用法。从出土楚简古书来看，“狱”“讼”二字用法与传世文献相类，有沿用其本意表示相争之意，亦有用于表示案件起诉的用法，在郭店简、上博简等楚地出土古书中多有用例，例不胜举。“狱”“讼”在先秦传世典籍中亦常见，多用于表示案件、起诉等意。二者更多是并用，如“狱讼”，《礼记·王制》载：“司寇正刑明辟以听狱讼。”或如“讼狱”，《孟子·万章上》云：“朝觐讼狱者不之益而之启。”那么先秦时期对“狱”“讼”是如何使用的？两者有什么区别？

“狱”“讼”在《周礼》中尤多见。《周礼》系战国时期成书的制度类专书，其中涉及司法制度相关者颇众。由该书所见“狱”“讼”看，我们首先需要厘清当时“狱”“讼”有无区别的问题。《周礼·地官·大司徒》载：“凡万民之不服教而有狱讼者，与有地治者听而断之，其附于刑者，归于士。”郑玄注云：“争罪曰狱，争财曰讼。”《周礼·秋官·大司寇》载：“以两造禁民讼。”郑玄注云：“讼，谓以财货相告者。”《周礼·秋官·大司寇》又载：“以两剂禁民狱。”郑玄注云：“狱，谓相告以罪名者。”上引郑注，为后来主张“狱讼”区分者常引用。查《周礼》，“狱”“讼”在《地官·大司徒》、《秋官·大司寇》等篇多见，且在不同语境下用法不一，能否以郑注“罪”“财”之分一以统之，尚有疑义。《周礼·秋官·大司寇》亦载：“凡以财狱讼者，正之以傅别、约剂。”此处之争财案件却以“狱讼”通称之，可见《周礼》的作者亦无争财争罪之分的观念。后来注家对郑注也有不同意见，清人孙诒让指出：“郑说讼狱之义，于经无确证。……凡狱讼对文者，皆讼小而狱大，本无争财争罪之别。”②

① 陈伟：《包山楚简初探》，武汉大学出版社，1996 年，第 44、45 页。

② （清）孙诒让撰：《周礼正义》卷六十六，十三经清人注疏点校本，中华书局，1987 年，第 2748—2749 页。

孙氏辨正郑注财罪之分说，指出“于经无确证”是可信从的。在《周礼》诸篇中亦常见以“狱讼”一词泛指案件但不区分财罪，如“听其狱讼”“辨其狱讼”“狱讼成”“听狱讼”“议狱讼”等等。但孙氏“小大”说同样也存疑义，因为见诸当时的实际用例看，如前述，考察包山楚简所见“狱”“讼”在文书中只是用于区分使用主体，实为同义词，《荀子·宥坐》篇所见“狱”“讼”之对称的用法亦与包山楚简所见相类似，这至少说明在战国时期“狱”“讼”实为同义而非用于区分“财罪”之案或者案之“小大”。

就法史学视角辨析先秦“狱”“讼”的含义和用法，涉及中国法制史上刑民诉讼是否有以及分自何时的问题。这一问题牵涉法理阐释与法制史实两个层面问题，既是互相联系的，但又必须有所区隔。要厘清此问题，首先需要辨明相关史实，因为唯有辨明史实，法理的阐释才有根基。本文就史实面的问题进行讨论，法理面的问题则不展开讨论。梳理先秦之“狱”“讼”词义与用法演变就是辨明史实层面的工作，梳理工作的资料基础，除传世先秦典籍外，还需要出土的法律文献（包括金文法律文献、战国简牍法律文献等等）。因为出土文献属于当时法律生活的真实记载，可与传世文献相互印证。下文即以此二类文献做二重印证，分别辨析“狱”“讼”词义与用法的演变。

“狱”在西周晚期的六年琱生簋铭文有“用狱諫”之用例，① 此处“狱”指案件，在包山楚简中泛指案件的用例见于上文，此处不赘。在包山楚简以后的秦简中，如果是民间用书，则沿袭以往的用法，“狱”指案件，且往往“狱讼”并用，泛指诉讼案件，如在日书中我们就常见到“占狱讼、系囚，不吉”“狱讼，不吉”等。② 但如果是公文书或律令条文，则以“狱”为指称案件的名词用法或用为审案之意的动词用法，属于司法术语，如睡虎地秦简之《封诊式》有《治狱》篇、《编年记》有“喜治狱鄢”（简十九），《法律答问》表示讼案的如“狱鞫”（简三三、三五）、“狱未断”（简五十）等等。③ 由上可见，秦简的“狱”的用法与包山楚简所见“狱”的用法是一致的。所以，由周至秦，在公文书中的“狱”大致都是指称讼案。

“讼”用为指称案件（名词）或起诉（动词）的司法术语，在金文法律文献中多见。如西周早期的大盂鼎铭文载：“敏諫罚讼。”④ 西周晚期的扬簋铭文载：“讯讼，取

---

① 中国社会科学院考古研究所编：《殷周金文集成》（第4册），中华书局，2007年，第2639页。

② 天水放马滩一号秦墓竹简乙种《日书》，参见甘肃省文物考古研究所编：《天水放马滩秦简》，中华书局，2009年，第100页。周家台秦简参见湖北省荆州市周梁玉桥遗址博物馆编：《关沮秦汉墓简牍》，中华书局，2001年。

③ 参见睡虎地秦墓竹简整理小组编：《睡虎地秦墓竹简》，文物出版社，1990年，第7、101—102页。

④ 中国社会科学院考古研究所编：《殷周金文集成》（第2册），中华书局，2007年，第1516—1518页。

遣五寽（锊）。”① 同期扬簋铭文亦载：“讯讼，取遣五寽（锊）。”② 䛠簋铭文载：“讯讼罚，取征五寽。”③ 以上所引金文铭文所见“讼”均是名词用于指称案件。在西周中期的曶鼎铭文亦载：“吕（以）限讼于井（邢）弔（叔）。”西周晚期𠑇匜铭文载：“女（汝）敢吕（以）乃师讼。”④ 上引二则铭文所见“讼”均是动词，为起诉之意。以上所引可见，从西周时期开始，在公文书中就已经用“讼”来表示起诉或案件之意，在包山楚简的司法文书中所见“讼”之用法与西周金文法律文献中所见是类似的，这从一个方面表明了楚制与周制的源流关系。

但是，楚秦关于起诉的法律用语则有所区别。从目前所见的出土秦简看，在秦国的公文书中用于表示起诉的法律术语多用“告”，不用“讼”。⑤ 其原因或是因为秦实行连坐制度，奖励告奸，故而律令等公文书中的“告”多是告发之意。如龙岗秦简简146就有“如他人告”的用例，⑥ 此种公文书中“告”即起诉、告发、报告、告知等含义，在秦简中的其他法律简如睡虎地秦简的《语书》、《秦律十八种》等篇中“告”多意为报告、告知，如“告官”“以书告”等。《秦律杂抄》《法律答问》有以“告”表示告发之意，如“弗告”“甲告乙”“端告”“告不审”等等，极为常见。据统计“告”有137例之多。⑦ 但在秦时民间社会一般用语中，仍见用“讼”来表示起诉，如日书类的民间用书，放马滩秦简日书乙的简263（“占狱讼、系囚，不吉”）、简328（“以责，不得。以讼，不克”）、简360（“占狱讼，益罪”）等。⑧

上述的秦简所见的“讼”字的用法，表明了在秦国（至后来的秦王朝）官方和民间的用法有所差异。显然，民间用书中“讼”字还是传承了先人的用法，而在官方文书中，“讼”字则为“告”等专用词所取代。

至汉代，当时人开始有意识地区分“狱”“讼”，如《汉书·王贡两龚鲍传》载：

---

① 中国社会科学院考古研究所编：《殷周金文集成》（第2册），中华书局，2007年，第1519页。

② 中国社会科学院考古研究所编：《殷周金文集成》（第4册），中华书局，2007年，第2640页。

③ 中国社会科学院考古研究所编：《殷周金文集成》（第3册），中华书局，2007年，第2417—2418页。

④ 《殷周金文集成》10285。需要注意的是，𠑇匜铭文还有“乃师或以女（汝）告”一句，可见以“讼”“告”对称，表示不同地位者诉争时的用词不同。

⑤ 在包山楚简中亦多见“告”，不过不是起诉之意，起诉用词为“讼”。包山楚简中的“告”和“谓”用法相近，均用于表述当事人向官府或下级向上级报告、陈述相关案件事实之意。如简120—123的杀人窃马案，简131—139的舒庆杀人案。“告”字在文书中有时候还作为固定表达方式，如在诉状类文书中就可见“不敢不告”“敢告于”等文书固定用语。

⑥ 中国文物研究所、湖北省文物考古研究所编：《龙岗秦简》，中华书局，2001年。

⑦ 参见张显成主编：《秦简逐字索引》，四川大学出版社，2010年，第57页。

⑧ 甘肃省文物考古研究所编：《天水放马滩秦简》，中华书局，2009年，第100—105页。经刘国胜老师提示，所引简文并参引：晏昌贵：《天水放马滩秦简〈日书〉乙种释文》，载武汉大学简帛研究中心：《简帛》（第5辑），上海古籍出版社，2010年，第17—42页。

“其务在于期会簿书，断狱听讼而已。”《后汉书·百官志·太傅太尉司徒司空将军》载：“治狱决讼，务得其中。”上引二书已见“狱”“讼”分离。在郑玄注《周礼》时则明确为“争罪曰狱，争财曰讼”。由上文梳理“狱”“讼”含义与用法之流变可见，所谓“狱”“讼”分别指称“财”“罪”案件之说，至汉代方见诸史籍，汉人注《周礼》时，以其“当代”观念解释先秦“古代”事务，并无确凿的史实根据。故而依汉注而云西周之时官府诉讼即有刑民之分，于史实无征。①

最后，需要提及的是，因郑注与现代的刑、民诉讼案件区分的概念类似，故而法史学界的教科书中多引以为据，认为在西周时期的诉讼即有刑、民之分。关于古代中国是否有刑、民诉讼的区分是有史实面和法理面的问题，本文未就法理面展开讨论，是因为“狱讼”比附于“刑民”，是百年来西法东渐的观念演变结果，涉及问题太广，非一时所能厘清。②简言之，持中国古代的刑、民诉程序自西周即有分际的观点者，

① 《周礼》的记载不能证明西周时期已经有所谓“狱”“讼”之分，南玉泉先生早有以出土的涉讼铭文为据论证此点，参见南玉泉：《琱生簋与曶鼎中的诉讼资料》，载中国政法大学法律古籍整理研究所编：《中国古代法律文献研究》(第2辑)，中国政法大学出版社，2004年，第1—16页。

② 中国古代诉讼是否刑民有分以及分于何时的问题，因为涉及法史学上对中华法系的特征是否为诸法合一、刑民不分的判断，20世纪初西法东渐至今，法史学界持续讨论此问题不曾中断，但均隅于史实面与法理面的纠葛不清，未有定论。在法史学界，先秦时期的诉讼程序就开始刑民有分的观点实际上一直占据上风。其原因不仅仅在于学术研究的观点异同，也是百年来中国的特殊历史背景所致，因为近代中国是被迫地开始接受西方法体系的移植，法史学人不得不通过论证西方的各项法制均能在中国历史上找到渊源的路径，来维持民族文化的自尊和法律移植的自主性。在民国早期，持先秦时期无刑民诉讼观点的代表性人物有梁启超，他在1922年底写就的《先秦政治思想史》一书中主张先秦时期“所谓民事诉讼者殆甚稀，有讼皆刑事也”。(参见梁启超：《先秦政治思想史》，中华书局，1936年，第46页)而主张刑民诉讼在先秦即有区分观点的代表性人物有法学者徐朝阳(参见徐朝阳著：《中国诉讼法溯源》，商务印书馆，1933年，第15页)。徐朝阳反对梁启超的观点，其依据就是《周礼》为依据，认为“周礼所载天官地官之管辖各特定民事事件，以有关刑事者移送秋官之属审理”(同前引徐氏著)。梁徐观点之不同，不在于他们所依据的史料不同——二人均引先秦典籍如《尚书》《周礼》等为据，而在于他们的判断史实前提不同，徐氏是观点先行——先秦即有刑民诉讼制度且区分明确——的前提下引用史料，且其对于所引《周礼》内容到底是史实还是理想并无鉴别，而一概认之为史实。此后，在法学界颇多主中国传统司法上刑、民诉讼有分观点者，代表性人物当属陈顾远，他在从法学视角对“狱讼”为“小大”之分说进行辩驳，认为：“小曰‘讼’婚姻田土之事属之，大曰‘狱’，贼盗请赇之事属之，非因争财争罪而别，乃由罪名大小而殊，但无论如何，两事在历代每有管辖或审级不同，各有诉讼上之相异。……纵非如今日民诉刑诉之截然划分，亦不能谓无或然之区别，其在程序法上不能有民诉，刑诉之并立者，当然由于实体法上无民事刑事划分之观念所致。”(参见陈顾远：《从中国文化本位上论中国法制及其形成发展并予以重新评价》，载范忠信等编校：《中国文化与中国法系：陈顾远法律史论集》，中国政法大学出版社，2006年，第64—70页)近三十年来，法史学界关于中华法系刑民是否有分问题的讨论，代表性的观点如张晋藩认为至少自西周时起就已有刑民诉讼即有初步区分，只是理论上一直没有明确概念划分，诉讼程序一直以刑诉为主，民诉处于依附位置(参见张晋藩：《中国民事诉讼制度史》，巴蜀书社，1999年，第9—10页)。

往往史实面和法理面混淆，价值判断要多于事实判断。将中国古代的史实（实际上尚未厘清的情况下）套以现代法学的部门法理论（区分刑、民部门法的理论是据西方近代法历史发展的结果）进行解释。因为，从法理视角看，狱讼有别与刑民区分虽表面类似，但二者有实质不同。郑注所云“狱”“讼”分别对应“罪”“财”，是对具体不同类别案件的指称。无论是郑玄还是《周礼》的作者，“狱讼”一词仅仅是对国家处理社会纠纷的统称而已，他们的法思想体系里没有刑事、民事的诉讼程序有别概念。现代的刑、民诉讼区分，是源自于实体法上的公法、私法有别，为维护公权、私权进而设刑、民诉讼程序法。

## 二、“疋狱”文书诸问题论析

从“疋狱”文书的整体着眼，下文着重分析“疋狱”文书的格式、案件类型、归属、“疋狱”与“受旮”文书关系等问题，以期对疋狱文书能够有更进一步的解读。

### （一）疋狱文书格式、案件类型

疋狱文书是案件受理登记记录，格式上不仅有公文书的外在形式一致性，更重要的是文书内在构成要素的一致性。公文书是实用文书，其目的在于明确传达意旨，所以在实际应用中只要内在构成要素具备，有时同种文书因不同的经手人员，有些表达形式上的不同，并不能仅仅由此得出结论认为属于不同文书。根据疋狱文书内固定表达式的不同，可以看出疋狱简采用二种讼由表达式，其原因在于讼告的对象和内容的不同。疋狱简格式有两种：

其一，“×× 月 ×× 之日，××（人）讼 ××，谓……×× 戠之，×× 为李”。如简 84：

> 勂层之月己丑之日，肤（卢）人之州人陞（陈）德讼圣（声）夫人之人郘黎（渐）、郘未，胃（谓）杀亓（其）䏾（兄）臣。正义弜（强）戠之。秀异为李。

可归入此种格式有简 80、83、84、86、89、90、91、95、96 共 9 个案件，其中简 95 无文书签名者。还需要提及的是：第一，除简 89 的讼由为“娶他人妾为妻”、简 91 的讼由为“葬妻于他人土”外，其他讼由均为“伤、杀人”；第二，上述案件的提出讼告者身份均是标明为“×× 人”，即以个人名义，他们与被害人的关系多为亲属；第三，上述案件有的还记载了受案后的处理情况，如简 80 记载了受案后发文抓执被告人到案的记录：“既发竽，执勿失。”

其二，“×× 月 ×× 之日，××（人 / 官）讼 ××，以……（之故），×× 戠之，

××为李”。如简 85：

> 䇞屎之月辛巳之日，𨱂缶公德讼宋𤞷（豫）、宋庚、差（佐）𣪊（令）𢜫（惄）、䣅（沈）縺（膺）、黄𩨱（燕）、黄𣄃、墜（陈）欨、番班、黄行、邓𡔷、邓迵、邓𤕑、邓𧩤、邓隉、邓𧭩、𡫸（胡）上、周敓、奠（郑）𡚸、黄为余、酓（熊）相𪓐、苛胼、靁（雷）宋、墬（唐）𣊾（晨）、䣅（邥—沈）敢㠯（以）亓（其）受𨱂缶人而逃。　　疋吉戠之。秀滜为李。

可归入此种格式的有简 81、82、85、87、88、92、93、94、97、98、99、100、101、102 共 14 个案件。从表达方式看，二种格式的不同之处在于文中表达讼由的语词一为“谓（‘胃’或‘言胃’）”，一为“以……（之故）”，但其功能应是一样的，不过一为直接引语，一为间接引语而已。

第一种格式的案件多为“个人”讼“个人”，且多为杀人、伤害案件，而第二种格式的疋狱文书涉及的案件种类较多，其中尤以“个人”或“官”名义讼“官”为多。由此，我们将疋狱简所见案件按照讼告对象分为以下两类：

第一类：私人案件，即以“个人”名义讼“个人”：

1. 杀人案：简 80（伤、竽）、简 83、简 84、简 86、简 95、简 96、简 90（竽）。
2. 田案：简 94、简 101、简 77（受旮）、简 82（期）。
3. 婚姻、继承案：简 89（娶他人妾）、简 97（夺妻案）。
4. 得丧子案：简 92。
5. 夺后案：简 93。
6. 陈债案：简 98。
7. 夺汤泽案：简 100。
8. 葬土案：简 91（有“成”）。

第二类：公务案件，即以“官”/“个人”名义讼“官”：

1. 受逃人案：简 85（竽）、简 87。
2. 叛官案：简 88、简 99（参看简 5—6、简 15—17）。
3. 征田案：简 81（期、政田，以个人讼官员之公务行为）。
4. 断不法案：简 102（以个人讼官员之公务行为）。
5. 废官事案：简 18（铸剑官宋强因荒废官事被出）。

以上对现有的疋狱文书涉及的案件进行了分类，我们可以观察到，当时楚国的司法实践中已经有意识地对公私案件进行区分，不同类别案件的文书格式亦有所区别。当然，对于楚国的诉讼中区分公诉与私诉的标准是什么，限于资料，目前尚无法给出明确答案。

## （二）文书归属问题

疋狱文书简归属问题。即疋狱文书所属竹简有哪些，这又可以分为两个方面问题讨论：

第一，疋狱简中是否有其他类文书窜入。

疋狱简中是否有其他类文书窜入。根据以上文书格式分析，疋狱文书中的三枚较为特别的简，即简 90、91、102，因为这三枚简的文书句式与其他疋狱文书简有所不同，是以在整理者报告出版后，学界就有提出不同意见，认为这三枚简可能不属于疋狱文书。下面逐一分析。

首先是简 90、91。

简 90 标点释文如下：

> 競（景）旻（得）讼緐（繁）丘之南里人龏（龚）忎·龚酉，胃（谓）杀亓雔（兄）。九月甲唇（辰）之日，繁丘少司败远𢗑謰筭，言胃（谓）：繁丘之南里信又（有）龚酉，酉己甘匠之戢（岁）为偏（鬲）于郪（喜），居陏（隋）里。繁昜（阳）旦无又（有）龚悚。　　正秀齐戢之，郘（旦）尚为李。

图一为简 90 的图版，该简记载了案件受理情况及后续的调查结果：

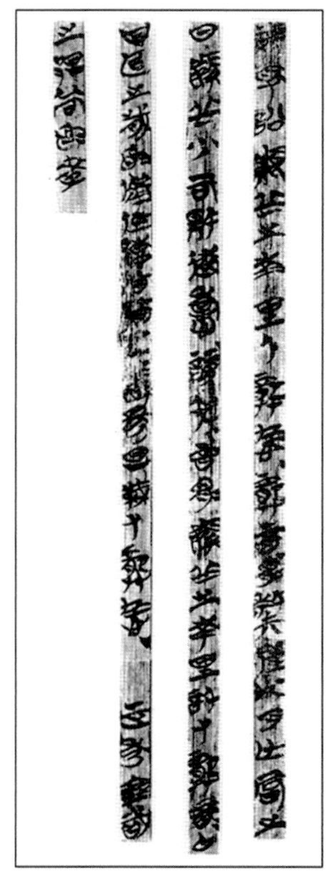

图一

简 91 标点释文如下：

九月戊申之日，佶（造）大戝（列）六敂（令）周霰（霰）之人周雁（鹰）讼付壆（与）之闈（关）人周琜（瑶）、周敚，胃（谓）戆（葬）于丌（其）土。琜（瑶）、敚壆（与）雁（鹰）成，唯周鼷（鼷）之妻戆（葬）安（焉）。　　疋忻哉之。鄗从为李。

图二为简 91 的图版，该简记载了双方当事人曾经和解的事实以及现在的案件情况。

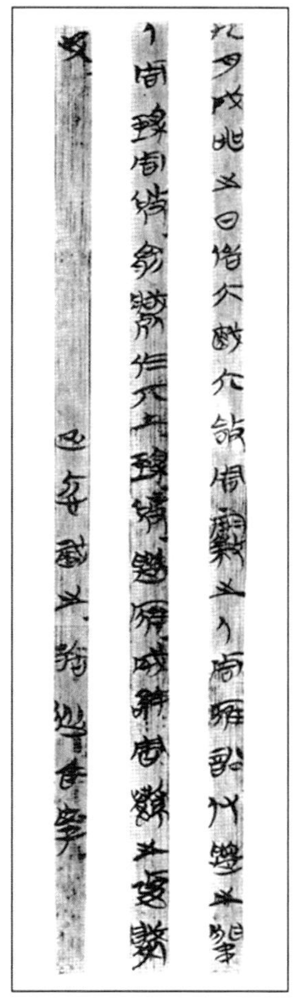

图二

以上简文主体仍是疋狱文书。

陈伟以反面记有“疋狱”字样的简 84 为疋狱文书的标准格式，分析简 90、91 的内容，认为此二枚简不属于疋狱文书，并提出“简 102 及其反面的记载因其部分内容不可通读，是否属于疋狱文书需要将来做进一步讨论”。①

我们认为，简 90、91 所载虽与其他大部分疋狱文书有书写句式上的差别，但内容记载的均是个案的简要记载以及审理者的相关信息，其内在的构成要素仍是与疋狱简的其他文书一致，故而应是属于疋狱文书简。

至于简 102 及其反面记载的简文文书是否属于疋狱文书，需要结合其内容进行讨论。为便于下文论述，先看简 102 以及其反面的图版：

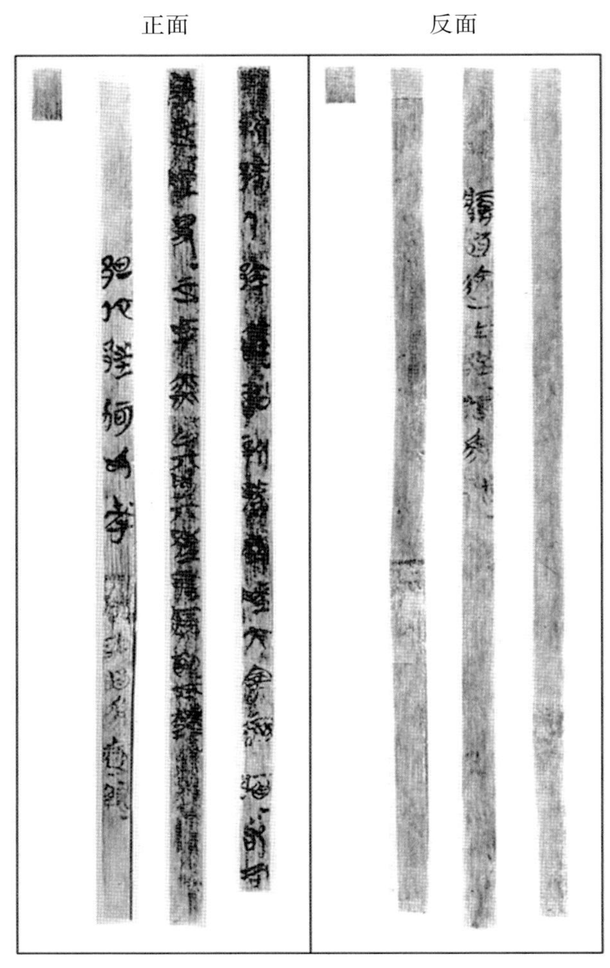


图三

为便于下文的讨论，将释文逐录如下：

上新都人郬（蔡）䛑（䛓）讼新都南陵大宰䜌（栾）瘖（怳）、右司寇

① 参见陈伟：《包山楚简初探》，武汉大学出版社，1996 年，第 40—42 页。

正陈旻（得）、正史赤，㠯（以）丌（其）为丌（其）兄蔡㾾剸（断）不灋（法）。　郘伦。郙旃为李。　既訽，牆（将）须逾，執（执）。102 正

㾾既逾于郢，牆（将）须諡。102 反

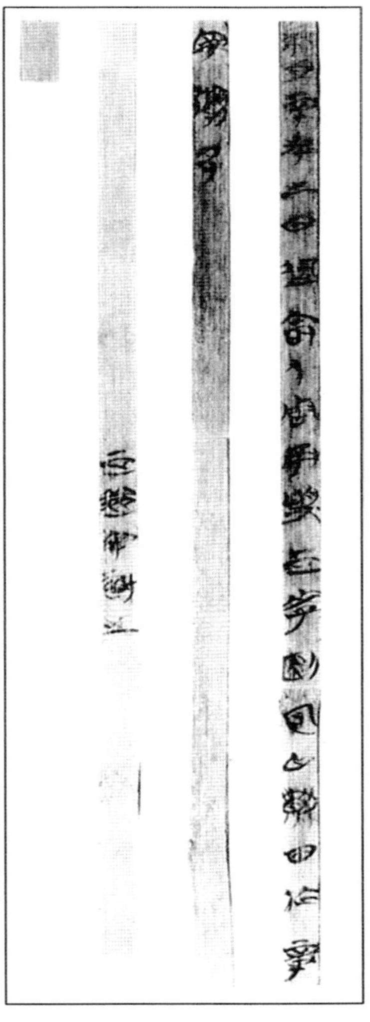

图四

上引简 102 正面的记录，至“郙旃为李”四字以前的简文，其格式为“××（原告）讼××（被告），以其××（讼由），××戠之（“戠之”二字在此处被省略），××为李”，与疋狱简的其他常见文书格式相同。“郙旃为李”四字以后，原简在约空白数个字的距离后，记载“既訽，将须逾，执”，由其内容看，记载了地方官府此前已经对原告蔡㝬之兄蔡㾾采取了强制措施——“訽”（即拘），但蔡㾾脱逃。简 102 反面的简文则记载了后来蔡㾾从地方到郢都向左尹官署提出讼告，左尹官署的官员将对其案件进行核查——“既逾于郢，将须諡”。由上可见，从文书内容看，简 102 及反面由疋狱文书和其他的官府审判行动的记录而构成的复合文书，其他记录是为了说明案件的处理情况，简 102 及其反面的主体仍是疋狱文书。

简 102 及其反面是复合文书，疋狱文书和其他的官府审判行为的记录而构成的复合文书，其他记录是为了说明案件的处理情况，简 102 及其反面的主体仍是疋狱文书。

第二，其他类文书中所见的疋狱类文书。

史杰鹏提出简 77 的“受”字应是“讼”字误写，因此简 77 属于疋狱简，其具体位置应放在简 101 之后。① 此意见可从，此简图版见图四。

简 77 的标点释文如下：

㚇（爨）月辛未之日，让命（令）人周甬受〈讼〉正李剴耴㠯（以）敱田于章窢（国）鄃邑。　正义牢戠（职）之。77

① 参见史杰鹏：《读包山司法文书简札记三则》，载李学勤等主编：《简帛研究二〇〇一》，广西师范大学出版社，2001 年，第 19—24 页。

还需要注意的是，在其他类简还有与疋狱文书相关者。如整理者收入集箸言的简 18：

鄴（蔡）逮（遗）受盟（铸）鐱（剑）之官宋强，宋强灋（废）亓（其）官事，命受正㠯（以）出之。　中酴（舍）䜑（许）逜（适）内（纳）之。羸（羸）路公角戠之。义旻（得）。18

图五为简 18（其后的简 19，是受㠯简，二者形制一致）。

图五

简 18 的文书格式及形制与疋狱简相同，而与集箸言内其他文书格式不同，体现在以下二点：其一，简 18 最后记载有“羸路公角戠之”，“羸路公角”在疋狱简 86 出现，“戠之”为疋狱文书末的主审法官的签署标志。简 18 之“义得”亦出现在疋狱简的简 90，简 18 之下应是省略“为李”二字；其二，简 18 的形制与集箸言的其他简差异明显，集箸言简的其他简（包括简 15—17，为一完整的案卷，其内容分析笔者另有撰文，此处不赘），长约69厘米，简18则长约65厘米，与疋狱简相同。以上说明整理者将其归入集箸言类简有不确之处，简18应是归属于疋狱简。

## （三）“疋狱”与“受旾”文书

整理者编入疋狱简的共23枚简，编号为简80—102，列于受旾简之后。①疋狱简的长度为64—65厘米，单契口多见在竹简下段23厘米处。②上述的疋狱文书的竹简长度、契口等表征与受旾简类似。“疋狱”与“受旾”作为关联文书，下面就二者的关系、排序二问题略陈一二。

### 1. 二者关系

整理者认为“疋狱”与“受旾”为关联文书，“受旾”文书系各地报送的告诉记录摘要，“疋狱”文书为“狱讼记录”，二者属于各地县廷的文书。由此，整理者认为，楚国讼案的告诉、审理、复审均在县廷，左尹负责全国的司法工作，接受上诉，并指导复审。③可见，整理者的关于楚国司法审判层级的论断是基于“受旾”文书与“疋狱”文书系来源于地方官府这一认识之上的。但是，我们考察“受旾”文书的内容、性质等方面时已经指出“受旾”文书并不是各地报送之文书，而是中央的左尹官署的发出文书登记底簿（即左尹官署在受理讼案后为了诉讼程序的进行而发出的各类命令文书的登记底簿）。④同样的，“疋狱”文书也不是来自各地县廷的狱讼记录，而是中央的左尹官署受理各地之人或官吏的讼案登记。关于此，可由以下两个方面来证实：其一，从文书的制作者看，疋狱文书结尾所载的“截者”“为李者”属于左尹属吏，而不是各个地方官吏；其二，疋狱文书中所见的“截之”“为李”系标示案件的登记者和审理者，且部分疋狱简还记录了受理案件后的左尹官署发出命令文书以进行调查或传唤的官方行为，如简80之“既发竽，执勿失”、简85之“既发竽，将以廷”等。以上两点说明疋狱文书系同一机构——左尹官署做出的，而非各地官府报送上至左尹官署。⑤因此，“疋狱”文书系由左尹官署的属吏记录受案之情实而形成的，文书来源于左尹官署，其中反映的是当时楚国各地之人或官吏均可直接向中央起诉的制度，即

---

① 参见湖北省荆沙铁路考古队：《包山楚简》，文物出版社，1991年，第7、10页。

② 疋狱简中仅简101有上下端契口，分别位于上端16厘米、下端18.4厘米处。

③ 参见彭浩：《包山楚简反映的楚国法律与司法制度》，载湖北省荆沙铁路考古队：《包山楚墓》（上），文物出版社，1991年，第552—554页。

④ “受旾”文书实质为左尹官署发布有关诉讼的命令文书的登记底簿，笔者曾专门撰文论证，参见王捷：《战国楚地诉讼文书研究（二）——受期简析论》，载《2011中国法律史学会年会论文集》（下册）。陈伟也持有类似意见，参见陈伟：《包山楚简初探》，武汉大学出版社，1996年，第147页。

⑤ 关于疋狱文书的签署者的身份认定为左尹属吏以及疋狱文书不是来源于地方政府的论证，可以参见陈伟：《包山楚简初探》，武汉大学出版社，1996年，第45—47页。

“疋狱”文书反映了楚国中央司法机构受理地方民众越诉的情况，与“受昌”文书的关联性则是表明在案件审理过程中，左尹官署为传唤、调查等事务是通过向地方官府下达命令或指示的方式来完成。

### 2. 排序问题

整理者将其置于受昌简之后，后有学者提出不同意见，如黄盛璋即提出应将疋狱简放置在前，因为疋狱是立案记载。① 陈伟也同样将疋狱简放在整体文书简的第一部分，将受昌简置于其后。② 还需提及的是，就疋狱简所涉及的内部排序问题，也有学者以楚历为准，对整理者的竹简排序提出异议，如李家浩指出：“简 80—83 所记月名是冬夕，简 84—86 所记月名是荆尸，包山楚简实际用的历法是夏历，以荆尸为岁首，80—83 号简应该移到这类简末尾，简的编排顺序是 84—102、77、80—83。‘疋狱’二字写在 84 号简简背，正符合古代简册标题或位于篇首简背的制度。”③ 还有学者提出不同意见，如以文书所载历日为依据简 84 所记“己丑之日”在简 85 号“辛巳之日”之后。④

我们认为，如果从案件审理流程看，自然是受理之后才有相关的审理活动，因此记录受理案件的“疋狱”简应该放在记录审理调查活动的“受昌”简之后。

## 三、结　语

至此，将本文论述的内容做一小结：

第一，“疋狱”作为篇题即“疏狱”，系指左尹官署的属吏分条登记受理案件的记录文书。

第二，通过出土法律文献与传世典籍的对读，我们会发现，“狱”为名词、“讼”本动词，本义虽不相同，但是在长期的演变过程中，二者趋同于指称官方审理的案件。在汉以前的出土司法类公文书中，“狱”“讼”既无用于区分告以“罪”“财”案件（即所谓刑民之分），亦无用于表示“大”“小”案件之分。

第三，根据“疋狱”文书记载，原告多是直接向左尹起诉或者越过地方官府向左

---

① 黄盛璋：《包山楚简中若干重要制度发复与争论未决诸关键词解难、决疑》，载湖南省文物考古研究所等编：《湖南考古辑刊》（第 6 辑），岳麓书社，1994 年，第 190 页。

② 参见陈伟：《包山楚简初探》，武汉大学出版社，1996 年，第 206、208 页。

③ 参见李家浩：《包山祭祷简研究》，载李学勤等主编：《简帛研究二〇〇一》，广西师范大学出版社，2001 年，第 25—36 页。李家浩：《谈包山楚简“归邓人之金”一案及其相关问题》，载复旦大学出土文献与古文字研究中心编：《出土文献与古文字研究》（第 1 辑），复旦大学出版社，2006 年，第 16—32 页。

④ 参见刘信芳：《包山楚简解诂》，艺文印书馆，2003 年，第 81 页。

尹官署起诉。左尹是楚国的中央司法机构，故从程序上看相当于后世的越诉。我们在“疋狱”简所见的20多个案件均可归入越诉类案件。“疋狱”“受旮”文书反映了楚国越诉程序的运行实况。在包山司法简中此类案件最多（不仅仅见于疋狱文书简），或许包山楚简作为左尹的随葬品而来源自左尹官署有关。

本文原载于王沛主编：《出土文献与法律史研究》（第2辑），上海人民出版社，2013年。

# 《二年律令》编联札记

张伯元

## 一、盗律当置《二年律令》之首

沈家本《汉律摭遗》(以下简称《摭遗》)、程树德《汉律考》等辑佚书均列《盗律》于汉律之首，而今张家山汉简《二年律令》(以下简称《二年》) 则首列《贼律》。《二年》之所以首列《贼律》，是因为出土时竹简的次序原来如此，还是整理者的处理?

### (一)问题的提出

按李悝《法经》及商鞅“改法为律”的法治传统，汉承秦制，汉初制定的法律文本按理会把《盗律》列在最前面，即所谓“王者之政，莫急于盗、贼”。如果说目前《张家山汉墓竹简(二四七号墓)》一书中《二年》汉简首列《贼律》、次列《盗律》的排列次序就是原简排列的次序的话，那么其意义就不同以往：它暗示汉代之初法律重心的转移，主要由对盗的防范和打击、由侵犯财产权的法律规范转移并提升到对人身权、皇权的保护，乃至对统治者权力的巩固和加强。而且，这一排列次序的变化势必对后世法典中律目的确定和编次产生直接影响。正因为如此，北齐律、隋律，乃至唐律之所以改作为“贼盗律”而不写作“盗贼律”，这与《二年》的律目编次会不会有某种必然的源流关系呢？这种推想是会很自然的产生的。而且，从《二年》简的内容看，贼律的54枚简，大都有“贼”字样，盗律的第55至81号的27枚简中大都有“盗”字样，如此看来定贼律在前盗律在后似乎顺理成章。

不过，从《二年》首列的《贼律》看，律文中尚未抄录出也就是说当时还没有制订出如《摭遗》所罗列的大逆、祝诅、谤毁宗室、造作图谶、大不敬等律文内容，① 是不是又表明它的重要性还没有防盗、制定侵犯财产权的法律规范来得那么紧迫？当然，这里所谓的“贼”指的是贼害。《左传·昭公十四年》：“杀人不忌为贼。”《玉篇》云：“贼，伤害人也。”《说文》云：“贼，败也。”段注：“败者，毁也。”后来多指谋叛大逆之类的重大罪行。由此看来，在汉初，它列于盗律之后可能更合乎当时的立法背

① （清）沈家本撰：《历代刑法考》(第3册)，中华书局，1985年，第1414、1420、1421、1427页。

景。这是从法律文本中律目编列的发展状况出发，对《二年》首列《贼律》提出的一点质疑。

现在，简帛研究中有关《二年》编联的文章几乎都主张《贼律》居于首，而《盗律》次于后，甚或次于《具律》后。① 其原因是：看《二年》简的编联，《贼律》简在简卷的外层，而《盗律》简有部分是在第二层的。外层的在前，内层在后；所以《贼律》简在前，《盗律》简在后，先入为主，已成定势。更何况，“二年律令”四字的题名就写在《贼律》简首简 1（F14）的背面。

（二）有关编联的一般认识

在讨论《二年》简编联问题的时候，有这样两点认识必须说明：（1）一部《二年》律令共有简 526 枚，它是不是依次从头编联到尾，编韦中间没有断头？如果是这样，排除了挤压而造成出土时的散乱因素之后，那就可以把它的编联看成是自始至终一以贯之的，前后律目是相连着的，因此，上一律目的末简当与下一律目的首简相接，依次类推。（2）如果正如上面说的那样，那么，《二年》中某一律目中的条款也是连贯着的，即使很长（条款多至数十条），如果其条款编联的周长小于其简册卷起一周的长度的话，那么它就不应出现重叠现象。

事实上恐怕并不会是这样的纯净。试想，一部《二年》律令共有简 526 枚，简的宽度一般在 0.5 到 1 厘米左右，平均以 0.7 厘米计，526×0.7=368.2 厘米；全部依次排列编联起来大约要有 3 米多长。这样的简册不仅抄写不方便，阅读起来也是很麻烦的事。一般说来，这样长的简册应该是有分卷的，就像一部书分成若干册那样；律令虽不分册或卷，也不分章或篇，但是它分许多不同的律目。《二年》简是先编好简册后再抄写的。我们可以这样推想，律目条款少的可以数种律目条款抄写在一起；某律目条款多的，简册编联太长，也可以一分成二或三。正因为有这样各种不同的情况，在《二年》简的简卷中，就有可能出现上一律目的末简与下一律目的首简并不紧相连接的情况，间或出现同一律目下的简相重叠的现象。《张家山汉墓竹简（二四七号墓）》一书中《二年》的原编联次序就表明了这样两点。对照《张家山汉墓竹简（二四七号墓）》书末附录一、二的《竹简整理号与出土号对照表》《竹简出土位置示意图》，在《二年》28 种律令的编联中只有《收律》的末简（F143）与《杂律》的首简（F144）相紧接着，《置后律》的末简（C241）与《爵律》的首简（C242）相紧接着，其他律目的首尾简均没有出现紧相连接的情况。又如，《二年》中的《具律》简就占了 C 板块上部的 2、3 两层，同一律目下简的相重叠现象也是可能存在的。

因此，在《二年》简的编联过程中出现同一律目下简的重叠现象和律目的首尾简

① 参见王伟：《张家山汉简〈二年律令〉编联初探——以竹简出土位置为线索》，来源：http://www.jianbo.org/admin3/html/wangwei01.htm，2003 年 12 月 22 日。

不相连接的情况是正常的，更何况竹简受挤压已造成了出土时部分简的散乱。不过，这种现象不应该占多数。占了多数，那么《二年》就成了毫无系统的东西了，作为墓主生前所读所用的法律文本，就失去了实用的意义。

### （三）有关的文献记载

《唐律疏议》中有言："自秦汉逮至后魏，皆名贼律盗律，北齐合为贼盗律，后周为劫盗律，复有贼叛律，隋开皇合为贼盗律，至今不改。"唐律把贼律置于盗律之前，很可能这也是《二年》整理小组置贼律在前、盗律在后的依据之一。

所引的这段话出于《唐律疏议》卷十七。在这段话的前面还有这样一句："魏文侯时，李悝首制《法经》，有盗法贼法，以为法之篇目。"大家知道后来商鞅改法为律，成盗律贼律等六律，六律的次序仍按六法编排，未有稍变。汉初，习惯的说法是萧何在六律的基础上加上户兴厩三篇，是所谓九章。一直顺着六法的次序下来，都没有提到过改变盗律贼律次序的问题，显然《唐律疏议》所说"自秦汉逮至后魏，皆名贼律盗律"调换位置的做法缺乏根据。《唐六典》则按传统的说法，称秦律、汉律都是盗在前贼在后。见《唐六典》卷六："至汉萧何加悝所造户、兴、厩三篇，谓之九章之律。"前六篇、即盗、贼、囚、捕、杂、具诸律。

在宋孙奭《律音义》"贼盗第七"的前言中说："魏李悝首制盗贼二法，后魏改曰盗律贼徒［律］，北齐合为一名，后周分为劫盗、贼叛二篇，隋更名贼盗律。"实际上，孙奭对《唐律疏议》中"自秦汉逮至后魏，皆名贼律盗律"的说法做了订正，他讲清楚了盗律、贼律更名为贼盗律这一律目名称当始于隋。

值得注意的事实是《魏律》的编序。汉魏时的《魏律》还是以盗律在前、贼律在后为编列次序的，即如《唐律疏议》所云："魏因汉律，为十八篇，改汉具律为刑名第一。"① 只是把《具律》改成《刑名》而已，并未改动盗律、贼律的次序。晋律亦然。鉴于此，在此之前的秦汉律不可能反而会提前在魏律、晋律之前，把贼律放到盗律的前面去。

### （四）读《竹简出土位置示意图》

上面是从文献记载的角度来看盗律、贼律的次序变化的，当然，我们并不是因为有这样的文献记载才说盗律在前、贼律在后的，事实上，《二年》简的编联与之也是吻合的。

对照《张家山汉墓竹简（二四七号墓）》书末附录一、二的《竹简整理号与出土号对照表》《竹简出土位置示意图》，比勘《贼律》《盗律》《具律》简的位置，试做如下分析：

---

① 《唐律疏议》卷一《名例》。

### 1. 层次问题

的确，从《竹简出土位置示意图》上的竹简位置看，贼律简的绝大部分在外层，而盗律简的C部分则在第二层。不过，也不全是这样，照原编联的次序看，盗律简的57（F177）、62（F176）、61（F175）、56（F180）、60（F178）都是在第一层的，而且，也有的贼律简在第二、第三层的，如41（F172）、40（F171）、39（F162）、53（F161）等。其原因是挤压而可能造成竹简出土时的散乱，尤其是外层的竹简。

这情况既说明在一、二、三最外的几层竹简最容易造成分散和淆乱，同时也说明对竹简的层次不能一概而论。其最好的办法是把竹简的位置和相互关系，结合简的内容做出尽量合乎情理的分析和结论。

### 2. 数量问题

贼律自第1至54，共54枚简，盗律自第55至81，共27枚简。贼律简的简数是盗律简简数的两倍。这情况是有点反常的。在秦简《法律答问》中盗律方面的法律规定特别多，而贼律方面的相对要少。尽管说秦简《法律答问》并非秦律的全部且时间为早，尽管说数量的多少也不是决定次序先后的主要因素，但也有参考作用。其参考作用在于认识当时“盗”，包括活动频繁的群盗活动在内，对法律制订的直接影响。张家山汉简《奏谳书》抄存有秦汉之际的议罪案例20则，春秋案例2则。其中，多数案例是逃亡和盗窃犯罪，从一个侧面反映出当时打击的重点是“盗”而不是“贼”一类的犯罪。

讨论竹简的多少也不单纯是个数量问题，它将涉及贼律盗律简内容的界定；内容的界定起了变化，数量也就随之会起变化。

### 3. 贼律盗律简内容的界定问题

（1）有可能不属于贼律盗律简内容的简

先把不属于贼律盗律简内容的简从原定的编目中排除出去，这样会更有利于正确的编联。如：贼律简51（F36）、52（F34）是有关亡印、亡书方面的内容，它们与伪造玺印、伪书不同，不当属于贼律范畴；贼律简51（F36）、52（F34）的内容是：“亡印，罚金四两，而布告县官毋听亡印。”“亡书、符券、入门卫木久、塞门城门之钥，罚金各二两。”它们与兴律简相连，当归入兴律。这不只是因为竹简的位置连着兴律，而且，事实上在《摭遗》中辑录有“符节”“使者拥节”“节”“印章”等条目，沈氏就将它们列在《兴律》“烽燧”一目之下，与今《二年》贼律简51（F36）、52（F34）正相一致。①

① （清）沈家本撰：《历代刑法考》（第3册），中华书局，1985年，第1595—1597页。

又如：贼律简 38（F137）可能属于《收律》。43（F83）在 F 板块的中心，与外层相距太远，同时，F83 简又属于《田律》的第 246 简。由此推测 43（F83）可能是 43（F183）之误；查 F183 简在示意图中确无所属。F83 另有所属，属田律第 246 号简。

再如盗律简 77（F20）、78（C30）、79（C66）的内容是借物，在秦律中从属于司空律或工律：在《二年》中未见有司空律和工律，可能归入收律，官府有从事各种劳作的大量隶臣妾，他们在劳作过程中有比较多的工具、物品的借用；从 77（F20）、78（C30）、79（C66）三简的位置与《收律》简相邻，似可做如此归属。

还有，盗律简 74（C272）、75（C273）、76（C274）三枚简，它们条文中间虽然出现有“盗”字，但律意的重心在“出关徼”，与逃亡出境有关，并且它们的位置在第四层，与《盗律》简的层次相距较远，而与《亡律》简相连，似可归属于亡律。

（2）斗殴内容的简不属于《贼律》范畴

在《摭遗》卷二中有“勃辱强贼”条，他引了《注律表》上的解释“加殴击之为戮辱”。之后又加按语云：“《唐律》罪人已就拘执及不拒捍而杀，或折伤之，各以斗杀伤论，其法殆即本于此条。”① 本于此条也就是说出于“勃辱强贼”条文，此条文后来归入《唐律》的斗讼律，而沈氏则认为它原从属于汉律的盗律，其看法是很有见地的。在秦汉律中，无斗讼律律目，“斗讼”尚未从盗律中分离出来。《二年》贼律中的 24（C308）、27（C323）、28（C322）直至简 48（F12）都是斗殴伤人，或殴庶人以上，或夫殴妻，或父母殴笞子等条目，似不当归在贼律名下。而 49（F13）、50（F188B），② 虽是贼杀伤的内容，但它是从杀伤畜产角度说的，它仍应归属于贼律；在《摭遗》的“贼律”条下有杀伤人畜产的内容。③

（3）以贼杀伤人为内容的简不属于贼律范畴

在《摭遗》卷一中说：“贼伤，则今之强盗杀伤人。”归于盗律。④ 这里说的贼杀与今《二年》中所说的流杀伤人、毒杀伤，其程度是有所不同的，因此它们的归属也有所不同。《二年》贼律中的 21（C14）、22（C300）、23C301）、25（C325）、26（C324）简是贼杀人、谋贼杀伤人，都当归属于盗律律目下。

（4）盗书不当归属贼律

贼律简 53（F161）“盗书、弃书官印而上，耐”一条，整理小组解释“弃书官印”，疑为弃去文书上的封泥。我理解它为盗用废弃的官印（封泥）。盗印，可归属盗律名下。《摭遗》卷一上也说：“盗印亦归盗事。”⑤

---

①（清）沈家本撰：《历代刑法考》（第 3 册），中华书局，1985 年，第 1409 页。

②《竹简出土位置示意图》中未见 F188 号简，不知何故。

③《疏勒河流域出土汉简》480“言律曰：畜产相贼杀，参分偿……”李均明先生将它归入“厩律”。参见李均明、刘军：《简牍文书学》，广西教育出版社，1999 年，第 382 页。

④（清）沈家本撰：《历代刑法考》（第 3 册），中华书局，1985 年，第 1372 页。

⑤（清）沈家本撰：《历代刑法考》（第 3 册），中华书局，1985 年，第 1371 页。

### 4. 关于贼律的首简问题

按原编联顺序，贼律的首简是 1（F14），其内容是“降诸侯”“谋反”，确是大逆无道之重大犯罪。况且，在简 1（F14）的背面有“二年律令”的题名，把此简看作贼律的首简顺理成章，似乎按理应当将贼律置于盗律之前。

确定 1（F14）为贼律的首简后，把贼律置于盗律之前就有了无可争辩的说服力。笔者的观点是盗律在前，贼律在后，这样势必与简 1（F14）为贼律首简发生抵触。不过，我们细审 F 板块左上角的排列情况会发现一些问题。在 1（F14）的下面是 5（F16）简，它们的旁边则是 47（F15）和 4（F17）简，它们都属于贼律内的条文。它们的下边则分别是 127（F18）和 129（F19），它们却属于告律内的条文。再下面则是 77（F20）和 81（F21）简，它们属于盗律内的条文。奇怪，告律简怎么会夹在贼律和盗律的中间？显然这不合逻辑，其间存在错简。

值得注意的是，在 F 板块的上部的第三层有告律简 130（F32）和 131（F28）。如果我们把告律简 127（F18）和 129（F19）移到 130（F32）简的旁边去，使告律简相接；并且连带将告律简 127（F18）、129（F19）上边的 1（F14）、5（F16）和 47（F15）、4（F17）一起移过去，那样我们就会发现告律简集中了，贼律简也相对集中了。这样一来，贼律简就被排到了盗律的后面去了。① 这不是任凭主观想象所做出的重新组合而确实是存在的错乱现象，为之做理乱复正的工作是必不可少的。附图如下：

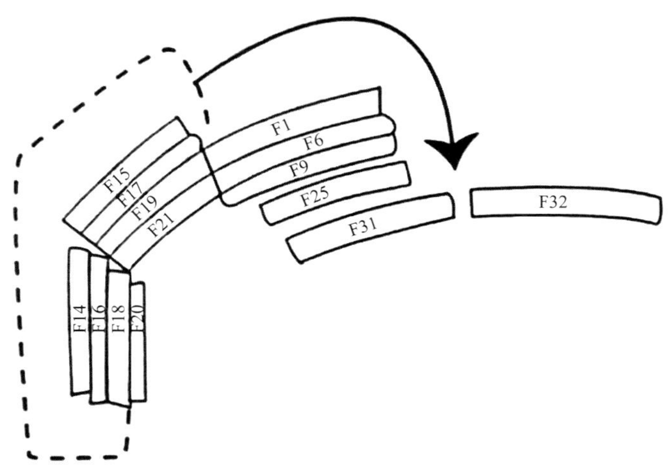


将告律简 127（F18）、129（F19）连同上边的 1（F14）、5（F16）和 47（F15）、4（F17）一起移到告律简 130（F32）的右边，使告律简集中了而在告律简 130

① 王伟在《张家山汉简〈二年律令〉编联初探》一文主张告律在盗律的后面，但是对告律简 127（F18）、129（F19）却在盗律简 77（F20）、81（F21）的上面一层还没有做出解释。

（F32）右边的原三枚简 F9、F25、F31，是不是要被挤到旁边去？不，还很难确定。这三枚简的情况有些特别：**第一枚是** F9，所属捕律 140 号简，据《竹简整理号与出土号对照表》，140（F15、F9），意思是捕律 140 号简是由 F15 和 F9 两枚残简接合而成的，然而事实是：在《二年》中捕律 140 号简的释文和图版都是完整的，照此看它不应是 F9 简，因为 F9 应是一枚与 F15 相关且残损的简才是；况且 F15 简同时又属于贼律 47 号，确是一枚残简，仅有“☑者，亦得毋用此律”数字。它与 F9 是怎样的一种关系？如果 F9 就是完整的 140 号简，那么就不应加上 F15；如果还有 F15B 存在，那么 F9 就不可能是一枚完整的简。**第二枚是** F25，所属均输律 226 号简，均输律一共整理出三枚简，225、226 和 227 号三枚，225、227 号简都在 C 板块，而唯独 226 号简在 F 板块，距离相隔很远；它又是一枚残损严重的简，其内容释文仅有“津关”数字稍清楚一点外，其余都看不清。是否属于均输律简值得怀疑。**第三枚是** F31，它是一枚没有归属的简，《二年》526 枚简中 F31 没有落实归属。如果说它是一枚“赘简”，它所处的位置却在第五层，也不可能。总之，这三枚不是残损就是空白的简，放在这里是存在一些问题的。

确定 1（F14）为贼律的首简其依据是因为它的背面写有题名，但是这并不是确定是否首简的充足理由。从古人写作的通例看，都把题名标在简策的末尾或末简的背面，如张家山汉简《盖庐》就是这样；《二年》中的律目如“贼律”“盗律”都标在每一律目条文的最后，也证明了这一点。甚或题名也有不标在末尾的，而标在某一简的背面，并不确定，如张家山汉简《算数书》的题名就标在第六简的背面的。① 这说明了什么？说明整卷简册的题名，往往是在成卷捆扎之后，在简的背面写上题名，如是而已。这一点也说明贼律的首简 1（F14）并非一定就是整卷《二年》的首简，而只能说明它是卷在整卷竹简外围的简。鉴于此，《贼律》一定在《盗律》之前的观点就失掉了依据。

鉴于以上整理，《二年》的盗律、贼律可以试做如下编联：

盗律：21、22、23、24、25、26、27、28、65、66、67、68、69、70、71、72、73、29、30、31、32、33、34、35、36、37、39、40、41、42、43（F83 ？）、44、45、46、47、48、53、55、56、57、58、59、60、61、62、63、64、80、81。共 49 枚。其中，44（F186B、F1B）简未见于示意图；但大致可以确定在 F 板块的左下 F185 简所处的区域。

贼律：1、2、3、4、5、6、7、8、9、10、11、12、13、14、15、16、17、18、19、20、49、50、54。简共 23 枚。其中 3（C 残）简未见于示意图，50（F188B）简未见于示意图；但大致可以确定在 F 板块的左下 F185 简所处的区域。

---

① 张家山二四七号汉墓竹简整理小组编著：《张家山汉墓竹简（二四七号墓）》，文物出版社，2001 年，第 249 页。

此外，还有两点需要说明：

其一，盗律起自第21号简，而非55号简。用55号简作为盗律的首简，可能是受《法律答问》首简内容的影响。其实，《法律答问》首简内容“盗过六百六十钱……”① 并不是秦律的首简，也不一定就是《二年》盗律的首简；盗律21号简之所以与贼律20号简相接，其原因很可能是在C部的右边受挤压后做了重新排列，在那头受到的挤压是严重的。至于盗律的末简81号简与经过移位后的贼律首简的位置相近，正合乎盗律贼律相衔接的正常编联。

其二，贼律在《具律》之前。本文开头曾提到有文将盗律置于《具律》之后的意见，但是这一意见与文献记载严重不合，在本文第三部分已有说明，在这里不再重复。其实，做了调整以后，贼律的末简54号简正与具律首简82（C19）相连。

可能尚存较大疑问的地方是：按本文主张的编联方案，盗律开头部分即C板块的下部兼及两层，这样多至7枚简的重叠，令人生疑。这的确是个值得研究的问题。不过，如果这些盗律简的内容对照历史文献记载，它们的确属于盗律范畴，那么就应该把它们归并到一起去。《二年》被挤压成C和F两大块之后，出现了层次不一致的情况是明显的，C板块从中心到外围有18、19层，而F板块只有14、15层，甚至在C部的右下角只有5、6层，这是不是表明有可能出现的重叠现象是出土时已经有过移动而重新使之整齐而造成的，特别是在外围的层次上。或者，正如我在第二部分“有关编联的一般认识”中说的，在简牍内容多，简数多的情况下，为便于阅读和收藏，也可能有分卷的，不会从头编联到尾，编韦中间就不会没有断头；重叠在所难免。②

## 二、“具律”中应分出的是“告律”简

《法经》六法中有“具法”，今张家山汉简《二年律令》中有“具律”一目，汉承秦制，一脉相通。“具律”是“以其律具其加减”，它的作用在于规定了各种刑罚条文运用范围的准则。《法经》中“具法”列于法典的末尾，这样的体式合乎先秦文章作法的通例。按古人著书体例，序跋置于书末，“具法”从法律文本来说与序跋有某些相类通的地方。而今《二年》中的“具律”律目列于盗律贼律之后，既与《法经》律目

---

① 《睡虎地秦墓竹简》所引“盗过六百六十钱……”内容并不是秦律律文，只是对“害盗别徼而盗，加罪之”条文的解答。睡虎地秦墓竹简整理小组编：《睡虎地秦墓竹简》，文物出版社，1978年，第160页。

② 湖南张家界古人堤遗址出土的简牍中有贼律简和汉律目录简。汉律目录简上很明显的是盗律在前，贼律在后；以笔者的意见，所谓贼律在后，其实其中大多是盗律律目。贼律简的首简是伪写皇帝信玺，非“降诸侯”“谋反”条，《二年》“伪写皇帝信玺”条为第9简。张家界古人堤遗址出土的简牍大致是东汉永元年间之物，汉和帝之初。参见张春龙、胡平生、李均明：《湖南张家界古人堤遗址与出土简牍概述》，载《中国历史文物》2003年第2期，第66—71页。

的编排不同，又与传统所说汉九章中“具律”居于第六的次序不同。在次于第六的位置这一点上，《晋书 · 刑法志》还有过评论，说：“罪条例既不在始，又不在终，非篇章之义。”颇有微词。① 唐代人已看到了传统“汉九章”律目编次中不合章法、违背逻辑的毛病，只是事关大体，点到即止。《晋书 · 刑法志》上又说：“旧律因秦《法经》，就增三篇，而‘具律’不移，因在第六。”今《二年》表明它次于第三，并不是在第六，从律末、第六的位置向前做了移动，这种移动可能并不一定发生在汉初，大凡秦制已经如此；如果说文景之后的法律文本也是这样编次的话，那么汉律的“具律”就应在盗律贼律之后，它对传统汉九章律目的排序提出了挑战。说明汉律的制定者已经认识到“具律”在法律适用中的特殊地位及其重要性，对“具律”重要性的认识是逐步提高的，这与后来的《晋律》置刑名、法例于第一，与《唐律》置名例于第一，有着承前启后的关系。

《二年》中的“具律”，依整理小组的编联，自第 82 号简至 125 号简，抄存 44 简，整理为 24 条条文，条文不可算少；它们又提前到了前面，列于贼律、盗律（笔者的观点是以盗律、贼律为先后）之后，大致可以想见当时对刑罚条文适用的关注程度。不过，谛审《竹简出土位置示意图》，对照“具律”内容，我以为“具律”中条文的归属并不纯净，其中还掺入有“告律”的内容。

### （一）“具律”的内容

在《摭遗》卷九的“具律”一章中，沈氏主要罗列了刑罚、刑名以及刑处的减免赎。刑罚如罚金、罚作和复作，刑名如鬼薪白粲、完城旦舂、髡钳城旦舂和耐，还有刑处中的爵减、减死一等、赎等。② 这些内容尽管与“具其加减”还有很大距离，但是显而易见，它们并不只是为某一具体的犯罪行为所做出的法律规定，这一点也正是“具律”与其他律目不同的显著特点。

《二年》中的“具律”，第 82 简至第 92 简、第 119 简至第 124 简，都是有关部门减罪、赦免和赎罪方面的法律规定，与沈氏所述相吻合，因此应该把它们看作是“具律”内容无疑。

另外，第 99（C38）简的律文：“一人有数口罪也，以其重罪罪之。”也可归属于上述“具律”的内容范围。在《唐律》的名例律中，与此条条文内容相近的有：“诸二罪以上俱发，以重者论。”一条。《摭遗》卷十还引有《公羊传》庄公十年注云：“犹律一人有数罪，以重者论之。”③

---

① 魏律“集罪例以为‘刑名’，冠于律首”，改称“刑名”。尔后至晋，由“刑名”分出“法例”，北齐合“刑名”“法例”为“名例”，逐步定型。

② （清）沈家本撰：《历代刑法考》（第 3 册），中华书局，1985 年，第 1553 页。

③ （清）沈家本撰：《历代刑法考》（第 3 册），中华书局，1985 年，第 1567 页。

据此，“具律”简的编联如下：82、86、83、85、84、99、88、89、87、90、91、92、120、121、122、123、124、119、125，共有简19枚。其中83（C21）和87（C21）在《竹简整理号与出土号对照表》中同属一简可能有误，对照图版，83号简加上87号简的长度已大于一般简的长度了；① 而在同一层的C27简却无着落，均不属于某一律目，据此推测87（C21）可能是C27之误。

103（F101）简？“皆令监临卑官，而勿令坐官”。与具律简距离较远，且在内层，从内容和简的位置看，较大可能不属于具律，可从中析出。

除此而外，第93简至第98简、第100简至第118简，其内容与“具其加减”的功用相去甚远，大都与鞫狱、告劾有关，因此，它们不当归到“具律”中去。

### （二）“具律”简的位置

“具律”简主要分布在C板块的上半部第2、3层，和下半部第3层。如果把上文所指出的不当看作具律内容的第93简至第98简、第100简至第118简从中析出的话，那么它只占有C板块上半部的第2层和下半部第3层一部分的内容了。它的编联是合理的，其首简82（C19）紧接着贼律的末简54（C18）。正因为有这样的连接，使我们可以比较肯定地得出《具律》次于《二年》第三的结论。与简124（C313）相接的是它的末简，其律目名简为125（C312），与它相接的当是《告律》。

### （三）“具律”中分出的应是“告律”简

第93简至第98简、第100简至第118简，其内容大都与鞫狱、告劾有关。如93至98简：“鞫狱故纵、不直……罚金一两。”112简：“劾人不审，为失；其轻罪也而故以重罪劾之，为不直。”当归属于“告律”。

为什么这些内容的简应该归入《告律》？一般以为“告”只是告诉，不包括鞫狱在内，这看法可能与汉初制律者的观念不同。

其位置也正好与上面的“具律”相接。新告律简的排列比较齐整，它的大多数简在第3层。原《告律》仅11枚，加上从《具律》中析出的24枚，共35枚，其试做编联如下：

告律：107、108、109、110、111、112、118、113、114、115、116、117、135、136、127、128、129、130、131、132、126、133、101、93、94、95、96、97、98、100、102、104、105、106、134

从《具律》中析出的24枚简有学者认为是“囚律”。

---

① 张家山二四七号汉墓竹简整理小组编著：《张家山汉墓竹简（二四七号墓）》，文物出版社，2001年，第13、14页。

### （四）“具律”中析出的不是“囚律”

“具律”中析出的第 93 简至第 98 简、第 102 简至第 118 简等是不是属于“囚律”？王伟在《张家山汉简〈二年律令〉编联初探》①一文中提出了“应属囚律之简皆属告律”的看法，与笔者相同。只是还有一个为什么的问题没有解决。他说：“可能囚律一篇篇名因某种原因而改为告律。”是什么样的原因？文章没有说，只能是一种猜测而已。

“囚律”，自《法经》到传统所说的汉九章中都有“囚律”一目，在《摭遗》《汉律考》中也列有“囚律”并辑录有条文若干。如在《摭遗》卷一所列出的纲目中有：诈伪生死、诈自复除（令丙）、告劾、传覆、系囚、鞫狱、断狱，沈氏认为“汉统于《囚律》，而唐统于《断狱律》，最为得之。”②正因为如此，主张《具律》中分出的有关条文当归入“囚律”理由充分。其实，这也是前人包括沈氏在内所采用的反证法，依据晋《泰始律》剖分汉“囚律”为三目“告劾、系讯和断狱”之后，便由此反证汉时的告劾、系讯和断狱就是“囚律”的内容。又，既然魏从囚法中分出断狱律，那么在魏之前断狱内容就一定包括在囚法或囚律中。不过，反证法并不能肯定正定理的正确，何况这是在前人不知有《告律》的情况下所做出的推断。

秦汉间的文书中有“敢告主”一用语。如秦简《封诊式》“有鞫”“覆”中都用了“敢告某县主”“敢告主”等用语。又见江陵凤凰山 168 号汉墓简牍。虽然说用了“敢告主”这样的术语并不能说明它就是告律的内容，但至少能表明“有鞫”“覆”等内容与告有关联。

今天，《二年》中有“告律”面世，那我们就不能不面对这样的现实，重新考虑具律析出简文的所属。既然在《二年》中有《告律》一目，那么有关告劾、鞫狱等方面的条文当归入其中，与《囚律》相比较它们更切近《告律》。

再从出土竹简的位置看，从《具律》中析出的简大多与《告律》在同一层次上，而《囚律》，从《二年》中尚未见有此律目看，汉初律中是否保留有《法经》囚法传承下来的“囚律”，还是个未知数。③既然律目都未确定，把从《具律》中析出的简归属到不确定的律目下，恐怕缺乏依据。

---

① 如王伟：《张家山汉简〈二年律令〉编联初探——以竹简出土位置为线索》，来源：http://www.jianbo.org/admin3/html/wangwei01.htm，2003 年 12 月 22 日。

② （清）沈家本撰：《历代刑法考》（第 3 册），中华书局，1985 年，第 1373 页。又，《唐律疏议》称：“断狱律之名，起自于魏。魏分李悝囚法而出此篇。”魏律律目分布见本文附表。

③ 《居延新简》：“囚律：告幼毋轻重皆关属所二千石官。”（新简 EPT10-2A）此可为《汉律》中确有囚律之证，只是不明汉初情况。

# 三、厩兴户在汉律中的次序

古代法典的编撰很讲究章法，孰先孰后，其间有一定的编辑顺序，决不是随心所欲的事。除六律外，厩、兴、户三篇在汉律中的次序又是怎样的呢？

## （一）历史文献上的记载

按传统的说法，汉相萧何承袭秦六篇律，增厩兴户三篇。不过，在不同的书里对于厩兴户三篇的次序多有不同：

《汉书·刑法志》只是说萧何捃摭秦法，“取其宜于时者”，未及具体篇名。

《晋书·刑法志》上称：汉承秦制，萧何定律，“益事律兴厩户三篇，合为九篇”。

《唐律疏议》在名例律的序言中称：“汉相萧何更加悝所造户、兴、厩三篇，谓九章之律。”在户婚律的序言中则称：“汉相萧何承秦六篇律，后加厩兴户三篇，谓九章之律。”在厩库律序言中又说：“户事既终，厩库为次，故在户婚之下。”在擅兴律序言中又说：“厩库事讫，须备不虞，故此论兵次于厩库之下。”唐律本身的律目次序是：四户婚、五厩库、六擅兴。

从唐律的律目次序看，其次序是户厩兴。《唐六典》中称汉律为户兴厩。称晋律中的“户律”为十二，“擅兴”为十三，“厩律”为十七。其次序是户兴厩。

针对上述不同的记载，程树德在《汉律考》中总括了文献的记载后，加按语说：“《晋志》益事律兴厩户三篇，户律在末。《唐律疏议》或作户兴厩三篇，或作厩兴户三篇。考《唐六典》载泰始新律，户律在第十二，兴律在第十三，厩律在第十七，其次第必有所本，兹从之。”按照程氏的看法，汉律当以户兴厩的次序为先后。

## （二）户兴厩在《二年律令》中的位置

按照整理小组的编联次序是这样的：户律在18，兴律在23，无厩律。

### 1. 先说厩律

《二年》中无厩律，有两种可能：或未抄录，或汉初的《二年》中本来就没有厩律一目。

说或未抄录，是因为在《秦律十八种》中有厩苑律一目。既然汉承秦制，汉律会不设“厩苑律”或“厩律”一目？有这种可能吗？这是一个问题。

但是，我倾向于后一种可能，或许汉初的《二年》法律文本中本来就没有设厩律一目。因为在《二年》的28种律令中，与厩律法律规定相近的内容，部分已经出现在其他的律目之下。在《二年》中已有《传食律》，《传食律》自第228至238号共11枚简，其内容包括乘传、传食等。在《金布律》中有骑置的内容，如第425号简：

“传马、使马、都厩马日匹□一斗半斗。”等。在《行书律》中大多以邮行为内容。这样看来，原来所列出的《厩律》的内容大多数已经分散到其他律目下的条文中去了，若是这样，还有没有再设《厩律》的必要呢?《晋书·刑法志》上有一段话值得注意，说:“秦世旧有厩置、乘传、副车、食厨，汉初承秦不改，后以费广稍省，故后汉但设骑置而无车马，而律犹著其文，则为虚设，故除《厩律》，取其可用合科者，以为《邮驿令》。”

由此可见，汉律中有《厩律》，只是形同虚设，至魏律将《厩律》删除。不过，连《晋书·刑法志》上说形同虚设的“形”恐怕也并不存在。后代的“厩库”与以“旧有厩置、乘传、副车、食厨”为内容的厩律已相去甚远；也不能因为后代有厩库律就倒推上去，说汉律也一定存有厩律。即便我们做了许多这样的分析，《厩律》在汉律中的位置我们暂时还为之保留着。其原因是：汉王朝长达400年法制的更迭变化不会太小。吕后二年的某一时段在厩置、禁苑方面还应有某些法律规定，即便是形同虚设。此外，《疏勒河流域出土汉简》中有“言律曰：畜产相贼杀，参分偿……”条，李均明先生将它归入“厩律”。① 认为它是牲畜相互杀伤，与人杀伤牲畜不同，根据《唐律·厩库》中有牲畜相互杀伤的内容，推论出此条汉简律文为“厩律”律文，可以补史记所缺。现在我们读《二年》，贼律中有“犬杀伤人畜产，犬主赏之”(第50简)一条，说的就是牲畜相互杀伤的情况。但是，今《二年》未见有厩律一目。

### 2. 再说户律和兴律

《二年》中户律在18，兴律在23的位置是怎么确定下来的呢？很可能受了上述的汉律当以户兴厩的次序为先后的看法影响。但是，我们仔细对照《竹简出土位置示意图》后，对《二年》简做重新编联，即使我们暂时把厩律放在一边，我们也能发现户律不当在兴律之前。兴律的11枚简大都在F板块的第1至4层的地方，而户律的42枚简则均在C、F两板块的中心部位，它不可能排到兴律的前面去。我的意见是：兴律的次序在第五，是很靠前的。② 如此看来，即使是以“户兴厩”为序的一般看法也不能成立。

### 3. 再看一下厩、兴、户三篇在秦律中的情况

在《秦律十八种》中有厩苑律一目。但是，在秦律中没有见到户律和兴律的律目

---

① 李均明、刘军:《简牍文书学》，广西教育出版社，1999年，第382页。

② 王伟在《张家山汉简〈二年律令〉编联初探》一文中也持同样观点。不过，笔者以为51(F36)、52(F34)也当归入此律目中，理由是：这两条律条是亡印、亡文书、亡符券方面的法律规范，它们与贼律无关，而与守备有关，《摭遗》兴律一节中就列有“符节”“印章”等小目。其次，在《二年》示意图中51(F36)、52(F34)简与兴律简130(F32)、131(F28)相接。

出现，当然不能就此说秦律中没有户律和兴律；《秦律十八种》出土时已经散乱，而且这些简只是抄写人按其需要摘录了一部分。经整理，“厩苑律”列于秦律十八种的第二，很靠前。这一点是不是也能给我们一点信息？汉承袭秦，在汉初，厩苑律也许并不像《唐六典》上说的在户兴之后；如此说来，我们则可以试着把它们的位置安排为：厩、兴、户。这一顺序与《唐律·户婚律》序言中所列相同。

### （三）初步结论

最后，可以得出这样的初步结论：在汉律中，除六律外，厩、兴、户三篇依次为序。

如果说这只是汉初的情况，或者更具体地说它只是《二年》的编序，也许在文景以后有较大的变化。这也是有可能的，从其后的多次更律和后人对户兴厩次序的不一致说法就能说明这一点。

这里，只是用汉初《二年》律令来考察汉律中户、兴、厩的次序，所涉及的时间较早且短，有一定的局限性。

## 四、津关令在《二年律令》中的位置及其意义

津关令在张家山汉简《二年律令》中是唯一以汉令“令”名命名的篇目，为此《张家山汉墓竹简》将它编排在所有“律”的后面，置全书之末。[①]很可能这是整理小组出于区别不同的法律载体所做的安排，这样做了能让读者更清楚地区分律与令。但是，对照《竹简出土位置示意图》，我们又可以比较清晰地看到津关令并不在《二年律令》的末尾，而是夹在层次的中间。为此，我们会产生这样的疑问：汉初这种律令合编的体式已经存在，它是不是秦汉法律文本的一般作法，包含有什么特殊的意义？是值得探讨的问题。

### （一）津关令在《二年》赐律与置后律之间

津关令共有简38枚，分布在C、F两板块的层次中间，不是中心；对照《竹简出土位置示意图》，大致可以确定它们的位置在赐律与置后律之间。

赐律在津关令之前，赐律292（C213）、291（C214）简与津关令509（C211）、510（C512）相接；赐律297（C124）、298（C125）、299（C126）在津关令503（C131）、495（C132）、496（C133）的外层。

津关令又在置后律之前，置后律的380（C136）、382（C137）、386（C198）、387（C199）都在津关令的里层。当然置后律也有些简分散在C板块的上部第六、七层，

① 参见张家山二四七号汉墓竹简整理小组编著：《张家山汉墓竹简（二四七号墓）》，文物出版社，2001年。

这可能与徭律有关。还有，“置吏律”中有 219（C259）、220（C258）二简，“县道官有请而当为律令者，各请属所二千石官，二千石官上相国、御史，相国、御史案致，当请请之，毋得径请。径请者者，罚金四两”。其内容与“置吏”无关；而是制定律令的请示，与“津关”似是无关，但是它们与相国、御史、二千石官的职责有关，表述形式与诏令相仿。

跟《二年律令》“置吏律”上的规定相近的诏令，有高帝七年的一则，见《汉书·刑法志》：“制诏御史：狱之疑者，吏或不敢决，有罪者久而不论，无罪者久系不决。自今以来，县道官狱疑者，各谳所属二千石官，二千石官以其罪名当报之。所不能决者，皆移廷尉，廷尉亦当报之。廷尉所不能决，谨具为奏，傅所当比律令以闻。”在示意图中它们又与“津关令”中的 497（C127）、501（C128）简相接，所以，笔者将它们归入津关令。

参考有关《二年律令》编联的文章，① 将津关令编联如下：

一、488、489、490、491

二、492

493

494、495

496、497

498

500、501、499

506、507、510、511

十二、509、508

十三、512

十五、513、514、515

十六、516、517

518

十九、502、503

廿、504、505

廿一、519

廿二、520

521

522

廿三、523、524

① 参见王伟：《张家山汉简〈二年律令〉编联初探——以竹简出土位置为线索》，来源：http://www.jianbo.org/admin3/html/wangwei01.htm，2003 年 12 月 22 日。

津关令 525

上面提到，这种律与令的混编形式，会不会是抄写者擅自所为？

《商君书·定分》中说国家的法令“以室藏之”，一藏于天子殿中，一藏于禁室中；有天下吏民欲知法令，皆问郡县法官。“各主法令之民，敢忘行主法令之所谓之名，各以其所忘之法令名罪之”。对主管法令者有严格的要求。“有敢剟定法令，损益一字以上，罪死不赦”。汉承秦制，这样的传统到了汉初不会大变，在当时大势甫定、江山图稳的历史背景下也不存在有法令任意编撰的可能。

在《二年律令》中，我们见到与青川《为田律》大致相同的规范田地等的法律条文（第246、247、248简），在具律中还见到有与《史记·惠帝纪》中相同的对上造以上等对象的减刑规定（第82、83简），而且他们分列在不同的律目之下。这些都表明《二年律令》法律文本的严肃性和历史的延续性。

## （二）津关令所处位置的意义

### 1. 津关令的颁行，表明对津关管理的加强，这与当时的政治、军事形势直接相关。

津关令是唯一以汉“令”命名的篇目，没有把它放在《二年律令》的最后，丝毫没有附件的性质，而恰恰相反，它与“律”相并行，表明当时对津关管理的重视。

汉初，连年的战乱已归于平息，高祖时六国之后及豪杰虽然已迁徙关中，但是六国残余及诸侯王势力还可能“有事”，不能高枕无忧。北方匈奴及南越的侵扰也不能不早做防范，如《高后纪》记载：“（六年）匈奴寇狄道，攻阿阳。”“（七年）南越侵盗长沙。”《二年律令》“津关令”的制定与当时的这种政治、军事局势直接相关。“津关令”中设置了一些重要的河口、道路的关卡，有：扜，关、郧关、武关、函谷关、临晋关、朐忍、夹溪关，横跨如今四省：四川、湖北、陕西、河南的边关要地，委派官员把守严密控制，以防万一。

吕后二年“津关令”的实施情况在《奏谳书》也已有所反映，如《奏谳书》第十一案例。此案说的是：大夫犬骑坐自家的一匹马出关，但是没有“马传”凭证，不得通行。于是，他就想法子叫大夫武去偷盗了上造熊的“马传”通行凭证，在自家的马上加上了上造熊的马的标志，造了假。结果，犬和武均被判处犯有伪书罪。在二年律律文和《奏谳书》中反映了这种形势。还有，二年律律文和《奏谳书》中为数不少的关于捕亡方面的律条也同样反映出津关查验制度的必要性和重要性。由此可见，津关令的颁行，表明它与当时的政治、军事形势直接相关，可以说法律是政治的延续，也是对军事防务的有力支撑。

### 2. 令与律具有同等的法律效力。

汉令，包括表明津关令在内，它们是在秦令基础上的发展，但又保持令名，从诏令到“令”形式上的变化。

“津关令”的制定非一时一事之举。在“津关令”中有称“相国”，有称“丞相”者，并且它们是编了号的，高帝九年（前 198 年）除丞相为相国；又，在“津关令”第廿二则（第 520 简）有鲁御史称呼，惠帝七年（前 188 年）初置鲁国。前后相距有十年时间，跨前后两朝。这些表明：这 20 多条令并不是颁布于同一时间，而是经过集中整理而归了类的。

高后主持制定了令，但也有反对制令者。当时的制令活动并不是一帆风顺的。《汉书·霍光传》如淳注云：“高后时定令，敢有擅议宗庙者，弃市。”① 就反映了这种情况。

令的发布有严格的程序，令与律在法律地位上毫无差别。令是否演化为律，这可能有一个复杂的变化过程，是一个具体问题具体解决的问题，不能一概而论。以“金布”为例，有金布令，也有金布律。

有一定的立法程序。《二年律令》“置吏律”有规定：“县道官有请而当为律令者，各请属所二千石官，二千石官上相国、御史，相国、御史案致，当请请之，毋得径请。径请者者，罚金四两。”（第 219、220 简）② 立法程序对各级官员做出了规定，最后的决定权掌握在皇帝手中。

当然，这个程序基本上与诏令制定的过程相同。只是诏令的制定有多种形式，有的情况与之略有不同。蔡邕在《独断》中记述“诏书”形制时，云：“告某官，官［某官某］如故事，是为诏书。群臣有所奏请，尚书令奏之，下有制曰，天子答之曰可。若下某官云云，亦曰诏书，群臣有所奏请，无尚书令奏、制之字，则答曰已奏如书，本官下所当至。”③《二年律令》“津关令”中诏令形式的令与《独断》所言不全相同。分析“津关令”中的诏令形式，大致就有这样几种表达方式。

### 3.“律令”提法值得注意

“二年律令”四字不是今人外加上去的，而出现在贼律简 1（F14）的背面。这表

① 文景之时也有这样的情况。《史记·袁盎晁错列传》：“错所更令三十章，诸侯皆喧哗。”晁错时为御史大夫，更令与削藩有关。

② 大庭脩提醒大家注意第七简中的“谳”字，说：“这个法律用语是，在难以定罪时向上级机关请求裁决的一个词。这种制度是根据高祖刘邦七年（公元前 200 年）的制诏规定的。”参见［日］大庭脩：《汉代的决事比——王杖十简排列一案》，姜镇庆译，载中国社会科学院历史研究所战国秦汉史研究室编：《简牍研究译丛》（第 2 辑），中国社会科学出版社，1987 年，第 438—448 页。但是高祖刘邦七年的制诏中“各谳所属二千石官”句，在《二年律令》“置吏律”中则是“各请属所二千石官”。由此看来，“谳”字原来是个“请”字，据此证明“谳”字为狱疑请求裁决的一个词，证据尚须斟酌。此外，“置吏律”中的这条规定，体现为 219（C259）、220（C258）在示意图中与“津关令”中的 497（C127）、501（C128）简相接，所以，笔者已将它们归入津关令。

③（汉）蔡邕撰：《独断》（上），四部丛刊本。

明“律令”合称在当时就已存在。不过，这不同于一般记述事件的描述，而是作为法律文本的题名出现的，所确指的是法律文本，而且作为整部法律文件的题名，前所未有。

在秦简《语书》中有“法律令”的提法，“今法律令已具矣，而吏民莫用”。而把令与律分开来看待的“今且令人案行之，举劾不从令者，致以律，论及令、丞”。这里“举劾不从令者”所说的“令”是否指律令的令，姑且不论；若作为律令的令看，那很显然，此时尚未见到“律令”合提的提法。

不仅是题名，更值得注意的是它是“律”与“令”的合编体式，这在我们研究古代法典编纂历史的过程中，使我们联想到唐律中的“令”，联想到明清律的律例合编的体例。

### 4. 与九章律的提法相忤

按传统的说法，九章律内有九种律名，以往的文献资料中没有提到过汉律中有令名的说法。然而，《二年》作为汉初的法律文本，律与令明明白白地编联在一起，“令”不是附件，而是编联成为一体的。这是不是给我们以启发：九章律的提法本身存在可疑。

附表：

古代主要法律律目分合表

| 法　经 | 汉九章 | 魏　律 | 晋《泰始律》 | 北齐律 | 隋《开皇律》<br>唐《贞观律》 | 明　律 | 备　考 |
|---|---|---|---|---|---|---|---|
| 盗 1* | 盗 1 | 请赇 16 | 请赇 6 | | | 受赃 23 | |
| | | | 诈伪 5 | 诈伪 6 | 诈伪 19 | 诈伪 24 | |
| | | 劫掠 10 | 水火 16 | | | | |
| | | 偿赃 18 | | | | | |
| | | | 毁亡 14 | 毁损 10 | | | |
| | | 盗 2 | 盗 3 | | | 贼盗 18 | |
| 贼 2 | 贼 2 | 贼 3 | 贼 4 | 贼盗 8 | 贼盗 7 | 人命 19 | |
| | | 诈伪 11 | | | | | |
| | | 毁亡 12 | | | | | |
| 囚 3 | 囚 3 | 囚 4 | 告劾 7 | 斗讼 7 | 斗讼 8 | 斗殴 20 | |
| | | | | | | 骂詈 21 | |
| | 告劾 13 | | | | | 诉讼 22 | |
| | 系讯 14 | 系讯 9 | | | | | |

（续表）

| 法　经 | 汉九章 | 魏　律 | 晋《泰始律》 | 北齐律 | 隋《开皇律》<br>唐《贞观律》 | 明　律 | 备　考 |
|---|---|---|---|---|---|---|---|
| | | 断狱 15 | 断狱 10 | 捕断 9 | 断狱 12 | 断狱 28 | |
| 捕 4 | 捕 4 | 捕 5 | 捕 8 | | 捕亡 11 | 捕亡 27 | |
| | 兴 7 | 兴 7 | 兴 13 | 擅兴 4 | 擅兴 6 | 军政 14 | |
| | | 惊事 17 | | | | 营造 29 | |
| | 厩 8 | 厩 8 | 厩 17 | 厩牧 11 | 厩库 5 | 厩牧 16 | |
| | | | | | | 仓库 7 | |
| | 户 9 | 户 9 | 户 12 | 婚户 3 | 户婚 4 | 户役 4 | |
| | | | | | | 田宅 5 | |
| | | | | | | 婚姻 6 | |
| | | | 违制 19 | 违制 5 | 职制 3 | 职制 2 | |
| | | | | | | 邮驿 17 | |
| | | | | | | 公式 3 | |
| 杂 5 | 杂 5 | 杂 6 | 杂 11 | 杂 12 | 杂 10 | 河防 30 | |
| | | | | | | 钱债 9 | |
| | | | | | | 犯奸 25 | |
| | | | | | | 杂犯 26 | |
| | | | | | | 市廛 10 | |
| | | | 关市 18 | 禁卫 2 | 卫禁 2 | 关津 15 | |
| | | | 卫宫 15 | | | 宫卫 13 | |
| | | | 诸侯 20 | | | 仪制 12 | |
| | | | | | | 课程 8 | |
| | | | | | | 祭祀 11 | |
| 具 6 | 具 6 | 刑名 1 | 刑名 1 | 名例 1 | 名例 1 | 名例 1 | |
| | | | 法例 2 | | | | |

* 表中数字表示各律目在法律文本中的次序。明律分六部，按六部分目。

本文原载于张伯元：《出土法律文献研究》，商务印书馆，2005 年。

# 论《奏谳书》“和奸案”中的法律推理

邬　勖

近年来，中国古代法律推理的内在合理性日渐受到学界重视。①就处于成文法制初创阶段的秦汉时代而言，其法律推理已然隐现于当时活跃的司法实践当中，然而材料的不足征目前仍制约着这一问题的深入探讨。在这些材料中，除传世文献的少量案例外，出土文献中不论是实用案卷的断简残编，还是经过编纂的案例书籍，一般都仅将判决结论或其争议一笔带过，只有张家山汉简《奏谳书》“女子甲和奸夫丧旁案”（以下简称“和奸案”）直接且翔实地记述了廷尉官吏就个案的法律适用问题所做的论辩，论辩双方的思维过程在其中展露无遗，使该案成为探析当时法律推理的一件绝佳标本。此前，汪世荣、邢义田、朱腾等学者已经较集中地讨论过该案的法律推理问题，②然而该案在文本理解上尚有未尽确切之处，造成其推理结构的解释存在偏差，其最直接的体现，就在于案前“序文”所引的一些律文如归宁律、傲悍律、教人不孝律在推理过程中究竟起何作用，从未得到合理解释，这又进而阻碍了对该时期法律推理发展水平的认识。本文即尝试重新诠释这件秦汉时期的最具典型意义的法律推理，并对一些相关问题试做讨论。

---

①　如陶安对“比附”“轻重相举”等古代法律推理方法的价值所做的揭示，陈锐也有相近问题的探讨，再如张伟仁指出古代法律在“情理法”之外也并存着坚持法规范前提优先的一面，笼统地把古代司法认定为“不遵循法律和先例，仅仅就事论事，凭天理人情作成判决”的观点并不可取，都是具有代表性的成果。参见陶安：《“比附”与类推——超越沈家本的时代约束》，载中国政法大学法律古籍整理研究所编：《沈家本与中国法律文化国际学术研讨会论文集》（下册），浙江·湖州，2003年10月；陈锐：《宋代的法律方法论——以〈名公书判清明集〉为中心的考察》，载《现代法学》2011年第2期；高袁、陈锐：《汉代的法律方法论》，载陈金钊、谢晖主编：《法律方法》（第12卷），山东人民出版社2012年版；张伟仁：《中国传统的司法和法学》，载《现代法学》2006年第5期。

②　汪世荣：《〈奏谳书〉所见秦朝的法律推理方法》，载葛洪义主编：《法律方法与法律思维》，中国政法大学出版社，2002年；邢义田：《秦或西汉初和奸案中所见的亲属伦理关系》，载邢义田：《天下一家：皇帝、官僚与社会》，中华书局，2011年，原载柳立言主编：《传统中国法律的理念与实践》，“中研院”历史语言研究所，2008年；朱腾：《秦汉时代的律令断罪》，载《北方法学》2012年第1期。

## 一、法律推理之缘起：阻碍恶行定罪的程序缺陷

本案是一件在服丧期间实行的奸案，属于后来汉代法律上的“未除服奸”① 的一种情形。案情为：杜县的公士丁病死而尚未下葬，“丧棺在堂上”，② 当晚，丁的寡妻甲在与丁的母亲素一起环棺哭丧时，与男子丙进入丧棺后的房间和奸。天亮后，素告发甲，县吏将甲捕得，但却“疑甲罪”。之所以会“疑罪”，显然是因为在时人看来，和奸的法定刑“耐为隶臣妾”远不足以惩罚甲的远逾普通和奸的罪恶，而更要命的是，缉捕时的程序缺陷：未能在通奸现场将甲捕得，已然破坏了和奸罪的告诉要件——“必案之校上”。③ 于是，在实在法规范下将甲的大悖人伦之行正当且妥善地入罪的重任，便被地方官一级级地推到了廷尉的肩上。名为“瞉”的廷尉及其属吏共三十人进行合议，试图绕开和奸律将甲论以重罪，却遭到作“无罪辩护”的廷史申的反驳。

在廷尉合议之前，案例编纂者还为方便阅读者的理解而附上了一段“序文”，先行征引了其后双方的推理将涉及的七种法规，并稍做了解释。这段“序文”与其后廷史申的反驳的文意都比较清楚，而廷尉的合议是本案文本问题的症结所在，也是法律推理的主体。以下根据《二年律令与奏谳书》在红外照片和各家研究成果的基础上所做的校释本，结合本文作者对句读的调整，将廷尉的合议全文摘出：

律：死置后之次，妻次父母；妻死归宁，与父母同法。以律置后之次。人事计之：夫异尊于妻。妻事夫，及服其丧资（齐），当次父母，如律：妻

---

① 如《汉书·诸侯王表》载常山王刘勃则因父死“丧服奸”而被废，《高惠高后文功臣表》载堂邑侯陈季须、隆虑侯陈融兄弟因母死“未除服奸”等行为而应处死罪。参见（汉）班固撰：《汉书》（第2册），中华书局，1962年，第417、537、538页。

② 此处的“丧”应从《左传·成公九年》“逆叔姬之丧”杨伯峻注，理解为“死尸”，参见杨伯峻编著：《春秋左传注》（修订本），中华书局，2009年，第842页。“丧棺在堂上”是一个沿用了很长时间的法律概念，《汉书·酷吏传》载祁连将军田广明“出塞至受降城，受降都尉前死，丧柩在堂，广明召其寡妻与奸”。参见（汉）班固撰：《汉书》（第12册），中华书局，1962年，第3664页。它应是包含在“未除服”期间内的具有特定法律意义的期间。

③ 本案中所引的律文“捕奸者必案之校上”，在睡虎地秦简《封诊式·奸》《岳麓秦简（三）》的《田与市和奸案》中也有体现，学界对其理解向来存在分歧。本文认为“校上”应从《二年律令与奏谳书》引池田雄一说读为“交上”，而张建国将该法理解为“捉奸捉双”的证据原则是准确的。参见彭浩、陈伟、工藤元男：《二年律令与奏谳书》，上海古籍出版社，2007年，第376页；张建国：《关于张家山汉简〈奏谳书〉的几点研究及其他》，载袁行霈主编：《国学研究》（第4卷），北京大学出版社，1997年，第543页。从历史上看，有关“捉奸捉双”的明确规范并不少见，如北魏要求“擒之秽席，众证分明”（《魏书·刑罚志》），宋代有时也要求“登时亲捕”（《名公书判清明集·吏奸》）等。

之为后次夫父母。夫父母死，未葬，奸丧旁者，当不孝。不孝弃市。不孝之次，当黥为城旦舂。敖（傲）悍，完之。当之：妻尊夫，当次父母，而甲夫死，不悲哀，与男子和奸丧旁，致次不孝、敖（傲）悍之律二章。捕者虽弗案校上，甲当完为舂。①

句读的调整有二：原连读的“以律置后之次人事计之”，改在“次”下断开；原断开的“当次父母如律”和“妻之为后次夫父母”，改为“如律：‘妻之为后次夫父母’”。另外，“夫父母死”的“夫”，应从张建国及其所引武树臣说，视为衍文或语气词。

上面这段文字不长，其所承载的推理结构却极为复杂，自此直至七百年后的《魏书·刑罚志》，我们才能在文献中再度见到复杂性堪与之比肩的法律推理实例，仅此一点就足以体现该案在法律方法发展史上的地位。下面进行详细阐释。

## 二、另辟蹊径：廷尉的入罪论证

如上所述，直接将“奸夫丧旁”适用和奸律的入罪路径已为程序缺陷“弗案校上”所阻，迫使廷尉等人构造出了一套自认为能绕开和奸律的迂回路径：首先将“奸夫丧旁”减等比附于他们认为“当不孝”的“奸父母丧旁”，并以“次不孝”即恶性仅次于不孝罪为理由，得出第一量刑方案；再尝试将“奸夫丧旁”直接适用傲悍律，得出第二量刑方案；最后使用“竞合从轻”（下文将详细说明）方法，从这两种直接性、明确性都不充分的方案中，选择后果较轻的前者作为最终量刑结论。以下依照廷尉的论说顺序，将其论证分五个步骤展开讨论。

### （一）归纳律条：“妻次父母”和“妻同父母”的提出

为了绕开被“弗案校上”所阻的和奸律，廷尉等人首先想到从不孝律入手。当时的不孝，乃是一种只能由子对父母或奴婢对主构成的，② 不告不理的重罪，③ 甲的“奸夫丧旁”显然无法适用于此。于是他们又构拟出一个自认为“当不孝”的情形：“奸

① 参见彭浩、陈伟、工藤元男主编：《二年律令与奏谳书》，上海古籍出版社，2007年，第374页。该书所依据的诸学者的研究成果，可详其各条注释，本文不再逐条引出。

② 睡虎地秦简《封诊式·告子》和《二年律令》简35、36、38都有“告子不孝”“父母告不孝”，却从不见“大父母”“假大母”“后母”等父母以外的直系尊亲属“告不孝”的规定。《奏谳书》则有主告奴不孝之例。可见秦汉之际的不孝应局限于子对父母和奴对主的行为。

③ 《二年律令》简35“父母告子不孝，皆弃市”，而睡虎地秦简《法律答问》简102和《二年律令》简36都有年老者告子不孝当“三环”的规定，《二年律令》简35—36则有“其子有罪当城旦舂、鬼薪白粲以上，及为人奴婢者，父母告不孝，勿听”的规定，都是不孝必须经告发才得追究的体现。

父母丧旁"，它与"奸夫丧旁"仅存在侵害对象的区别，若能明确侵害对象即父母和夫的地位高低，即可比较出二者恶性的轻重，进而通过比附得出明确的量刑结论。但是，这就必须首先解决一个棘手的伦理问题，即对妻来说，夫与父母孰尊孰卑？这在当时绝无明确的社会共识，如春秋时有著名的"父与夫孰亲"的提问；① 西汉时有"京师节女"在杀父不孝和杀夫不义之间无法取舍，只得杀身成仁的故事；② 又如《白虎通》认为"王者所以不臣三"，"妻之父母"即为其一；③ 再如《仪礼·丧服》主张子为父、妻为夫同服斩衰，服叙也是尊卑莫辨。但是廷尉等人认为，这个问题可从相反的方面获取解答，即对夫来说，妻与父母孰尊孰卑？他们着手从律文中归纳立法原意对此的态度。

首先，根据"序文"所引的置后律："死□以男为后，毋男以父母，毋父母以妻，毋妻以子女为后。"④ 从此律可用典型归纳法得出"妻次父母"即妻仅次于父母的结论。再根据"序文"所引的归宁律："诸有县官事，而父母若妻死者，归宁卅日；大父母、同产十五日。"与《二年律令》简 377 一样，为妻死与为父母死的归宁期都是最高一等的三十日，在此律中"妻与父母同法"即妻与父母适用相同的法规范，用典型归纳法即可得出"妻同父母"的结论。

在同一部律的不同条文中，妻与父母的地位关系看上去截然不同。今天很容易分辨，这二条律所基于的妻与父母的地位关系是不同质的，而且都不是这里所要探明的尊卑关系。但是急于求成的廷尉无暇掩盖这处瑕疵，直接把置后律的"妻次父母"与归宁律的"妻同父母"当成妻与夫父母的尊卑序列来使用，实际上是偷换了概念。

### （二）运用"竞合从轻"确定"妻次父母"

接下来，廷尉要从"二律背反"的置后律和归宁律中做出选择，其结论是"以律置后之次"。从整理者开始，过去都将此句与下文连读为"以律置后之次人事计之"，其实"人事计之"指的是接下来根据人情事理所做的估量，与上文对律的权衡截然分别，故应予点断。"以"即"用也"(《说文·巳部》)。该句意为：在置后律和归宁律二者中，采用置后律的继承顺位，即妻仅次于父母。

廷尉之所以要选择前者，是因为如下所述，它体现的"妻次父母"可以得出"夫次父母"或者"夫同于或尊于父母"的结论，而后者体现的"妻同父母"必然要得出"夫同于或尊于父母"的结论，在以此权衡甲"奸夫丧旁"的恶性轻重时，前者明显对甲更有利。这个"竞合从轻"的选择符合不相容选言推理的逻辑形式，但实质上是

---

① 参见杨伯峻编著：《春秋左传注》(修订本)，中华书局，2009 年，第 143 页。

② 参见（汉）刘向：《古列女传》(二)，四部丛刊版，第 5 卷，第 27 页。

③ 参见（清）陈立撰，吴则虞点校：《白虎通疏证》，中华书局，1994 年，第 317 页。

④ 张家山汉简整理者已指出，这里妻的继承顺位与《二年律令》简 379 令同。

入罪论证中的一种以退为进、欲擒故纵的论辩策略：通过指明待决事实同时符合二种对被告都不利的法律命题，迫使论辩对手在两难处境下选择后果较轻的那一种，实则这种较轻的命题正是法官所真正追求的，这样便起到了强化入罪论证的作用。此策略与《礼记·王制》"附从轻，赦从重"的精神一致，而与后世常用的"轻重相举"有异曲同工之妙，区别只在于"竞合从轻"用于同时符合多项法律命题的场合，而"轻重相举"用于没有相符的法律命题即所谓"断罪无正条"的场合。由于秦汉时实行"读书""读鞫"，① 即在行刑前向被告和公众宣读案情概要的制度，② 行刑时往往还要公示刑罚、判决理由乃至证据，③ 因此审判者的法律推理就肩负着说服败诉方及其同情者的任务，使得论辩策略的运用成为势所必然。

需要注意的是，廷尉的"竞合从轻"与近代刑法中基于权利保障的"有利被告原则"和《尚书·吕刑》及《公羊传》等常讲的"疑狱从去"精神迥然不同，后者虽也确曾在司法实践中得到过运用，④ 但本案中廷尉的推理目标是要在法律依据欠缺的情境下将嫌疑人入罪，与"疑狱从去"的宽厚、慎刑、阙疑的价值是背道而驰的。

---

① 《周礼·秋官·小司寇》"读书则用法"郑注引郑司农云："如今时读鞫已乃论之。"贾疏："鞫谓劾囚之要辞，行刑之时，读已乃论其罪也。"又《史记·夏侯婴列传》索隐引晋灼曰："狱结竟，呼囚鞫语罪状。"都是这一制度的反映。其实例则有里耶秦简 8·775+8·884："其有赎罪，各以其赎读论之。"（陈伟主编：《里耶秦简校释》，武汉大学出版社，2012 年，第 224 页）所谓"读论"，应即读鞫并执行刑罚。

② 陈晓枫解释"鞫"为"认定被告所有犯罪事实的司法文书"，"读鞫"为"官吏宣告本案已认定的被告全部罪行"。较旧解释为优。参见陈晓枫：《两汉"鞫狱"正释》，载《法学评论》1987 年第 5 期。若要更准确的定义的话，则可说"鞫"是对与法律适用有关的案件事实的简明总结和提炼。

③ 如《汉书·何并传》："叱吏断头持还，县所剥鼓置都亭下，署曰：'故侍中王林卿坐杀人埋冢舍，使奴剥寺门鼓。'"又说："并皆县头及其具狱于市。"这是把"具狱"即成套的案卷悬挂出来。又《诸葛丰传》："不待时而断奸臣之首，县于都市，编书其罪，使四方明知为恶之罚。"参见（汉）班固撰：《汉书》（第 10 册），中华书局，1962 年，第 3249、3266—3267 页。"编书"即汉代简牍中的"扁书"，即公开悬挂的榜文性质的文书（参见马怡：《扁书试探》，载孙家洲主编：《额济纳汉简释文校本》，文物出版社，2007 年，第 170—183 页）。西汉居延甲渠候官文书 EPT57·108 记载了一名军官的各种失职行为及其所受处罚，它书写于一根树枝削平后的正反二面，下端刻有三道凹槽（参见徐元邦、曹延尊：《居延出土的"候史广德坐不循行部"檄》，载《考古》1979 年第 2 期）。从形制看，它本应是捆系于他物之上作公开榜示的文书，是执行判决时公示判决理由和处罚的实物见证。

④ 贾谊《新书》载梁王从陶邑召来朱公请教疑狱，并听从其建议，实行"疑狱则从去，赏疑则从予"的政策。照此描述，其事应发生在魏国称王（前 344 年逢泽之会）和陶邑入秦（不晚于前 291 年秦昭王益封穰侯于陶）之间，而刘向《列仙传》载范蠡百余年后化为陶朱公，年代相符，则其事或确有一定史实。又汉成帝时杜钦为东海郡守冯野王讼罪，也以"罚疑从去，所以慎刑，阙难知也"为理由。参见（汉）贾谊撰，阎振益、钟夏校注：《新书校注》，中华书局，2000 年，第 198 页；（汉）班固撰：《汉书》（第 10 册），中华书局，1962 年，第 3303—3304 页。

### （三）类比推理：从“妻次父母”到“夫次父母”

廷尉以“妻次父母”为前提，又引出“人事计之：夫异尊于妻”作为第二前提，做进一步推理。所谓“人事”即人情事理。① “异”即“殊”，② “夫异尊于妻”即夫甚尊于妻，这当然是人所共知的，故可称为“人事”。此推理的结论为“妻事夫，及服其丧资（齐），当次父母”，意为妻侍奉夫以及为夫的丧服“资（齐）”，③ 应当仅次于为自己的父母。一个“当”字，表明它只是廷尉自己的主张，而非社会共识，这与当时这方面的服叙制度尚未完全确立的史实是相符的。④ 此结论最终回答了“夫与父母孰尊孰卑”的问题，用下文中廷尉的话来讲，就是“妻尊夫，当次父母”。

这个推理看上去令人费解，实则它是由两个并列的次级推理构成的，其一是未被明确表述出来的隐藏推理：既然“妻次父母”即夫对待妻仅次于对待自己的父母，那么妻也应对等地以仅次于侍奉父母的待遇来侍奉夫。事实上，当时在“夫异尊于妻”之外，还盛行着一种夫妻应“齐体”的观念，⑤ 正是基于此，廷尉才能将妻尊夫的程度类比于夫尊妻的程度即“妻次父母”，推得“妻尊夫，当次父母”的结论。

其二为：将“夫异尊于妻”的“人事”替换掉前一类推中的前提“夫妻齐体”，该类推就变成如下的推理：因为夫甚尊于妻，所以妻尊夫的程度应比夫尊妻的程度更高，既然夫尊妻应仅次于父母，那么妻尊夫就应同于或高于父母了。

这样一来，从两种相互冲突的社会共识中推得的“夫仅次于妻父母”和“夫同于或尊于妻父母”，就再次发生了竞合，廷尉也就再次运用了“竞合从轻”策略。因为“夫同于或尊于妻父母”将导致甲“奸夫丧旁”的恶性更高，于是就选择了对甲较有利的“夫仅次于妻父母”。最后，廷尉又补充道：“如律：‘妻之为后次夫父母。’”意思是，夫仅次于妻父母，正如置后律的继承顺位“妻仅次于夫父母”一样，对其类比

---

① 先秦秦汉时经常这样使用“人事”一词，如《庄子·天运》“应之以人事，顺之以天理”，《过秦论》“观之上古，验之当世，参之人事”，《汉书·朱博传》“三尺律令，人事出其中”皆是。

② 张家山汉墓竹简整理小组编著：《张家山汉墓竹简（二四七号墓）》，文物出版社，2001 年，第 227 页。

③ 资读为“齐”，指丧服，见《二年律令与奏谳书》第 376 页注 15 引池田雄一说。

④ 两汉时服叙尚未成定制，学者早有论述（［清］赵翼著，王树民校证：《十二史札记校证》，中华书局，1984 年，第 68—69 页；丁凌华：《中国丧服制度史》，上海人民出版社，2000 年，第 162 页）。马王堆帛书《丧服图》与《仪礼·丧服》存在显著差异，邢义田指出该帛书仅是“墓主身前所阅、所用或所喜的许多图书之一”，也不能代表当时的通制。这可作为服叙未定说之实例。参见邢义田：《秦或西汉初和奸案中所见的亲属伦理关系》，载邢义田：《天下一家：皇帝、官僚与社会》，中华书局，2011 年，第 517 页。

⑤ 如班固《白虎通·王者不臣》“妻者，与己一体”，同书《嫁娶》“妻者齐也，与夫齐体”，许慎《说文·女部》“妻，妇与夫齐者也”，《小雅·十月之交》郑玄笺“敌夫曰妻”，应劭《风俗通义·愆礼》“礼为适妻杖，重于宗也。妻者，既齐于己。”

做了再强调。

### （四）减等比附：从“奸父母丧旁当不孝”到“奸夫丧旁次不孝”

在证明了“妻尊夫，当次父母”之后，廷尉等人自认为已获得了将甲的“奸夫丧旁”与法定的不孝罪进行轻重比较的前提，因为如前所述，他们一口咬定：“夫父母死，未葬，奸丧旁者，当不孝。”① 这里的“夫”字，应从张建国或其所引武树臣说，理解为衍文或语气词，② 也就是句首发语词。③ 因此，其主体和行为模式与“奸夫丧旁”都别无二致，仅仅把“侵欺”对象由夫替换为了父母。

既然“妻尊夫，当次父母”，而“奸父母丧旁”又构成不孝，廷尉就可据此演绎地推得“奸夫丧旁”为“次不孝”，也就是其危害性仅次于不孝的结论。本案编纂者在“序文”中专门举了一个“律有正条”的“次不孝”实例来向读者解释这个结论：

> 教人不孝次不孝之律：不孝者弃市，弃市之次，黥为城旦舂。

“教人不孝次不孝之律”，指能反映教人不孝的危害性仅次于不孝的律文，共有三条：不孝律、教人不孝律、减罪一等律。不孝律即“不孝者弃市”，《二年律令》简 35 作“及父母告子不孝，皆弃市”，教人不孝律即简 36—37 的“教人不孝，黥为城旦舂”，减罪一等律即“弃市之次，黥为城旦舂”，简 127 作“各减其罪一等：死罪，黥为城旦舂”。此三条说明，教人不孝的法定刑仅次于不孝一等。在本案编纂者看来，正是

---

① 在本案所引的不孝律（包括《二年律令》简 35 所载的完整形式），以及睡虎地秦简《法律答问》简 102 和岳麓秦简 1980 等同时代法律中，不孝罪的行为模式部分都仅有“不孝”二字，对构成要件未做进一步明确，相关事例如《封诊式·告子》《奏谳书》“公大夫昌笞奴”案等也未详述具体情形，可见不孝在当时是如杀伤、反逆那样的人所共知而无须解释的“元概念”。正因如此，廷尉等人才构拟出了这种“奸父母丧旁”的情形，以便为“奸夫丧旁”提供明确的参照标准。

② 张建国：《关于汉简〈奏谳书〉的几点研究及其他》，载袁行霈主编：《国学研究》（第 4 卷），北京大学出版社，1997 年，第 543 页。

③ 邢义田认为“夫父母”就是“夫之父母”，而“奸丧旁者”可指夫或妻，此句意为法律明定夫之父母死未葬，奸于丧所之侧，当不孝。又因夫异尊于妻，妻次一等，不算不孝，罪不致弃市。照此理解，得出的结论则应是“妻奸夫之父母丧旁，为次不孝”，这并非此处所要解决的“妻奸夫丧旁”的问题。朱腾则解释为：“如夫或妻在为夫之父母服丧期间实施和奸行为，法律将把这种行为定为不孝罪并处以弃市之刑，所以在夫之父母与夫的关系比妻与夫的关系更近的情况下，妻居夫丧与人和奸的行为自然应当被判处不孝罪之次及黥为城旦舂的刑罚。”参见邢义田：《秦或西汉初和奸案中所见的亲属伦理关系》，载邢义田：《天下一家：皇帝、官僚与社会》，中华书局，2011 年，第 507 页。朱腾：《秦汉时代的律令断罪》，载《北方法学》2012 年第 1 期。但这样所得的结论应为“夫居妻丧而和奸，当次不孝”，其主客体与这里要解决问题的情形正好相反。

由于教人不孝的罪恶仅次于不孝的实行犯，立法者才会将其法定刑设定为减后者一等论，廷尉的“奸夫丧旁次不孝”，情况即与教人不孝相同。

以“奸夫丧旁次不孝”为前提，根据古今通行的罪刑相适应原则，在“罪刑法定主义”尚未确立的背景下，廷尉即可演绎推得结论：奸夫丧旁应论为仅次不孝一等的黥为城旦舂。这种将法无明文规定的待决事实与明确的罪名进行轻重比较，并根据比较结果，参照后者的法定刑确定其处罚的方法，就是《尚书·吕刑》所讲的“上刑适轻下服，下刑适重上服”的“上下比罪”，亦即多见于《唐律疏议》的戴炎辉命名为“加减等之比附”的方法。① 戴氏所举一例与此处十分相似：《职制》“诸阑入太庙门”条疏云：“其入太庙室，即条无罪名，依下文‘庙减宫一等’之例，减御在所一等，流三千里。”这是先根据“诸本条无犯庙、社及禁苑罪名者，庙减宫一等”之条，确定“太庙室”的等级仅次于“宫室”一等，再参照“诸阑入宫门者，徒二年。……及至御在所者，斩”之条（该条的“御在所”指皇帝所在的宫室），得出“阑入太庙室”的危害性仅次于“阑入御在所”一等的结论，因此“条无罪名”的前者应减后者的“斩”一等论，处流三千里。与本案一样，此例中的待决事实与正条的罪名之间仅存在犯罪对象的差异，因此只须比较犯罪对象的轻重，就可轻易确定待决事实的危害性并得出量刑结论。

然而相比唐律的各用例，本案的加减等比附在论证强度上存在不足。首先，其比较轻重的根据不是如“庙减宫一等”那样的法规范，而是以迂回的推理得出的个人判断“夫次妻父母”；再者，其参照的对象也非律令正条，而是论证者自认为可以成立的“奸父母丧旁，当不孝”的主张，而在当时，它显然并未成为社会共识。这处外部证成上的瑕疵直接为后来廷史申的反驳提供了武器。

### （五）最终结论“当完为舂”的得出

在“奸夫丧旁”应论黥为城旦舂的基础上，廷尉一方又根据“序文”所引的爵减之律“当黥公士、公士妻以上，完之”，即《二年律令》简 83 的“公士、公士妻……有罪当刑者，皆完之”，将身为公士丁之妻的甲减黥为完。值得注意的是，廷尉在这里并未滥用同律简 84 的“杀伤其夫，不得以夫爵论”的精神而排除甲的肉刑宽免特权，尽管他们受到强烈的入罪动机的驱使。

在以“次不孝”的方式将甲减等比附量刑后，廷尉又提出了第二种入罪方案：直接将“奸夫丧旁”涵摄于律有明文的“傲悍”。本案“序文”引傲悍律云：“敖（傲）悍，完为城旦舂，铁顡其足，输巴县盐。”与不孝一样，当时的律文未明确傲悍的构成要件，这在岳麓秦简简 1419 所载的“狱校律”和《二年律令》简 32、45 中都有体现。适用傲悍律的障碍在于：为何“侵欺”已死的丈夫也构成傲悍罪？廷尉对此付诸

① 参见戴炎辉：《唐律通论》，台湾编译馆，1970 年，第 14—15 页。

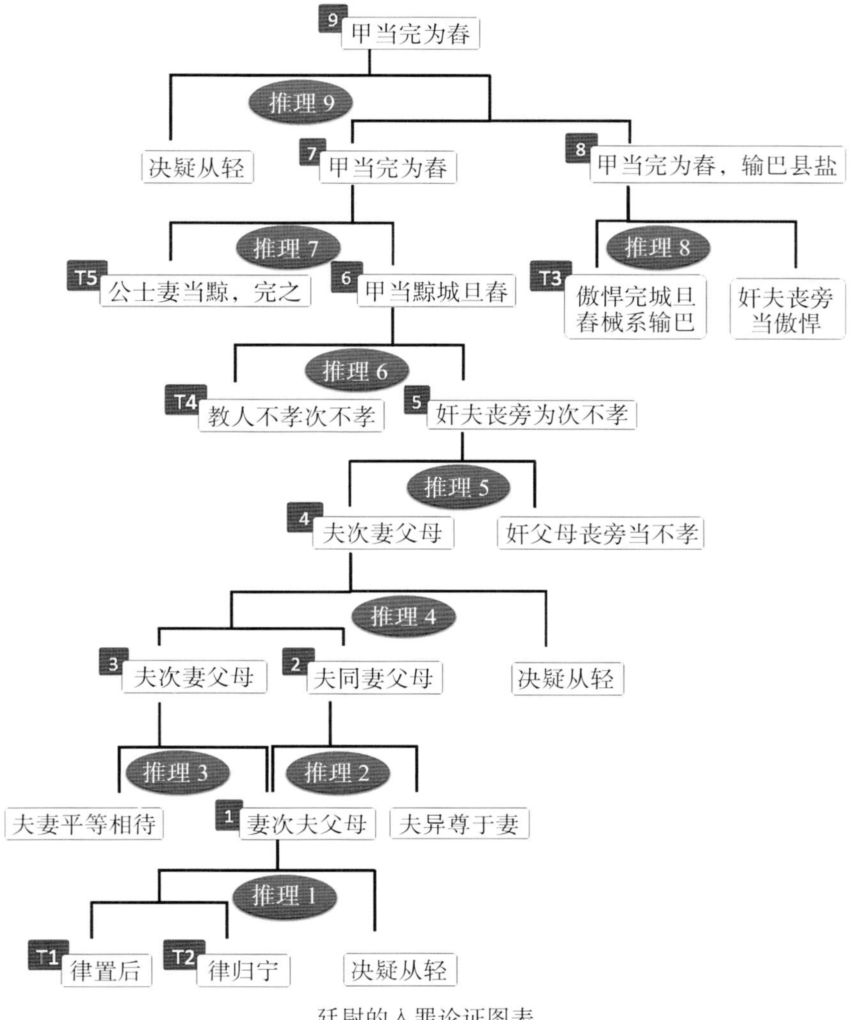

廷尉的入罪论证图表

阙如。邢义田曾根据《春秋决狱》的“夫死未葬，法无许嫁”，提出夫妻关系可能在埋葬时才断绝，[①] 刘欣宁则进一步根据秦简《答问》简 68 的“甲杀人，不觉，今甲病死已葬……问甲当论及收不当？告不听”，以及简 77 的“或自杀，其室人弗言吏，即葬埋之”而使自杀者的妻、子无法没收的例子，提出人伦关系的终止以下葬为界限的精神也为法律所吸收。[②] 与此相似，先秦时父死未葬时，嗣子不得袭取其身份和权

① 参见邢义田：《秦或西汉初和奸案中所见的亲属伦理关系》，载邢义田：《天下一家：皇帝、官僚与社会》，中华书局，2011 年，第 511—512 页。

② 刘欣宁：《秦汉律令中的同居连坐》，载王沛主编：《出土文献与法律史研究》（第 1 辑），上海人民出版社，2012 年，第 145 页。原载《东洋史研究》第 70 卷第 1 号，2011 年。

力，[①] 及至西汉仍有“既葬即位”的惯例，[②] 这都是人伦关系在下葬前仍部分存续的体现。或许正是基于这种相近的精神，廷尉才自认为有理由把“未葬”之夫也认定为傲悍的犯罪对象。但是，“奸夫丧旁”与告发已葬者的犯罪等情形毕竟并不相同，这就再次为廷史申的反驳留下了空间。

以“次不孝”减等比附和适用傲悍律这二种论罪方案，针对的都是甲的同一行为“奸夫丧旁”，构成典型的“想象竞合”情形，前者的量刑是“完为舂”，而后者还要在其上附加足戴铁械具并输送至巴郡属县的盐官做苦役的重罚，实则廷尉的论证目标正是前者。于是他们第三度运用了“竞合从轻”策略，对其最终结论“甲当完为舂”做了强化。

至此，经过环环相扣的推理步骤，廷尉自认为已经绕开了被程序瑕疵“弗案校上”阻碍的和奸律，另辟“次不孝”的蹊径，成功地将甲致法抵罪。其末尾的“捕者虽弗案校上”一语，自鸣得意之情跃然纸上。接下来他们就要“告杜论甲”，指示嫌疑人所在县执行“完为舂”的判决了。

## 三、直击前提：廷史申的反驳

就在有罪判决即将下达之际，服完徭役的廷史申回到了工作岗位，他当即反对三十位上级和同僚的判决，为女子甲做了彻底的“无罪辩护”。[③]

廷史申首先举出两项法律命题，其一，“有生父而弗食三日”，当论不孝弃市；“有死父而不祠其冢三日”，不当论。其二，“子不听生父教”有罪，“不听死父教无罪”。在当时，“不听父教”乃是公认的不孝之行，《李斯列传》说：“不奉父诏而畏死，是不孝也。”[④] 这两项命题的规范意义是一致的，即不孝的构成期间截止于父母身前，对已死父母不赡养、不听教命的“侵欺”不构成法律上的不孝。这与后世盛行的

---

① 其例如《左传·隐公三年》“武氏子来求赙”杜注：“平王丧在殡，新王未得行其爵命，听于冢宰。”又《僖公九年》：“宋桓公卒未葬，而襄公会诸侯，故曰子。凡在丧，王曰小童，公侯曰子。”参见上海人民出版社编：《春秋左传集解》（第1册），上海人民出版社，1977年，第18页。这是新君在父丧期不得“行其爵命”，即使用君主爵称、行使君主权力的例子。《礼记·杂记上》等儒家作品也多有此类主张。

② 吕祖谦指出汉武帝继位时仍“用惠帝以来既葬即位之典也”，昭帝以后始废古礼。参见吕祖谦：《大事记解题》（卷十一），文渊阁四库本，第40页。

③ 朱潇已经指出“本案最终大约还是依据律令判处女子甲无罪”，较前说为长。参见朱潇：《律令从事与道德影响》，载华东政法大学古籍整理研究所、甘肃政法学院编：《第四届“出土文献与法律史研究”学术研讨会论文集》，甘肃·兰州，2014年10月，第158页。

④ （汉）司马迁撰：《史记》（第8册），中华书局，1959年，第2549页。

观念大相径庭，① 但在本案所处的年代，却是连廷尉也不得不认可的公理。于是，将“奸夫丧旁”减等比附于“奸父母丧旁当不孝”，认定为“次不孝”的论证就全部瓦解了。

廷史申再举出两项廷尉无法反对的命题，其一，“夫生而自嫁，及娶者，皆黥为城旦舂”（即《二年律令》简168）；“夫死而妻自嫁、娶者毋罪”。其二，“欺死夫，勿论”。显然，对死夫的“侵欺”同样应无罪。这表明廷史申和廷尉都认同妻的傲悍是对夫的教命权的侵犯，当夫死亡而非迟至下葬时，其教命权就已自然消灭了。② 这样，将甲适用傲悍律的论罪方案也被驳倒了。

最后，廷史申又举出了一个“夫为吏居官，妻居家，日与它男子奸，吏捕之弗得校上”③ 的情形，白日和奸本就是严重的恶行，夫的官吏身份又能让廷尉感同身受，即便如此，廷尉也不得不因程序缺陷而亲口承认此情形“不当论”。这就杜绝了廷尉重新转向和奸律将甲定罪的“双重危险”。如朱腾所指出，这里体现了当时的司法官吏对程序的重要性的认同。④

经过以上反驳，将甲入罪的所有可能路径都已被封死了，廷史申对自己的“无罪辩护”做了如下总结：“廷尉、史议皆以欺死父罪轻于侵欺生父，侵生夫罪轻〈重〉于侵欺死夫，今甲夫死□□□夫，与男子奸棺丧旁，捕者弗案校上，独完为舂，不亦重乎？”所谓“不亦重乎”，实为廷史申对其顶头上司所用的委婉语气，不可据此认为他做的是“罪轻辩护”而另有论罪方案。

廷史申没有攻击廷尉在逻辑运用上的瑕疵，而是直接针对廷尉所据以为推理前提的涵摄主张，从确定的法律命题中归纳出与对方主张相反的规范内容，在前提层面上瓦解了对方的论证，这种反驳方式不但一针见血而且易于被理解和接受。而观察他的

---

① 汉代以后往往禁止居父母丧时的性行为及嫁娶、生子等相关行为，此或源于《礼记·丧大记》的“期，居庐，终丧不御于内”。应劭《风俗通·正失》“服中子犯礼伤孝”，则将此类行为与“孝”直接联系，《唐律·名例》“七曰不孝”注更是将丧期“身自嫁娶”明确为不孝的法定情节。而如果是非法性行为“奸”，更可能落入“禽兽行”的重罪指控，如上引西汉的陈须、陈融兄弟事即是。由于先秦时往往“既葬除服”（丁凌华：《中国丧服制度史》，上海人民出版社，2000年，第235页），因此廷尉所举的“父母死未葬，奸父母丧旁”实即在父母丧期内的奸，若按照后世的观念，则无可置疑地属于不孝。

② 上引刘欣宁文提出的秦代法律中部分人伦关系的消灭以下葬为界限，其实主要体现在死者对其妻、子等家属的所有权方面（告发已死未葬者杀人之所以可能被受理，是因为收孥仍然可以执行）。至于廷史申提出的“夫死而自嫁、娶者无罪”，与邢义田所举《春秋决狱》的“夫死未葬，法无许嫁”直接冲突，则可以百年间的制度变革来解释。参见邢义田：《天下一家：皇帝、官僚与社会》，中华书局，2011年，第511页。

③ “校上”二字整理者释为“□之”，蔡万进先生释为“校上”，甚是。参见蔡万进：《张家山汉简〈奏谳书〉研究》，广西师范大学出版社，2006年，第25页。

④ 参见朱腾：《秦汉时代的律令断罪》，载《北方法学》2012年第1期。

两次归纳推理，都各自建立在二项法律命题的基础上，在逻辑运用上也较廷尉毄的典型归纳为优。

## 四、结　语

当"奸夫丧旁"这一大悖人伦之行因程序缺陷而无法直接适用和奸律时，受有罪直觉驱使的廷尉通过层层连锁的推理，综合运用法规范和伦理构建出审判依据，试图迂回辗转将嫌疑人入罪，由此造就了极为复杂的论证结构。具体来看，廷尉不但用到了演绎、类比等常见推理形式，还在历史上首次展示了后来在《唐律》中多见的"加减等之比附"；而被反复使用的"竞合从轻"论辩策略，更是前所未知的新见事物，它植根于本土化的日常思维习惯，在说服败诉者接受判决时，的确可成为一个实用的论辩工具；廷史申每次运用归纳法时，都提出二种法律命题作为考察对象，顾及到了论证强度的要求，说明官吏在逻辑运用上已具有一定自觉性。官吏们为了正当化法律结论而不厌其细地构造推理结构，以及他们对多种逻辑方法的熟练驾驭，再次表明关于传统司法"非逻辑、反逻辑色彩"的看法是不尽全面的，特别是不能符合成文法制初创时期的情况。

此外，纵观汉简《奏谳书》和岳麓秦简中的"疑罪"案例，可知秦汉之际的司法实践中已经大量出现汉景帝中五年诏书所讲的"虽文致于法而于人心不厌者"，即依法应入罪却无法压服人心的情形，① 本案则可谓"虽文不致于法而于人心不厌"。所谓"人心"，应即源自经验、伦理等法外价值的司法官吏们的理性。而我们看到，在这些"疑罪"案例中，坚持"人臣当谨奉法以治"（《奏谳书》引秦代法吏语）的一方都战胜了试图进行"实质权衡"的一方，如本案中的廷尉，始终小心翼翼地将其用到的伦理前提即所谓"人事"埋藏在层层递进的推理结构之下，以尽力彰显其判决的形式合法性，而在遭到立足于律条的反驳后，又立即放弃了自己的主张，表明"严格依律令断罪的做法最终占据了官员们的法律思维"。② 可以说近代西方将法律看作是"由公理和定理组成的逻辑上封闭的、固定的系统"③ 的形式主义倾向，也同样约束着秦汉之际的法吏们的头脑，一概地讲"中国古代没有形式主义的法律，有的只是实质的伦理法"④，实有偏颇之嫌，虽然从另一方面来看，来自"人心"的频繁挑战，君主权断

---

① 如秦政廿二年的"多小未能与谋"，廿七年的"攸令厍释纵战北者"，汉高祖十年的"阑匿及奸南""解取符为妻"等案，都出现了这种现象。

② 朱腾：《秦汉时代的律令断罪》，载《北方法学》2012年第1期。

③④ 陈锐：《法理学中的法律形式主义》，载《西南政法大学学报》2004年第6期。

的出现，① 乃至补充立法和“行事”“比例”的滋长，确也揭示着西汉中期以后表现为“原心定罪”“春秋决狱”的去形式化，其现实基础早在这一时期即已在悄然萌生着。

本文原载陈金钊、谢晖主编:《法律方法》(第23卷)，中国法制出版社，2018年，收入本书时进行了修改。

① 《奏谳书》“攸令庳”案载攸令庳的上书说，秦始皇曾经将一个名为“等”的人减轻处罚，而庳即想循此先例而请求皇帝裁减败北者之罪，但被法吏以“人臣当谨奉法以治”的理由指控为非法，其暗含的另一层意思是，只有皇帝才有权超越法律做出权衡。陈新宇从晋代刘颂的上书中总结出“主者守文—大臣释滞—人主权断”的“权力分配之法”，而从“攸令庳”案来看，此结构其实早在秦代已具雏形。参见陈新宇:《帝制中国的法源与适用论纲——以比（附）为中心的展开》，载《中外法学》2014年第3期。

# 后　记

呈现在读者面前的这部《甲骨、金文、简牍法制史料提要》，是华东政法大学出土法律文献研读班集体撰写的成果，也是国家社科基金重大项目“甲、金、简牍法制史料汇纂通考及数据库建设”的阶段性成果。本书对已公布的甲骨、金文、简牍法制史料进行全面系统的梳理，提纲挈领地解说其法学价值，并尝试探讨这些资料的研究前景所在。附录中的4篇论文，是本书作者从事资料整理工作时的一些研究心得，谨供读者参考。

本书作者中，张伯元、王沛、王捷、姚远、邬勖、陈迪等先生为华东政法大学法律古籍整理研究所教师；黄海、周博先生曾在华东政法大学法律古籍整理研究所攻读博士学位或从事博士后研究，现分别就职于中国社会科学院法学研究所与南昌大学国学院；乔志鑫同学为本校的博士研究生。本书撰写分工如下：

第一章：华东政法大学出土法律文献研读班；

第二章：周博；

第三章：王沛；

第四章：王捷（战国楚简）、陈迪（秦简牍）、邬勖（西汉简牍）、姚远（东汉和魏晋简牍）；

附录：周博、王捷、张伯元、邬勖。

全书由王沛主编定稿，黄海负责外文资料的搜集整理，本校博士研究生朱群杰和本科生闫亚博协助校对文稿。

本书之写作受到荆州博物馆彭浩先生、上海博物馆胡嘉麟先生、山西大学历史文化学院陈小三先生的帮助指导，上海古籍出版社张亚莉女士为本书编辑付出大量心血，附录所收的论文曾发表于《四川大学学报》《出土文献与法律史研究》《法律方法》等学术刊物，在此向上述专家、刊物致以诚挚谢意。

王　沛

2021年11月28日

于华东政法大学法律古籍整理研究所